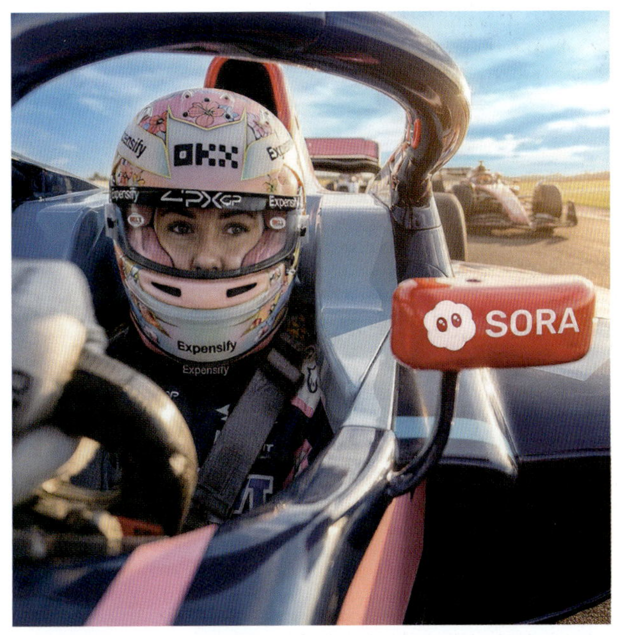

매일매일 쓰는 **챗GPT** 영상 생성 AI

소라 2 AI

박범희, 앤미디어 지음

매일매일 쓰는 챗GPT 영상 생성 AI

소라 2 AI

초판 1쇄 인쇄 2026년 2월 5일
초판 1쇄 발행 2026년 2월 10일

지은이 | 박범희, 앤미디어
펴낸이 | 김승기, 김민수
펴낸곳 | ㈜생능출판사 / 주소 경기도 파주시 광인사길 143
브랜드 | 생능북스
출판사 등록일 | 2005년 1월 21일 / 신고번호 제406-2005-000002호
대표전화 | (031) 955-0761 / 팩스 (031) 955-0768
홈페이지 | www.booksr.co.kr

책임편집 | 최동진
편집·진행 | 앤미디어
교정·교열 | 앤미디어
본문·표지 디자인 | 앤미디어
영업 | 최복락, 심수경, 차종필, 송성환, 최태웅, 김민정
마케팅 | 백수정, 명하나

ISBN 979-11-94630-57-9 (13000)
값 25,000원

생성형 AI는 이미지와 영상을 중심으로 매우 빠르게 발전해 왔습니다. 몇 해 전까지만 해도 한 장의 이미지를 만들어내는 것만으로도 놀라운 경험이었지만, 이제 그 흐름은 자연스럽게 영상으로 확장되고 있습니다. 정적인 결과물에 머무르기보다 장면이 이어지고 이야기가 흐르는 콘텐츠를 만들어내는 일이 점점 더 중요해지고 있습니다. 이러한 변화는 단순한 기술의 진보를 넘어, 창작 방식 자체가 달라지고 있음을 보여줍니다.

소라 2는 이러한 흐름 속에서 등장한 매우 인상적인 도구입니다. 이전 세대보다 더 사실적인 영상, 물리 법칙을 반영한 동작, 동기화된 오디오를 생성할 수 있도록 기술이 크게 향상되었으며, 복잡한 장면과 연속된 이야기 흐름까지 표현할 수 있습니다. 하지만 이런 강력한 기술적 기반에도 불구하고, 사용법은 비교적 쉽고 직관적입니다. 복잡한 설정이나 전문적인 영상 지식이 없어도, 생각을 자연스럽게 영상으로 풀어낼 수 있도록 도와줍니다. 단순히 결과물을 빠르게 만들어 주는 데 그치지 않고, 아이디어를 실험하고 수정하며 완성도를 높여가는 과정 자체를 훨씬 더 유연하게 만들어 준다는 점이 소라 2의 큰 장점이라 할 수 있습니다.

이 책은 소라 2의 모든 기능을 하나하나 설명하거나 기술적으로 깊이 다루는 데 초점을 맞추지 않았습니다. 대신 다양한 예제를 통해, 실제로 소라 2로 영상을 만들어 보는 과정에 집중했습니다. 처음 접하는 분들도 어렵지 않게 따라올 수 있는 내용부터, 어떤 부분에서 조금만 더 고민하면 결과가 달라지는지까지 차근차근 짚어가며 정리했습니다. AI 영상을 소라 2로 만들어 보고 싶은 분들께 도움이 되는 안내서가 되기를 바라는 마음으로 구성했습니다.

이제 이미지만으로 만족하던 시대는 지나가고 있습니다. 생성형 AI는 생각을 단순한 결과물로 보여주는 것을 넘어, 움직임과 흐름을 통해 이야기를 만들어 갈 수 있는 새로운 창작 환경을 열어 주고 있습니다. 생각을 움직임으로 표현하고, 장면과 장면을 이어 하나의 흐름을 만드는 능력은 앞으로 더욱 중요해질 것입니다. 이 책을 통해 소라 2의 영상 문법을 어렵지 않게 시작하고, 정해진 공식이나 완성된 답에 얽매이기보다 자신만의 시선과 방식으로 영상을 만들어 가는 경험을 해보시기를 바랍니다. 결과물의 완성도나 기술적인 숙련도보다도, 아이디어를 떠올리고 직접 시도하며 시행착오를 거쳐 가는 과정이 독자 여러분에게 의미 있는 배움이자 즐거운 경험으로 남기를 기대합니다.

박범희, 앤미디어

Preview

소라 AI를 이용하여 누구나 쉽고 빠르게 AI 영상 콘텐츠 결과물을 얻을 수 있도록 5개의 파트와 38개의 레슨으로 구성하였습니다.

AI 생성 이론

소라 AI를 이용하여 동영상을 생성하기 전에 AI 생성에 대한 개념을 학습합니다.

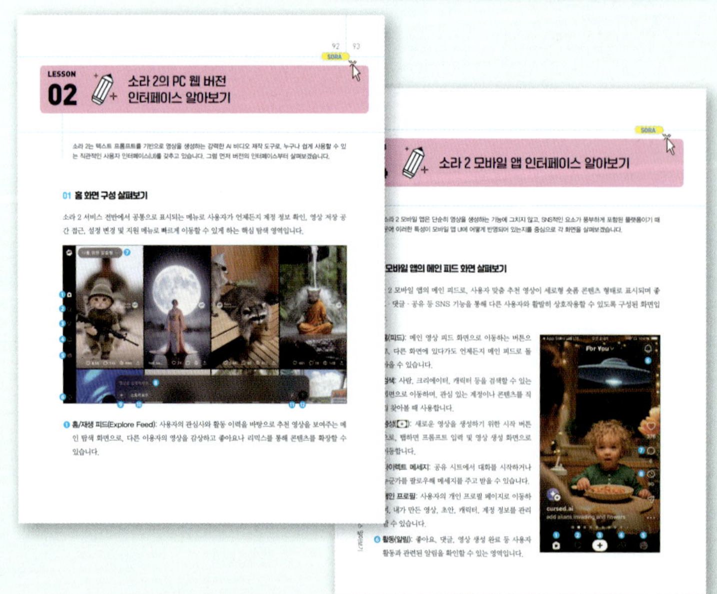

기능 학습

소라 2의 인터페이스 구성부터 효과적인 영상 생성을 위한 기능 활용 방법을 학습합니다.

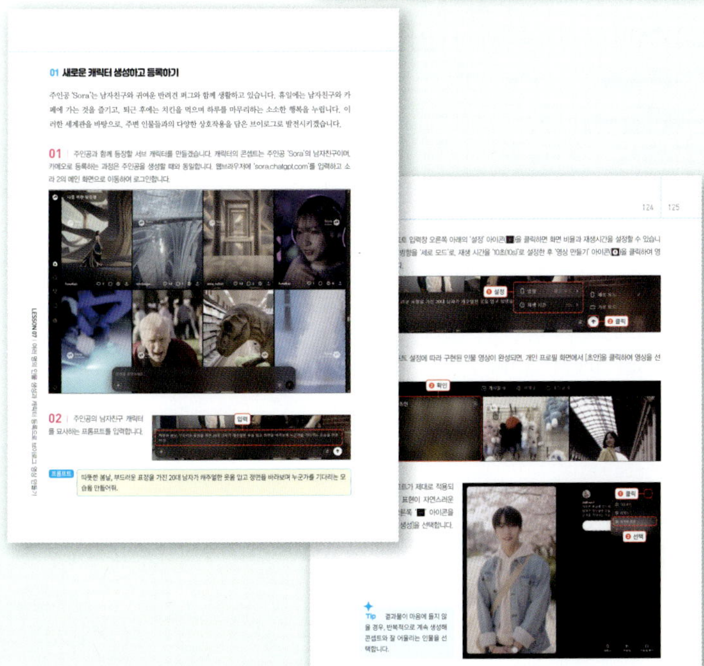

예제 미리보기

작업한 예제의 결과물을 확인할 수 있으며, 예제 과정과 콘셉트, 사용 기능을 소개합니다.

예제 콘셉트

예제를 따라하기 전에 예제의 이해와 응용력을 높이기 위해 예제 콘셉트를 이해합니다.

작업 패턴

예제 작업 과정을 순서대로 정리하여, 작업자의 패턴을 학습할 수 있게 도와줍니다.

예제 따라하기

직접 예제를 따라하면서 학습할 수 있도록 예제 파일을 제공하고 작업 과정을 친절하게 설명합니다.

Contents

PART 2
챗GPT와 소라 2의 특화된 프롬프트 사용법

PART 3
소라 2 기본기부터 영상 생성을 위한 스킬

PART 4
AI 작곡과 사운드는 필수! 사운드 영상 만들기

예제 및 완성 파일 다운로드

생능출판사 홈페이지(https://booksr.co.kr)에서 다운로드할 수 있습니다.

- '소라 2', '생성형 AI'로 검색
- 여러 도서 중 이 책의 도서명을 찾아 클릭
- [보조자료]에서 다운로드

PART 1

AI 영상이 맞을까?
현실감 100% 소라 2
영상의 시작

AI 영상이 맞을까라는 의문이 들 정도로 소라 2는 현실감 100%에 가까운 영상 결과물을 제공합니다. 탁월한 사실감과 물리적 현실성을 기반으로 실제 촬영 영상과 구분하기 어려운 수준의 비주얼을 구현합니다. 누구나 쉽게 AI 동영상을 제작할 수 있도록 설계된 소라 2는 카메오 설정을 통해 영상 속 주인공을 만들 수 있으며, 보는 경험을 넘어 듣는 경험까지 함께 설계된 통합형 영상 제작 환경을 제공합니다. 또한 소라 2 리믹스 기능을 활용하면 기존 영상을 새로운 구성으로 재해석할 수 있고, 이미지 참고 등록과 스토리보드, 초안 기능을 통해 기획 단계부터 완성까지 일관된 흐름으로 AI 영상 제작이 가능합니다.

가장 현실적인 영상 제작 공식! 소라 2
AI
소라 2 영상 시작 편
챗GPT와 함께 이미지 영상 제작까지 한번에!

LESSON 01

누구나 쉽게 만드는 AI 동영상, 소라 2

소라 2는 텍스트 입력만으로 사실적인 영상과 자연스러운 움직임을 구현할 수 있는 차세대 AI 영상 생성 도구입니다. 사용자가 문장으로 장면을 설명하면, 인물의 표정과 행동, 배경의 분위기, 카메라 시점과 움직임까지 종합적으로 해석해 하나의 완성도 높은 영상으로 만들어줍니다. 단순히 정적인 장면을 생성하는 수준을 넘어, 장면 전환의 흐름과 시간의 변화, 영상 전체의 분위기와 연출 의도까지 세밀하게 제어할 수 있다는 점이 큰 특징입니다.

01 아이디어를 영상으로 바꾸는 새로운 방식

소라 2는 텍스트 입력만으로 실제 촬영한 것처럼 자연스럽고 사실적인 영상을 생성하는 차세대 AI 영상 생성 기술입니다. 사용자는 복잡한 촬영 장비를 준비하거나 전문적인 편집 프로그램을 익히지 않아도, 문장으로 장면을 설명하는 것만으로 인물의 움직임과 표정, 공간의 깊이, 빛과 분위기가 반영된 영상을 제작할 수 있습니다. 이는 기획 단계에서 머릿속에만 존재하던 아이디어가 곧바로 시각적 결과물로 이어지는 새로운 영상 제작 방식을 의미합니다.

기존의 영상 제작 과정은 기획, 촬영, 편집이라는 여러 단계를 거치며 많은 시간과 비용이 소요되었습니다. 소라 2는 이러한 과정을 획기적으로 단순화하여, 아이디어를 떠올리고 문장으로 정리하는 순간 바로 영상으로 확인할 수 있도록 돕습니다. 이로 인해 시안 제작, 콘셉트 검증, 스토리 테스트와 같은 초기 작업을 훨씬 빠르고 효율적으로 진행할 수 있습니다.

소라 2의 영상 생성은 정적인 이미지를 단순히 나열하는 방식에 머물지 않습니다. 시간의 흐름과 장면 간의 연결을 이해해 자연스러운 동작과 카메라 연출을 구현하며, 인물과 사물의 움직임은 물리적 규칙을 기반으로 계산되어 중력, 거리감, 관성 등이 어색함 없이 표현됩니다. 덕분에 영상 전체가 하나의 연속된 장면처럼 자연스럽게 이어지며, 실제 촬영한 영상에 가까운 몰입감을 제공합니다.

아울러 소라 2는 시각적 요소뿐 아니라 사운드와 보이스를 고려한 연출 설계까지 염두에 두고 활용할 수 있습니다. 장면의 분위기와 감정에 어울리는 연출을 사전에 구상하며 영상 구조를 설계할 수 있어, 단순한 영상 생성 도구를 넘어 스토리텔링 중심의 콘텐츠 제작을 지원합니다.

이러한 특징을 바탕으로 소라 2는 영화와 광고, 교육 콘텐츠, SNS 영상 등 다양한 분야에서 활용될 수 있습니다. 전문가에게는 아이디어를 빠르게 시각화하는 실험 도구로, 초보자에게는 영상 제작의 진입 장벽을 낮춰주는 창작 도구로 기능하며, 누구나 자신의 생각과 이야기를 영상으로 구현할 수 있는 새로운 창작 환경을 제시합니다.

OpenAI 공식 페이지 제공 영상

02 초보자도 바로 시작하는 AI 영상 제작

디자인이나 영상 편집 경험이 없는 초보자라도 소라 2를 활용하면 비교적 쉽게 영상을 제작할 수 있습니다. 복잡한 프로그램을 따로 익힐 필요 없이, 만들고 싶은 장면을 한두 문장으로 입력하는 것만으로 AI가 영상을 생성해 주기 때문입니다. 이처럼 텍스트를 영상으로 변환하는 방식(Text-to-Video)을 통해 사용자는 마치 검색하듯 자연어로 장면을 설명하고 결과물을 얻을 수 있습니다. 예를 들어 "해변에서 강아지가 파도를 쫓아 뛰노는 장면"처럼 간단히 입력하면, 소라 2는 해당 설명을 바탕으로 자동으로 영상을 만들어냅니다. 어려운 용어나 복잡한 지시 없이도 사용할 수 있어 처음 접하는 사용자도 부담 없이 시작할 수 있습니다.

소라 2는 영상 제작의 진입 장벽을 크게 낮춘다는 점에서 초보자에게 특히 유용합니다. 스마트폰으로 사진을 촬영하거나 간단한 프롬프트를 입력하는 것만으로도 AI를 활용한 짧은 영상 제작이 가능하며, 카메라나 전문 촬영 장비가 없어도 상상력만으로 판타지 영상이나 짧은 이야기 형식의 콘텐츠를 만들 수 있습니다. 생일 축하 영상처럼 가벼운 목적의 콘텐츠도 직접 제작해 지인들과 공유할 수 있어 활용 범위가 넓습니다.

또한 소라 2는 한글 프롬프트를 지원해 영어에 익숙하지 않은 사용자도 편리하게 사용할 수 있습니다. "한적한 시골길을 자전거로 달리는 장면, 석양빛, 잔잔한 분위기"처럼 한국어로 입력해도 설명에 맞는 영상이 생성되며, 이는 국내 사용자에게 큰 장점으로 작용합니다. 더불어 생성된 영상에는 출처 표시가 자동으로 포함되고, 실제 인물을 모방하거나 폭력적인 표현처럼 문제가 될 수 있는 콘텐츠는 생성 단계에서 제한됩니다. 이러한 안전장치 덕분에 처음 사용하는 사용자도 비교적 안심하고 창작을 경험할 수 있습니다.

이처럼 소라 2는 경험이나 장비의 유무와 관계없이, 아이디어만 있으면 누구나 영상 제작에 도전할 수 있도록 돕는 AI 기반 창작 도구라고 할 수 있습니다.

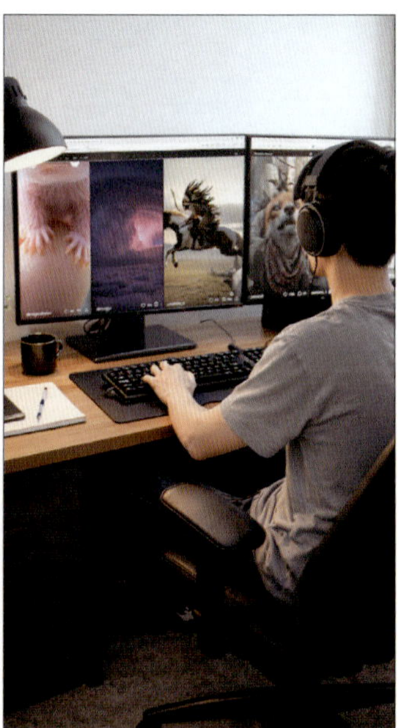

간단한 장면 묘사로 손쉽게 영상 생성이 가능한 소라 2

03 탁월한 사실감과 물리적 현실성

무엇보다도 소라 2의 가장 큰 장점은 이전 AI 영상 기술보다 훨씬 더 사실적이고 자연스러운 움직임을 보여준다는 점입니다. 화면이 선명한 수준을 넘어, 사용자가 입력한 문장의 뜻을 이해하고 실제 현실에서 일어날 법한 움직임을 영상으로 표현합니다. 그래서 결과물이 더 자연스럽고 현실감 있게 느껴집니다.

기존의 AI 영상 모델들은 움직임이 이어질 때 어색한 경우가 많았습니다. 예를 들어 농구 선수가 슛을 던지는 장면에서 공이 골대를 빗나가면, 공의 움직임이 갑자기 바뀌거나 순간 이동한 것처럼 보이기도 했습니다. 이런 표현은 영상을 보는 사람에게 'AI가 만든 영상'이라는 느낌을 강하게 주는 원인이었습니다.

소라 2는 이런 문제를 크게 줄였습니다. 슛이 실패하면 공이 실제 경기처럼 백보드에 맞고 튕겨 나오거나, 공중에서 방향이 바뀌는 모습이 자연스럽게 이어집니다. 공의 속도와 방향도 장면 전체에서 일관되게 유지되기 때문에, 영상 흐름이 훨씬 자연스럽게 느껴지고 인위적인 느낌도 눈에 띄게 줄어듭니다. 이러한 자연스러움은 소라 2가 사람과 물체의 움직임, 그리고 원인과 결과의 관계를 더 잘 이해하기 때문에 가능합니다. 한 장면에서 일어난 행동이 다음 장면으로 자연스럽게 이어지고, 그에 맞는 결과가 생성됩니다. 덕분에 사람의 동작이나 물체의 반응이 현실에 가까운 느낌으로 연결됩니다.

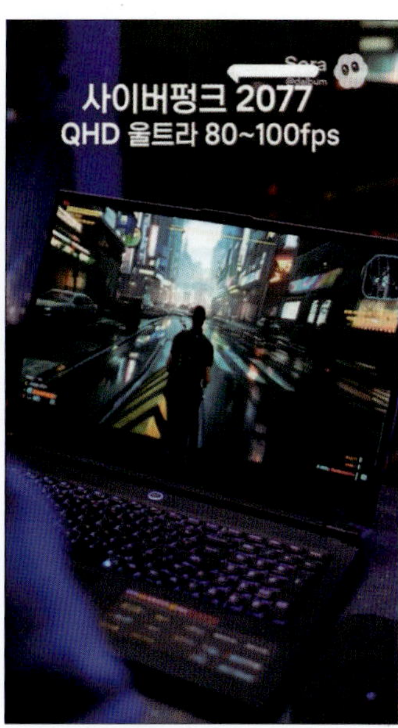

물리 법칙과 현실에 가까운 영상 생성

04 카메오 설정으로 영상 속 가상 인물 생성

소라 2에는 카메오(Cameo) 설정 기능이 있어, 영상 속에서 특정 인물 역할을 맡은 캐릭터를 고정해 등장시킬 수 있습니다. 즉, 영상의 주인공이나 설명자를 미리 설정해 두고, 해당 인물이 영상 전반에 걸쳐 계속 등장하도록 만드는 기능입니다. 카메오는 실제 인물뿐 아니라 가상의 인물도 사용할 수 있으며, 강의 영상에서는 'AI 강사'를, 제품 소개 영상에서는 '가상 진행자'를 설정해 활용할 수 있습니다. 이렇게 설정된 캐릭터는 장면이 바뀌어도 외형과 분위기를 일관되게 유지해 영상의 흐름을 정돈하고 전문적인 인상을 줍니다.

특히 교육 영상이나 설명 중심 콘텐츠에서 카메오 기능은 효과적입니다. 하나의 캐릭터가 설명을 이어가기 때문에 시청자는 내용을 보다 안정적으로 따라갈 수 있으며, 실제 촬영한 강의처럼 자연스러운 흐름을 만들 수 있습니다. 또한 카메오 설정을 활용하면 사용자가 직접 카메라 앞에 서지 않아도 영상 제작이 가능해, 촬영 환경이나 얼굴 공개에 대한 부담 없이 콘텐츠를 제작할 수 있습니다.

이처럼 카메오 설정은 소라 2를 단순한 영상 생성 도구를 넘어, 지속적인 캐릭터와 스토리를 유지하는 콘텐츠 제작 도구로 확장해 줍니다. 초보자도 캐릭터의 외형과 분위기를 유지한 채 설명형 영상이나 대화형 영상을 비교적 손쉽게 제작할 수 있습니다. 두 명 이상의 캐릭터를 활용하면 진행자와 전문가, 교사와 학생처럼 역할이 분명한 콘텐츠를 연속적으로 구성할 수 있어, 시리즈형 콘텐츠나 브랜드 영상 제작에도 효과적으로 활용할 수 있습니다.

카메오 기능을 활용한 일관된 스토리 영상(114쪽 참고)

05 보는 영상에서 듣는 경험까지 설계된 영상

소라 2는 영상의 시각적 요소뿐 아니라 사운드와 음성 표현에서도 강점을 지닌 AI 영상 생성 도구입니다. 영상은 화면과 소리가 함께 어우러질 때 완성도가 높아지는데, 소라 2는 이 과정까지 고려해 영상을 생성합니다. 사용자가 입력한 프롬프트와 장면의 분위기를 바탕으로, 어울리는 음성과 배경 사운드를 자연스럽게 조합해 줍니다.

예를 들어 설명이나 강의 영상에서는 또렷하고 안정적인 음성 톤을 유지해 내용을 전달하고, 스토리 중심의 영상에서는 감정에 맞는 배경 음악과 환경음을 더해 몰입감을 높입니다. 바닷가 장면에서는 파도 소리와 바람 소리가 자연스럽게 어우러지며, 도시 장면에서는 주변 소음과 공간감을 느낄 수 있는 사운드가 적용되어 실제 촬영한 영상과 유사한 느낌을 줍니다.

또한 음성과 영상의 타이밍이 비교적 잘 맞아, 말하는 캐릭터의 입 모양과 음성이 크게 어긋나지 않고 자연스럽게 이어집니다. 이로 인해 카메오 설정으로 만든 캐릭터가 실제로 설명하는 것처럼 보이며, 시청자는 콘텐츠에 보다 쉽게 집중할 수 있습니다.

이처럼 소라 2는 단순히 '보는 영상'을 넘어, 듣는 경험까지 함께 설계된 영상을 제공합니다. 사운드 편집에 익숙하지 않은 초보자도 별도의 작업 없이 완성도 높은 음향이 포함된 영상을 제작할 수 있으며, 이를 통해 콘텐츠의 전문성과 몰입도를 한 단계 높일 수 있습니다.

뉴스 대본에 맞춰 음성 생성(147쪽 참고)

안정적인 톤으로 생성된 강의 영상(318쪽 참고)

도시의 상황에 맞춰 환경음 적용

06 리믹스 기능으로 기존 영상을 새로운 영상으로 생성

SNS에서 널리 활용되어 온 밈(meme)은 짧은 이미지나 영상에 간단한 문구를 더해 반복적으로 공유되는 콘텐츠 형식으로, 하나의 장면만으로도 상황과 감정을 직관적으로 전달할 수 있다는 특징이 있습니다. 이러한 밈 문화와 잘 어울리는 기능이 바로 소라 2의 리믹스(Remix)입니다. 리믹스는 하나의 원본 콘텐츠를 바탕으로 일부 요소를 변형해 새로운 의미를 만들어내는 방식으로, 기존 영상의 흐름은 유지한 채 장면이나 분위기, 캐릭터 설정을 바꿔 또 다른 이야기를 구성할 수 있습니다.

예를 들어 낮 장면을 밤으로 바꾸거나, 해변 배경을 도시로 수정하고, 혼자 등장하던 인물에 설명하는 캐릭터를 추가하는 것도 가능합니다. 사용자는 간단한 문장만 입력하면 되며, 소라 2는 기존 영상의 맥락을 이해한 상태에서 변경된 요소만 자연스럽게 반영합니다. 이 기능은 반복 제작이 필요한 콘텐츠에 특히 유용해, 하나의 기본 영상을 다양한 버전으로 빠르게 확장할 수 있습니다. 또한 다른 사용자의 영상을 리믹스해 자신의 아이디어를 더하는 방식은 초보자에게 학습과 실전 제작을 동시에 경험할 수 있는 효과적인 방법이 됩니다.

이러한 방식은 짧은 제작 주기로 반응을 확인해야 하는 SNS 환경에 특히 적합합니다. 하나의 영상 자산을 여러 맥락으로 재해석할 수 있어 콘텐츠 수명을 자연스럽게 늘릴 수 있으며, 기획 부담을 줄이면서도 꾸준한 업로드가 가능합니다. 결과적으로 리믹스는 빠른 소비 구조 속에서도 효율적인 콘텐츠 운영 전략을 가능하게 합니다.

영상 속 등장인물의 국적을 다양하게 리믹스(154쪽 참고)

07 SNS에 특화된 창작자 중심의 플랫폼

소라 2는 단순한 영상 생성 도구를 넘어, 제작과 공유가 하나의 흐름으로 이어지는 SNS 플랫폼의 성격을 함께 갖추고 있습니다. 사용자는 영상을 만들자마자 플랫폼 안에서 바로 공유할 수 있어, 파일을 따로 저장해 다른 SNS에 업로드할 필요가 없습니다. 이 구조는 창작 속도를 높이고, 떠오른 아이디어를 즉시 콘텐츠로 옮길 수 있도록 돕습니다.

웹 브라우저와 모바일 앱 모두에서 이용 가능한 소라 2는 피드 기반 화면을 통해 다른 사용자의 영상을 자연스럽게 탐색할 수 있도록 설계되어 있습니다. 영상을 감상하는 과정에서 "이 장면은 어떻게 만들었을까?"라는 궁금증이 생기며, 프롬프트 작성 방식이나 장면 구성, 연출 아이디어를 자연스럽게 배우게 됩니다. 이러한 경험은 학습으로 이어지고, 다시 새로운 콘텐츠를 만들고 싶은 동기로 연결됩니다.

특히 리믹스 기능은 소라 2의 SNS적 특징과 커뮤니티 문화를 가장 잘 보여주는 요소입니다. 다른 사용자의 영상을 바탕으로 자신의 버전을 제작하며 '보고, 따라 하고, 변형하는' 흐름이 반복되고, 이 과정에서 부담 없이 실력이 쌓입니다. 그 결과 소라 2는 혼자 사용하는 영상 도구를 넘어, 함께 만들고 함께 성장하는 창작자 중심 플랫폼으로 자리 잡고 있습니다.

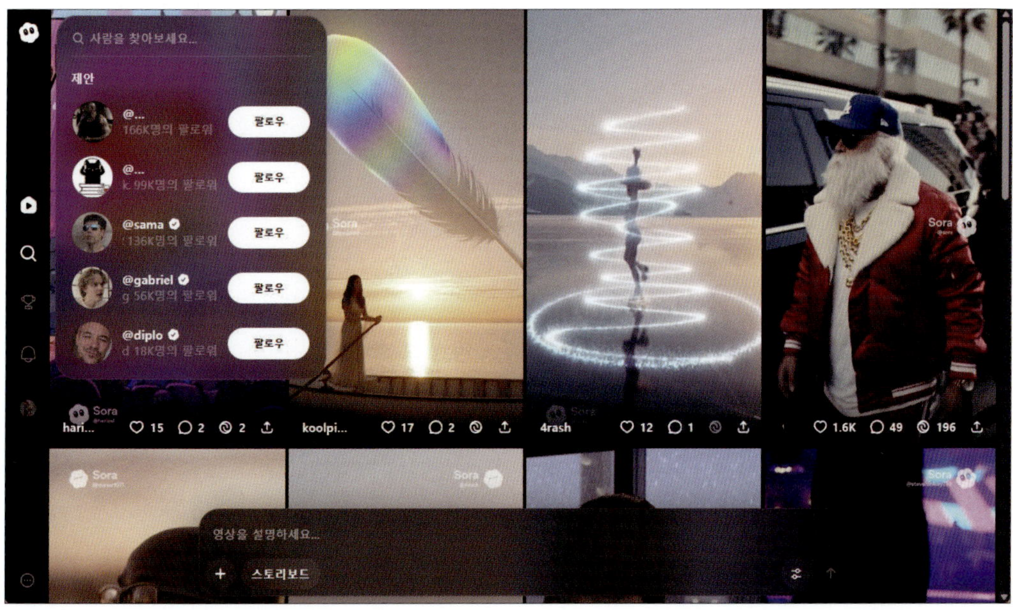

소라 2 메인 화면에서 확인 가능한 공유 영상

08 필요한 이미지를 참고 등록하여 영상 콘셉트 유지

소라 2에서는 이미지를 참고 자료로 등록해 영상 생성에 활용할 수 있습니다(Image-to-Video). 이 기능은 글로만 설명하기 어려운 분위기, 색감, 스타일, 구도를 AI에게 보다 정확하게 전달하고 싶을 때 특히 유용합니다. 사용자는 만들고 싶은 영상과 유사한 느낌의 사진이나 이미지를 업로드한 뒤 간단한 설명만 덧붙이면 되며, 소라 2는 해당 이미지를 참고해 영상의 전체적인 분위기와 시각적 방향을 자연스럽게 반영합니다. 이 기능은 특히 다음과 같은 상황에서 효과적으로 활용할 수 있습니다.

- 특정 영화와 유사한 색감이나 조명을 표현하고 싶을 때
- 캐릭터의 의상이나 전반적인 스타일을 일정하게 유지하고 싶을 때
- 제품 사진을 기준으로 홍보 영상을 제작하고 싶을 때

'어두운 톤의 시네마틱한 느낌'처럼 문장으로만 설명하는 것보다, 실제 이미지를 참고 자료로 제시하는 편이 훨씬 안정적인 결과를 얻을 수 있습니다. 또한 동일한 이미지를 반복해 활용하면 여러 번 영상을 생성하더라도 스타일과 분위기를 일정하게 유지할 수 있어, 연속된 시리즈 영상이나 브랜드 콘텐츠 제작에 유리합니다.

특히 초기 기획 단계에서 이미지 참고 자료를 함께 활용하면, 영상의 콘셉트와 연출 방향을 보다 빠르게 확정할 수 있습니다. 시안 단계에서 여러 장의 참고 이미지를 비교하며 테스트하면, 최종 영상에 가까운 결과를 사전에 예측하는 데에도 도움이 됩니다. 이 과정은 불필요한 반복 생성을 줄여 작업 시간을 단축하는 효과도 있습니다. 또한 팀 작업 환경에서는 참고 이미지를 기준으로 공통된 시각적 기준을 공유할 수 있어, 커뮤니케이션 효율을 높이는 데에도 유용합니다.

여기에 스토리보드 구성, 카메오 설정, 리믹스 기능을 함께 활용하면 효과는 더욱 커집니다. 캐릭터의 외형은 유지한 채 장면만 변경하거나, 동일한 콘셉트의 영상을 여러 버전으로 제작할 수 있기 때문입니다. 이처럼 이미지 참고 등록 기능은 사용자의 시각적 의도를 보다 정확하게 반영해, 영상의 완성도를 한 단계 끌어올려 주는 핵심 도구라 할 수 있습니다.

또한 이미지 참고 자료는 초보 사용자에게도 유용한 가이드 역할을 합니다. 프롬프트 작성이 익숙하지 않더라도, 이미지만으로 기본적인 톤과 스타일을 안정적으로 설정할 수 있기 때문입니다. 결과적으로 시행착오를 줄이면서도 의도에 가까운 영상을 보다 수월하게 제작할 수 있습니다.

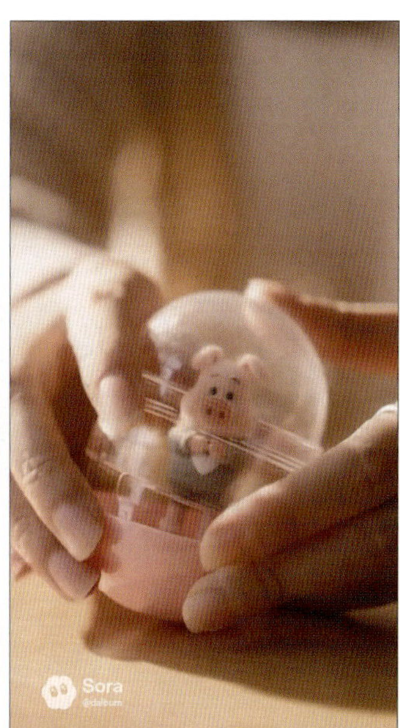

이미지를 등록하여 생성된 제품 소개 영상(289쪽 참고)

09 영상의 흐름을 안정적으로 유지하는 스토리보드 기능

소라 2는 스토리보드(Storyboard) 개념을 활용해 영상을 제작할 수 있다는 점이 큰 특징입니다. 스토리보드는 영상의 흐름을 장면 단위로 나눈 설계도로, 영상의 시작과 전개, 마무리를 미리 구조화하는 데 도움을 줍니다.

스토리보드를 기반으로 작업하면 어떤 장면이 먼저 나오고, 어떤 행동이 이어지며, 어떤 분위기로 마무리되는지를 사전에 정리할 수 있어 영상의 흐름이 안정적으로 유지됩니다. 특히 설명 영상이나 스토리가 있는 콘텐츠에서 효과적입니다. 소라 2는 사용자가 입력한 프롬프트를 바탕으로 장면 간 연결을 고려한 영상 구성을 자동으로 처리합니다. 예를 들어 첫 장면에서는 상황을 제시하고, 다음 장면에서는 인물의 행동을 강조하며, 마지막 장면에서는 메시지를 전달하는 식의 흐름을 자연스럽게 구성합니다.

또한 스토리보드 방식은 수정과 확장에도 유리합니다. 특정 장면만 교체하거나 중간 장면을 추가하더라도 전체 구조가 쉽게 무너지지 않으며, 리믹스 기능과 함께 활용하면 동일한 스토리 구조를 유지한 다양한 버전의 영상을 빠르게 제작할 수 있습니다.

스토리보드를 통해 순서
대로 생성한 영상
(133쪽 참고)

10 초안부터 설계해 나아가는 작업 구조

소라 2의 작업 방식에서 중요한 특징은 결과물을 처음부터 완성본으로 만들기보다, '초안(Draft)'을 중심으로 점진적으로 다듬어 간다는 점입니다. 이는 영상 제작 경험이 없는 사용자도 부담 없이 작업을 시작할 수 있도록 돕는 구조입니다.

일반적인 영상 제작이 기획과 촬영, 편집을 거쳐 수정으로 이어지는 일방향 과정이라면, 소라 2에서는 생성된 영상을 최종본이 아닌 초안으로 받아들이고 이를 반복적으로 수정·발전시키는 방식으로 작업이 이루어집니다. 사용자는 간단한 프롬프트로 먼저 영상을 생성해 전체적인 분위기와 흐름을 확인하고, 이 초안을 기준으로 프롬프트 수정, 장면 교체, 카메오 추가, 분위기 조정 등을 자유롭게 시도할 수 있습니다. 리믹스 기능을 활용하면 동일한 초안을 바탕으로 여러 버전을 비교 제작하는 것도 가능합니다.

이러한 구조 덕분에 사용자는 처음부터 다시 만들어야 한다는 부담 없이 다양한 방향을 실험할 수 있으며, 하나의 영상을 목적에 따라 설명용, 홍보용, SNS용으로 변형해 최종 결과물을 선택할 수 있습니다. 결과적으로 소라 2의 초안 중심 작업 방식은 사용자의 아이디어를 함께 발전시켜 나가는 창작 파트너로서의 성격을 잘 보여주는 요소라 할 수 있습니다.

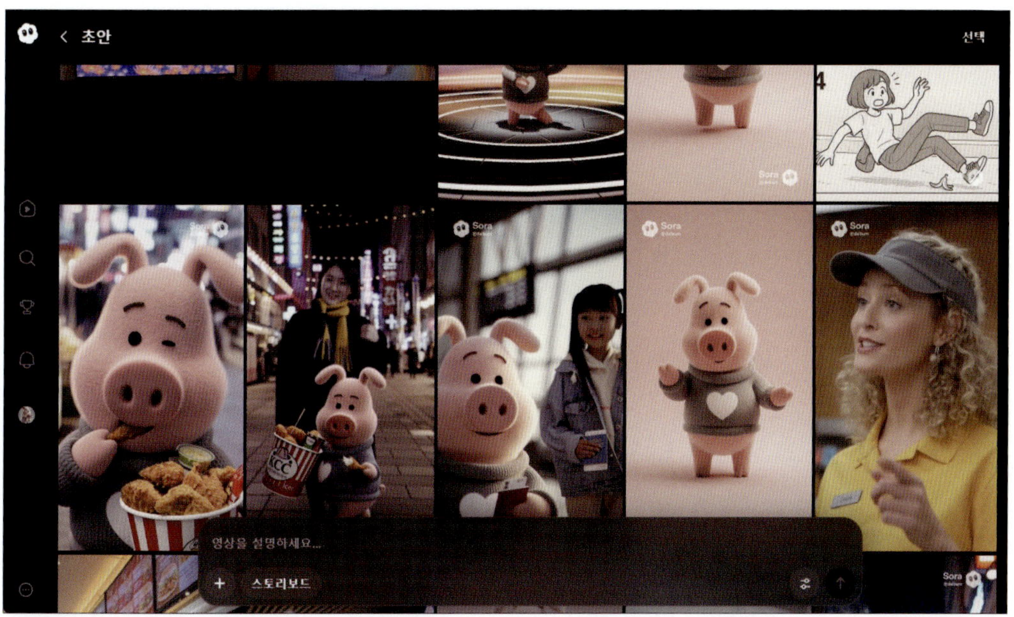

SNS에 공유하기 전, 제한없이 수정이 가능한 초안 기능

LESSON 02

손쉬운 영상 스타일과 연출이 가능한 소라 2

소라 2는 프롬프트와 참고 자료에 따라 실사, 애니메이션, 광고, 판타지·SF 등 다양한 영상 스타일을 구현할 수 있는 AI 영상 생성 도구로, 시네마틱·애니메이션풍·사실적인 스타일 등 기본 프리셋을 제공해 복잡한 설정 없이도 전체 분위기를 손쉽게 적용할 수 있으며, 영상 스타일에 익숙하지 않은 사용자도 원하는 연출을 빠르게 구현할 수 있습니다.

01 실사에 가까운 리얼리즘 스타일

실제로 촬영한 영상처럼 보이는 사실적인 리얼리즘 스타일의 연출이 가능합니다. 인물의 움직임이 부자연스럽지 않게 이어지고, 빛의 방향과 강도, 그림자의 변화, 사물의 물리적인 반응까지 화면 속에서 자연스럽게 표현됩니다. 이러한 표현은 장면 간의 흐름에서도 일관되게 유지되어, 영상 전체가 실제 촬영본처럼 느껴지도록 만듭니다. 그 결과 다큐멘터리 영상, 제품 사용 모습을 보여주는 시연 영상, 인터뷰 형식의 콘텐츠, 영화의 한 장면처럼 연출된 스토리 영상 등에 잘 어울립니다. 현실감과 신뢰도가 중요한 콘텐츠에 특히 적합하며, 과장된 연출 없이도 실제 촬영한 듯한 자연스러운 표현을 구현할 수 있습니다.

사실적인 스타일로 생성된 영상

02 영화적 연출이 강조된 시네마틱 스타일

장면 전체에 깊이 있는 색보정이 적용되고, 카메라가 천천히 이동하거나 시점을 바꾸는 연출을 통해 영화적인 분위기를 강조한 시네마틱 스타일의 영상도 구현할 수 있습니다. 이러한 표현은 영화 예고편이나 드라마를 떠올리게 하며, 짧은 영상에서도 극적인 몰입감을 만들어냅니다.

또한 장면 전환 시 감정의 흐름이 자연스럽게 이어지도록 구성되어, 인물의 표정이나 공간의 분위기가 더욱 강조됩니다. 이러한 요소들은 영상에 긴장감이나 여운을 더해주며, 짧은 영상에서도 하나의 이야기가 있는 것처럼 느껴지게 합니다. 이 스타일은 브랜드 영상이나 콘셉트 필름처럼 감정 전달이 중요한 콘텐츠에 특히 적합하며, 단순히 현실을 재현하는 리얼리즘 스타일과 달리 연출을 통한 분위기 표현에 초점이 맞춰져 있습니다.

'영화 같은 느낌', '트레일러 스타일', '드라마 티저 영상'과 같은 비교적 간단한 표현만으로도 이러한 분위기를 잘 반영할 수 있어, 전문적인 연출 지식이 없어도 영화적인 영상을 손쉽게 시도할 수 있습니다.

장면에 따른 다양한 연출 요소로 시네마틱한 영상 생성

소라 2는 실사 중심의 표현을 넘어 2D 애니메이션과 카툰풍 스타일의 영상도 구현할 수 있는 AI 영상 생성 도구입니다. 평면적인 그림 표현과 단순화된 형태, 또렷한 색감과 윤곽선을 통해 만화나 애니메이션에서 보던 친숙한 연출이 가능하며, 현실적인 질감보다는 캐릭터의 개성과 장면의 분위기를 강조하는 데 적합합니다.

이 스타일은 과장된 동작과 표정 표현에 강점이 있어 상황과 감정을 직관적으로 전달할 수 있으며, 캐릭터가 설명하거나 이야기를 이끌어가는 구조의 영상에 특히 잘 어울립니다. 실제 촬영 환경이나 물리적 제약에 크게 구애받지 않기 때문에, 영상 제작 경험이 많지 않은 사용자도 비교적 안정적인 결과를 얻을 수 있고, 교육용 설명 영상이나 스토리텔링 중심 콘텐츠에 효과적으로 활용할 수 있습니다.

애니메이션 · 카툰 스타일은 가볍고 친근한 분위기의 SNS 콘텐츠, 캐릭터 중심 영상, 브랜드 마스코트 활용 영상 등 다양한 분야에 적용할 수 있습니다. '만화 스타일', '애니메이션 느낌', '귀엽고 밝은 톤'과 같은 간단한 표현만으로도 원하는 연출을 쉽게 구현할 수 있어, 접근성이 높고 활용 범위가 넓은 스타일이라고 할 수 있습니다.

또렷한 색감과 윤곽선이 도드라지는 카툰 스타일의 연출

04 입체적인 3D 그래픽 스타일

소라 2는 입체감이 강조된 3D 그래픽과 3D 애니메이션 스타일의 영상 표현을 지원합니다. 오브젝트와 공간의 깊이가 분명하게 드러나며, 사물이 회전하거나 카메라가 이동하는 장면에서도 공간감과 구조가 자연스럽게 전달됩니다. 여기에 움직임이 더해지면 정적인 그래픽을 넘어 실제 3D 애니메이션처럼 보이는 연출도 구현할 수 있습니다.

이 스타일은 대상의 형태와 구조를 시각적으로 이해시키는 데 강점이 있어, 제품 소개 영상이나 가상 공간을 활용한 설명 콘텐츠에 특히 잘 어울립니다. 테크 · IT 분야의 기능 시연, 서비스 구조 설명, 콘셉트 시각화처럼 '보여주는 것'이 중요한 콘텐츠에서 효과적으로 활용할 수 있으며, 카메라 회전이나 확대 · 축소 연출을 함께 사용하면 정보 전달력이 더욱 높아집니다.

전문적인 3D 모델링이나 복잡한 제작 과정을 거치지 않아도 비교적 간단한 프롬프트만으로 입체적인 영상 연출을 시도할 수 있다는 점은 소라 2의 큰 장점입니다. 덕분에 3D 제작 경험이 없는 사용자도 부담 없이 3차원 표현을 활용할 수 있으며, 프레젠테이션 영상이나 학습용 콘텐츠 제작에도 유용하게 적용할 수 있습니다.

복잡한 프로그램 대신 간단한 프롬프트로 3D 연출 가능

05 독특한 화풍도 가능한 일러스트·아트 스타일

소라 2는 선이 강조된 드로잉 표현부터 수채화처럼 부드러운 질감, 디지털 페인팅 특유의 색감과 터치까지, 그림책이나 콘셉트 아트를 연상시키는 다양한 일러스트·아트 스타일의 영상 연출을 지원합니다. 하나의 고정된 화풍에 제한되지 않고, 프롬프트에 따라 표현 방식과 분위기를 폭넓게 조절할 수 있다는 점이 특징입니다.

이 스타일은 사실적인 묘사보다는 감정과 분위기, 메시지 전달에 초점을 맞추는 연출에 적합합니다. 스토리 중심의 영상이나 감성적인 콘텐츠에 잘 어울리며, 브랜드의 이미지나 세계관을 시각적으로 표현해야 하는 브랜딩 영상에서도 효과적으로 활용할 수 있습니다. 색감과 질감이 강조된 장면 구성은 영상의 인상을 보다 선명하게 남기는 데 도움을 줍니다.

일러스트·아트 스타일은 장면 하나하나가 그림처럼 느껴지는 연출이 가능해, 현실적인 영상과는 다른 인상을 전달하고 싶을 때 적합합니다. 짧은 영상이라도 독특한 분위기와 여운을 남길 수 있어, 콘셉트 중심 콘텐츠나 감각적인 SNS 영상 제작에서도 매력적인 선택지라고 할 수 있습니다.

폭넓은 화풍으로 아트 스타일 연출

06 아날로그적 빈티지·레트로 스타일

소라 2는 색이 바랜 듯한 톤과 필름 그레인, 낮은 채도와 따뜻한 색감을 활용해 과거의 분위기와 감성을 자연스럽게 표현하는 빈티지·레트로 스타일의 영상 연출을 지원합니다. 필름 카메라로 촬영한 듯한 질감을 살려, 선명한 디지털 영상과는 다른 아날로그적인 인상을 만들어냅니다. 이러한 표현은 화면의 완성도보다 감정의 결을 강조하는 데 초점을 둡니다.

이 스타일은 실제 과거 영상을 그대로 재현하기보다는, '추억을 떠올리게 하는 분위기'와 감정을 연출하는 데 목적이 있습니다. 시간의 흐름이나 기억을 주제로 한 스토리 영상, 음악 영상, 라이프스타일 콘텐츠에 잘 어울리며, 장면 하나하나보다 전체적인 정서와 흐름을 자연스럽게 전달합니다. 특히 인물의 표정이나 일상의 순간을 담아낼 때 감성적인 효과를 더해 줍니다.

디지털 영상 특유의 또렷함을 일부러 낮추고 부드럽고 따뜻한 여운을 강조하고 싶을 때, 빈티지·레트로 스타일은 영상에 개성과 깊이를 더해주는 표현 방식이 됩니다. 과장된 연출보다 잔잔한 감정 전달을 원하는 경우에 적합하며, 브랜드 스토리나 개인적인 기록 영상처럼 오래 기억되기를 바라는 콘텐츠에도 잘 어울리는 스타일이라고 할 수 있습니다.

1980년대 TV광고 스타일로 생성된 영상

스타일, 분위기, 연출 방식을 하나로 미리 정리해 둔 설정으로, 복잡한 조작 없이 버튼 한 번만으로도 초보자가 전문가처럼 통일감 있고 완성도 높은 결과물을 만들 수 있도록 도와주는 스타일 기능입니다. 프롬프트 입력창 위에 있는 리스트에서 원하는 스타일을 클릭하면 손쉽게 적용할 수 있으며, 시즌이나 이벤트에 따라 제공되는 스타일 목록은 변경될 수 있습니다.

① **성탄 느낌**: 화려한 색감과 활기찬 연출을 통해 축제 현장의 즐거운 분위기를 강조한 스타일

② **모션**: 역동적인 액션, 반응 중심 연출을 통해 인물 또는 사물의 움직임이 강조된 스타일

③ **뉴스**: 안정적인 구도를 바탕으로 뉴스 진행자나 보도 영상의 신뢰감 있고 공식적인 분위기를 표현한 스타일

④ **셀카**: 인물 중심의 화면 구성으로 셀카나 브이로그처럼 자연스러운 느낌을 살린 스타일

⑤ **핸드헬드**: 손으로 카메라를 들고 촬영한 듯한 흔들림을 통해 현장감을 강조한 스타일

⑥ **골든**: 따뜻한 황금빛 색감을 활용해 감성적이고 포근한 분위기를 강조한 스타일

⑦ **일본 애니**: 애니메이션 특유의 선명한 색감과 표현을 통해 비현실적이고 개성 있는 분위기를 구현한 스타일

⑧ **레트로**: 색이 바랜 필름 느낌으로 복고적이고 향수를 불러일으키는 분위기를 표현한 스타일

⑨ **빈티지**: 채도가 낮고 바랜 색감과 필름 그레인 질감을 통해 아날로그 감성과 시간의 흔적이 느껴져 회고적이거나 감성적인 분위기의 영상 연출에 적합한 스타일

⑩ **만화책**: 굵은 윤곽선과 과장된 표정, 말풍선이나 효과음을 연상시키는 연출을 통해 만화책의 역동적이고 그래픽적인 분위기를 표현한 스타일

LESSON 03   소라 2의 다양한 분야별 활용 아이디어

소라 2는 단순히 영상을 자동으로 생성하는 도구에 머무르지 않고, 다양한 분야에서 아이디어를 실험하고 확장할 수 있는 범용 창작 플랫폼으로 활용될 수 있습니다. 교육, 광고 · 마케팅, 소셜미디어, 영화 제작, 캐릭터 IP 개발, 연구 · 과학 분야에 이르기까지, 텍스트로 입력한 아이디어를 즉시 시각적인 결과물로 확인할 수 있다는 점에서 기존 제작 방식과는 다른 가능성을 제시합니다. 소라 2를 실제로 어떻게 활용할 수 있는지, 분야별 사례와 함께 구체적으로 살펴보겠습니다.

01 캐릭터 IP 제작 분야

캐릭터 IP 제작 분야에서 소라 2는 아이디어를 빠르게 확인하고 확장하는 데 유용한 도구입니다. 캐릭터의 외형, 성격, 세계관을 텍스트로 정리하면, 해당 캐릭터를 중심으로 다양한 상황과 연출을 영상으로 구현할 수 있습니다.

하나의 캐릭터를 광고 모델처럼 등장시키거나, 애니메이션의 주인공으로 설정해 일상적인 이야기를 풀어내는 등 여러 방향의 활용을 시도할 수 있습니다. 이렇게 생성한 캐릭터는 SNS에 공유하여 누구나 사용할 수 있도록 지정할 수 있습니다. 동일한 캐릭터를 반복적으로 활용하며 이미지와 설정을 비교하는 과정에서, 캐릭터가 가진 매력과 가능성을 보다 명확하게 파악할 수 있습니다.

이러한 방식은 웹툰, 애니메이션, 게임, 브랜드 캐릭터, 굿즈 등으로 확장 가능한 상업적 캐릭터 IP를 기획하는 데 효과적입니다. 별도의 촬영이나 제작 없이도 캐릭터 중심의 영상을 만들어볼 수 있어, 초기 기획 단계에서 방향성을 검토하는 데 실질적인 도움이 됩니다.

> **프롬프트**
>
> @생성한 캐릭터가 애니메이션 주인공으로 등장해 자신의 집을 소개하는 영상을 생성해줘, 따뜻한 색감과 부드러운 연출

이 프롬프트를 적용하면, 자체 제작한 캐릭터가 주인공으로 등장해 자신의 집을 소개하는 브이로그 영상이 생성되며, 전체적으로 따뜻한 색감과 부드러운 연출을 통해 캐릭터의 성격과 일상적인 분위기가 자연스럽게 전달되는 결과물을 얻을 수 있습니다.

생성한 캐릭터를 활용하여
일관성 있는 영상 생성
(104쪽 참고)

02 교육 분야

소라 2는 교육 현장에서 학습 내용을 영상으로 전달하는 데 매우 효과적인 도구로 활용될 수 있습니다. 말이나 글로 설명하기 어려운 개념도 장면과 움직임으로 보여줄 수 있어, 학습자의 이해도를 높이는 데 도움이 됩니다. 특히 시간의 흐름이나 공간적 배경을 함께 설명해야 하는 주제에서 그 장점이 두드러집니다.

역사 수업에서는 특정 시대의 생활상을 하나의 장면으로 재현해 보여줄 수 있습니다. 예를 들어 조선 시대의 시장 풍경을 하루의 흐름에 따라 보여주는 영상을 생성하면, 학생들은 교과서 속 설명을 실제 장면처럼 받아들이게 됩니다. 과학 수업에서도 행성의 공전이나 분자의 반응처럼 눈에 보이지 않는 과정을 영상으로 시각화해 설명할 수 있어, 추상적인 개념을 보다 직관적으로 이해하도록 돕습니다.

이러한 방식은 교사가 준비한 자료를 보여주는 데서 그치지 않고, 학생이 직접 영상을 만들어보는 활동으로 확장될 수 있습니다. 학습 주제를 텍스트로 정리하고 이를 영상으로 구현하는 과정에서 학생들은 내용을 능동적으로 재구성하게 되며, 이는 수동적인 학습을 넘어 참여형·체험형 학습 환경을 만드는 데 기여합니다. 또한 결과물을 함께 공유하고 피드백하는 과정은 표현력과 사고력을 함께 기르는 데도 긍정적인 영향을 줍니다.

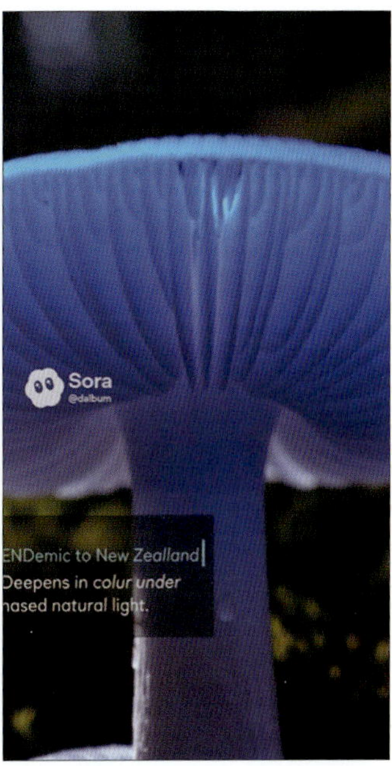

연출하기 어려운 장면을 구현하여 교육 자료로 활용

광고 · 마케팅 분야에서 소라 2는 아이디어를 빠르게 시각화할 수 있는 기획 도구로 활용될 수 있습니다. 기존에는 하나의 영상 시안을 제작하는 데에도 많은 시간과 비용이 필요했지만, 소라 2를 활용하면 여러 가지 콘셉트를 짧은 시간 안에 비교해볼 수 있습니다. 이는 초기 기획 단계에서 의사결정을 빠르게 내리는 데에도 도움이 됩니다.

신제품 출시를 앞둔 상황이라면, 제품의 특징을 강조하는 다양한 연출을 영상으로 만들어볼 수 있습니다. 예를 들어 미래적인 이미지를 강조한 전기차 광고나, 자연광과 감성적인 분위기를 중심으로 한 화장품 광고처럼 서로 다른 방향의 영상을 손쉽게 생성해볼 수 있습니다. 이를 통해 실제 제작에 들어가기 전, 어떤 콘셉트가 브랜드 이미지에 가장 잘 어울리는지 미리 검토할 수 있습니다.

또한 영상 제작 경험이 없는 마케팅 담당자나 기획자도 텍스트로 아이디어를 정리하는 것만으로 시각적인 결과물을 얻을 수 있어, 내부 회의나 외부 협업 과정에서 중요한 참고 자료로 활용할 수 있습니다. 소라 2는 단순한 제작 도구를 넘어, 아이디어 검증과 커뮤니케이션을 돕는 도구로서의 역할도 수행합니다. 더 나아가 광고 콘셉트 테스트나 A/B 시안 비교처럼 전략 수립 단계에서도 유연하게 활용할 수 있습니다.

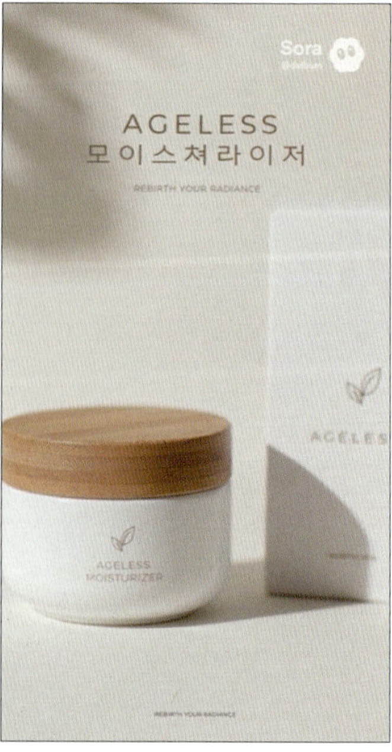

제품 이미지를 첨부하여 특징을 살린 광고 영상 생성(284, 289쪽 참고)

04 유튜브 및 소셜미디어 분야

유튜브와 소셜미디어 영역에서는 소라 2가 1인 크리에이터의 창작 부담을 줄여주는 도구로 활용되고 있습니다. 촬영 장비나 복잡한 편집 과정 없이도, 아이디어 중심의 콘텐츠를 영상으로 구현할 수 있다는 점에서 특히 유용합니다. 이는 콘텐츠 제작에 필요한 시간과 비용을 줄이는 데에도 긍정적인 영향을 줍니다.

패러디 영상이나 밈 콘텐츠처럼 설정이 중요한 콘텐츠의 경우, 현실에서는 촬영이 어려운 장면도 소라 2를 활용하면 쉽게 구현할 수 있습니다. 예를 들어 동물이 사람처럼 행동하는 설정이나, 익숙한 캐릭터가 일상적인 공간에 등장하는 장면은 짧은 숏폼 영상에서 강한 주목도를 만들어냅니다. 이러한 연출은 의외성과 재미를 동시에 전달해, 시즌성 콘텐츠나 화제성 있는 영상 제작에 적합합니다. 특히 빠른 소비를 전제로 한 플랫폼 환경과도 잘 어울립니다.

또한 소라 2 활용 과정 자체를 콘텐츠로 삼아, 영상 제작 팁이나 프롬프트 구성 방법을 공유하는 크리에이터들도 늘어나고 있습니다. 이를 통해 소라 2는 단순한 제작 도구를 넘어, 새로운 콘텐츠 주제와 형식을 만들어내는 계기로 작용하고 있습니다. 나아가 크리에이터의 전문성을 드러내는 브랜딩 수단으로 활용될 가능성도 보여줍니다.

댄스 · 먹방 · 동물 콘텐츠 등 다양한 소셜미디어 영상 생성(206쪽 참고)

영화와 영상 제작 분야에서 소라 2는 기획 단계에서 특히 강력한 도구로 활용될 수 있습니다. 콘셉트 영상이나 스토리보드용 애니메틱을 제작해, 실제 촬영에 들어가기 전 장면의 분위기와 구도를 미리 확인할 수 있습니다. 이를 통해 연출 의도를 보다 구체적으로 시각화하고, 초기 기획 단계의 불확실성을 줄일 수 있습니다.

예산이나 제작 환경의 제약으로 실제 촬영이 어려운 장면도 소라 2를 활용하면 비교적 부담 없이 시도해볼 수 있습니다. 미래 도시를 배경으로 한 장면이나 대규모 판타지 전투처럼 현실적인 재현이 어려운 설정도 영상으로 구현해보며 연출 방향을 구체화할 수 있습니다. 이러한 시도는 촬영 방식과 시각 효과의 가능성을 사전에 검토하는 데에도 도움이 됩니다.

독립 영화나 단편 영상을 제작하는 창작자에게는 제한된 예산 안에서도 영화적인 스케일을 실험할 수 있는 도구가 되며, 대형 제작사 역시 프리비즈나 콘셉트 테스트 과정에서 소라 2를 활용해 제작 효율을 높일 수 있습니다. 이 과정에서 생성된 영상은 제작진 간의 소통을 돕는 시각 자료로도 활용됩니다. 결과적으로 소라 2는 기획과 제작 사이의 간극을 줄여주는 연결 도구로 기능합니다.

시네마틱한 스타일로 생성한 콘셉트 영상

06 연구·과학 분야

연구와 과학 분야에서도 소라 2는 복잡한 개념과 현상을 시각적으로 표현하는 도구로 폭넓게 활용될 수 있습니다. 자연 현상이나 추상적인 이론, 실험 과정을 영상으로 구현함으로써 연구 설명, 학회 발표, 교육 자료 등 다양한 목적의 시각 자료를 제작할 수 있습니다. 이는 텍스트나 수식 중심의 설명만으로는 전달하기 어려운 구조와 흐름을 보다 직관적으로 보여주는 데 효과적입니다.

또한 소라 2를 활용하면 가상 환경을 생성해 특정 조건이나 상황을 시뮬레이션한 영상을 만들어볼 수 있습니다. 현실에서 재현하기 어려운 실험 환경이나 장기적인 변화를 영상으로 표현함으로써, 연구 아이디어를 검토하거나 가설을 설명하는 보조 자료로 활용할 가능성도 있습니다. 이러한 시각화 과정은 연구 내용을 정리하고 타인에게 전달하는 데에도 도움이 됩니다.

대중을 대상으로 한 과학 커뮤니케이션 영역에서도 소라 2의 활용 가치는 큽니다. 어려운 과학 개념이나 연구 결과를 영상으로 풀어내면 이해도를 높이고 흥미를 유도할 수 있기 때문입니다. 예를 들어 천문학 분야에서는 초신성이 폭발하는 과정을 단계적으로 시각화해 설명할 수 있고, 고고학 분야에서는 고대 도시의 생활상을 복원한 영상을 통해 연구 성과를 보다 생생하게 전달할 수 있습니다. 이처럼 소라 2는 연구 결과를 '보여주는 자료'로 확장해, 지식 전달과 소통 방식을 보다 효과적이고 친숙하게 만들어주는 도구로 활용될 수 있습니다.

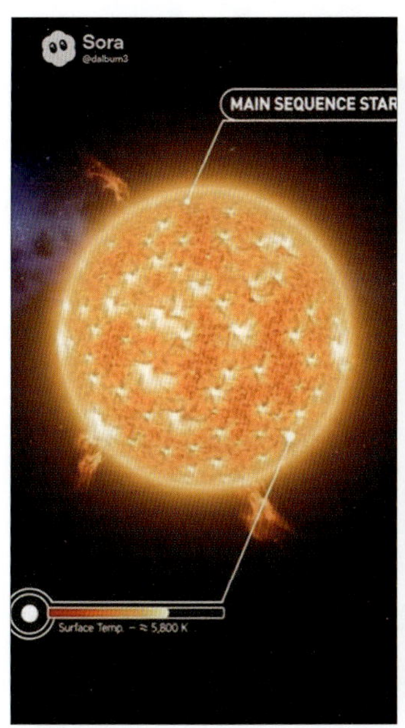

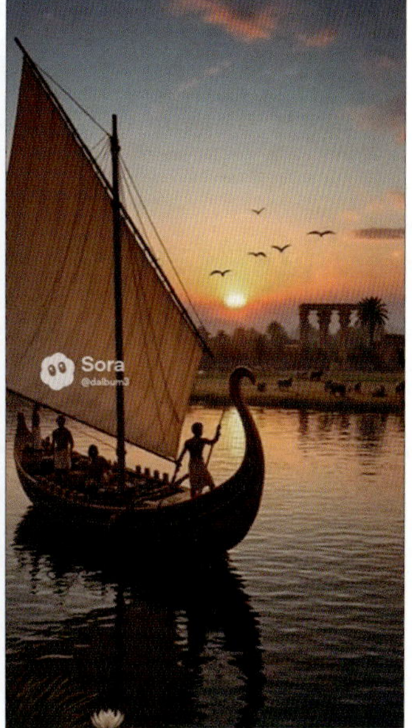

연구 결과나 가설을 영상화하여 자료로 제공

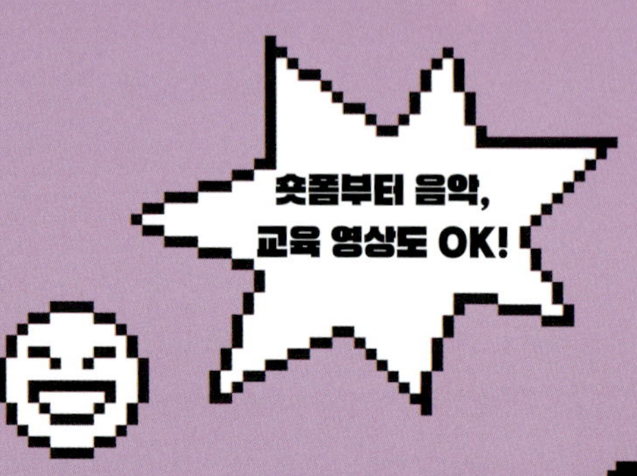

PART 2

챗GPT와 소라 2의 특화된 프롬프트 사용법

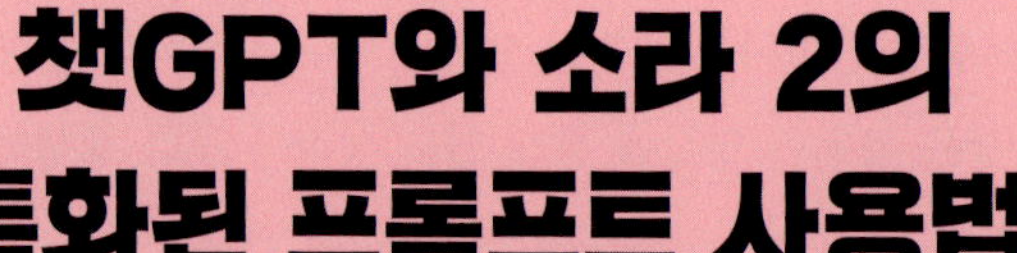

OpenAI 사의 두 AI를 활용하면 챗GPT를 기반으로 소라 2 영상 제작의 기획부터 실행까지 체계적으로 진행할 수 있습니다. 먼저 챗 GPT를 활용한 소라 2 영상 대본 작성법을 통해 스토리 구조와 내레이션 흐름을 정리하고, 이를 바탕으로 소라 2 영상 프롬프트 활용 가이드를 적용하여 장면별 생성 조건을 구체화합니다. 이후 영상 연출을 위한 카메라 구도와 움직임을 이해하면 컷 구성과 시선 흐름을 보다 정교하게 설계할 수 있습니다. 여기에 챗GPT 이미지 기능의 변화된 특징을 파악하고, 해당 기능을 활용해 참고 이미지를 생성하는 과정을 살펴보면 소라 2에서 사용할 시각적 기준을 명확히 설정할 수 있으며, 결과적으로 완성도 높은 AI 영상 제작이 가능합니다.

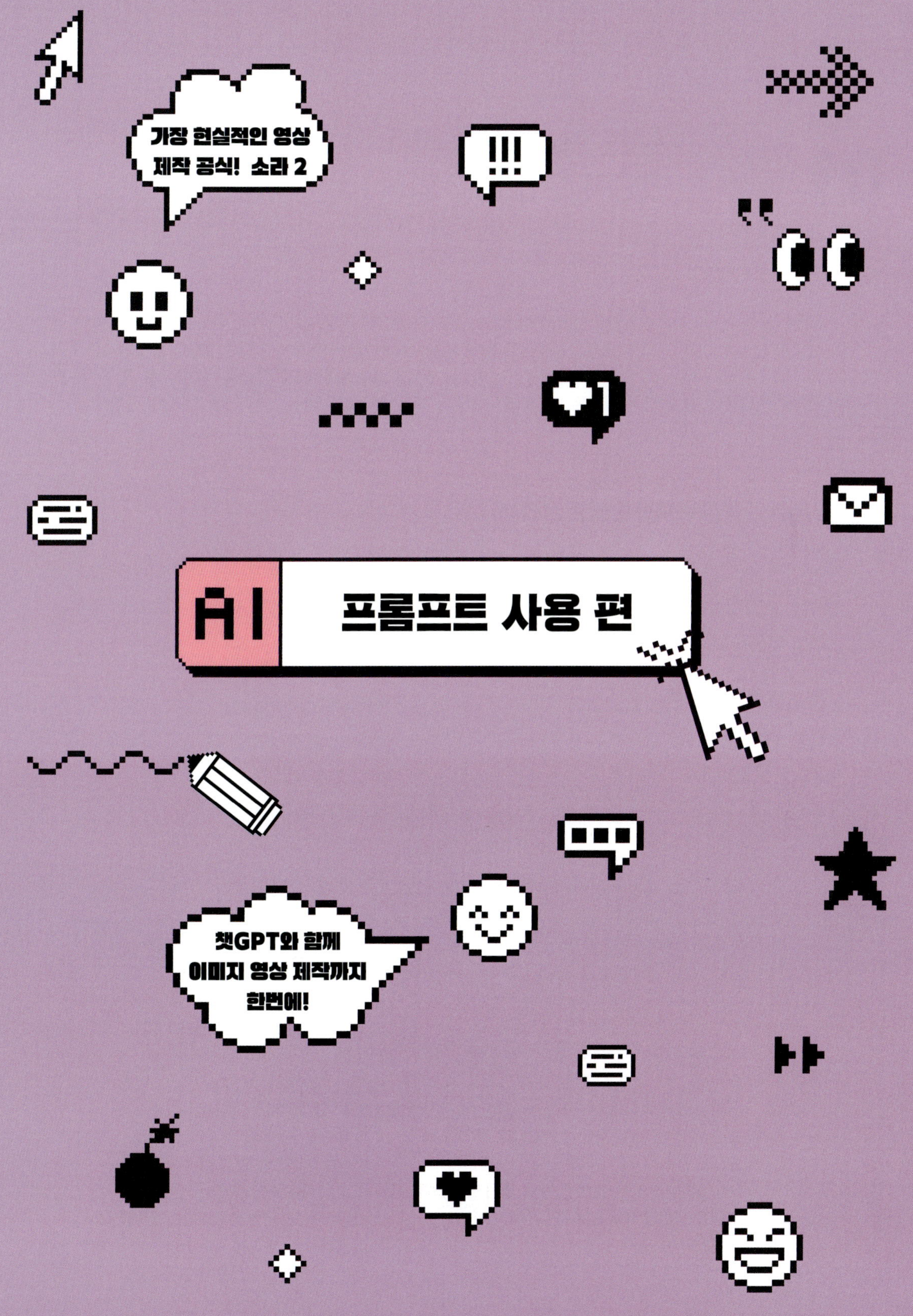

가장 현실적인 영상 제작 공식! 소라 2
!!!
AI 프롬프트 사용 편
챗GPT와 함께 이미지 영상 제작까지 한번에!

LESSON 01
같은 회사, 다른 AI
챗GPT로 소라 2 영상 대본 작성법

소라 2는 텍스트로 입력한 설명을 바탕으로 영상을 생성하는 생성형 영상 AI로, 이때 영상의 완성도를 좌우하는 핵심 요소는 대본입니다. 대본이 명확할수록 장면과 분위기를 의도에 맞게 구현할 수 있으며, 챗GPT를 활용하면 아이디어를 정리하고 이를 장면 단위의 대본으로 구조화하는 과정을 보다 효율적으로 진행할 수 있습니다. 챗GPT를 활용해 영상 대본을 체계적으로 설계하고, 이를 소라 2에 최적화된 형태로 정리하는 전 과정을 단계별로 살펴봅니다.

01 영상의 생성 목적과 콘셉트 정리

가장 먼저 할 일은 '이 영상을 왜 만드는가'를 정리하는 것입니다. 이 단계에서는 완벽한 문장보다 핵심 키워드를 정리하는 것이 중요하며, 챗GPT에게 대본을 요청하기 전에 영상과 관련된 여러 요소를 간단히 정의해 두면 이후 작업이 훨씬 수월해집니다.

- **영상 목적**: 홍보, 설명, 감성 등 영상이 전달하려는 핵심 의도를 정합니다.
- **타깃**: 영상을 시청할 대상과 특성에 따라 표현 방식과 전개 속도를 결정합니다.
- **분위기**: 영상 전반의 감정 톤과 스타일을 설정해 연출 방향을 잡습니다.
- **영상 길이**: 전체 구성과 정보 밀도를 고려해 영상의 분량을 정합니다.

예 다음과 같이 **콘셉트 제안**을 요청할 수 있습니다.

> **사용자**   '한 남자가 일상 속에서 영웅이 될 수 있다'라는 메시지를 바탕으로 기획의 목적, 핵심 타깃, 전반적인 분위기를 포함한 콘셉트를 제안해줘.

챗GPT

- **영상 목적**: 일상 속 작은 행동이 영웅이 될 수 있다는 메시지를 감성적으로 전달하는 스토리텔링 중심의 영상
- **타깃**: 일상에 지친 20~40대 일반 시청자, 짧지만 따뜻한 메시지에 공감하는 사람들
- **분위기**: 전반적으로 따뜻하고 잔잔한 톤으로 시작해, 후반부로 갈수록 희망적이고 밝아지는 감성적인 분위기
- **영상 길이**: 약 30초~1분 분량으로, 짧은 시간 안에 인물의 변화와 메시지를 명확하게 전달
- **콘셉트**: 평범한 하루를 보내던 한 남자가 길에서 마주친 상황들 속에서 타인을 배려하는 선택을 하고, 그 행동들이 이어지며 결국 주변 사람들에게 힘이 되는 '다정한 영웅'으로 변화해 가는 과정을 담은 영상

02 전체 대본의 구조 만들기

챗GPT에게 영상 전체 흐름을 장면별로 나눈 대본 구조를 요청할 때 "장면 단위로 나눠줘"와 같이 명확하게 요청하면 소라 2에 바로 활용하기 좋은 형태로 정리할 수 있으며, 챗GPT는 이 과정을 통해 영상의 뼈대가 되는 시퀀스를 만들어 줍니다. 여기에 더해 각 장면마다 등장하는 인물, 카메라 구도, 분위기, 자막이나 대사의 톤까지 함께 요청하면 소라 2가 장면의 의도와 흐름을 더욱 정확하게 이해할 수 있는 구체적인 대본 구조를 완성할 수 있습니다.

- **인트로**: 영상의 첫인상을 결정하는 구간으로, 짧은 시간 안에 시청자의 시선을 끌며 영상의 분위기와 주제를 제시합니다.
- **전개**: 영상의 본격적인 내용이 펼쳐지는 단계로, 핵심 내용을 전달하며 흐름과 맥락을 형성합니다.
- **클라이맥스**: 영상에서 전달하고자 하는 핵심 메시지와 감정이 가장 강하게 드러나는 정점입니다.
- **아웃트로**: 시청자에게 여운을 남기거나 상징적인 이미지를 통해 메시지를 마무리합니다.

예 다음과 같이 **대본 흐름에 따른 시나리오**를 요청할 수 있습니다.

> **사용자** 위의 내용을 소라 2로 영상을 제작하려고 해.
> 흐름에 맞게 인트로-전개-클라이맥스-아웃트로로 나눠서 구성해줘.

챗GPT

- **인트로**: 바쁜 아침의 도시 풍경 속, 평범한 옷차림의 한 남자가 출근길에 나서는 장면으로 시작한다.
- **전개**: 남자는 길을 걷다 작은 상황들을 마주친다. 무거운 짐을 든 노인을 도와주고, 넘어질 뻔한 아이를 붙잡아 주며, 지친 표정의 누군가에게 자리를 양보한다.
- **클라이맥스**: 도움받은 사람들이 남자를 바라보며 미소 짓거나 고개를 끄덕이는 순간들이 이어지고, 이 장면에서 '영웅은 특별한 사람이 아니다'라는 메시지가 감정적으로 전달된다.
- **아웃트로(마무리)**: 해 질 무렵, 남자가 집으로 돌아가는 뒷모습을 따라가며 화면이 점점 밝아진다. 잔잔한 음악 위로 여운을 남기는 마지막 장면과 함께, 일상 속 작은 선택이 누군가에게는 큰 힘이 된다는 메시지를 암시하며 영상이 마무리된다.

흐름을 스토리보드로
요청한 예시

03 장면별 시각적 대본 구체화

전체 구조가 완성되면, 각 장면을 보이는 이미지 중심으로 다시 다듬는 단계로 넘어갑니다. 소라 2는 소설식 서술보다는 화면에 실제로 보일 장면을 설명하는 방식으로 작성하는 것이 효과적입니다.

이 과정에서 챗GPT는 텍스트를 영상 언어로 정리해, 소라 2가 이해하기 쉬운 프롬프트를 만드는 역할을 합니다.

- **배경(공간, 시간, 날씨)**: 장면이 어디에서, 언제, 어떤 환경에서 펼쳐지는지를 정하는 요소로, 영상의 첫인상을 결정합니다.
- **등장 요소(인물, 사물)**: 화면에 무엇이 등장하고 어떻게 움직이는지를 정의하는 요소로, 인물의 행동이나 소품, 제스처를 구체적으로 정리할수록 장면 이해도가 높아집니다.
- **카메라 느낌(클로즈업, 와이드 샷 등)**: 장면을 어떤 시점으로 바라볼지를 정하는 요소로, 샷의 크기와 움직임에 따라 집중도와 감정 전달 방식이 달라집니다.
- **분위기(조명, 색감, 감정)**: 장면이 전달하려는 감정과 시각적 톤을 담당하며, 조명과 색감에 따라 영상의 전체적인 인상이 결정됩니다.

 다음과 같이 **장면별 구체적인 상황묘사**를 요청할 수 있습니다.

> **사용자** 생성된 콘셉트 시나리오를 바탕으로 등장 요소, 배경, 카메라, 분위기를 반영한 구체적인 생성 프롬프트를 4개의 장면으로 짧게 정리해서 작성해줘.

> **챗GPT**
> - 장면 1: 아침 햇살이 비치는 도심 거리. 출근 시간의 사람들 사이를 걷는 평범한 옷차림의 한 남자가 등장한다. 카메라는 아이 레벨 앵글로 남자의 무표정한 얼굴과 바쁜 주변 풍경을 담아내며, 일상의 분위기를 조용히 보여준다.
> - 장면 2: 남자는 길을 걷다 작은 상황들을 연달아 마주친다. 무거운 장바구니를 들고 힘들어하는 노인을 보고 잠시 망설이다가 다가가 짐을 들어주고, 횡단보도에서 넘어질 뻔한 아이를 붙잡아 안전한 곳으로 안내한다. 카메라는 손을 내미는 순간, 짧은 눈맞춤, 고마워하는 표정을 클로즈업하며 따뜻한 감정이 조금씩 쌓여가는 과정을 보여준다.
> - 장면 3: 도움을 받은 사람들이 남자를 바라보며 미소를 짓거나 고개를 숙여 인사한다. 카메라는 로우 앵글로 전환되어, 남자의 모습이 이전보다 조금 더 단단하고 자신감 있게 보이도록 연출한다. 주변의 시선과 표정들이 겹쳐지며 '영웅은 거창한 행동이 아니라 작은 선택에서 시작된다'는 메시지가 감정적으로 전달된다.
> - 장면 4: 해가 지는 저녁, 남자가 집으로 돌아가는 뒷모습을 따라 카메라가 천천히 이동한다. 도시의 불빛이 하나둘 켜지고, 남자는 조용히 미소를 짓는다. 카메라는 아이 레벨에서 멀어지며 일상 속으로 사라지는 남자를 보여주고, 작은 행동이 누군가에게는 큰 힘이 될 수 있다는 여운을 남기며 영상이 마무리된다.

04 소라 2에 맞게 대본 정리하기

챗GPT가 만든 대본을 그대로 사용하기보다는, 소라 2에 입력하기 좋은 형태로 한 번 더 정리하는 것이 좋습니다. 이렇게 정리하면 소라 2가 장면을 오해할 가능성을 줄일 수 있고, 전체 영상 결과물의 일관성도 더욱 높아집니다.

- **불필요한 추상적 표현 줄이기**: 감정이나 분위기를 직접 말하기보다 화면에 보이는 구체적인 장면으로 표현합니다.
- **한 장면 = 한 문단 원칙 유지**: 하나의 장면은 하나의 문단으로 정리해 소라 2가 장면 단위를 명확히 인식하도록 합니다.
- **감정 표현은 시각적 요소로 바꾸기**: 감정을 설명하는 대신 배경, 사물, 빛, 움직임 같은 시각적 요소로 감정을 전달합니다.

예 다음과 같이 **소라 2가 이해하기 쉽도록 정리**를 요청할 수 있습니다.

> **사용자** 마지막으로, 불필요한 추상적 표현을 줄이고, 한 장면당 한 문단 원칙을 유지하며 감정 표현을 구체적인 시각적 요소로 바꾸는 기준을 적용해 프롬프트를 수정해줘.

> **챗GPT**
> - 장면 1: 아침 햇살이 비치는 도심 거리. 출근 시간의 사람들 사이로 평범한 옷차림의 한 남자가 걷는다. 카메라는 아이 레벨 앵글로 남자의 담담한 얼굴과 빠르게 지나가는 사람들, 신호등과 차량이 오가는 풍경을 함께 담아낸다.
> - 장면 2: 남자는 길을 걷다 무거운 장바구니를 들고 잠시 멈춰 선 노인을 본다. 잠깐 멈칫한 뒤 다가가 장바구니를 들어주고, 이어 횡단보도에서 중심을 잃은 아이의 팔을 붙잡아 인도로 안내한다. 카메라는 손이 맞닿는 순간과 짧은 눈맞춤, 고개를 끄덕이는 표정을 클로즈업한다.
> - 장면 3: 노인과 아이가 남자를 향해 고개를 숙여 인사하고, 주변 사람들이 그 모습을 바라본다. 카메라는 로우 앵글로 전환되어 남자의 상체를 아래에서 올려다보며, 밝은 하늘을 배경으로 그의 자세가 또렷하게 드러난다.
> - 장면 4: 해가 지는 저녁, 남자가 집으로 돌아가는 뒷모습을 따라 카메라가 천천히 이동한다. 거리의 가로등과 상점 불빛이 하나둘 켜지고, 남자는 걷다 잠시 고개를 들어 불빛을 바라본다. 카메라는 아이 레벨에서 점점 멀어지며 남자가 사람들 사이로 사라지는 모습을 담는다.

Tip 다음과 같이 대본 정리를 요청할 때 'Sora 2' 또는 '소라 2'처럼 사용할 AI를 명시하면, 샷 단위 구성과 함께 카메라·조명·구도·무드 등 시각 정보가 보다 구체적으로 포함됩니다. 이 과정에서 캐릭터·스타일의 일관성, 화면비율, 러닝타임 등 제작 스펙까지 정리되어 바로 활용 가능한 형태로 출력해줍니다.

 반복 생성과 수정(피드백 루프)

첫 번째 결과가 완벽할 필요는 없습니다. 소라 2로 영상을 한 번 생성해본 뒤, 그 결과를 기준으로 다시 챗GPT에게 수정이나 보완을 요청하는 과정이 중요합니다. 영상의 분위기가 너무 강하거나 약한지, 장면 전환이 자연스러운지, 의도한 감정이 잘 전달되는지를 살펴보며 피드백을 정리합니다.

"이 장면을 더 감성적으로 바꿔줘"
"카메라 움직임을 줄이고 차분하게 수정해줘"
"전체 분위기를 따뜻한 색감으로 통일해줘"

이러한 반복 과정이 바로 AI 영상 제작의 핵심적인 워크플로이며, 챗GPT는 이때 연출자의 생각을 정리해주는 언어 기반의 연출 보조 도구 역할을 합니다. 막연한 느낌이나 감상을 구체적인 수정 지시로 바꿔주기 때문에, 소라 2와의 협업 과정이 훨씬 효율적으로 진행됩니다.

챗GPT로 정리한 기획과 스토리를 기반으로 생성한 영상

LESSON 02

소라 2에 특화된 영상 생성을 위한 프롬프트 구성

소라 2로 생성되는 영상의 결과는 프롬프트 구성에 따라 크게 달라집니다. 어떤 장면과 분위기를 원하는지를 프롬프트에 어떻게 담느냐에 따라 영상의 완성도가 결정됩니다. 좋은 영상 프롬프트를 구성하기 위해 반드시 고려해야 할 핵심 요소들을 단계적으로 살펴봅니다.

01 좋은 영상 프롬프트의 핵심 구성 요소들

❶ 구체적인 장면 설정

프롬프트 작성의 첫 단계는 영상이 펼쳐질 장면(Scene)의 배경과 환경을 설정하는 것입니다. 이 단계에서는 영상의 세부보다 전체적인 큰 그림을 먼저 그린다고 생각하면 됩니다.

먼저 '이 영상은 어디에서 벌어지는가?'를 떠올려보세요. 실내인지 실외인지, 도시인지 자연인지, 현실적인 공간인지 상상 속 세계인지와 같은 설정만으로도 장면의 방향이 정해집니다. 여기에 시간대와 날씨를 더하면 분위기가 더욱 구체화 됩니다. 낮과 밤, 새벽의 차이만으로도 영상의 인상은 크게 달라지며, 맑은 날씨인지 비나 안개가 낀 상황인지에 따라 감정적인 톤도 달라집니다. 장면 설정은 영상의 바탕이 되므로, 복잡하게 작성하기보다는 공간과 상황이 자연스럽게 떠오르도록 간결하게 표현하는 것이 좋습니다.

예를 들어 '맑고 투명한 바닷속 산호초 지대', '야밤에 네온사인이 반짝이는 도시의 뒷골목'처럼 전체 무대를 한 문장으로 설명할 수 있습니다. 여기에 '8K 자연 다큐멘터리 스타일', '고전 호러 영화 분위기'처럼 전반적인 스타일이나 연출 방향을 함께 덧붙이면 효과적입니다.

한 문장으로 생성한 영상

❷ 인물 및 대상의 세부 묘사

장면을 설정했다면, 그 안에 등장하는 주요 인물이나 대상을 구체적으로 묘사하는 단계입니다. 이때는 **'이 영상에서 가장 중요하게 보이는 대상은 무엇인가?'**를 떠올려 보세요. 사람이 중심인지, 동물이나 사물, 특정 풍경이 주인공인지 먼저 정하는 것이 중요합니다.

사람이 등장하는 경우, 모든 외형을 자세히 설명할 필요는 없습니다. 나이대, 성별, 복장, 전체적인 인상처럼 영상의 분위기에 영향을 주는 요소 위주로 간단히 묘사하는 것이 좋습니다. 예를 들어 '젊은 여성', '중년의 남성'처럼 나이대를 표현하거나, '흰 셔츠와 청바지를 입은 인물', '우주복을 입은 탐사대원'처럼 복장을 중심으로 설명할 수 있습니다. 표정이나 감정 역시 '차분한 표정', '긴장한 모습' 정도만으로도 충분합니다.

동물이나 사물, 배경 요소가 중심이 되는 경우에도 접근 방식은 같습니다. 크기, 색감, 재질, 분위기처럼 시각적으로 눈에 잘 띄는 특징을 중심으로 묘사하면 됩니다. 예를 들어 **'형형색색의 열대어 무리'**, **'녹슨 금속으로 만들어진 거대한 로봇'**, **'풍화된 고대 석조 유적'**처럼 핵심적인 이미지가 떠오르도록 작성합니다.

중요한 점은 등장 요소를 지나치게 많이 나열하지 않는 것입니다. 영상에서 시선이 가장 오래 머무를 대상 한두 가지만 명확히 설정하는 것이 결과를 더 안정적으로 만들어줍니다. 앞에서 설정한 장면과 자연스럽게 연결하면, **'햇살이 비치는 열대 산호초 바닷속에서 거북이가 유유히 헤엄치는 모습'**, **'네온사인이 비추는 도시의 뒷골목에서 검은 코트를 입은 중년 남성이 천천히 걸어가는 장면'**처럼 하나의 문장으로 정리할 수 있습니다.

이처럼 인물이나 대상을 분명히 묘사하면, 소라 2는 영상에서 무엇을 중심으로 보여줘야 하는지를 명확하게 인식하고 결과를 생성하게 됩니다.

중심이 되는 요소를 명시하여 더욱 명확해진 묘사

❸ 동작과 행동의 명확한 기술

인물이나 대상이 정해졌다면, 다음 단계는 영상 속에서 어떤 행동을 하고 있는지를 설명하는 것입니다. 동작은 장면에 움직임과 흐름을 부여해, 정지된 이미지가 아닌 살아 있는 영상처럼 보이게 만드는 핵심 요소입니다. 지나치게 복잡할 필요는 없으며, 걷기나 뛰기, 천천히 움직이기처럼 방향과 속도가 드러나는 기본적인 행동만으로도 충분합니다. 간단한 동작 표현만으로도 소라 2는 장면의 성격을 잘 이해합니다.

동작을 설명할 때는 여러 행동을 한꺼번에 나열하기보다 가장 중요한 행동 한두 가지만 선택하는 것이 좋습니다. 이렇게 하면 장면의 흐름과 분위기가 자연스럽게 드러나고, 영상의 속도감과 리듬도 함께 반영됩니다. 또한 정적인 상태보다는 시간의 흐름에 따른 변화를 담아 단계적으로 설명하면, 순차적인 움직임을 보다 안정적으로 표현할 수 있습니다. 예를 들어 바다거북 다큐멘터리 장면이라면 다음과 같이 정리할 수 있습니다.

❹ 스타일 및 분위기

스타일과 분위기는 영상이 전달하는 감정과 전체적인 인상을 결정하는 단계입니다. 같은 장면과 같은 인물이 등장하더라도, 어떤 스타일과 분위기를 선택하느냐에 따라 영상은 전혀 다른 결과로 완성될 수 있습니다. 따라서 이 단계에서는 **'이 영상을 보는 사람이 어떤 감정을 느끼길 원하는가?'**를 먼저 떠올리는 것이 중요합니다.

우선 영상의 기본적인 감정 톤을 정해보세요. 밝고 따뜻한 분위기인지, 차분하고 잔잔한 느낌인지, 또는 긴장감 있고 어두운 톤인지에 따라 색감과 연출 방향이 달라집니다. 예를 들어 편안한 인상을 주고 싶다면 부드러운 빛과 낮은 대비의 색감이 어울리고, 긴장감을 강조하고 싶다면 어두운 조명과 강한 대비를 활용한 연출이 효과적입니다.

여기에 영상의 장르적 성격을 함께 언급하면 스타일이 더욱 분명해집니다. 다큐멘터리, 영화, 애니메이션, 판타지, SF와 같은 장르는 영상의 연출 방식과 분위기를 한 번에 전달해주는 기준이 됩니다. 익숙한 장르를 떠올려 프롬프트에 포함시키면, 소라 2가 의도한 방향을 더 정확하게 이해합니다.

예를 들어 **'잔잔하고 평온한 자연 다큐멘터리 분위기'**는 사실적이고 차분한 연출을, **'어둡고 긴장감 있는 시네마틱 영화 스타일'**은 극적인 조명과 영화 같은 화면 구성을, **'동화 같은 색감의 판타지 분위기'**는 부드럽고 상상력이 강조된 표현을 자연스럽게 떠올리게 합니다.

이처럼 스타일과 분위기를 함께 제시하면, 소라 2는 영상의 색감, 조명, 화면 톤을 종합적으로 반영해 결과물을 생성합니다. 그 결과 영상은 단순히 장면을 나열하는 수준을 넘어, 의도한 감정과 메시지가 자연스럽게 전달되는 완성도 높은 영상으로 이어집니다.

Tip 스타일 · 분위기 설정을 위한 실전 팁

❶ 장르보다 감정 톤을 먼저 정하라
영화, 다큐멘터리 같은 장르만 제시하기보다 밝기, 분위기, 감정 방향을 먼저 정하면 결과가 안정됩니다.

❷ 추상적인 표현은 시각적 요소와 함께 사용하라
'감성적인'이라는 표현만 쓰기보다 색감, 조명, 화면 톤을 함께 제시하는 것이 효과적입니다.

❸ 한 장면에는 하나의 핵심 분위기를 유지하라
상반된 분위기 키워드를 동시에 사용하면 영상 톤이 흐려질 수 있으므로, 감정 방향은 하나로 정하는 것이 좋습니다.

❹ 스타일 키워드는 장면 전반에 일관되게 적용하라
특별한 연출 의도가 없다면, 장면마다 스타일을 바꾸기보다 핵심 키워드를 유지하는 편이 자연스럽습니다.

❺ 결과를 보고 미세 조정을 반복하라
한 번에 완성하려 하기보다 밝기나 색감 표현을 조금씩 수정하며 결과를 개선하는 것이 좋습니다.

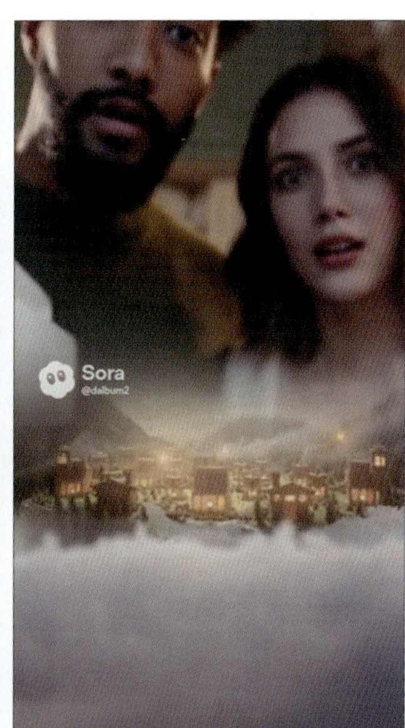

장르에 따라 다른 스타일과 분위기로 생성된 영상

❺ 카메라 시점과 움직임

영상 생성 프롬프트에서는 카메라의 역할 역시 중요한 요소입니다. 같은 장면과 같은 인물이 등장하더라도, 카메라의 위치와 움직임에 따라 영상의 인상과 몰입감은 크게 달라집니다. 이 단계에서는 단순히 장면을 묘사하는 데서 나아가, 실제로 카메라를 들고 촬영한다고 상상하며 화면 구성을 떠올려보는 것이 좋습니다. 카메라는 관객의 시선을 대신해 장면을 바라보는 존재라는 점을 염두에 두면 도움이 됩니다.

먼저 카메라의 기본 시점을 정합니다. 관객이 장면을 멀리서 전체적으로 바라보는지, 아니면 인물이나 대상에 가까이 다가가 집중해서 보는지를 결정하는 과정입니다. 넓은 공간과 배경의 분위기를 보여주고 싶다면 전체가 보이는 시점이 적합하고, 인물의 감정이나 사소한 움직임을 강조하고 싶다면 가까운 시점을 선택하는 것이 효과적입니다. 시점의 선택만으로도 영상이 전달하는 정보의 성격이 달라집니다.

다음으로 카메라가 고정되어 있는지, 혹은 움직이는지를 생각해봅니다. 고정된 카메라는 안정적이고 차분한 인상을 주며, 천천히 이동하는 카메라는 부드럽고 영화적인 분위기를 만들어냅니다. 반대로 빠른 이동이나 큰 시점 변화는 긴장감과 역동성을 강조하는 데 유용합니다.

예를 들어 다음과 같이 간단한 표현만으로도 충분합니다.

프롬프트

넓은 풍경을 보여주는 고정된 카메라 시점

프롬프트

인물을 따라 천천히 이동하는 카메라

프롬프트

위에서 아래로 내려다보는 드론 시점

이때 카메라 시점과 움직임을 과도하게 많이 설정하기보다는, 한 장면에 한두 가지 정도만 지정하는 것이 좋으며, 단순한 지시가 오히려 더 안정적인 결과를 만듭니다. 이러한 카메라 설정은 영상의 시선 흐름과 화면 구성을 정리하며, 앞서 살펴본 스타일과 분위기 요소와 함께 사용하면 더욱 영화 같은 연출을 구현할 수 있습니다.

⑥ 오디오 요소(선택 사항)

오디오 요소는 영상의 완성도를 높여주는 보조적인 장치로, 전체적인 분위기와 감정을 강화하는 역할을 합니다. 필수 항목은 아니지만, 적절한 오디오 설명이 추가되면 영상의 몰입감과 전달력이 한층 높아집니다. 특히 장면의 감정선을 분명히 하고 싶을 때 오디오 요소는 효과적으로 활용될 수 있습니다.

오디오를 설정할 때는 배경 음악의 유무와 함께 소리의 성격과 방향성만 간단히 제시하면 충분합니다. 예를 들어 감성적인 장면이라면 잔잔한 음악을, 긴장감 있는 장면이라면 낮고 묵직한 톤의 사운드를 떠올릴 수 있습니다. 이처럼 소리의 느낌을 간단히 언급하는 것만으로도 소라 2는 영상 분위기에 어울리는 오디오 연출을 함께 구성합니다.

음악 대신 자연의 소리나 환경음을 중심으로 연출하는 것도 좋은 방법입니다. 파도 소리, 바람 소리, 빗소리, 도시의 배경 소음처럼 장면과 잘 어울리는 환경음을 추가하면 영상이 더욱 현실감 있게 느껴집니다. 이때 역시 모든 소리를 나열하기보다는, 가장 핵심이 되는 소리 한두 가지만 선택하는 것이 바람직합니다.

주의할 점은 음악 제목이나 특정 음원의 이름, 지나치게 복잡한 사운드 지시를 넣을 필요는 없다는 것입니다. 오디오 요소는 영상의 주인공이 아니라 분위기를 뒷받침하는 요소이므로, **'잔잔한 배경 음악'**, **'은은한 파도 소리'**, **'도시의 낮은 소음이 깔린 환경음'**처럼 간단하고 직관적인 표현이 가장 효과적입니다.

음향 효과와 환경음을 반영하여 생동감있는 영상

이제 소라 2로 보다 완성도 높은 영상을 만들기 위해, 프롬프트를 단계적으로 구성하는 방법을 살펴보겠습니다. 소라 2는 입력된 프롬프트를 바탕으로 장면과 움직임, 분위기를 영상으로 구현하기 때문에, 프롬프트의 구성 방식에 따라 결과물의 품질과 일관성이 크게 달라집니다. 이 단계별 가이드를 통해 필요한 요소를 균형 있게 정리하고, 원하는 영상에 가까운 프롬프트를 체계적으로 작성하는 방법을 익혀보겠습니다.

❶ 초급 한 줄 프롬프트로 시작하기

소라 2의 기본 사용법은 매우 간단합니다. 한 줄짜리 프롬프트에 원하는 장면이나 행동을 문장으로 입력하고 생성하면, AI가 이에 맞는 짧은 영상을 만듭니다. 복잡한 설정이나 전문 지식 없이도 텍스트만으로 영상을 제작할 수 있다는 점이 소라 2의 가장 큰 특징입니다. 예를 들어 '푸른 하늘 아래 들판에서 아기가 웃으며 비눗방울을 잡으려고 손을 뻗는다.'와 같은 간단한 프롬프트로 시작할 수 있습니다. 이 문장에는 등장인물, 배경, 행동, 밝은 분위기까지 핵심 요소가 자연스럽게 담겨 있어, 소라 2가 장면을 이해하기에 충분한 정보를 제공합니다.

이처럼 핵심만 담은 프롬프트를 입력하면, 소라 2는 이를 해석해 약 10~15초 분량의 영상 클립을 생성합니다. 초보자의 경우 한 문장에 너무 많은 디테일을 담기보다는, 가장 보여주고 싶은 장면과 느낌에 집중하는 것이 좋습니다. 배경 음악이나 효과음은 자동으로 보완되며, 꼭 강조하고 싶은 요소가 있다면 '비눗방울이 반짝인다', '아기의 웃음소리가 들린다' 정도만 덧붙여도 충분합니다.

또한 이 단계에서도 '동화 같은 그림책 스타일로', '90년대 홈비디오처럼'과 같은 간단한 스타일 지시어를 추가해볼 수 있습니다. 짧은 프롬프트 → 결과 확인 → 프롬프트 수정의 과정을 반복하면서 소라 2에 자연스럽게 익숙해지는 것이 가장 효과적인 활용 방법입니다.

프롬프트　　푸른 하늘 아래 들판에서 아기가 웃으며 비눗방울을 잡으려고 손을 뻗는다.

❷ 중급 장면 구성, 화면 연출과 톤 조절

단일 장면 생성에 익숙해졌다면, 이제 프롬프트를 보다 체계적으로 구성해 여러 장면이 이어지는 영상이나 특정 연출 기법을 적용해볼 차례입니다. 소라 2는 하나의 프롬프트 안에 여러 문장을 넣거나, 번호 · 줄바꿈 등으로 장면을 구분하면 이를 연속된 샷으로 인식해 순서대로 영상을 구성합니다. 이를 활용하면 스토리텔링 영상이나 장면 전환이 있는 광고 콘셉트 영상도 비교적 쉽게 제작할 수 있습니다.

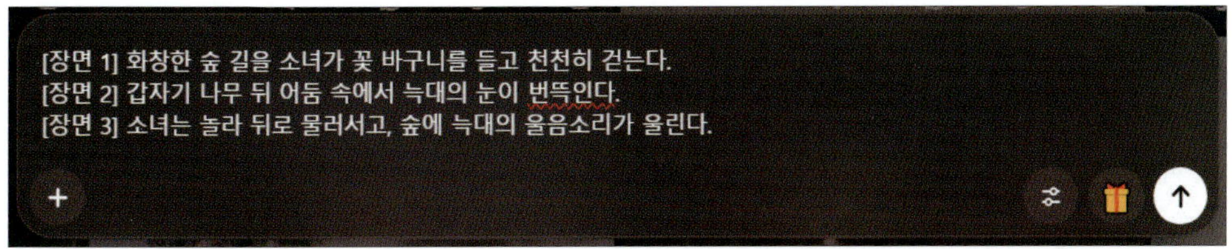

여러 장면(멀티샷) 프롬프트 예시

이처럼 장면을 번호나 줄바꿈으로 구분하면, 소라 2는 각 문장을 하나의 샷으로 인식하고 흐름에 맞게 영상을 구성합니다. 이 과정에서 동일한 인물이나 분위기가 장면마다 유지되도록 연속성도 함께 고려되기 때문에, 하나의 프롬프트로 짧은 이야기를 표현할 수 있습니다. 중급 단계에서는 이러한 샷 구분 방식을 익히는 것이 중요합니다. 또한, 이 단계부터는 카메라 앵글, 움직임, 조명, 분위기, 음향 요소 등을 보다 구체적으로 지시할 수 있습니다. 프롬프트를 작성할 때는 마치 촬영 감독에게 장면을 설명하듯, 요소를 나누어 서술하는 방식이 효과적입니다.

예를 들어 '안개 낀 아침 숲길을 달리는 주자; 손으로 들고 촬영한 듯한 자연스러운 흔들림; 나무 사이로 스며드는 부드러운 아침 햇살; 발자국 소리와 새소리'처럼 콤마(,)나 세미콜론(;)으로 요소를 구분해 나열하면, 소라 2는 이를 종합적으로 반영해 영상을 생성합니다.

카메라 연출은 '롱숏', '클로즈업', '드론 뷰'처럼 시점을 명시할 수 있으며, 움직임은 '패닝', '트래킹 숏', '핸드헬드 흔들림'처럼 표현할 수 있습니다. 조명은 '황혼의 따뜻한 빛', '차가운 형광등 조명'처럼 분위기를 지정하고, 음향 역시 '잔잔한 배경 음악', '낮게 깔린 환경음' 정도로 간단히 추가하면 충분합니다.

다만 프롬프트가 길어질수록 영상에 대한 통제력은 높아지지만, AI의 자유로운 해석 여지는 줄어들 수 있습니다. 따라서 중급 단계에서는 처음부터 모든 요소를 넣기보다는, 장면과 분위기만 설정한 뒤 결과를 확인하고 카메라나 조명 요소를 단계적으로 추가하는 방식이 효과적입니다.

Tip 중급 프롬프트 작성 핵심 정리
❶ **장면을 블록 단위로 구성**: 여러 샷은 번호나 줄바꿈으로 구분
❷ **세부 묘사로 연출 통제**: 카메라, 조명, 음향을 촬영 지시처럼 간단히 제시
❸ **프롬프트 길이 조절**: 짧게 시작해 점진적으로 보완
❹ **스타일과 톤 명시**: 장르·분위기 키워드로 전체 방향 설정
❺ **현실적인 범위 유지**: 한 장면에 과도한 요소는 피하고 필요 시 장면 분리

❸ [고급] 일관성 유지, 카메라 워크 전문 연출

소라 2의 고급 활용 단계에서는 여러 장면에 걸친 시각적 일관성과 전문적인 연출 기법을 다룹니다. 하나의 프롬프트 안에서 생성되는 멀티샷 영상은 비교적 자연스럽게 이어지지만, 여러 개의 영상 클립을 나누어 제작해 연결할 경우에는 추가적인 관리가 필요합니다. 이때 이전 클립의 마지막 프레임을 이미지 참조로 활용하거나, 프롬프트에 주인공의 외형과 주요 배경을 반복적으로 명시하면 화면의 불일치를 줄일 수 있습니다. 카메오 기능을 함께 사용하면 얼굴과 음성이 동일하게 유지되어 시리즈 영상의 연속성이 더욱 강화됩니다.

고급 단계에서는 실제 영화 촬영에서 사용하는 카메라 개념을 프롬프트에 반영해 보다 정교한 연출을 시도할 수 있습니다. 소라 2는 렌즈 종류, 초점 거리, 피사계 심도, 필름 스타일과 같은 용어를 인식하며, 이를 통해 화면의 깊이감과 질감을 조절할 수 있습니다. 예를 들어 얕은 피사계 심도나 흑백 대비가 강한 스타일을 지정하면, 의도한 분위기를 보다 정확하게 전달할 수 있습니다.

다만 전문 용어를 과도하게 나열하면 결과가 불안정해질 수 있으므로, 눈에 보이는 효과를 기준으로 핵심 요소만 선택하는 것이 중요합니다. '핸드헬드 카메라로 촬영한 다큐멘터리 느낌'처럼 간결한 표현만으로도 충분히 연출 의도를 전달할 수 있으며, 이는 고급 프롬프트를 안정적으로 활용하는 데 도움이 됩니다.

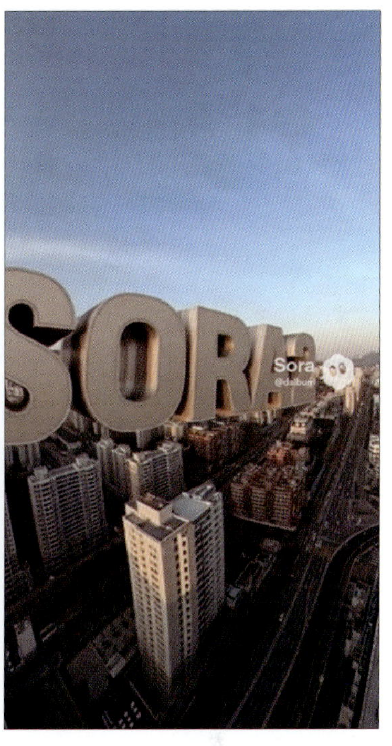

다채로운 카메라 워크로 연출 의도를 전달

Tip   고급 프롬프트 예시

❶ 시리즈 영상에서 인물 일관성 유지

> **프롬프트** 도시의 저녁 거리, 같은 외형의 30대 남성 주인공이 이전 장면과 동일한 헤어스타일과 베이지색 코트를 입고 걷고 있다. 카메라는 허리 위를 따라가는 미디엄 샷, 부드러운 시네마틱 조명, 따뜻한 색감 유지.
>
> → **포인트**: 인물 외형과 의상을 반복 명시해 장면 간 불일치 최소화

❷ 카메라 워크 중심의 영화적 연출

> **프롬프트** 어두운 실내 공간, 한 인물이 창가에 앉아 있다. 얕은 피사계 심도의 클로즈업 샷, 배경은 흐릿하게 아웃포커싱 처리. 고대비 조명과 차분한 시네마틱 영화 톤.
>
> → **포인트**: 렌즈·피사계 심도 개념을 활용해 화면 집중도 강화

❸ 다큐멘터리 느낌의 자연스러운 화면

> **프롬프트** 아침 햇살이 들어오는 주방, 인물이 커피를 내리는 장면. 핸드헬드 카메라로 촬영한 듯한 자연스러운 흔들림, 과장되지 않은 색감, 잔잔한 다큐멘터리 분위기.
>
> → **포인트**: 전문 용어를 줄이고 '느낌 중심' 표현으로 안정적인 결과 유도

특정한 영상미를 표현하고 싶을 때는 스타일 레퍼런스를 활용하는 것도 좋은 방법입니다. 작품명이나 감독명을 직접 언급하기보다는, '1980년대 셀 애니메이션 스타일', '고전 필름 누아르 같은 강한 흑백 대비'처럼 시각적 특징을 구체적으로 설명하면 원하는 분위기를 보다 안정적으로 전달할 수 있습니다. 여기에 참고 이미지를 함께 제공하면 소라 2가 조명과 색감을 참고해 연출을 맞추는 데 도움이 됩니다. 다만 레퍼런스는 어디까지나 스타일적 요소를 차용하는 용도로 활용하는 것이 바람직하며, 실제 작품이나 인물을 그대로 재현하려는 시도는 피하는 것이 좋습니다.

스타일 레퍼런스를 활용하여 다양한 분위기 연출

LESSON 03

영상 연출을 위한
카메라 구도와 무빙 프롬프트

카메라 구도와 움직임은 화면을 구성하는 기술을 넘어, 장면의 의미와 감정을 전달하는 중요한 연출 언어입니다. 카메라의 위치와 시점, 움직임에 따라 같은 인물과 공간도 전혀 다른 인상과 감정을 만들어냅니다. 특히 AI 영상 생성 환경에서는 이러한 요소를 문장으로 설명해야 하므로, 기본 개념을 이해하는 것이 효과적인 연출의 출발점이 됩니다.

01 로우 앵글(Low Angle)

카메라를 피사체보다 낮은 위치에 두고 위를 향해 촬영하는 구도로, 피사체를 더 크고 강하게 보이게 합니다. 관객의 시선이 아래에서 위로 향하면서 인물이나 대상에 대한 압도감과 위엄이 강조됩니다. 주로 히어로물에서 영웅의 권위와 힘을 표현할 때 활용되며, 빌런이나 권위적인 인물을 위협적으로 묘사하는 데에도 사용됩니다. 또한 거대한 건축물이나 자연물의 규모감을 강조하는 장면에서도 효과적인 구도입니다.

프롬프트

밝은 도시 거리에서 카메라는 로우 앵글로 영웅을 올려다보며, 맑은 하늘과 자연광을 배경으로 영웅의 얼굴과 복장이 또렷하게 드러나 힘과 자신감이 자연스럽게 전해진다.

02 하이 앵글(High Angle)

카메라를 피사체보다 높은 위치에 두고 아래로 내려다보는 구도로, 인물을 화면에서 작아 보이게 합니다. 주변 환경이 함께 강조되며, 피사체의 왜소함이나 취약한 상태를 자연스럽게 드러냅니다. 관객에게 심리적 우위를 느끼게 해 공포 영화나 스릴러에서 긴장감을 높이는 데 자주 활용됩니다. 특히 위에서 내려다보는 시점은 인물이 환경에 압도되거나 고립된 느낌을 표현하는 데 효과적입니다.

프롬프트 버려진 집 거실을 높은 시점에서 내려다보는 하이 앵글로, 방 한가운데 홀로 선 팬더가 작고 연약해 보이며 고립감과 불안감을 강조한다.

03 아이 레벨 샷(Eye-Level Shot)

카메라를 피사체와 같은 눈높이에 두고 정면에서 촬영하는 가장 중립적인 구도입니다. 사람의 시선과 일치해 왜곡이 적고, 관객이 인물과 직접 마주한 듯한 자연스러운 인상을 줍니다. 인물을 있는 그대로 보여주기 때문에 공감과 몰입을 이끌어내는 데 효과적입니다. 드라마, 일상 영상, 인터뷰 등 현실적인 표현이 필요한 장면에서 자주 사용됩니다.

프롬프트 햇살이 드는 카페 창가에서 여성을 눈높이에서 바라보는 아이 레벨 샷으로, 자연스러운 표정과 시선이 편안하게 전달된다.

04 버드아이 뷰(Bird's-Eye View)

버드아이 뷰는 탑 샷(Top Shot)이라고도 불리며, 카메라를 거의 수직으로 위에서 내려다보는 조감 시점의 구도입니다. 공간의 구조와 배치를 한눈에 보여줄 수 있어, 장면의 위치와 규모를 설명하는 데 효과적입니다. 인물이나 대상은 작게 표현되며, 전체 흐름이나 동선을 강조할 수 있습니다. 액션 영화의 추격 신, 여행 프로그램, 자연 다큐멘터리 등 넓은 공간을 보여줘야 하는 장면에서 자주 활용됩니다.

프롬프트   드론 시점의 버드아이 뷰로 해안 절벽과 부서지는 파도를 수직 위에서 내려다보며, 광활한 자연 속 작은 등대와 인물이 고독한 분위기를 만든다.

05 더치 앵글(Dutch Angle)

카메라를 의도적으로 기울여 수평이 맞지 않는 프레임을 만드는 구도로, 화면에 불안정한 인상을 줍니다. 지평선이 기울어지면서 관객에게 긴장감과 어지러움을 전달하는 시각적 장치로 작용합니다. 공포 영화나 심리 스릴러에서 인물의 혼란, 세계의 불균형을 표현할 때 자주 사용됩니다. 특히 광기 어린 장면이나 환각·몽환적인 연출과 잘 어울리는 구도입니다.

프롬프트   밤의 인적 드문 골목길, 카메라가 약 45도 기울어진 더치 앵글로 달리는 남자를 담아 불안하고 혼란스러운 분위기를 강조한다.

06 POV 샷/1인칭 주관적 시점(Point-of-View Shot)

POV 샷은 카메라가 특정 인물의 눈이 되어 장면을 바라보는 구도로, 관객이 인물의 시점을 직접 체험하게 합니다. 화면을 통해 인물의 시야와 감정을 함께 공유하며 강한 몰입감을 만들어냅니다. 공포 영화에서는 추격과 위협을 생생하게 전달하는 데 활용되며, 모큐멘터리나 핸드헬드 촬영에서는 현실감과 현장감을 강화합니다. 액션 장면에서는 게임을 하는 듯한 역동적인 체험을 제공하는 데 효과적인 구도입니다.

프롬프트 판타지 숲속 오솔길을 달리는 POV(Point of View) 시점, 흔들리는 나뭇가지들이 보이는 속도감 있는 장면

07 오버-더-숄더 샷(Over-the-Shoulder Shot)

카메라를 한 인물의 어깨 뒤에 두고, 그 너머로 다른 인물을 담는 구도입니다. 화면 한쪽에 가까운 인물의 어깨나 뒷모습이 보이며, 맞은편 인물의 표정과 반응에 초점이 맞춰집니다. 관객이 대화 현장에 함께 서 있는 듯한 현장감을 전달하는 데 효과적입니다. 드라마나 로맨스 영화에서 인물 간의 관계, 긴장감이나 친밀감을 표현할 때 자주 사용됩니다.

프롬프트 레스토랑 식탁을 사이에 둔 오버-더-숄더 샷으로, 카메라는 남자의 어깨 뒤에서 맞은편에 앉은 여자의 즐거운 표정을 바라본다.

08 패닝(Panning)/팬(Pan)

삼각대 등에 고정된 카메라를 좌우, 즉 가로 방향으로 회전시키는 움직임으로, 카메라의 위치는 그대로 둔 채 수평축을 중심으로 시선만 이동하는 것이 특징입니다. 이 기법을 활용하면 파노라마처럼 넓은 공간을 한 화면에 담거나, 움직이는 피사체를 따라가며 연속적으로 보여줄 수 있습니다. 이때 카메라 움직임의 속도가 중요한데, 천천히 패닝하면 주변 정보를 서서히 드러내며 분위기를 형성할 수 있고, 빠른 패닝은 긴박함이나 시간의 흐름을 강조하는 데 효과적으로 사용됩니다.

패닝은 주로 배경이나 장소를 소개하며 장면의 위치와 공간감을 설정할 때 활용되는데, 예를 들어 영화의 오프닝에서 도시 풍경을 좌에서 우로 천천히 팬하여 전체 지리를 보여주거나, 다큐멘터리에서 넓은 사바나 초원을 패닝해 동물들의 분포와 환경을 설명하는 데 사용됩니다. 또한 움직임을 자연스럽게 따라가는 효과가 있어 스포츠 중계나 액션 장면에서 달리는 선수나 차량을 추적하며 현장감을 유지하는 데에도 효과적입니다.

아침 해가 뜰 때 도시 전경을 보여주는 장면, 카메라는 고정된 위치에서 왼쪽에서 오른쪽으로 천천히 패닝하며 건물과 거리 풍경을 파노라마처럼 보여준다.

09 틸트(Tilt)

카메라를 고정한 상태에서 세로 방향, 즉 위아래로 회전시키는 움직임으로, 카메라의 위치는 그대로 두고 렌즈 각도만 조절해 시선을 상하로 이동시키는 것이 특징입니다. 이 기법은 천천히 사용하면 화면에 높이감을 효과적으로 부여할 수 있지만, 촬영 시 수직선 왜곡에 주의해야 하며 너무 빠른 틸트는 어지러움을 줄 수 있어 의도적인 연출이 아니라면 피하는 것이 좋습니다.

틸트는 특히 높이의 변화를 강조할 때 자주 활용되는데, 예를 들어 건축물이나 탑을 아래에서 위로 천천히 틸트 업하면 구조의 높이와 웅장함을 순차적으로 드러낼 수 있고, 영화 속 등장인물 소개 장면에서는 발끝부터 머리까지 틸트 업으로 훑어 캐릭터의 외형을 인상적으로 부각시키는 효과를 줍니다.

프롬프트

높은 마천루 앞, 카메라는 아래에서 위로 천천히 틸트 업하며 건물의 높이와 웅장함을 강조한다.

10 트래킹 샷(Tracking Shot)

카메라가 피사체의 움직임에 맞춰 함께 이동하며 따라가는 촬영 기법으로, 레일이나 차량, 스테디캠 등에 카메라를 장착해 좌우 또는 전후로 움직이며 피사체와 속도를 맞추는 것이 특징입니다. 이 기법은 카메라가 공간을 가로지르며 피사체를 프레임 안에 지속적으로 담아내는 역동적인 움직임을 의미하며, 안정적인 촬영이 무엇보다 중요합니다. 흔들림 없이 부드럽게 추적하면 영화적인 몰입감을 살릴 수 있고, 반대로 의도적으로 핸드헬드 느낌을 더하면 현장의 긴장감이나 다큐멘터리적인 리얼함을 강조할 수 있습니다.

트래킹 샷은 액션이나 전투 장면에서 인물을 뒤쫓거나 나란히 따라가며 현장감을 높이는 데 자주 사용되며, 드라마나 뮤지컬 영화에서는 인물의 이동을 따라가며 연속성 있는 미장센을 만들어 관객을 자연스럽게 장면 속으로 끌어들이는 역할을 합니다.

복도를 빠르게 걷는 영국 신사를 따라 카메라가 옆에서 함께 이동하며 트래킹 샷, 인물의 움직임을 끊김 없이 따라간다.

11 돌리 샷(Dolly Shot)

레일이 설치된 카트(돌리)에 카메라를 장착해 이동하며 촬영하는 방식으로, 카메라를 앞뒤나 좌우로 부드럽고 안정적으로 움직일 수 있는 것이 특징입니다. 돌리 인(dolly-in)은 피사체를 향해 다가가는 전진 이동을, 돌리 아웃(dolly-out)은 피사체에서 멀어지는 후퇴 이동을 의미하며, 촬영 시에는 속도를 일정하게 유지해 일관된 리듬을 만들거나 장면에 따라 가속과 감속을 통해 감정선을 조절하기도 합니다.

이 기법은 장르를 가리지 않고 영화적 감성을 높이는 기본 연출로 활용되며, 드라마나 멜로에서는 돌리 인으로 인물의 감정에 집중하고, 돌리 아웃으로 상황 전체를 보여주어 고독이나 허탈함을 표현하는 데 효과적입니다. 이처럼 돌리 샷은 매끄럽고 연속적인 움직임으로 영상에 깊이와 입체감을 더해, 관객이 마치 장면 속을 직접 걸어다니는 듯한 몰입감을 주는 영화 촬영의 대표적인 테크닉입니다.

12 푸시 인/푸시 아웃(Push-in/Push-out)

푸시 인(Push-in)과 푸시 아웃(Push-out)은 카메라가 피사체를 향해 직선으로 다가가거나, 반대로 멀어지는 움직임을 가리키는 용어로, 보통 돌리나 짐벌을 사용해 카메라와 대상 사이의 거리를 물리적으로 좁히거나 늘리는 방식으로 구현됩니다. 푸시 인을 사용하면 피사체가 점점 화면을 가득 채우며 디테일과 감정이 강조되고, 푸시 아웃을 사용하면 주변 환경과의 관계가 드러나며 더 큰 맥락을 보여줄 수 있습니다.

이 기법은 감정 강조와 정보 전달이라는 두 가지 목적에서 자주 활용되는데, 느린 푸시 인은 인물에 대한 공감이나 긴장감을 높이고, 천천히 멀어지는 푸시 아웃은 인물에서 출발해 상황 전체를 보여주며 장면의 의미를 확장합니다. 이처럼 푸시 인과 푸시 아웃은 장면의 집중도를 조절하고 새로운 정보를 자연스럽게 제시하는 데 효과적인 카메라 움직임입니다.

프롬프트

모던한 사무실, 책상 앞에 앉아 중요한 결정을 앞둔 인물. 카메라는 직선으로 매우 천천히 푸시 인하며 인물의 얼굴로 다가가 긴장감과 권위적인 분위기를 강조한다.

LESSON 04

챗GPT에서 이미지 생성을 위한 인터페이스

2025년, 챗GPT의 이미지 생성 기능이 새롭게 오픈되었습니다. 기존의 이미지 생성 프로세스에 비해 생성 속도가 더욱 빨라졌으며, 사용자 지시를 보다 정확하게 이해하고 이미지의 세부 요소를 정밀하게 표현하고 편집할 수 있도록 개선되었습니다. 본 내용에서는 이러한 변화와 특징을 살펴보고자 합니다.

01 새로운 이미지 생성 화면 UI 알아보기

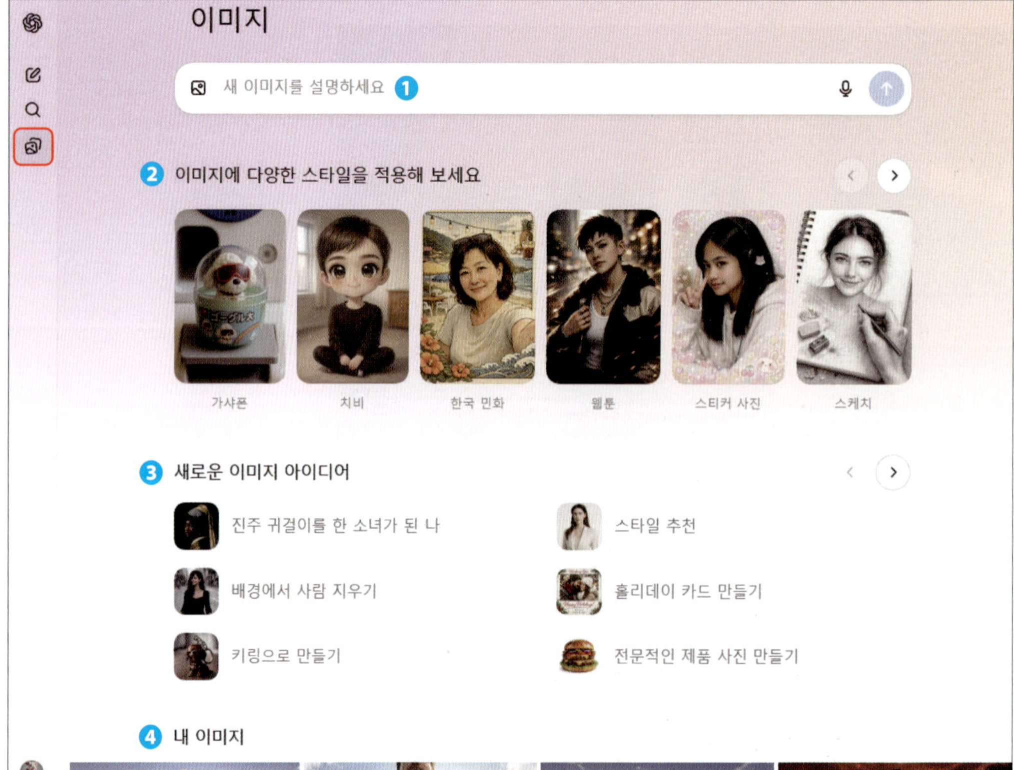

❶ **대화창/입력창**: 이미지 생성 입력창으로 만들고 싶은 이미지를 문장으로 구체적으로 설명하는 공간으로, 이미지 생성의 출발점이 되는 가장 중요한 입력 영역입니다. 이곳에 장면의 분위기, 배경,

인물, 색감 등 원하는 요소를 자연스럽게 문장으로 작성하면, AI가 이를 바탕으로 이미지를 상상하고 시각적인 결과물로 변환하게 됩니다. 따라서 이 입력창에 어떤 내용을 어떻게 작성하느냐에 따라 최종 이미지의 완성도와 방향성이 크게 달라집니다.

❷ **스타일 선택**: 가샤폰, 치비, 한국 민화, 웹툰 등 미리 준비된 대표적인 스타일 프리셋을 한눈에 보여주는 공간입니다. 원하는 스타일을 클릭하면 자동적으로 이미지를 변경하는 프롬프트가 생성되며 사용자는 전문적인 지식이 없어도 이미지의 전체적인 톤과 스타일을 쉽고 빠르게 선택할 수 있습니다.

❸ **아이디어 제안**: 이미지 생성의 아이디어 출발점 역할을 하며, 프로필 사진 만들기, 인테리어 이미지 변경, 캐릭터 제작 등 다양한 활용 예시를 챗GPT가 제안해 주는 공간입니다. 사용자는 제시된 예시를 참고해 자신이 만들고 싶은 이미지의 방향을 쉽게 떠올리고, 이를 바탕으로 더욱 구체적인 이미지 생성으로 확장할 수 있습니다.

❹ **내 이미지**: 사용자가 이전에 생성했거나 업로드한 이미지가 저장되는 공간으로, 작업 이력을 한눈에 확인하고 필요할 때 다시 활용할 수 있도록 돕습니다. 이미지 생성이 일회성으로 끝나지 않고, 누적된 작업 자산으로 이어질 수 있도록 설계된 영역입니다.

Tip   챗GPT 이미지의 발전된 기능

- **더 빠르고 강력한 생성 속도**: 최신 GPT Image 1.5 모델 적용으로 이미지 생성 속도가 기존 대비 최대 4배 빨라져, 요청 후 대기 시간이 크게 줄어들며 반복 작업과 아이디어 탐색이 훨씬 쉬워졌습니다.
- **구체적이고 정밀한 수정·편집**: 단순 생성에 그치지 않고 특정 부분만 정밀하게 편집할 수 있으며, 색상·배경·조명·객체 위치·인물 변화 등 디테일 제어가 크게 향상되고 얼굴·조명·윤곽 같은 핵심 이미지 정보도 안정적으로 유지됩니다.
- **지시 이해 능력과 텍스트 처리 개선**: 프롬프트를 보다 정확하게 이해하고 충실히 반영하는 능력이 강화되었으며, 이미지 내 텍스트 표현 정확성도 크게 향상되어 글자 오류가 줄어들면서 포스터·제품 라벨·메뉴판 등 실사용 영역에서의 활용 가능성이 커졌습니다.
- **얼굴 일관성 유지**: 이미지 생성은 물론 편집 과정에서도 같은 인물의 얼굴과 특징이 일관되게 유지되어, 캐릭터의 분위기와 정체성이 흐트러지지 않으며, 그 결과 캐릭터 시리즈 제작이나 반복 이미지 작업에서도 안정적이고 효율적인 작업이 가능해졌습니다.
- **사용자 접근성과 도구화**: 새로운 이미지 전용 탭과 툴바가 추가되어 이미지 생성과 편집에 필요한 도구들이 한눈에 정리되었으며, 직관적인 작업 흐름을 제공해 사용 편의성이 크게 향상되었습니다. 또한, 일반 사용자뿐 아니라 개발자도 활용할 수 있도록 API 형태로 제공되어, 다양한 서비스와 시스템에 유연하게 연동할 수 있습니다.
- **포토샵 기능 통합**: 이전까지 챗GPT가 이미지 생성과 기본 편집에 초점을 맞췄다면, 이제는 Adobe Photoshop·Adobe Express·Adobe Acrobat 등 어도비의 핵심 기능이 챗GPT 안에 통합되어, 텍스트 지시만으로 바로 불러와 편집할 수 있게 되었습니다. 그 결과 "배경만 흐리게 해줘", "사람만 더 돋보이게 보정해줘", "사진 전체에 아트 필터 적용해줘"와 같은 포토샵 작업을 말로 지시하는 것만으로도 그대로 반영되는 환경이 구현되었습니다.

LESSON 05

챗GPT로 리얼한 영상 소스 이미지 만들기

예제파일: 02\인물_여성.png **완성파일:** 02\챗GPT1~4.png

소라 2는 영상을 제작할 때 참고 이미지를 등록하여 장면의 분위기와 방향성을 보다 정확하게 전달할 수 있는 생성형 영상 AI입니다. 단순히 텍스트 프롬프트만 입력하는 방식에서 한 단계 더 나아가, 이미지라는 시각적 기준을 함께 활용함으로써 결과물의 일관성과 완성도를 높일 수 있습니다. 이러한 참고 이미지는 직접 제작할 수도 있지만, 챗GPT를 활용하면 영상 콘셉트에 맞는 이미지 설명을 만들고, 이를 바탕으로 참고 이미지를 생성·편집해 소라 2에 효과적으로 활용할 수 있습니다.

작업 패턴 KEYWORD

❶ 처음 스타일을 유지한 채 새로운 이미지 생성하기

❷ 스타일 프리셋 기능 활용하기

❸ 챗GPT 내에서 포토샵 기능으로 이미지 편집하기

예제 콘셉트

챗GPT의 이미지 기능은 생성 속도가 크게 빨라지고, 세부 요소를 정밀하게 편집할 수 있도록 발전했습니다. 프롬프트 이해력과 텍스트 표현 정확도가 향상되어 실제 활용을 전제로 한 이미지 제작이 훨씬 수월해졌으며, 얼굴과 스타일도 안정적으로 유지되어 반복 작업이나 캐릭터 시리즈 제작에 적합합니다. 여기에 이미지 전용 UI와 포토샵 기능까지 통합되면서, 복잡한 툴을 다루지 않아도 말로 지시하는 것만으로 완성도 높은 이미지를 만들 수 있는 환경이 마련되었습니다.

01 기존 스타일을 유지한 채 새 이미지 생성하기

인물과 배경, 시간대, 색감, 카메라 느낌 등 장면의 기본 분위기와 방향성을 이미지를 통해 시각화하는 과정으로, 텍스트 프롬프트로 이를 명확히 지정하고, 이미지가 어떻게 안정적으로 반영되는지 확인합니다. 이를 통해 소라 2의 반복 작업에서도 스타일과 캐릭터가 유지되는 참고 이미지 제작 과정을 익힐 수 있습니다.

01 │ 웹브라우저에 'chatgpt.com'을 입력해 챗GPT 사이트에 접속하고 '파일추가 및 기타' 아이콘(+)을 클릭한 다음 [이미지 만들기]를 선택합니다.

02 │ 생성하고자 하는 이미지의 내용을 프롬프트 입력창에 입력한 다음, '제출' 아이콘(↑)을 클릭합니다.

프롬프트 감바스 알 아히요 한 접시, 마늘과 올리브 오일에 조리된 새우, 따뜻한 조명, 미니멀한 푸드 사진 스타일을 그려줘.

03 │ 프롬프트 입력창에 입력한 프롬프트를 기반으로, 재료와 분위기가 잘 표현된 먹음직스러운 감바스 요리 이미지가 생성된 것을 확인할 수 있습니다.

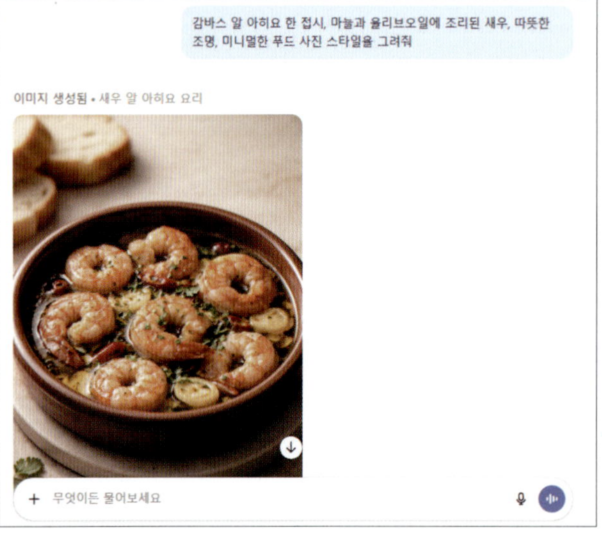

04 | 생성된 이미지의 스타일은 그대로 유지한 채, 요리의 종류만 다른 메뉴로 변경해 보겠습니다. 프롬프트 입력창에 다음과 같이 입력한 다음, '제출' 아이콘(↑)을 클릭합니다.

프롬프트　생성된 이미지의 스타일을 유지한 채로 요리를 햄버거로 바꿔줘.

05 | 이전에 생성한 이미지의 스타일을 그대로 유지하면서, 요리 주제만 햄버거로 변경된 이미지를 확인할 수 있습니다. 생성된 이미지를 클릭하여 자세히 확인합니다.

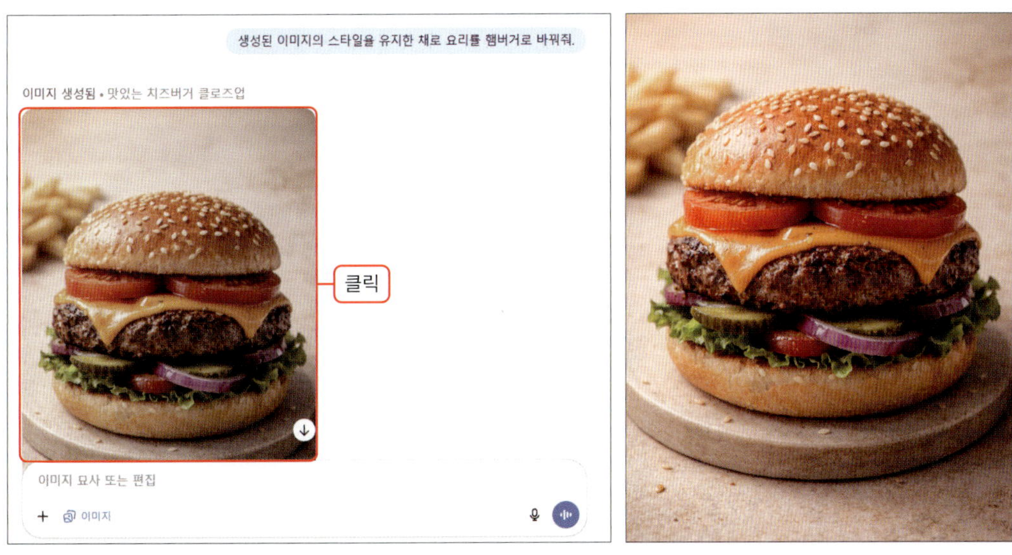

06 | 소라 2에 사용하기 위해 상단에 [저장] 버튼을 클릭하여 저장합니다.

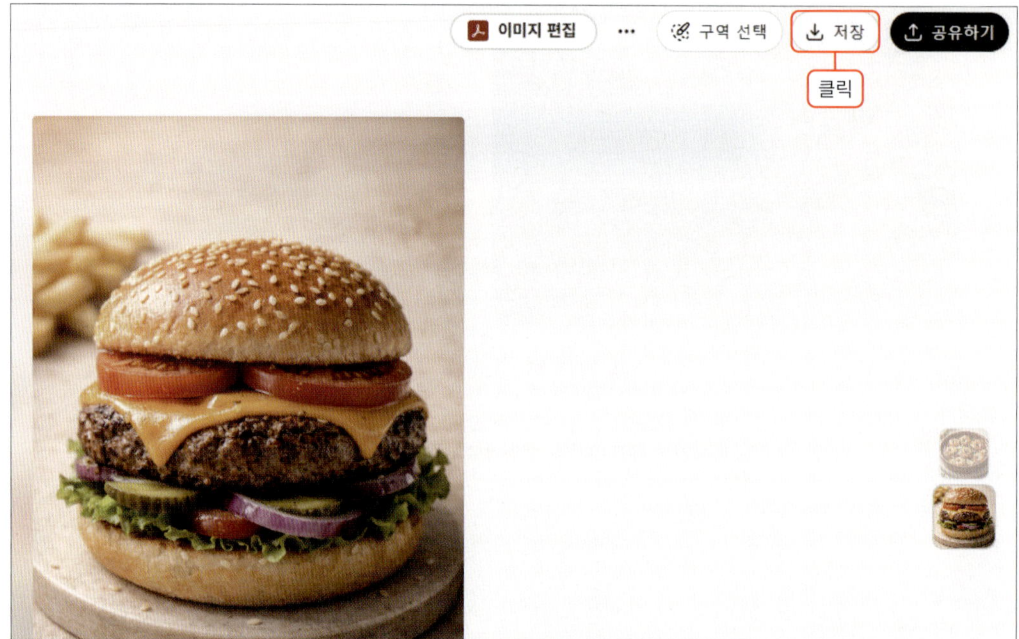

02 스타일 프리셋으로 참고 이미지의 스타일 변경하기

기존 이미지를 불러와 다른 그래픽 스타일로 변경해 보겠습니다. 참고로 소라 2에서는 실사 인물 이미지는 적용되지 않지만, 그림으로 표현된 인물 이미지는 등록해 활용할 수 있습니다.

07 | 웹브라우저에 'chatgpt.com'을 입력해 챗GPT 사이트에 접속하고 '파일추가 및 기타' 아이콘(+)을 클릭한 다음 [이미지 만들기]를 선택합니다.

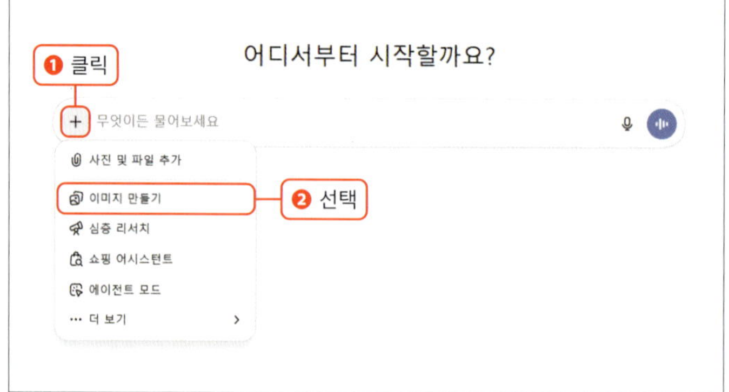

08 | 화면 하단 스타일 프리셋에서 [이미지 편집하기]를 선택합니다. 열기 대화 상자에서 02 폴더의 '인물_여성.png' 파일을 선택한 다음 [열기(O)] 버튼을 클릭합니다.

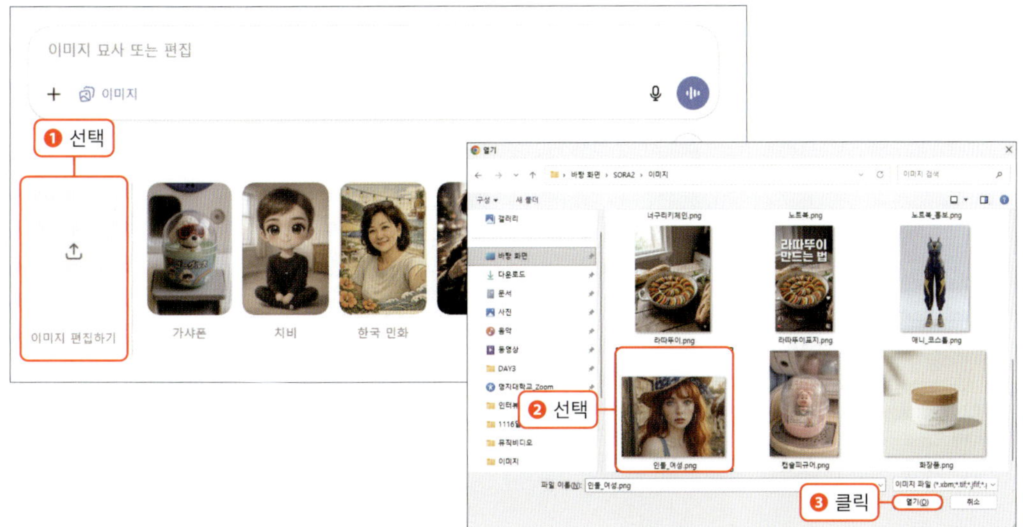

09 | 선택한 여성 사진이 대화창에 표시됩니다. 이번에는 별도의 프롬프트를 입력하지 않고, 아래에 있는 다양한 스타일 프리셋을 활용하겠습니다. 예제에서는 [레트로 애니메이션] 스타일을 선택합니다.

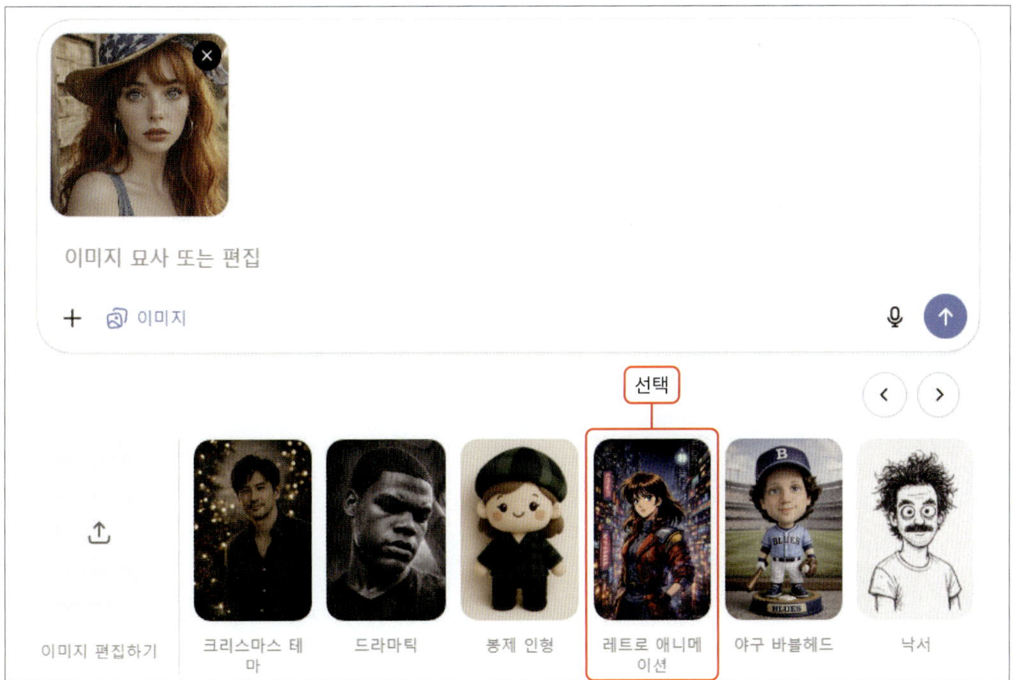

10 | 선택한 스타일에 따라 그림체에 대한 프롬프트가 자동으로 입력되고, 변경된 스타일의 이미지 생성이 바로 진행됩니다.

사진 속 인물을 일본 1980년대 애니메이션 캐릭터처럼 바꿔줘. 레트로한 미래 감성이 느껴지도록 굵은 선화와 살짝 과장된 얼굴 표현을 사용하고, 손그림 애니메이션 특유의 셀 음영 스타일로 그림자를 넣어줘. 색감은 선명하지만 살짝 바랜 느낌이 나게 조절하고, 네온 조명이 강조된 드라마틱한 빛을 더해줘. 배경은 사이버펑크 분위기의 역동적인 공간으로 설정해서, 빛나는 간판과 은은한 안개, 약간의 필름 그레인이 느껴지게 해줘. 전체 이미지는 에너지 넘치고 스타일이 분명하면서도 향수를 자극하는, 80년대 SF 애니메이션 일러스트 같은 느낌으로 완성해줘.

11 | 이미지 생성이 완료되면 레트로 애니메이션 스타일로 변환된 참고 이미지를 확인할 수 있으며, 이미지를 클릭해 자세히 확인한 다음, 마음에 들면 [저장] 버튼을 클릭합니다.

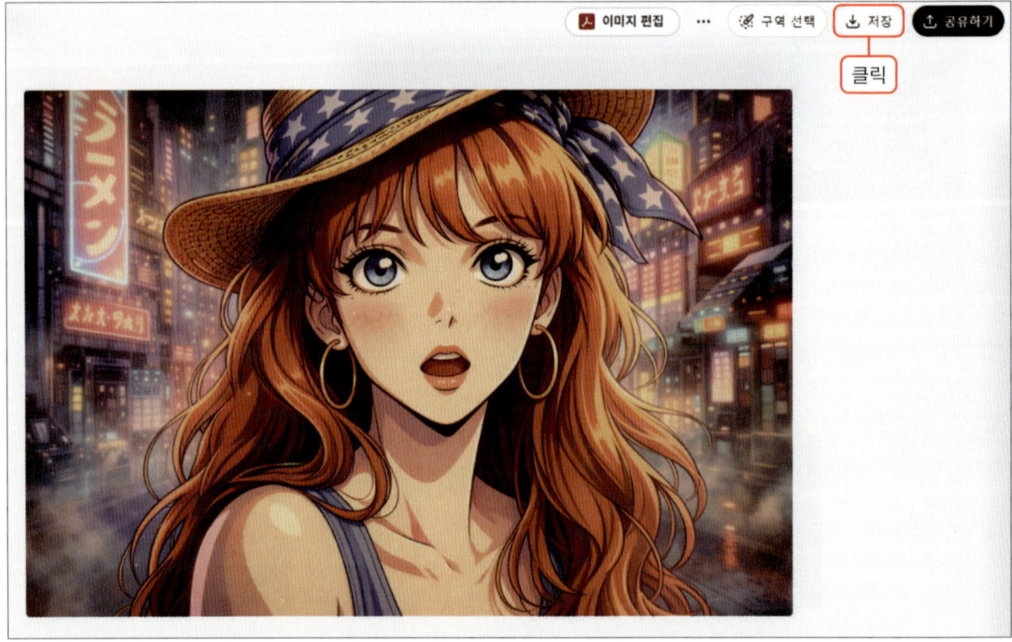

03 챗GPT에서 포토샵 기능으로 이미지 편집하기

어도비 포토샵의 이미지 편집 기능을 이제는 챗GPT 안에서도 간단하게 사용할 수 있습니다. 직관적인 사용법으로 생성된 이미지를 수정하거나, 이미지를 불러와 편집 · 합성하는 작업을 손쉽게 진행할 수 있습니다. 챗GPT의 포토샵 기능을 설정해 이미지의 스타일을 변경하거나 색감을 간단히 수정하는 방법을 알아보겠습니다.

12 | 웹브라우저에 'chatgpt.com'을 입력해 챗GPT 사이트에 접속하고 '파일 추가 및 기타' 아이콘(+)을 클릭한 다음 [이미지 만들기]를 선택합니다.

13 | 생성하고자 하는 이미지의 내용을 프롬프트 입력창에 입력한 다음 '제출' 아이콘(↑)을 클릭합니다.

프롬프트 따뜻한 조명 아래에서 화면을 바라보고 있는 귀여운 아기 수달을 리얼한 스타일로 그려줘.

14 입력한 프롬프트를 기반으로 따뜻한 분위기의 귀여운 아기 수달 이미지가 생성된 것을 확인할 수 있습니다.

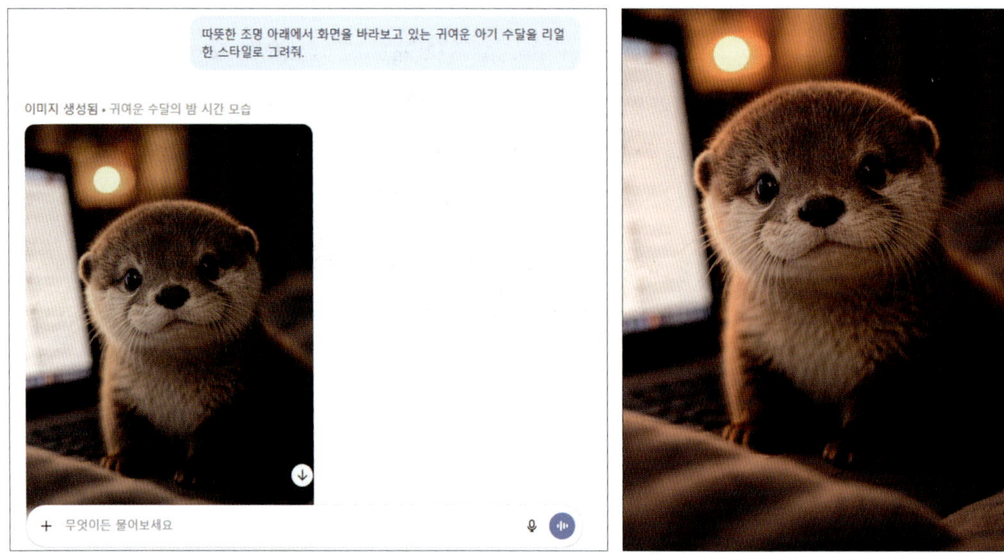

15 포토샵 기능을 활용하기 위해 프롬프트 입력창 옆의 '파일 추가 및 기타' 아이콘(+)을 클릭한 다음 **[더보기]** → **[Adobe Photoshop]**을 선택합니다.

16 프롬프트 입력창에 포토샵 앱이 활성화된 것을 확인하고 다음의 프롬프트를 입력한 다음 '제출' 아이콘(🔼)을 클릭합니다.

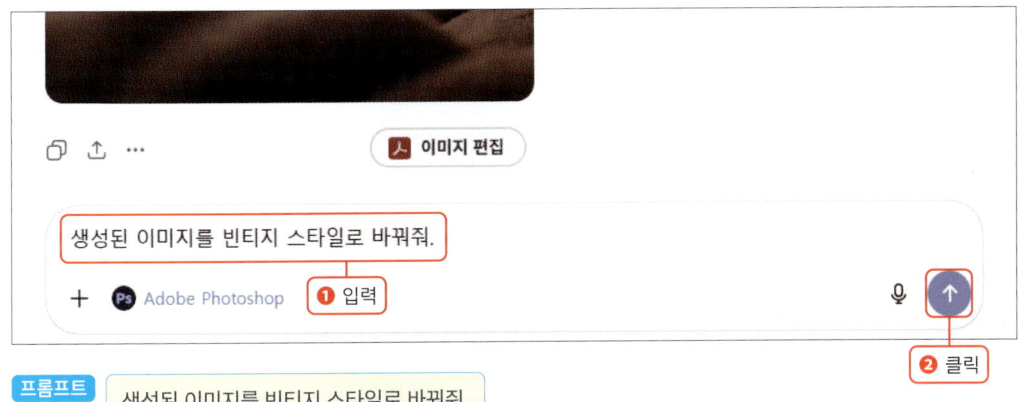

프롬프트 생성된 이미지를 빈티지 스타일로 바꿔줘.

17 빈티지한 분위기를 연출할 수 있는 두 가지 이미지 옵션을 보여줍니다. 이 중에서 두 번째 옵션인 그레인 효과의 '설정' 아이콘(⚙)을 클릭합니다.

챗GPT

빈티지 느낌을 살리기 위해 그레인(Grain)과 트라이톤 세피아(Tritone Sepia)를 적용했어요. 이 조합은 사진에 오래된 필름 같은 질감과 따뜻한 색감을 더해줍니다.

👉 '설정' 아이콘(⚙)을 클릭하여 나타나는 편집 화면에서 슬라이더를 움직여서 그레인 강도(거칠기) 세피아 톤의 농도를 취향에 맞게 더 조절할 수 있어요.

18 포토샵 앱의 편집 화면으로 이동합니다. 여기서 값을 조정해 빈티지한 질감을 세밀하게 수정할 수 있습니다. 예제에서는 다음과 같이 설정했습니다.

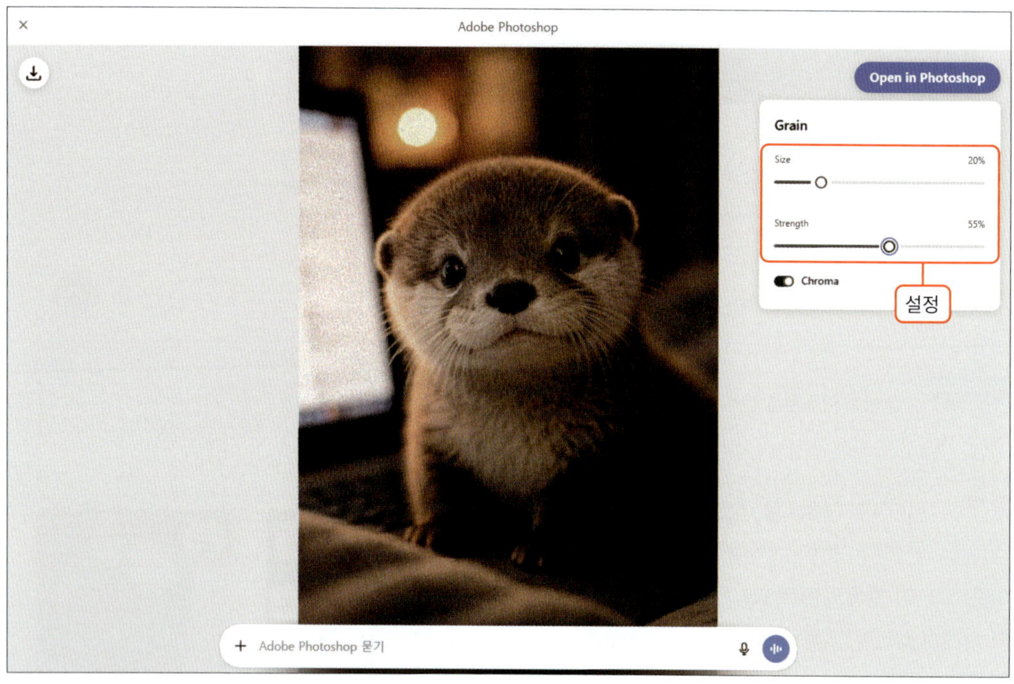

✦
Tip   추천하는 빈티지 스타일 효과 자세히 알아보기

❶ **그레인(Grain):** 이미지에 미세한 입자(노이즈)를 추가하여, 필름 카메라로 촬영한 듯한 질감과 아날로그한 분위기를 표현하는 효과입니다. 디지털 이미지의 매끄러움을 줄이고, 오래된 사진이나 영화 스틸컷처럼 자연스럽고 빈티지한 느낌을 강조할 때 사용됩니다.

- **Size:** 그레인 입자의 크기를 조절. 값이 낮을수록 입자가 작고 섬세해지며, 값이 높을수록 입자가 커져 거친 질감 강조
- **Strength:** 그레인의 강도(선명도)를 조절. 낮으면 은은하게, 높으면 입자가 뚜렷하게 보이며 전체 분위기에 강한 영향을 줌
- **Chroma:** 색상 정보가 포함된 컬러 그레인을 사용 여부를 선택. 비활성화하면 흑백에 가까운 중성적인 그레인이 적용, 활성화하면 컬러 노이즈가 추가되어 보다 아날로그한 느낌을 줌

❷ **트라이톤 세피아(Tritone Sepia):** 이미지를 세 가지 톤으로 분리해 세피아 계열 색감을 적용하는 스타일로, 고전 사진 특유의 따뜻하고 차분한 분위기를 만들어 줍니다. 단순한 흑백이나 단일 세피아보다 깊이 있는 색 대비를 제공해, 레트로하거나 시간감이 느껴지는 장면 연출에 적합합니다.

19 ┃ 원하는 스타일이 완성되면 화면 왼쪽에 있는 '다운로드' 아이콘(⬇)을 클릭해 수정된 이미지를 다운로드합니다.

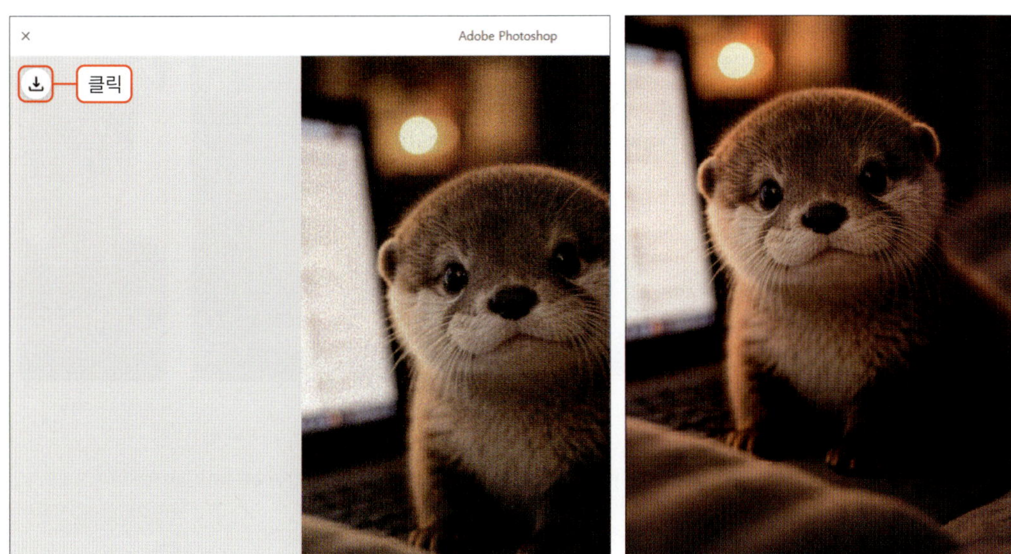

20 ┃ 이미지의 전체 색감을 밝게 수정해 보겠습니다. 대화창에 다음과 같은 문장을 입력하고 '제출' 아이콘(⬆)을 클릭합니다.

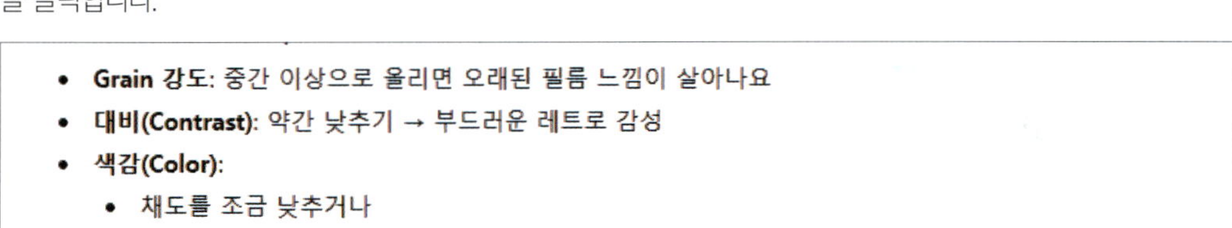

프롬프트　생성된 이미지의 전체 색감을 더 밝고 화사하게 조정해줘.

21 │ 대화창에는 색감을 조정할 수 있는 여러 이미지 옵션이 나열되어 있으며, 동시에 채팅창에서는 챗GPT를 통해 색감 조절이 가능한 앱 사용법에 대한 안내 내용을 확인할 수 있습니다. 예제에서는 이 중 [Brightness & Contrast]를 선택해 설정을 진행합니다.

챗GPT

이미지의 전체 색감을 더 밝고 화사하게 조정할 수 있는 보정 도구들을 화면에 띄워두었어요. 아직 값은 적용되지 않았으니, 아래 가이드대로 슬라이더를 움직여 보세요.

❶ 밝고 화사한 느낌으로 만드는 추천 조정법
위젯에서 각 항목의 '설정' 아이콘(⚙)을 클릭해 조절해 주세요.

- **Exposure(노출)**
  → 슬라이더를 오른쪽으로 살짝
  → 전체적으로 밝아지면서 따뜻한 조명 느낌이 살아나요

- **Brightness & Contrast(밝기 / 대비)**
  밝기: 조금 올리기
  대비: 과하지 않게 약간만
  → 아기 수달의 털 디테일이 더 또렷해져요

- **Vibrance(활기)** ⭐ 추천
  → 중간 정도로 올리기
  → 색이 과하지 않게 화사해져서 빈티지 느낌도 유지돼요

- **Saturation(채도)**
  → 아주 조금만 올리기
  → 따뜻한 조명 색감이 더 생동감 있어 보여요

- **팁**: 이미 그레인 효과가 있으니 채도는 과하지 않게 조절하는 게 빈티지 + 화사 조합에 좋아요.

22 | '설정' 아이콘(⊕)을 클릭하여 포토샵 편집 화면으로 이동하고 여기서 값을 조정해 이미지의 밝기를 수정할 수 있습니다. 예제에서는 다음과 같이 설정했습니다.

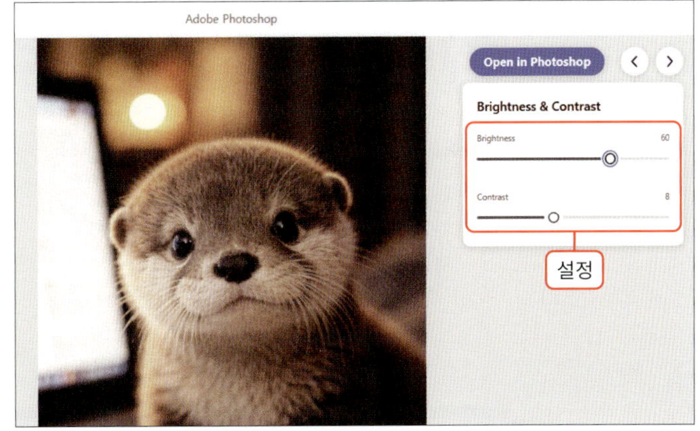

Tip　Brightness & Contrast는 이미지의 밝기와 대비를 조절하는 기본 보정 패널로, 사진의 전체적인 인상과 가독성을 빠르게 조정할 수 있도록 설계되었습니다.

- **Brightness(밝기)**: 이미지 전체의 명암 수준을 밝게 또는 어둡게 조절합니다. 값을 올리면 화면이 전반적으로 밝아지고, 낮추면 어두운 분위기가 강조됩니다.
- **Contrast(대비)**: 밝은 영역과 어두운 영역 사이의 차이를 조절합니다. 대비를 높이면 색과 형태가 또렷해지고, 낮추면 부드럽고 평평한 인상이 됩니다.

23 | 원하는 스타일이 완성되면 화면 왼쪽에 있는 '다운로드' 아이콘(⬇)을 클릭해 밝기가 조정된 이미지를 저장합니다.

PART 3

_ _ X

소라 2 기본기부터 영상 생성을 위한 스킬

소라 2의 인터페이스 구성과 영상 생성의 기본적인 사용 방식을 중심으로 살펴보겠습니다. 소라 2의 UI는 소셜 피드를 기반으로 한 직관적인 구조로, 사용자가 만든 영상과 다른 이용자의 콘텐츠를 자연스럽게 탐색·공유·재구성할 수 있도록 설계되어 있습니다. 또한 카메오 기능, 개인화 설정, 추천 제어 요소 등이 화면 전반에 통합되어 있어 창작 과정과 소셜 상호작용을 동시에 확장할 수 있다는 점이 특징입니다. 이러한 특징을 바탕으로, 소라 2의 웹사이트 버전과 모바일 버전을 나누어 자세히 살펴보겠습니다.

가장 현실적인 영상 제작 공식! 소라 2
!!!
AI
소라 AI 스킬 편
챗GPT와 함께 이미지 영상 제작까지 한번에!

LESSON 01 — 소라 2의 무료 사용부터 사용 요금제 알아보기

소라 2는 기본적으로 무료로 영상 생성이 가능한 서비스이며, 챗GPT 요금제와 연동된 방식으로 제공됩니다. 사용자는 챗GPT 계정을 통해 소라 2의 기능을 이용할 수 있고, 선택한 요금제에 따라 사용 가능한 기능의 범위와 영상 생성 가능 횟수에 차이가 있을 수 있습니다.

01 무료로 소라 2 사용하기

소라 2는 챗GPT 계정만 있으면 기본 기능을 무료로 체험할 수 있으며, 텍스트 프롬프트를 입력해 영상을 생성하고 커뮤니티 피드를 탐색하는 등 핵심 기능을 바로 이용할 수 있습니다.

01 | 웹브라우저에 'openai.com/'를 입력해 OpenAI 사이트로 이동한 다음, 메인 화면에서 왼쪽 메뉴에 있는 [Sora] 탭을 클릭합니다.

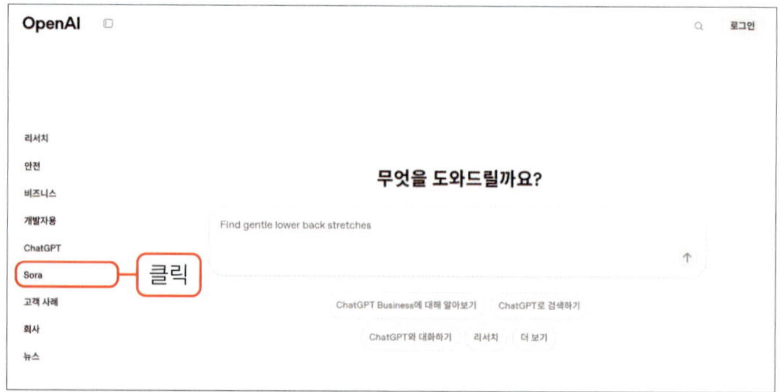

02 | 소라 2를 모바일 앱으로 다운로드하거나 웹 버전으로 이용할 수 있는 선택 화면으로 이동하며, 이 중 웹 버전 사용을 위해 화면 상단의 [로그인] 버튼을 클릭합니다.

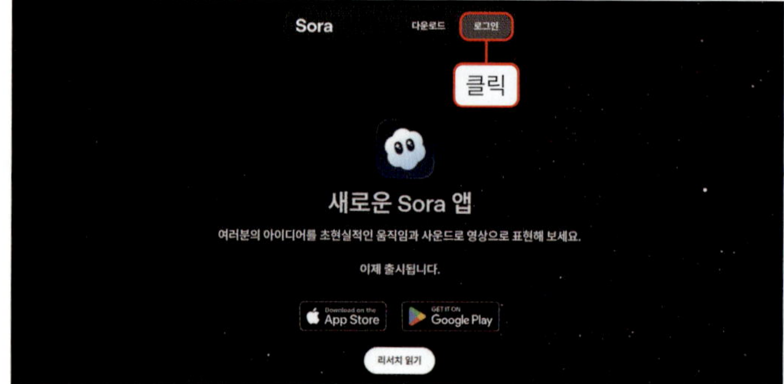

03 | 소라 2의 메인 화면으로 이동하면 다른 사용자들이 생성한 영상을 둘러볼 수 있습니다. 이용하기 위해 화면에 표시된 [로그인하기] 버튼을 클릭합니다.

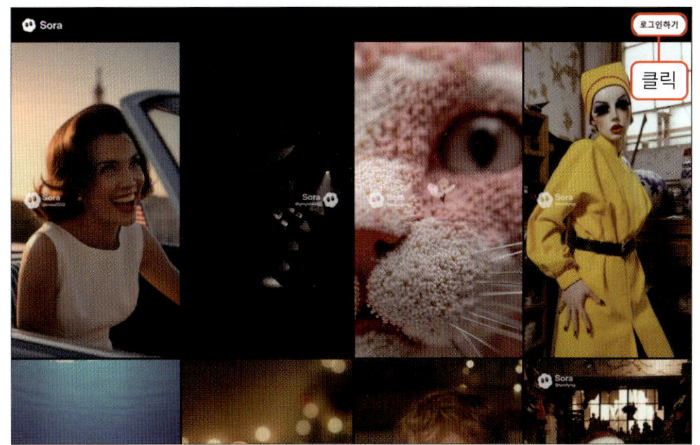

04 | [로그인하기]를 클릭하면 챗GPT 로그인 화면으로 이동하며, 기존 계정이 있는 경우에는 [로그인] 버튼을, 계정이 없는 경우에는 [무료로 회원가입] 버튼을 클릭해 진행합니다.

> **Tip** 둘 중 어느 버튼을 클릭하더라도 동일한 로그인 화면으로 이동합니다.

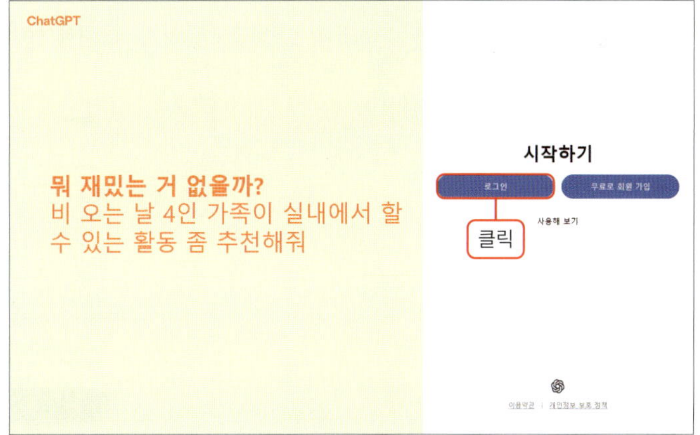

05 | 사용할 계정을 선택해 로그인할 수 있습니다. 예제에서는 구글 계정을 사용하기 위해 [Google로 계속하기]를 클릭합니다.

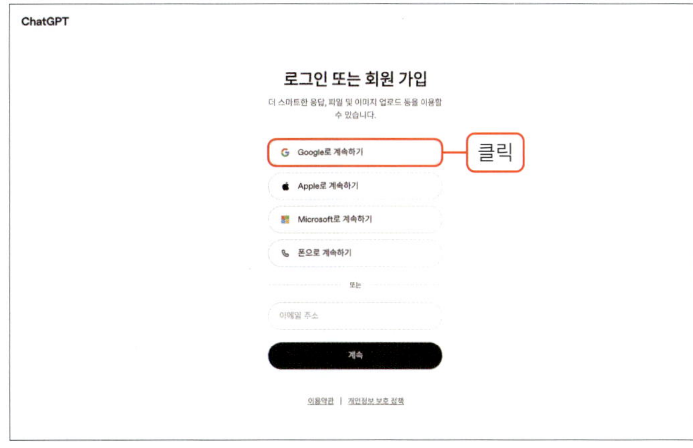

06 | 기존 구글 계정으로 로그인하거나 다른 계정 사용을 선택해 새 계정으로 로그인할 수 있습니다. 구글 계정을 선택한 다음 [계속] 버튼을 클릭합니다.

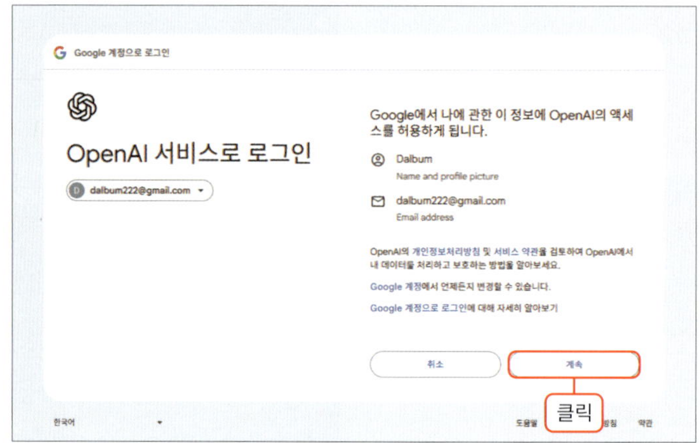

07 | 화면에서 성명과 생일을 입력하고 이용약관에 체크 한 다음, [계속] 버튼을 클릭해 회원가입을 완료합니다.

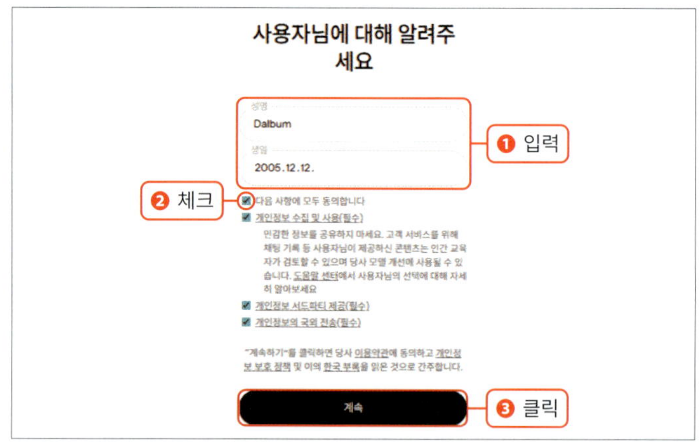

08 | 회원가입을 마무리하면 소라 2에 접속하여 자동으로 로그인합니다. 이제 본격적으로 영상을 생성할 수 있습니다.

02 소라 2 요금제 알아보기

소라 2는 챗GPT 요금제에 포함되어 제공되는 영상 생성 서비스로, 사용 중인 요금제에 따라 생성할 수 있는 영상의 횟수, 길이, 활용 가능한 기능 범위가 달라집니다. 무료 요금제에서도 기본적인 영상 생성과 다른 사용자의 영상 피드 확인이 가능하여 기능을 체험해 볼 수 있습니다. 다만, 긴 영상 제작이나 여러 개의 영상을 동시에 생성하는 기능은 사용에 제한이 있습니다.

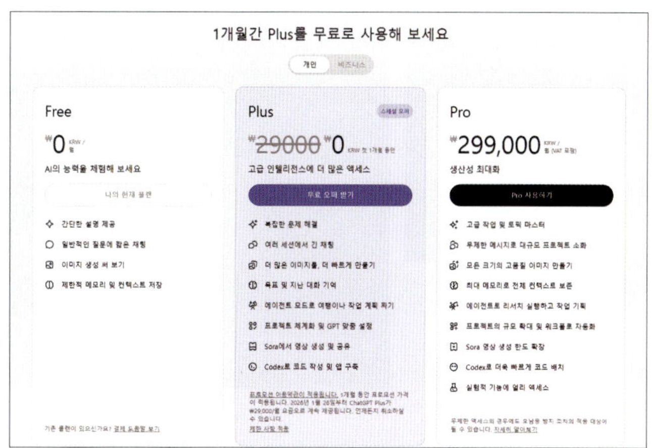

챗GPT의 요금제 화면

보다 다양한 기능과 높은 활용도를 원한다면 유료 요금제를 고려할 수 있습니다. 유료 요금제에서는 더 많은 영상 생성 크레딧이 제공되며, 상대적으로 긴 영상 제작과 반복적인 테스트 작업이 수월합니다. 따라서 학습, 콘텐츠 제작, 실습 중심 활용 등 사용 목적에 따라 요금제를 선택하는 것이 중요합니다.

요금제별로 제공되는 영상 생성 크레딧은 다음과 같습니다. 무료 요금제는 하루 최대 10개의 영상 생성 크레딧을 제공하며, 챗GPT Plus 요금제는 하루 최대 30개의 영상 생성 크레딧을 제공합니다. 크레딧은 영상 생성 시 소모되므로, 작업량이 많은 경우 상위 요금제가 보다 효율적일 수 있습니다.

구분	챗GPT Plus	챗GPT Pro
월 요금	$20	$200
영상 최대 길이	짧은 영상(예 10초~15초)	더 긴 영상(예 ~20-25초 이상)
해상도	480p ~ 720p 수준	최대 1080p(Full HD)
동시 생성(병렬 생성)	제한적	최대 5개 동시 생성
워터마크	포함	포함 없음 옵션(보다 깨끗한 출력)
생성 속도	기본	향상된 처리 속도
API 접근	없음	API 접근 가능(추가 비용/제한)
추천 사용자	취미/테스트용	콘텐츠 제작자·전문 영상 제작

챗GPT Plus vs 챗GPT Pro 세부 비교

Tip 남은 크레딧은 '기타 옵션' 아이콘을 클릭하여 [설정] → [사용] 탭에서 확인할 수 있습니다. 또한, 크레딧이 부족할 경우 추가 구매를 하거나 친구 초대기능을 활용해 크레딧을 더 받을 수 있습니다.

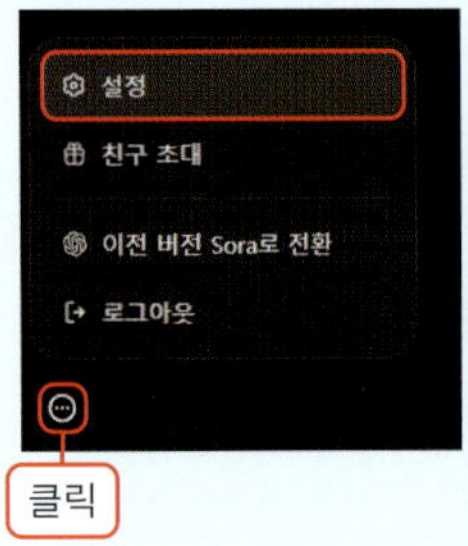

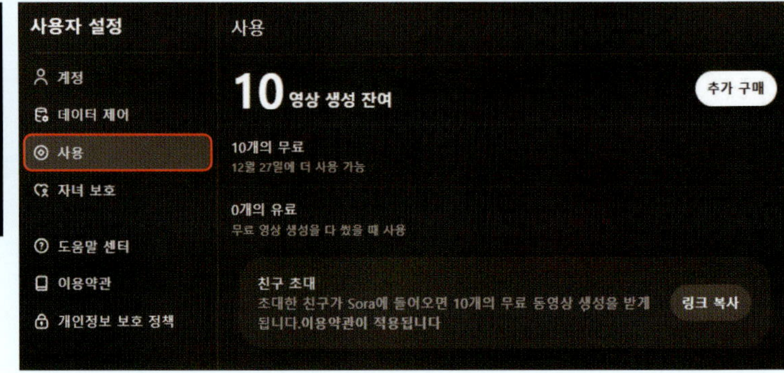

요금제에 포함된 영상 생성 크레딧을 모두 사용한 경우에도 서비스 이용이 중단되지는 않습니다. 별도의 요금제로 전환하지 않더라도, 필요한 만큼 영상 생성 크레딧을 추가로 구매하여 작업을 계속할 수 있습니다. 유료 요금제 이용이 부담스러운 사용자라면, 크레딧이 필요할 때마다 구매하는 방식도 합리적인 선택이 될 수 있습니다.

크레딧 추가 구매는 [설정] → [사용] 탭에서 [추가 구매] 버튼을 클릭하면, 화면에 개수별 영상 생성 크레딧 상품이 표시됩니다. 이 중 원하는 수량을 선택한 다음 구매하면, 즉시 계정에 추가되어 바로 영상 생성에 활용할 수 있습니다.

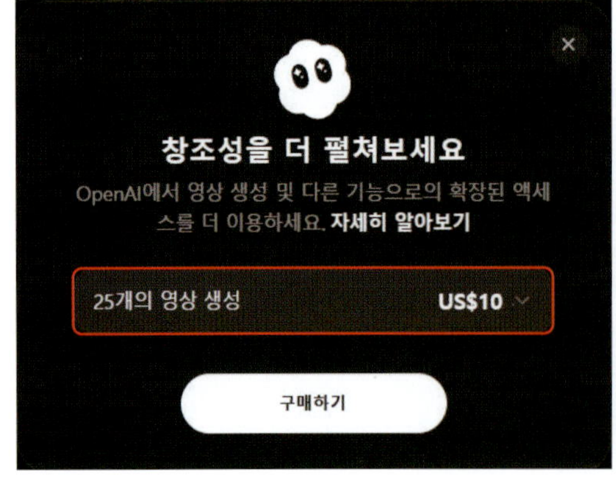

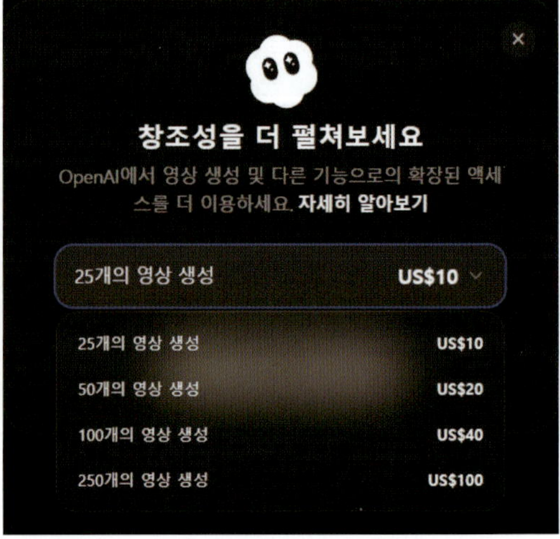

LESSON 02

소라 2의 PC 웹 버전 인터페이스 알아보기

소라 2는 텍스트 프롬프트를 기반으로 영상을 생성하는 강력한 AI 비디오 제작 도구로, 누구나 쉽게 사용할 수 있는 직관적인 사용자 인터페이스(UI)를 갖추고 있습니다. 그럼 먼저 버전의 인터페이스부터 살펴보겠습니다.

01 홈 화면 구성 살펴보기

소라 2 서비스 전반에서 공통으로 표시되는 메뉴로 사용자가 언제든지 계정 정보 확인, 영상 저장 공간 접근, 설정 변경 및 지원 메뉴로 빠르게 이동할 수 있게 하는 핵심 탐색 영역입니다.

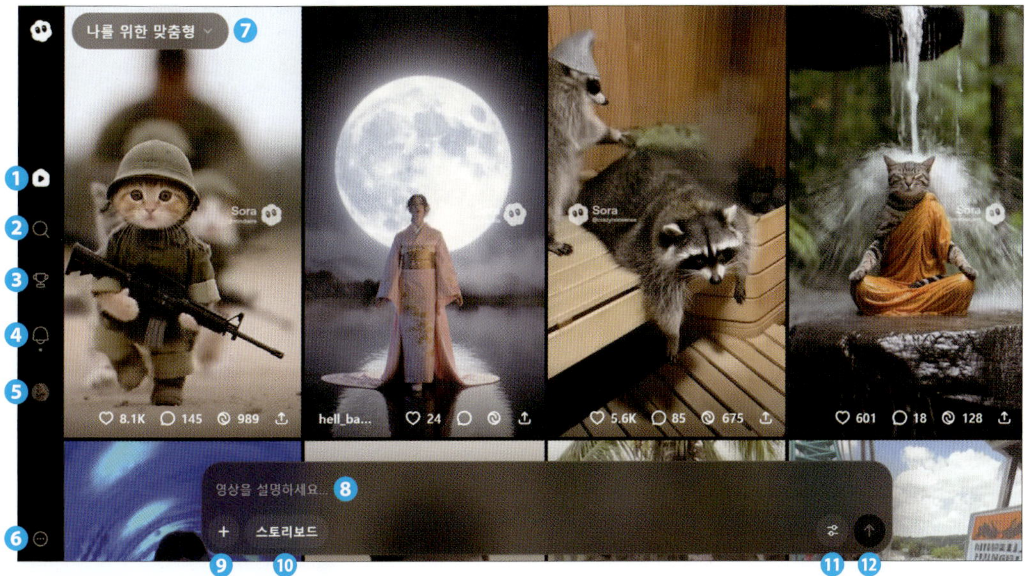

❶ **홈/재생 피드(Explore Feed):** 사용자의 관심사와 활동 이력을 바탕으로 추천 영상을 보여주는 메인 탐색 화면으로, 다른 이용자의 영상을 감상하고 좋아요나 리믹스를 통해 콘텐츠를 확장할 수 있습니다.

❷ **검색(Search)**: 사람과 카메오 캐릭터(크리에이터)를 검색하고 팔로우할 수 있는 화면으로, 원하는 계정 탐색과 인기 크리에이터 확인에 활용됩니다.

✦ **Tip** 팔로우 버튼을 누르면 해당 크리에이터의 활동을 지속적으로 참고할 수 있고, 새로운 영상이나 업데이트도 피드에 우선적으로 노출됩니다. 이렇게 팔로우해 둔 크리에이터의 작업은 이후 영상 제작 과정에서 구도·색감·리듬을 참고해 프롬프트를 더욱 구체화하는 데 도움이 됩니다.

❸ **순위표(Leaderboard Overlay)**: 캐릭터 활용도나 리믹스 수 등을 기준으로 한 다양한 랭킹을 제공하며, 커뮤니티 트렌드와 주목받는 인물을 빠르게 파악할 수 있습니다.

✦ **Tip** 소라 2에서 캐스팅을 클릭하면 프롬프트 입력창에 인물이 고정되며, 이후에는 모든 장면에서 해당 캐릭터의 일관성을 유지한 상태로 영상을 생성할 수 있습니다(카메오 기능).

❹ **활동/알림(Activity Item)**: 영상 좋아요, 상호작용, 생성 완료 등 소라 플랫폼에서 발생한 주요 활동과 변화를 한눈에 확인할 수 있습니다.

✦ **Tip** 모바일 앱과 연동해 두면 웹 버전에서 작업을 생성·완료했을 때 휴대폰으로 알림이 전송되어, 진행 상황을 바로 확인할 수 있어 더욱 편리합니다.

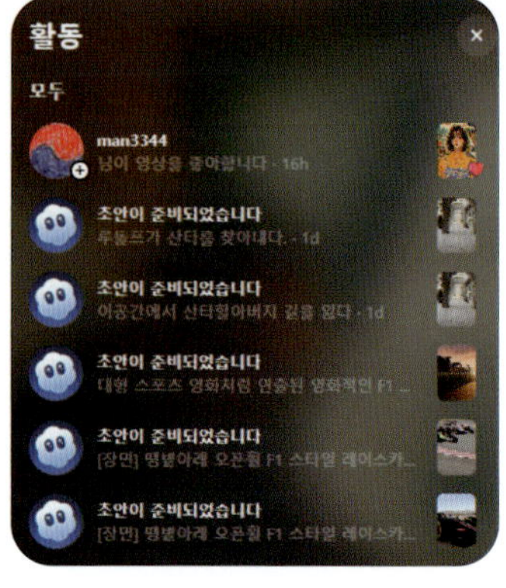

❺ **개인 프로필**: 사용자가 제작한 모든 영상과 초안, 진행 중인 프로젝트, 공개 콘텐츠를 한곳에서 관리하는 내 콘텐츠 공간입니다.

❻ **기타 옵션**: 설정, 친구 초대, 이전 버전 전환, 로그아웃 등 계정 및 환경 관리 기능을 모아 둔 메뉴입니다.

❼ **메인 피드 필터**: 맞춤형, 팔로우 중, 인기, 최신 기준으로 피드에 표시되는 콘텐츠의 정렬 방식을 변경할 수 있습니다.

❽ **프롬프트 입력창**: 장면 설명, 분위기, 카메라 구도 등을 문장으로 입력하는 핵심 영역으로, 영상 생성 결과에 직접적인 영향을 미칩니다.

❾ **파일 업로드(➕)**: 이미지 자료를 추가해 캐릭터 외형이나 분위기를 보조 설명할 수 있으며, AI가 사용자의 의도를 더 정확히 반영하도록 돕습니다.

> ✦ **Tip**　실제 사람 사진 파일이 기술적·정책적 이유로 업로드가 안 되는 경우가 있으며, 이는 단순 오류가 아니라 플랫폼이 해당 파일을 참고 자료로 허용하지 않기 때문에 발생하는 현상입니다.

❿ **스토리보드**: 영상을 장면 단위로 나누어 각 장면의 내용과 길이를 미리 설정함으로써, 전체 흐름과 연출 의도를 보다 명확하고 안정적으로 구성할 수 있도록 돕는 기능입니다.

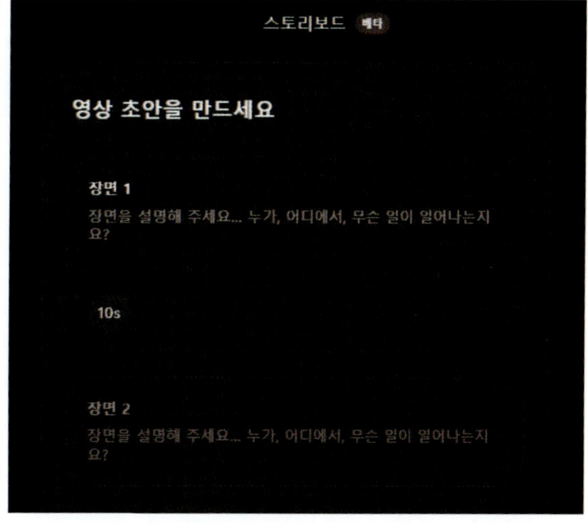

⓫ **설정(Settings)**: 영상의 화면 비율과 재생 시간을 지정해, 활용 목적에 맞는 콘텐츠 형태로 미리 조정할 수 있습니다.

⓬ **생성(⬆)**: 프롬프트와 설정을 완료한 다음, AI 영상 생성을 시작하는 버튼입니다.

02 개인 프로필 화면 살펴보기

사용자의 프로필과 함께 팔로워, 캐릭터, 영상 활동 현황을 보여주고, 내가 만든 영상과 초안을 관리하며 새로운 콘텐츠를 바로 생성할 수 있는 개인 중심의 창작 관리 페이지입니다.

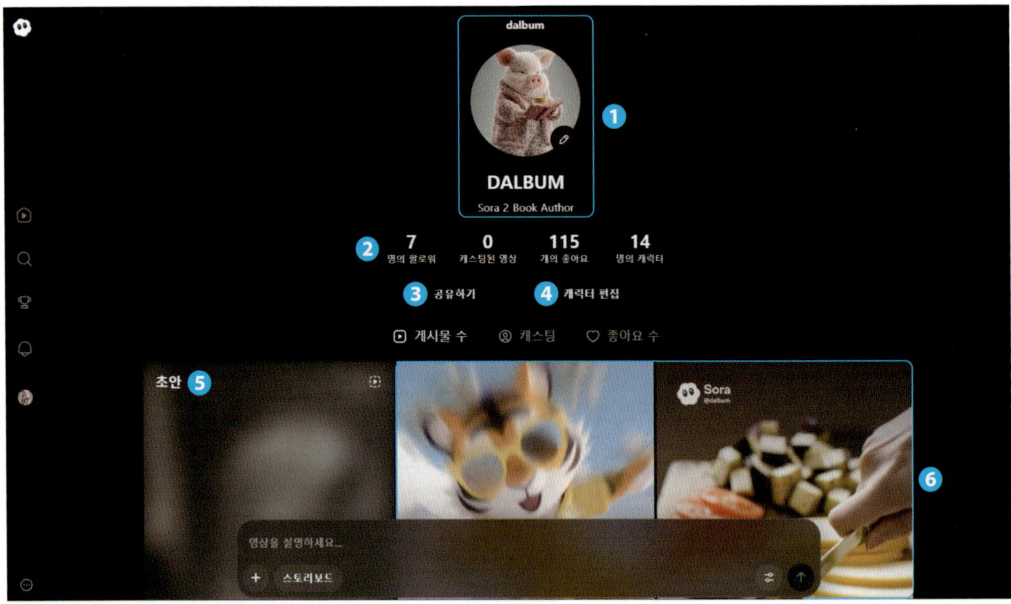

❶ **사용자 계정 프로필**: 사용자를 대표하는 프로필 이미지와 계정의 정체성과 스타일을 보여줍니다. 연필 아이콘을 통해 프로필 이미지를 수정할 수 있으며, 사용자 이름과 함께 간단한 역할 또는 소개 문구가 표시됩니다.

❷ **활동 지표**: 계정의 활동 현황과 영향력을 수치로 보여주는 영역입니다.
- **캐스팅된 영상**: 내 캐릭터가 다른 영상에 사용된 횟수
- **좋아요**: 내가 받은 전체 좋아요 수
- **팔로워**: 나를 팔로우한 사용자 수
- **캐릭터**: 내가 생성하거나 보유한 캐릭터 수

❸ **공유하기**: 내 프로필을 다른 사람과 공유할 수 있는 기능입니다.

❹ **캐릭터 생성/편집**: 새로운 캐릭터를 생성하거나 내가 만든 캐릭터를 수정·관리할 수 있는 메뉴로 이동합니다.

❺ **초안**: 아직 완성되지 않았거나 공개하지 않은 영상 프로젝트가 표시됩니다.

❻ **SNS 공개 콘텐츠**: 생성이 완료되어 게시물로 공개된 영상들이 썸네일 형태로 정리되어 나타납니다.

소라 2를 모바일에서 사용하기 위한 앱 설치

소라 2 모바일 앱은 장소에 구애받지 않고 서비스를 활용할 수 있다는 점이 가장 큰 장점입니다. 스마트폰만 있으면 언제든지 영상 생성 결과를 확인하고, 다른 사용자의 콘텐츠를 살펴보며 아이디어를 얻을 수 있습니다. 특히 이동 중이나 짧은 휴식 시간에도 작업 흐름을 끊지 않고 이어갈 수 있어 효율적입니다. 소라 2 모바일 앱을 사용하기 위해 설치 과정을 살펴보겠습니다.

01 소라 2 모바일 앱 설치하기

소라 2 모바일 앱은 안드로이드와 iOS 모두에서 사용 가능하며, 이번에는 iOS 버전 기준으로 설치 과정과 UI를 살펴보겠습니다.

01 | 모바일 기기에서 앱스토어를 실행한 다음, 검색창에 '소라' 또는 'Sora 2'를 입력해 [검색] 버튼을 탭합니다.

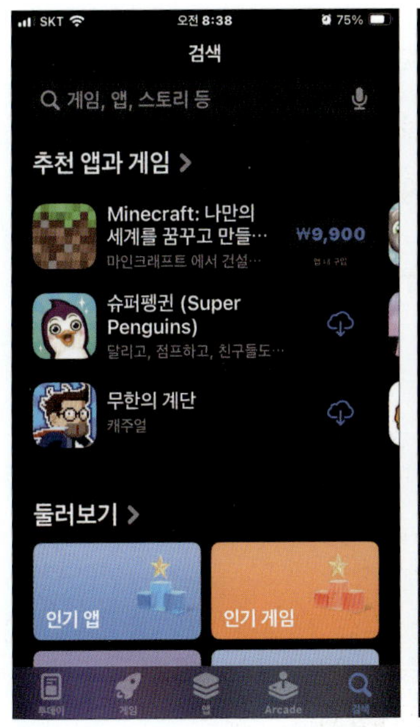
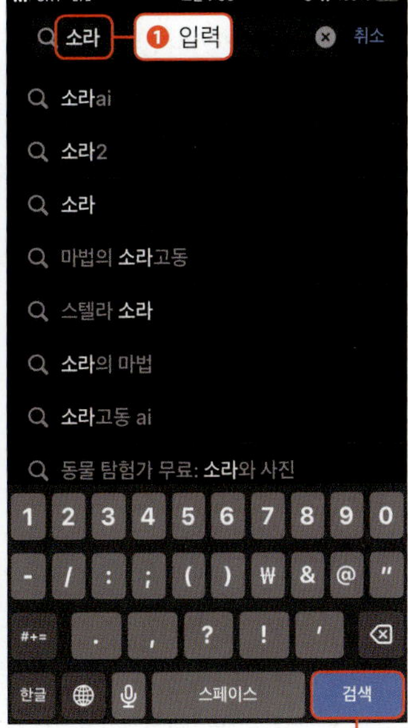

02 | 'Sora by OpenAI' 앱을 선택하고 [받기] 버튼을 탭하여 설치합니다. 이후 [열기] 버튼 또는 바탕화면에 설치된 앱 아이콘을 탭하여 실행합니다.

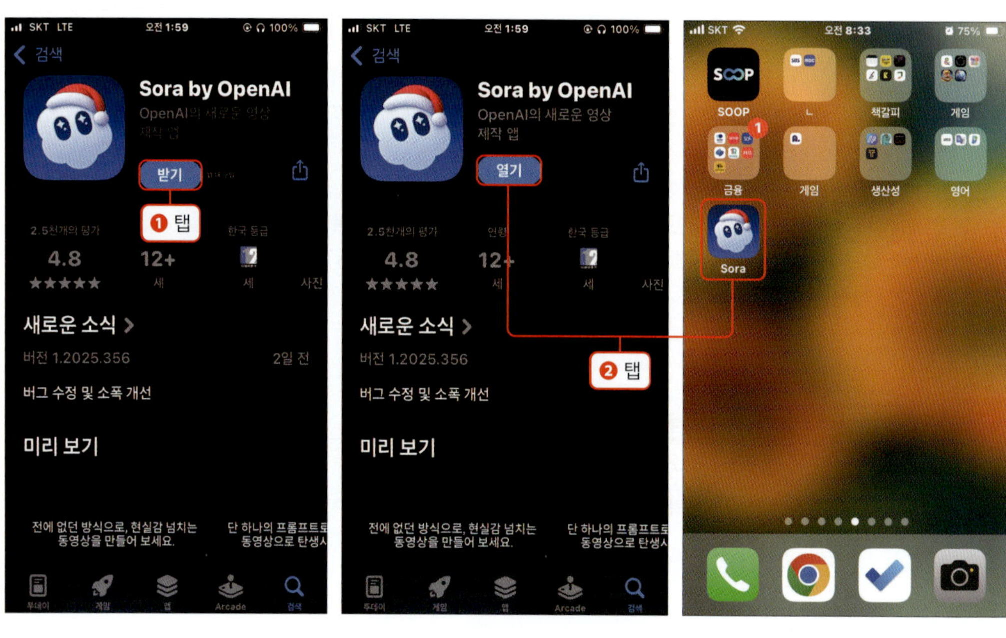

03 | 웹 버전에서 사용하던 계정을 선택하고 [계속]을 탭하여 로그인할 수 있으며, 계정이 없는 경우에는 화면 안내에 따라 새 계정을 생성합니다.

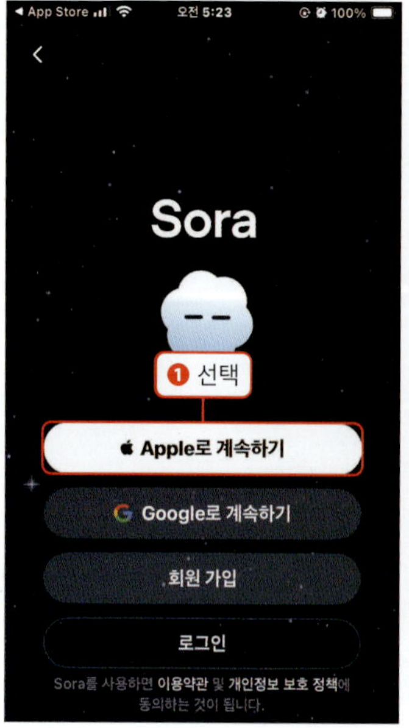
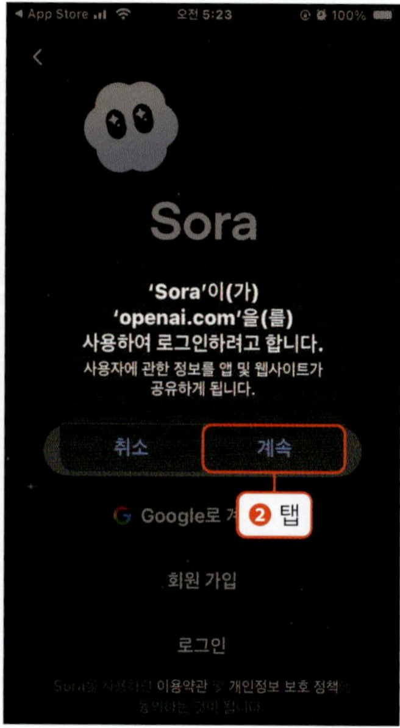

04 | 로그인 후, 메인 피드 화면이 나타나면 다른 사용자들이 생성한 다양한 영상들을 확인할 수 있으며 소라 2를 모바일에서 사용 가능해집니다.

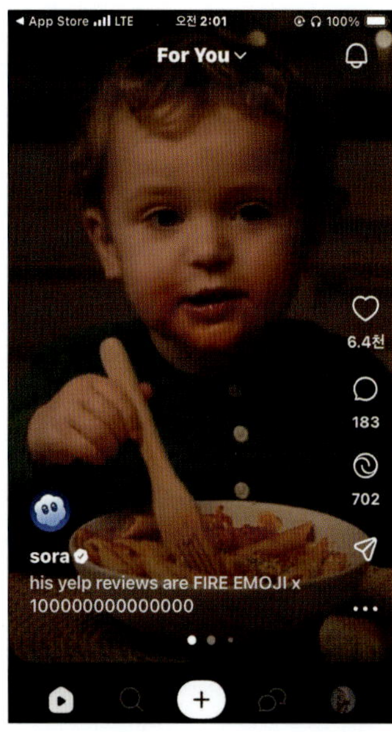

Tip 소라 2 모바일 앱 활용 팁

모바일 앱에서는 긴 프롬프트를 새로 작성하기보다는, 이미 생성한 영상이나 저장해 둔 프롬프트를 불러와 수정하는 방식이 효율적입니다. 간단한 문구 수정이나 분위기 조정 정도의 작업은 모바일 환경에서도 충분히 가능합니다.

영상 생성 후에는 이어폰이나 헤드폰을 활용해 사운드와 전체 흐름을 확인하는 것이 좋습니다. 작은 화면에서는 놓치기 쉬운 장면 전환이나 속도감을 음향과 함께 점검할 수 있습니다.

또한 마음에 드는 영상은 바로 저장하거나 즐겨찾기해 두는 습관을 들이면, 이후 데스크톱에서 프롬프트를 분석하거나 리믹스 작업을 할 때 참고 자료로 활용할 수 있습니다. 모바일 앱은 '제작'보다는 '확인과 정리' 중심으로 활용하면 작업 효율이 더욱 높아집니다.

저자의 경우 재미있는 소품이나 독특한 배경을 보았을 때 사진을 찍어 두었다가 소라 2 모바일 앱을 활용하여 아이디어를 확장합니다. 일상에서 떠올렸던 상상을 실제 영상 제작에 적용해 보며, 보다 자유롭고 재미있는 시도를 이어갈 수 있습니다.

일상생활에서의 활용 예시

LESSON 04 소라 2 모바일 앱 인터페이스 알아보기

소라 2 모바일 앱은 단순히 영상을 생성하는 기능에 그치지 않고, SNS적인 요소가 풍부하게 포함된 플랫폼이기 때문에 이러한 특성이 모바일 앱 UI에 어떻게 반영되어 있는지를 중심으로 각 화면을 살펴보겠습니다.

01 모바일 앱의 메인 피드 화면 살펴보기

소라 2 모바일 앱의 메인 피드로, 사용자 맞춤 추천 영상이 세로형 숏폼 콘텐츠 형태로 표시되며 좋아요·댓글·공유 등 SNS 기능을 통해 다른 사용자와 활발히 상호작용할 수 있도록 구성된 화면입니다.

❶ **홈(피드)**: 메인 영상 피드 화면으로 이동하는 버튼으로, 다른 화면에 있다가도 언제든지 메인 피드로 돌아올 수 있습니다.

❷ **검색**: 사람, 크리에이터, 캐릭터 등을 검색할 수 있는 화면으로 이동하며, 관심 있는 계정이나 콘텐츠를 직접 찾아볼 때 사용합니다.

❸ **생성(+)**: 새로운 영상을 생성하기 위한 시작 버튼으로, 탭하면 프롬프트 입력 및 영상 생성 화면으로 이동합니다.

❹ **다이렉트 메시지**: 공유 시트에서 대화를 시작하거나 누군가를 팔로우해 메시지를 주고 받을 수 있습니다.

❺ **개인 프로필**: 사용자의 개인 프로필 페이지로 이동하며, 내가 만든 영상, 초안, 캐릭터, 계정 정보를 관리할 수 있습니다.

❻ **활동(알림)**: 좋아요, 댓글, 영상 생성 완료 등 사용자 활동과 관련된 알림을 확인할 수 있는 영역입니다.

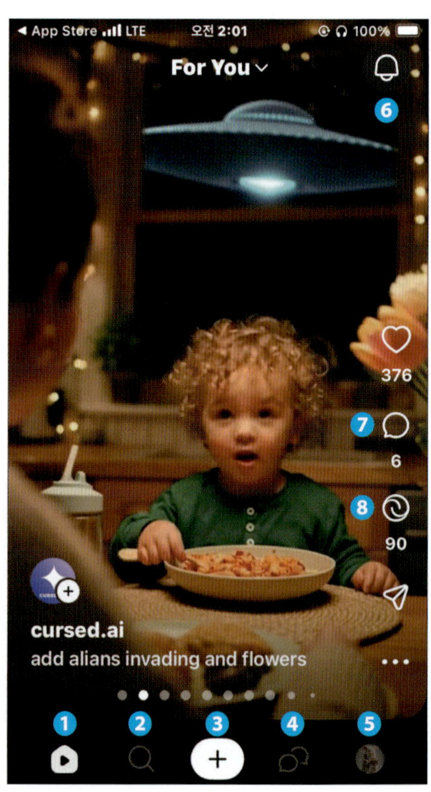

❼ **코멘트**: 영상에 대한 반응을 글로 남겨 다른 사용자와 소통할 수 있습니다.

❽ **리믹스**: 소라 2에 공유한 영상이 리믹스된 수를 확인할 수 있으며, 탭하면 해당 영상을 리믹스할 수 있습니다.

02 모바일 앱의 영상 생성 화면 살펴보기

영상을 생성하기 위한 '영상 만들기(Create Video)' 화면으로, 캐릭터 선택과 프롬프트 입력을 통해 영상 제작을 시작하는 단계입니다.

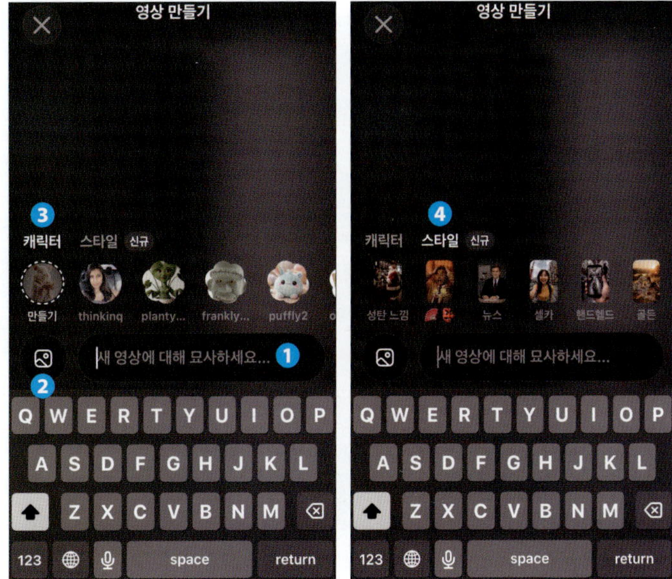

❶ **프롬프트 영역**: 영상 내용을 자연어로 입력하는 텍스트 입력 창으로, 장면, 행동, 분위기, 연출 등을 자유롭게 설명할 수 있습니다.

❷ **이미지 추가(🖼)**: 참고 이미지를 첨부해 텍스트만으로 표현하기 어려운 시각적 요소를 보완하고, 생성 결과를 의도에 가깝게 유도합니다.

❸ **캐릭터 목록**: 영상에 사용할 캐릭터를 선택하거나 새로 생성하는 영역으로, 가로 스크롤 썸네일을 통해 인물을 빠르게 지정할 수 있습니다.

❹ **스타일 프리셋 목록**: 영상의 분위기와 촬영 방식을 미리 정의한 프리셋을 선택해, 원하는 톤과 연출을 직관적으로 설정할 수 있습니다.

✦ **Tip**　현재 모바일 앱 소라 2에서는 10초 분량의 세로 비율(기본값 9:16)을 기본으로 생성하고 있습니다. 가로 비율의 영상을 생성하려면 웹 버전을 사용하세요.

03 개인 프로필 화면 살펴보기

사용자의 프로필 정보와 활동 지표, 캐릭터 관리 현황은 물론, 내가 만든 영상과 아직 게시하지 않은 초안까지 한 곳에서 확인하고 관리할 수 있는 개인 중심의 프로필 페이지입니다.

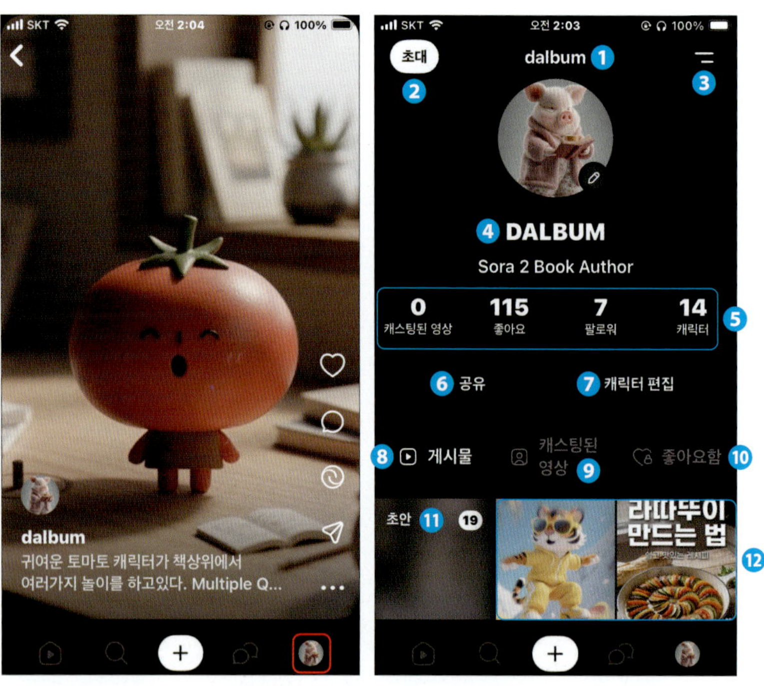

❶ **계정 이름**: 현재 로그인한 사용자의 계정 이름이 상단에 표시되어, 본인 계정을 명확히 확인할 수 있습니다.

❷ **초대**: 다른 사용자를 소라 2로 초대하는 기능으로, 사용자 간 네트워크 확장을 돕습니다.

❸ **메뉴(≡)**: 설정과 계정 관리 등 추가 옵션으로 이동할 수 있는 메인 메뉴입니다.

❹ **사용자 계정 프로필**: 프로필 이미지와 사용자 이름, 소개 문구가 표시되며, 연필 아이콘을 통해 프로필 이미지를 수정할 수 있습니다.

❺ **활동 지표**: 계정의 활동 현황과 영향력을 수치로 보여주는 영역입니다.

- **캐스팅된 영상**: 내 캐릭터가 다른 영상에 사용된 횟수
- **좋아요**: 내가 받은 전체 좋아요 수
- **팔로워**: 나를 팔로우한 사용자 수
- **캐릭터**: 내가 생성하거나 보유한 캐릭터 수

❻ **공유**: 내 프로필 페이지를 다른 사람에게 공유할 수 있습니다.

❼ **캐릭터 편집**: 내가 만든 캐릭터를 수정하거나 관리하는 화면으로 이동합니다.

❽ **게시물**: 내가 생성해 게시한 영상 목록을 확인할 수 있습니다.

❾ **캐스팅된 영상**: 내가 생성한 캐릭터가 활용된 다른 영상들을 모아 볼 수 있습니다.

❿ **좋아요**: 내가 좋아요를 누른 다른 사용자들의 영상들을 확인할 수 있습니다.

⓫ **초안**: 아직 완성되지 않았거나 공개하지 않은 영상 프로젝트가 정리되어 표시됩니다.

⓬ **등록된 게시물**: 완성되었거나 게시된 영상들이 썸네일 형태로 한눈에 보이도록 정리됩니다.

Tip 소라 2 모바일 앱의 장점

❶ **빠른 제작과정**: 이동 중이나 휴식 시간에도 생각난 아이디어를 바로 영상으로 만들 수 있습니다.

❷ **간단한 프롬프트**: 짧은 문장만으로도 결과가 잘 나오며, 캐릭터 중심의 간단한 상황과 감정 표현에 강합니다.

❸ **빠른 미리보기**: 썸네일과 재생이 직관적이라 결과를 보고 바로 사용할지 판단할 수 있습니다.

❹ **SNS 친화성**: 짧은 영상이나 밈, 콘셉트 영상에 잘 어울리고 세로형 콘텐츠 제작에 잘 어울립니다.

　→ 웹툰·만화·숏폼 아이디어를 구상하는 사람, 이동 중에도 창작하고 싶은 사람, 완성보다 아이디어와 콘셉트를 빠르게 뽑고 싶은 사람, SNS용 짧은 영상을 만드는 사람에게 잘 맞습니다.

LESSON 05

소라 2 영상의 시작, 카메오 기능으로 나만의 캐릭터 만들기

예제파일: 03\Pinkpig, FriedChicken.png **완성파일**: 03\돼지캐릭터1~3.mp4

소라 2의 카메오 기능은 사용자가 원하는 인물을 영상 속 핵심 주인공으로 설정할 수 있도록 설계된 인물 중심 생성 기능입니다. 단순히 얼굴을 합성하는 수준을 넘어, 인물의 외형과 동작까지 함께 제어할 수 있어 스토리 기반 영상 제작에 적합합니다. 카메오 기능을 활용하면 특정 인물을 기준으로 영상 전반의 일관성을 유지할 수 있습니다. 인물의 얼굴 특징, 체형, 헤어스타일, 복장 분위기를 설정하면 장면이 바뀌어도 동일 인물이 자연스럽게 등장하도록 생성됩니다. 이를 통해 광고 영상이나 브랜드 스토리 영상에서 주인공의 동일성을 안정적으로 유지할 수 있습니다. 예제에서는 영상 속에 내 캐릭터를 생성해 보겠습니다.

이번 예제에서는 자신만의 캐릭터 기본형을 바탕으로 다양한 변형을 만들어 보고, 캐릭터를 현실 세계의 장면과 자연스럽게 합성하여 새로운 스토리텔링을 보여주는 영상 콘텐츠를 제작하겠습니다. 이 과정을 통해 단순히 캐릭터를 '등장시키는 것'을 넘어, 창작자가 만든 세계관 속에서 캐릭터가 살아 움직이는 영상까지 완성할 수 있을 것입니다.

예제 콘셉트

작업 패턴 KEYWORD

❶ 자신만의 캐릭터로 영상 만들기
❷ 캐릭터를 등록하고 카메오로 활용하기
❸ 캐릭터와 실제 인물이 함께하는 합성 장면 만들기
❹ 실제 이미지를 참고하여 현실적 있는 장면 만들기

01 자신만의 캐릭터 생성하기

소라 2의 프롬프트 영역에서 자신만의 캐릭터 기본형 이미지를 등록한 다음, 이를 기반으로 먼저 영상을 생성합니다. 이 과정은 캐릭터의 외형과 스타일을 AI가 인식하도록 하는 단계로, 이후 다양한 장면이나 스토리 영상 제작의 기초 자료가 됩니다.

01 | 웹브라우저에 'sora. chatgpt.com'를 입력하여 소라 2의 메인 화면으로 이동합니다. 직접 만들었거나 AI로 생성한 캐릭터의 기본형 이미지를 등록하기 위해, 프롬프트 입력창에 '+' 아이콘을 클릭합니다.

> **Tip** 예제에서는 생성형 AI로 만든 캐릭터 이미지를 활용했습니다.

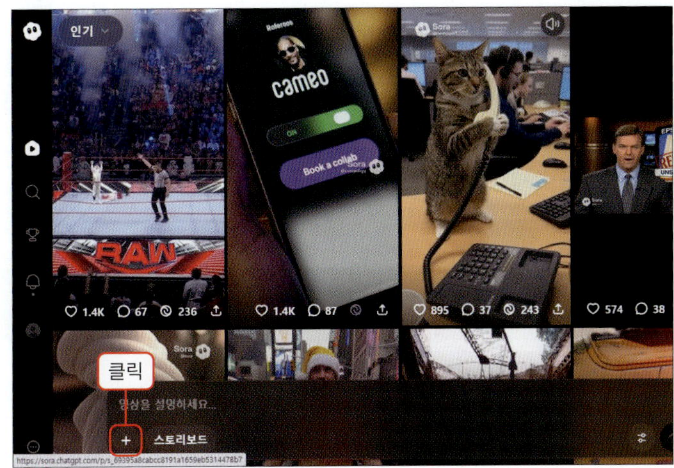

02 | 열기 대화상자가 표시되면 03 폴더에서 'Pink pig.png' 파일을 선택한 다음, [열기(O)] 버튼을 클릭합니다.

> **Tip** 소라 2에서는 새 캐릭터를 등록할 때 이미지에 특정 소품이나 악세서리가 있으면 캐릭터의 일부로 인식할 수 있습니다. 캐릭터 성격에 필요치 않은 소품은 제외한 이미지를 사용하는 것이 좋습니다.

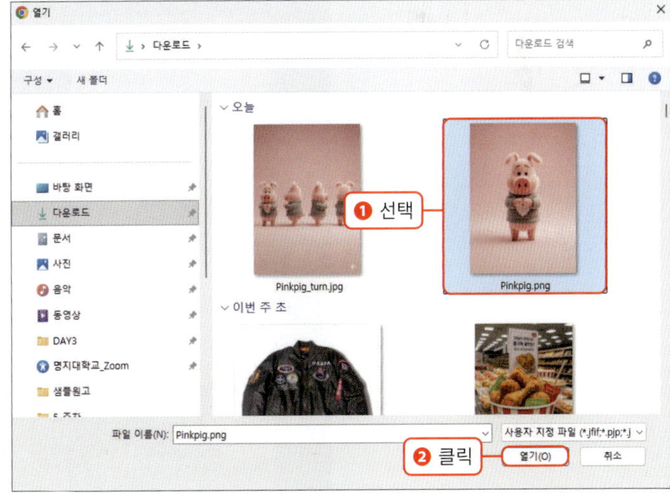

03 | 카메오로 등록하기 위해 프롬프트 입력창에 기본 캐릭터의 동작을 다음과 같이 입력합니다. 오른쪽 '설정' 아이콘(▣)을 클릭하고 방향을 '세로 모드'로, 재생 시간을 '10초(10s)'로 설정한 다음, '생성' 아이콘(↑)을 클릭하여 영상을 생성합니다.

프롬프트   이미지 속 돼지 캐릭터가 화면을 바라보며 귀엽게 "안녕"이라고 말한다.

04 | 생성이 완료되면 개인 프로필을 클릭하여 [초안]에서 확인할 수 있습니다.

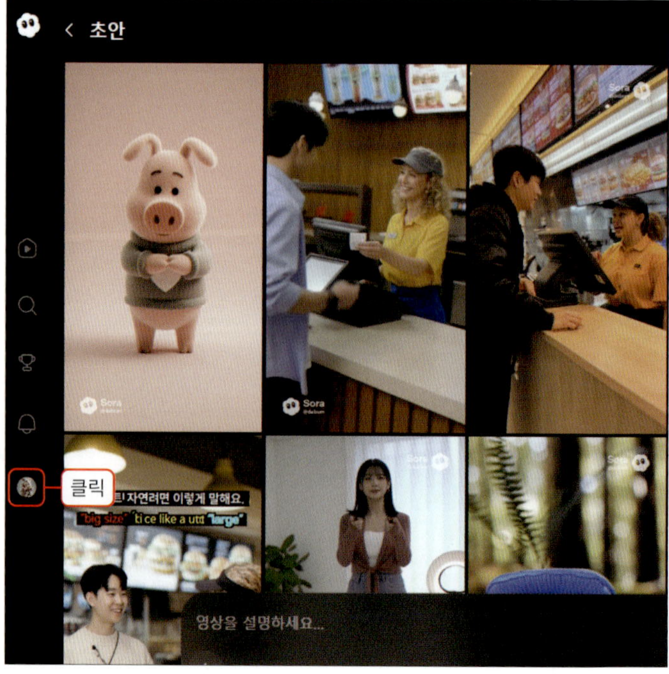

05 │ 나만의 캐릭터가 화면을
보고 인사하는 영상이 완성되었습
니다. 의도대로 잘 만들어졌는지 확
인합니다.

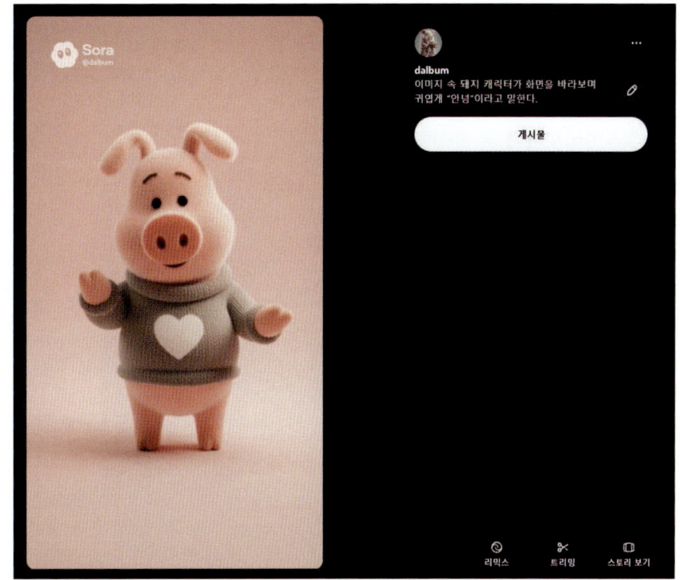

02 캐릭터를 등록하고 카메오로 활용하기

이를 바탕으로 캐릭터 등록을 진행하겠습니다. 등록을 마치면 이 캐릭터로 다양한 베리에이션을 만
들거나 여러 형태로 커스텀하여 활용할 수 있습니다.

06 │ 화면 오른쪽의 '···' 아이
콘을 클릭하면 나타나는 메뉴에서
[캐릭터 생성]을 선택합니다.

07 | 영상에서 캐릭터의 성격이 잘 드러나는 구간을 설정하기 위해 양쪽 핸들을 드래그하여 조정한 다음 '다음' 아이콘(⊙)을 클릭합니다.

08 | 캐릭터의 프로필 창에서 사용자 이름을 'db_Pinkpig'로, 디스플레이 이름을 'Lovely Pig'로 입력하고 [계속] 버튼을 클릭해 다음 단계로 이동합니다.

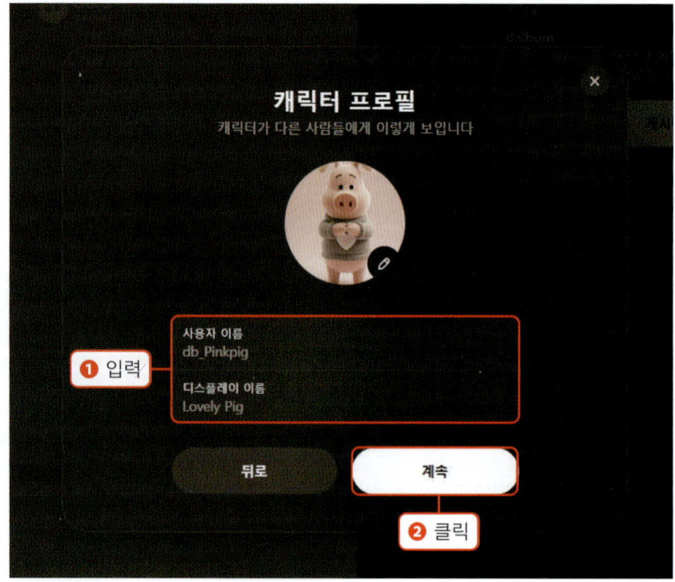

09 | 캐릭터 설명에는 영상을 분석하여 자동으로 들어간 설명을 그대로 유지하고, 제한 사항에는 캐릭터성이 흐려지지 않도록 다음과 같이 입력하였습니다. 모든 내용을 입력한 다음, [계속] 버튼을 클릭해 다음 단계로 이동합니다.

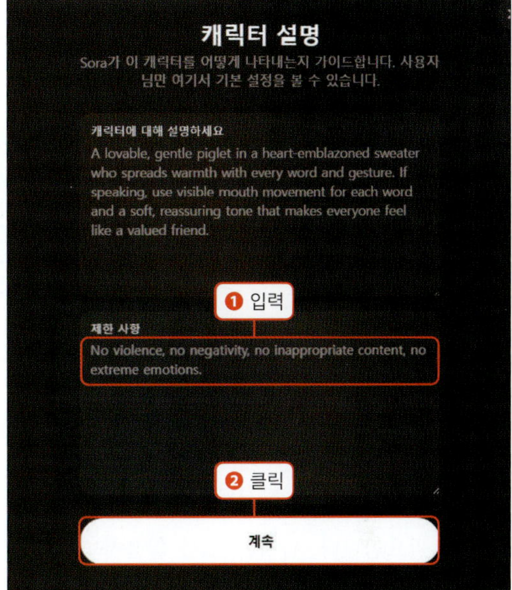

프롬프트

No violence, no negativity, no inappropriate content, no extreme emotions.(폭력 금지, 부정적 표현 금지, 부적절한 콘텐츠 금지, 극단적인 감정 표현 금지)

Tip 소라 2에서 캐릭터의 제한 사항(Restrictions)을 설정하면, 캐릭터가 생성·활용되는 모든 과정에서 창작자가 원하지 않는 행동이나 표현을 자동으로 차단하는 효과가 있습니다. 이는 캐릭터의 성격과 세계관이 흔들리지 않도록 도와주며, 다양한 영상이나 장면에 등장할 때도 일관된 캐릭터성을 유지할 수 있게 해줍니다.

10 | 마지막 단계에서 캐릭터의 공개 범위(사용 권한)를 설정합니다. 예제에서는 [나만 보기]를 선택한 다음, [저장] 버튼을 클릭해 설정을 완료합니다.

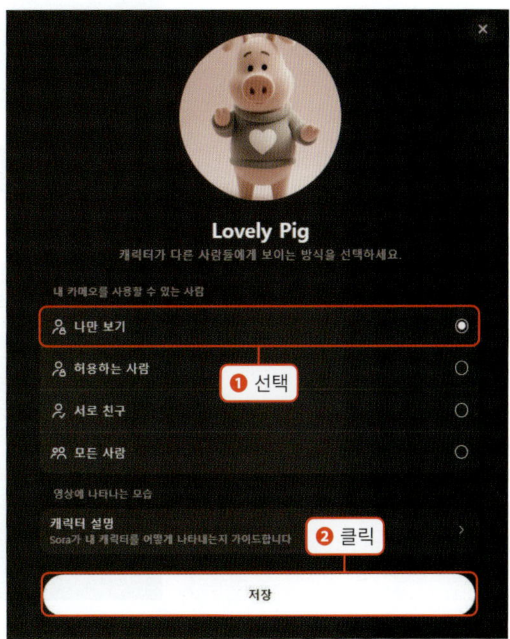

11 | 완료 후 캐릭터의 전용 공간이 생성되었으며, [카메오 편집]을 클릭하여 언제든지 공개 범위나 캐릭터 설정을 수정할 수 있습니다.

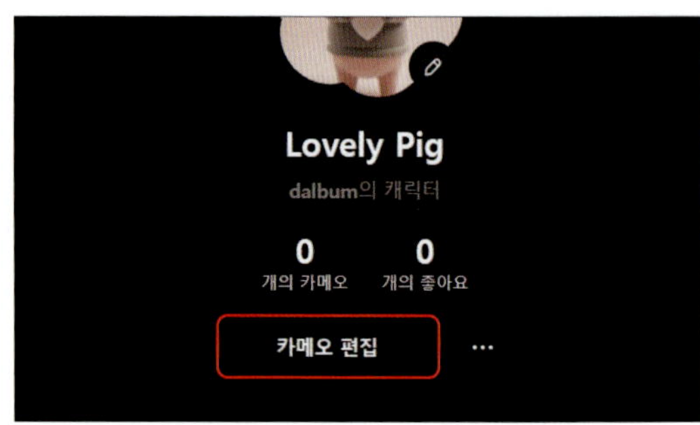

03 캐릭터와 실제 인물이 함께하는 합성 장면 만들기

캐릭터와 실제 영상을 합성하는 것이 Visual Effects(VFX)에 해당하며, 실제 제작 시 많은 과정과 기술이 필요합니다. 하지만 AI를 활용하면 간단한 프롬프트만으로도 비교적 쉽게 합성 영상을 만들 수 있습니다.

12 | 여자아이와 공항에서 함께 하는 장면을 만들어 보겠습니다. 프롬프트 입력창에 '@db'를 입력하면 등록한 캐릭터가 목록에 표시됩니다. 이 중에서 'db_Pinkpig'를 클릭하여 해당 캐릭터를 프롬프트에 적용합니다.

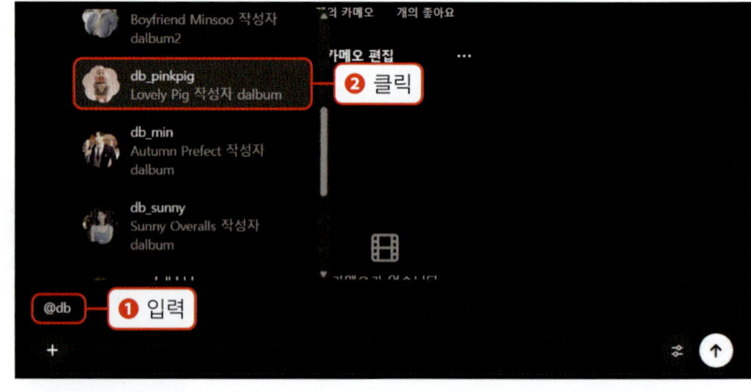

13 | 캐릭터가 아이와 대화를 하며 상호작용하는 영상을 생성하기 위해, 다음과 같은 프롬프트를 입력합니다.

프롬프트

> 공항에서 @db_pinkpig가 캐리어를 끌고 현실 아이와 함께 걸어가는 모습을 만들어줘.

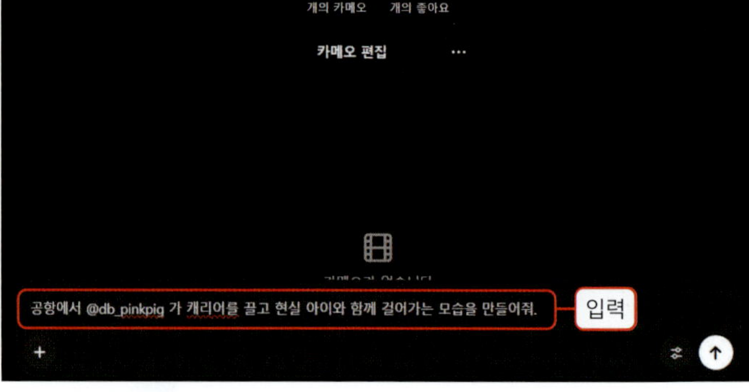

14 프롬프트 입력창 오른쪽 아래의 '설정' 아이콘(⇌)을 클릭하고 방향을 '세로 모드'로, 재생 시간을 '10초(10s)'로 설정한 후 '생성' 아이콘(↑)을 클릭합니다.

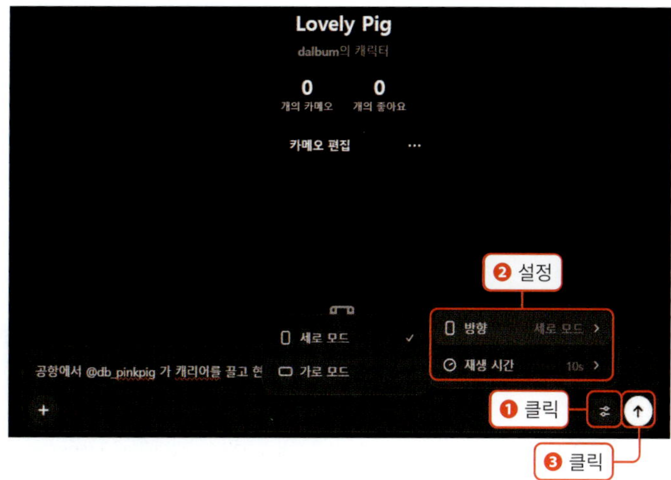

15 영상이 생성되면 개인 프로필을 클릭해 [초안]에서 해당 영상을 선택한 다음, 의도한 내용대로 잘 만들어졌는지 확인합니다.

04 실제 이미지를 참고하여 현실적인 장면 만들기

가상의 캐릭터가 현실감 있게 보이려면 현실적인 공간과 소품이 함께 적용되는 것이 중요합니다. 일상에서 볼 수 있는 장소나 물건을 캐릭터가 활용하면, 비록 가상의 존재라도 훨씬 더 자연스럽고 실제 같은 장면을 만들 수 있습니다. 소라 2에서는 이러한 소품이나 꾸미기 아이템을 직접 등록해 캐릭터를 업그레이드할 수 있으며, 이를 활용하면 캐릭터의 표현력과 완성도를 더욱 높일 수 있습니다.

16 ｜ 이미지를 등록하기 위해 프롬프트 입력창에 '+' 아이콘을 클릭합니다. 열기 대화상자가 표시되면 03 폴더에서 'FriedChicken.png' 파일을 선택한 다음 [열기(O)] 버튼을 클릭합니다.

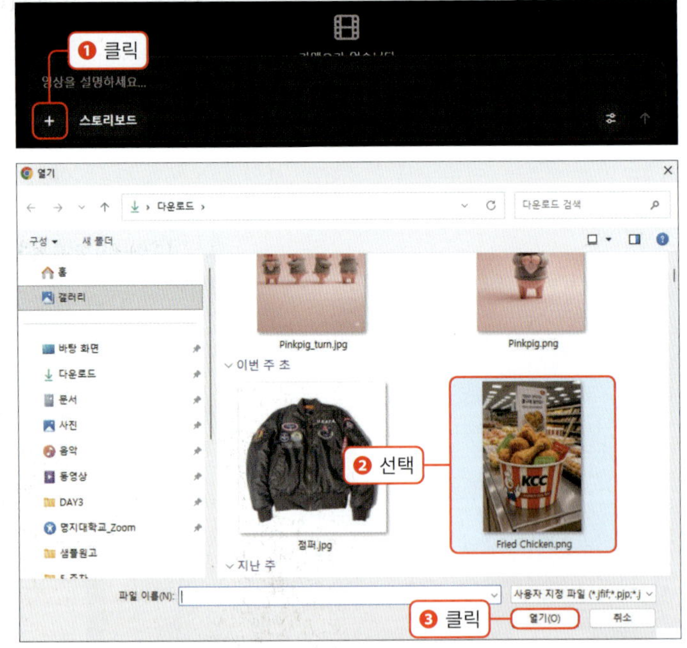

17 ｜ 캐릭터가 서울의 명동 거리를 걸으며 치킨을 먹는 장면을 생성하기 위해, 프롬프트 입력창에 다음의 프롬프트를 입력합니다.

프롬프트　@db_pinkpig가 명동 거리에서 치킨을 들고 먹으면서 걸어가는 장면을 실사 영상과 자연스럽게 합성해줘.

18 | 오른쪽 아래의 '설정' 아이콘(■)을 클릭하면 화면 비율과 재생시간을 설정할 수 있습니다. 예제에서는 방향을 '세로 모드'로, 재생 시간을 '15초(15s)'로 설정합니다. '생성' 아이콘(▣)을 클릭하여 영상을 생성합니다.

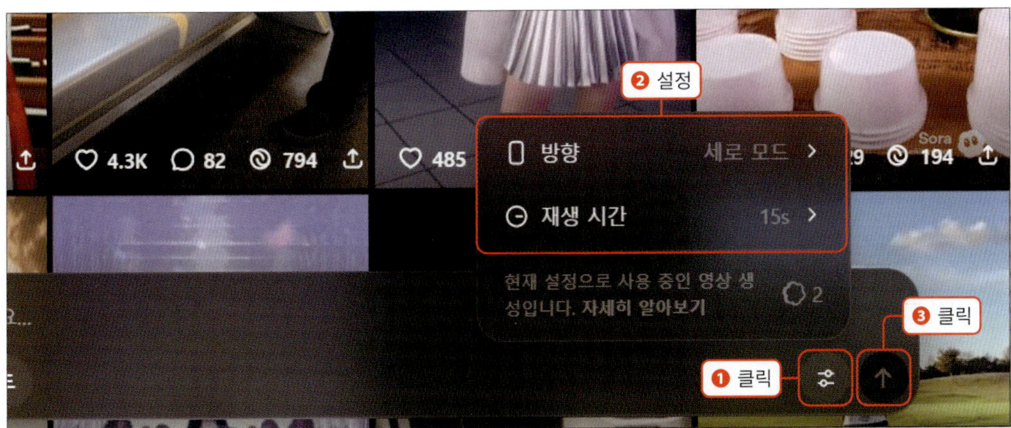

19 | 개인 프로필을 클릭하고 [초안]에서 해당 영상을 선택한 다음, 의도한 내용대로 잘 만들어졌는지 확인합니다. 영상에 문제가 없다면 [게시물] 버튼을 클릭하여 업로드합니다.

LESSON 06

나를 공개하기에는 부담스러울 때!
내 아바타로 브이로그 만들기

완성파일: 03\소라캐릭터1~3.mp4

만약 내가 만든 가상의 캐릭터가 나를 대신해 AI 브이로그 영상을 제작한다면, 어떤 장면이 펼쳐질까요? 이제는 카메라 앞에 서거나 직접 촬영하지 않아도, AI 캐릭터가 스토리와 아이디어를 대신 전달해 주는 환경이 마련되었습니다. 소라 2의 캐릭터 생성기능을 활용하면 매력적인 인물이나 동물 캐릭터를 손쉽게 만들어, 일상 브이로그나 다양한 콘텐츠 속 주인공으로 등장시킬 수 있습니다. 소라 2는 인물의 표정, 제스처, 목소리까지 자동으로 연출해 주기 때문에 복잡한 촬영 과정 없이도 생동감 있는 영상을 제작할 수 있습니다. 내가 만든 캐릭터가 이야기의 주인공이 되어 일상을 전달하는 AI 브이로그 영상을 제작해 보겠습니다.

예제 콘셉트

직접 만든 캐릭터를 카메오로 등록해 브이로그에 활용할 수 있으며, 캐릭터 콘셉트를 구상한 뒤 소라 2로 이미지를 생성해 등록하면, 언제든 카메오 목록에서 불러올 수 있습니다. 이후 장면, 대사, 카메라 움직임 등을 포함한 프롬프트를 작성하면 AI가 표정과 제스처, 음성까지 자동으로 연출해 자연스러운 영상을 만들어줍니다. 완성된 영상은 리믹스를 통해 다양한 버전으로 확장할 수 있습니다.

작업 패턴
KEYWORD

❶ 매력적인 인물 캐릭터 생성하기
❷ 캐릭터 생성기능을 활용해 캐릭터 등록하기
❸ 캐릭터 일관성을 유지하며 브이로그 영상 제작하기
❹ 리믹스 기능을 활용해 연관된 스토리 확장하기

01 매력적인 인물 캐릭터 생성하기

캐릭터의 세계관을 설정할 때는 외형뿐 아니라 성격, 말투, 배경 설정까지 구체화하는 것이 중요합니다. 이러한 요소들이 조화를 이루어야 캐릭터가 단순한 이미지가 아닌, 실제로 존재하는 인물처럼 생생하게 표현됩니다. 또한, AI 브이로그 속에서 어떤 공간에서 어떤 이야기를 펼칠지 미리 구상하면, 훨씬 더 몰입감 있고 완성도 높은 AI 캐릭터 영상을 만들 수 있습니다.

01 | 웹브라우저에 'sora.chatgpt.com'를 입력하고 소라 2의 메인 화면으로 이동합니다. 화면의 프롬프트 입력창에 다음과 같은 문장을 입력합니다.

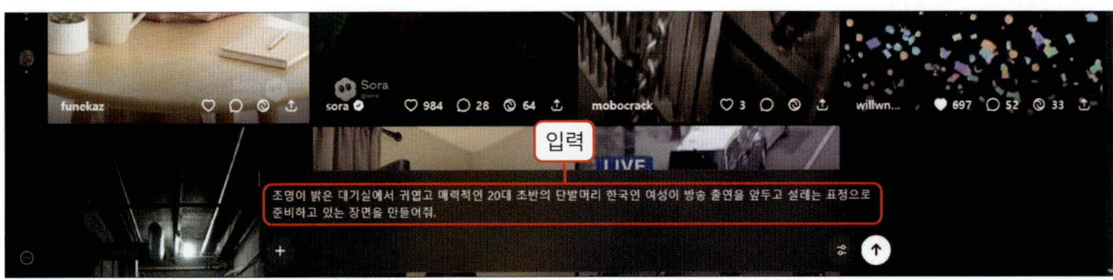

> **프롬프트** 조명이 밝은 대기실에서 귀엽고 매력적인 20대 초반의 단발머리 한국인 여성이 방송 출연을 앞두고 설레는 표정으로 준비하고 있는 장면을 만들어줘.

✦ **Tip** 캐릭터를 성공적으로 등록하려면 움직임이나 장면 전환이 많은 영상은 피하고, 가능한 한 정적인 움직임과 음성이 포함된 영상을 선택하는 것이 좋습니다. 이렇게 하면 AI가 인물의 특징과 목소리를 더욱 정확하게 인식할 수 있습니다.

02 | 프롬프트 입력창 오른쪽 아래의 '설정' 아이콘(⚞)을 클릭하여 화면 비율을 '세로 모드'로, 재생 시간을 '10초(10s)'로 설정하고 '생성' 아이콘(↑)을 클릭합니다.

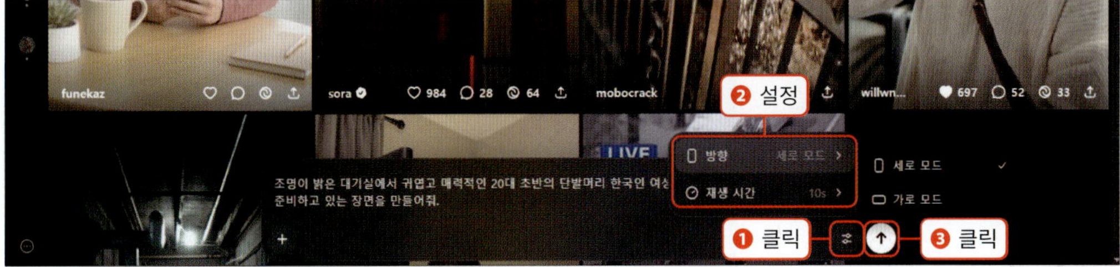

✦ **Tip** 해당 영상은 캐릭터를 카메오로 활용하기 위한 등록용 영상이므로 약 10초 정도의 짧은 영상이면 충분합니다.

03 | 생성된 영상은 개인 프로필을 클릭해 [초안]에서 확인할 수 있습니다. 이때 프롬프트 내용이 제대로 반영되었는지, 보이스와 캐릭터의 표현이 자연스러운지를 점검합니다. 예제에서는 정면이 가장 잘 보이는 맨 처음 생성된 인물을 선택하였습니다.

02 기본정보 입력 후 캐릭터로 등록하기

영상 속 캐릭터는 외형뿐 아니라 성격과 말투까지 표현하며 이야기에 개성을 더합니다. 캐릭터 생성 기능을 활용해 캐릭터를 등록한다는 것은, AI가 인식할 수 있는 나만의 인물을 만드는 과정입니다. 즉, 내가 생성한 인물 이미지를 AI가 활용 가능한 캐릭터로 저장하면, 캐릭터 일관성을 유지하면서 여러 영상에서 반복 등장시키거나 주인공으로 활용할 수 있습니다.

04 | 캐릭터 등록은 게시물로 등록하지 않은 [초안]에서 가능합니다. 먼저 선택한 영상을 확인한 뒤, 화면 오른쪽의 '■■■' 아이콘을 클릭하고 [캐릭터 생성]을 선택합니다.

05 | 전체 영상 중 캐릭터의 성격이 가장 잘 드러나는 장면을 선택하기 위해 양쪽 바를 드래그하여 원하는 구간을 선택합니다. 선택이 완료되면 '다음' 아이콘(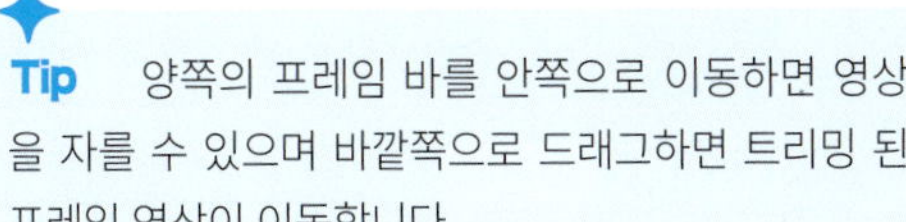)을 클릭해 다음 단계로 이동합니다.

Tip 양쪽의 프레임 바를 안쪽으로 이동하면 영상을 자를 수 있으며 바깥쪽으로 드래그하면 트리밍 된 프레임 영상이 이동합니다.

06 | 캐릭터 프로필 창에서 사용자 이름에 'db_Sora'를, 디스플레이 이름에는 'Reporter Sora'를 입력하고 [계속] 버튼을 클릭하여 다음 단계로 넘어갑니다.

Tip 등록된 캐릭터는 이후 카메오 태그로 검색되기 때문에, 고유하고 기억하기 쉬운 이름을 설정하는 것이 좋습니다. 다른 캐릭터와 중복되지 않는 자신만의 네이밍을 사용하는 것이 좋습니다. 또한 사용자 이름과 디스플레이 이름은 한글 입력이 지원되지 않으므로, 영문으로 작성해야 합니다.

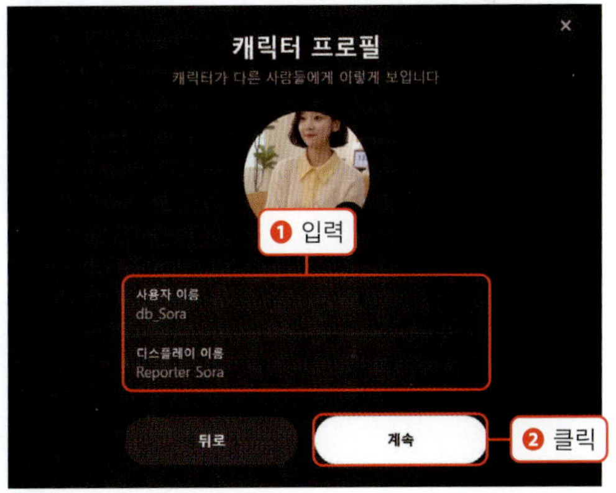

07 | 캐릭터 설정창에는 이미지 기반의 자동 설정이 기본으로 작성되어 있으며, 원하는 내용을 추가하거나 불필요한 부분을 삭제할 수 있습니다. 예제에서는 자동 설정으로 진행하겠습니다. 모든 입력을 마쳤다면 [계속] 버튼을 클릭합니다.

Tip 하단에 제한사항(Restrictions)은 캐릭터가 하지 말아야 할 행동이나 표현을 지정하여, 영상 속에서 일관된 성격과 톤을 유지하도록 설정하는 항목입니다.

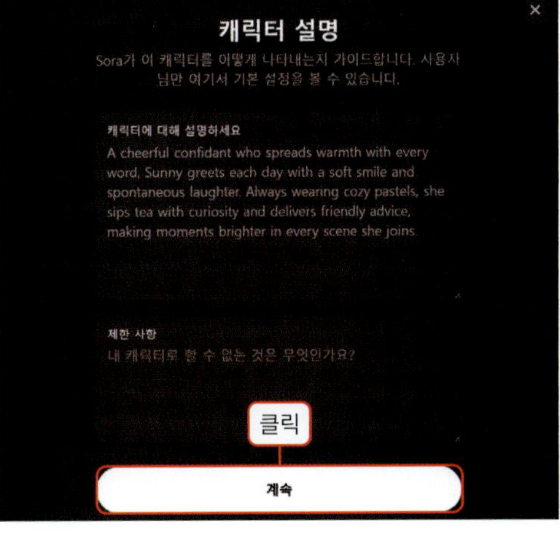

08 | 캐릭터의 공개 범위(사용 권한)를 설정 창에는 [나만 보기]를 선택한 다음, [저장] 버튼을 클릭해 설정을 완료합니다.

 **Tip** 캐릭터의 공개 범위를 설정하는 세부 내용은 다음과 같습니다.

- **나만 보기(Only me):** 등록한 자신만 사용할 수 있습니다.
- **허용하는 사람(People I approve):** 자신이 승인한 사람만 사용할 수 있습니다.
- **서로 친구(Mutuals):** 서로 맞팔로우한 사용자만 사용할 수 있습니다.
- **모든 사람(Everyone):** 모든 사람이 검색하여 사용할 수 있습니다.

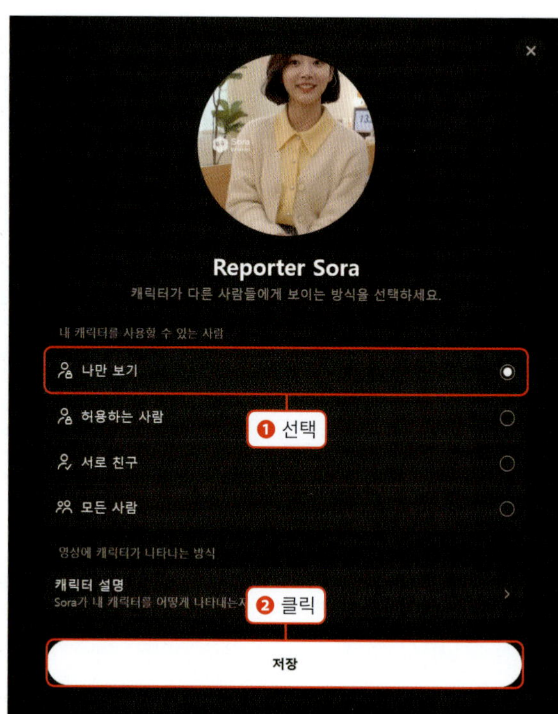

09 | 설정을 마치면 등록한 캐릭터의 전용 공간이 생성됩니다. [캐릭터 편집]을 클릭하면 언제든지 공개 범위나 캐릭터 설정을 수정할 수 있습니다.

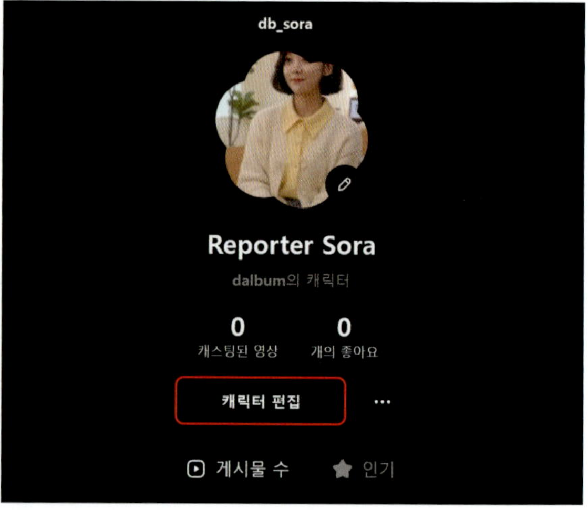

03 카메오 기능으로 캐릭터가 일관된 영상 만들기

소라 2에서 가상의 인물을 생성해 캐릭터로 등록했다면, 이제 그 캐릭터를 활용해 나만의 스토리 영상을 제작하겠습니다. 전달할 주제에 맞게 배경과 인물의 역할을 설정하고, 프롬프트에 장면의 분위기와 대사 등을 구체적으로 작성한 뒤, 카메오 기능을 활용해 영상을 생성합니다.

10 │ 설정된 캐릭터를 활용해 브이로그 영상을 제작해 보겠습니다. 예제에서는 놀이동산에 취재 온 주인공이 셀카를 찍는 장면을 연출하기 위해 프롬프트 입력창에 '@'를 입력해 등록한 캐릭터나 공개된 카메오 목록이 표시합니다.

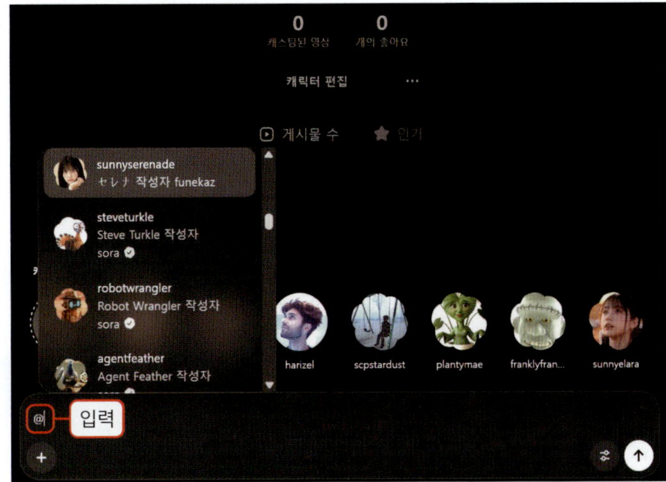

11 │ 카메오 목록이 한 화면에 모두 표시되지 않기 때문에 '@' 뒤에 설정한 캐릭터의 고유 이름의 일부인 'db'를 입력합니다. 생성하여 등록한 캐릭터가 검색되어 목록에 나타납니다. [db_Sora]를 클릭하면 프롬프트에 적용됩니다.

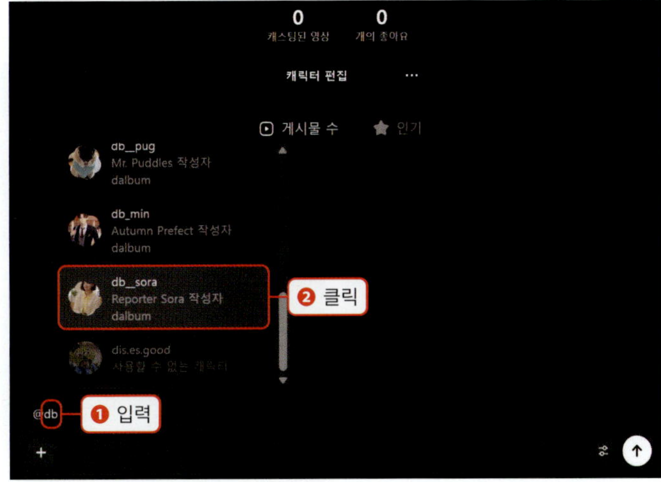

12 | 캐릭터를 활용한 브이로그 영상을 제작하기 위하여 프롬프트 입력창에 리포터가 방송 촬영준비를 하는 다음과 같은 프롬프트를 입력합니다.

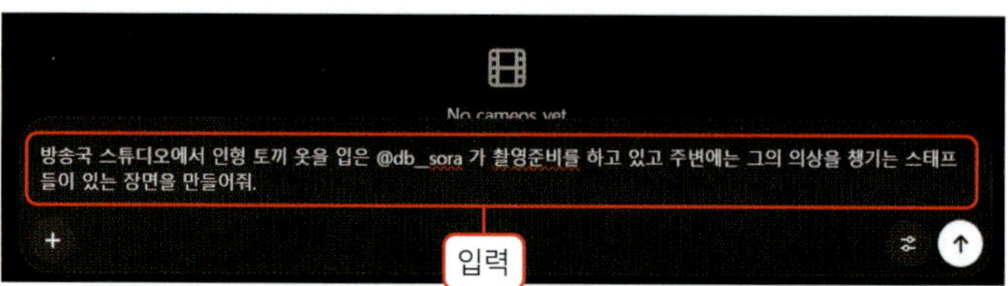

프롬프트 방송국 스튜디오에서 인형 토끼 옷을 입은 @db_sora가 촬영준비를 하고 있고 주변에는 그의 의상을 챙기는 스태프들이 있는 장면을 만들어줘.

Tip 예제처럼 프롬프트 문장에 인물을 나타내는 위치에 '@Username'를 넣어서 문장을 완성해야 해당 카메오를 적용할 수 있습니다.

13 | 프롬프트 입력창 오른쪽 아래의 '설정' 아이콘(▤)을 클릭하여 화면 비율을 '세로 모드'로, 재생 시간을 '15초(15s)'로 설정하고 '생성' 아이콘(↑)을 클릭합니다.

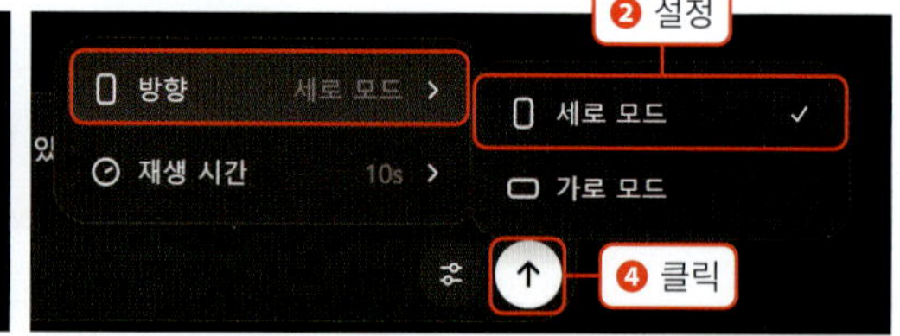

14 | 개인 프로필을 클릭하고 [초안]에서 해당 영상을 선택한 다음, 의도한 기획대로 잘 생성되었는지 확인합니다. 카메오로 등록된 소라 리포터가 캐릭터 일관성을 유지하면서 프롬프트 기반의 영상이 완성되었습니다.

04 자연스럽게 이어지는 추가 영상 생성하기

앞서 생성한 영상의 기본적인 분위기와 캐릭터 설정을 그대로 유지한 채, 리믹스 기능을 활용하여 동일한 캐릭터가 야외 동물원에서 셀카를 찍는 장면을 만들어보겠습니다.

15 | 리믹스 기능을 활용해 등록된 캐릭터가 야외에서 개인 브이로그용 셀카를 찍는 장면을, 이어서 바로 생성해 보겠습니다. 화면 오른쪽 하단에서 [리믹스]를 선택합니다.

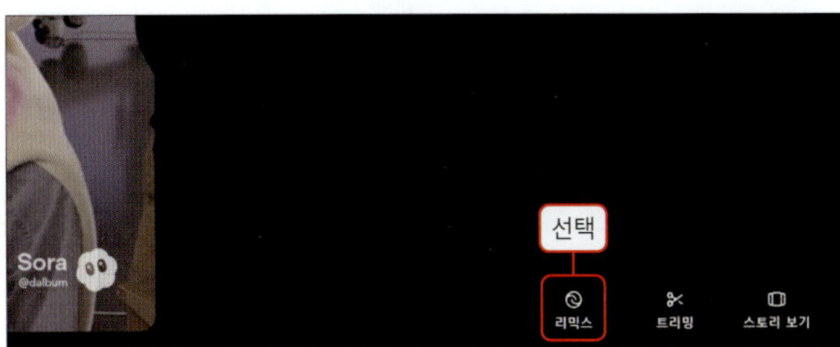

Tip 소라 2의 업데이트 반영이 계정마다 다를 수 있습니다. 하단에 항목을 찾을 수 없다면 상단 오른쪽 '■■■' 아이콘을 클릭해 확인할 수 있습니다.

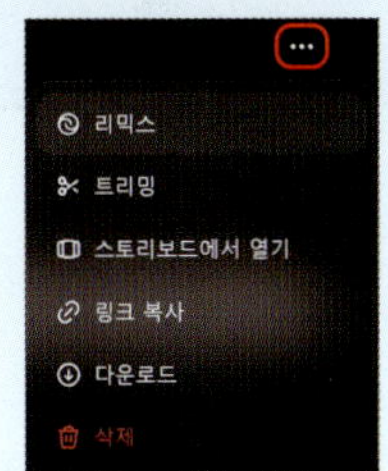

16 | 캐릭터가 개인 영상을 촬영하는 장면을 만들기 위해 아래와 같은 프롬프트를 입력한 다음, '생성' 아이콘(⬆)을 클릭해 새 영상을 생성합니다.

프롬프트

토끼 옷을 입은 @db_sora가 동물원에서 셀카를 찍으며 천천히 걸어가며, "오늘은 동물원에 촬영하러 왔습니다"라고 말하는 모습을 담은 핸드폰 화면 영상을 만들어줘.

Tip 해당 화면에서는 프롬프트 입력창 이외의 공간을 클릭하면 입력창이 사라지므로, 작성 중에는 다른 영역을 클릭하지 않도록 주의하세요.

17 | 개인 프로필을 클릭하여 [초안]에서 영상을 선택해 추가로 요청한 내용이 정확히 반영되었는지 확인한 다음 이상이 없다면 [게시물] 버튼을 클릭해 영상을 업로드합니다.

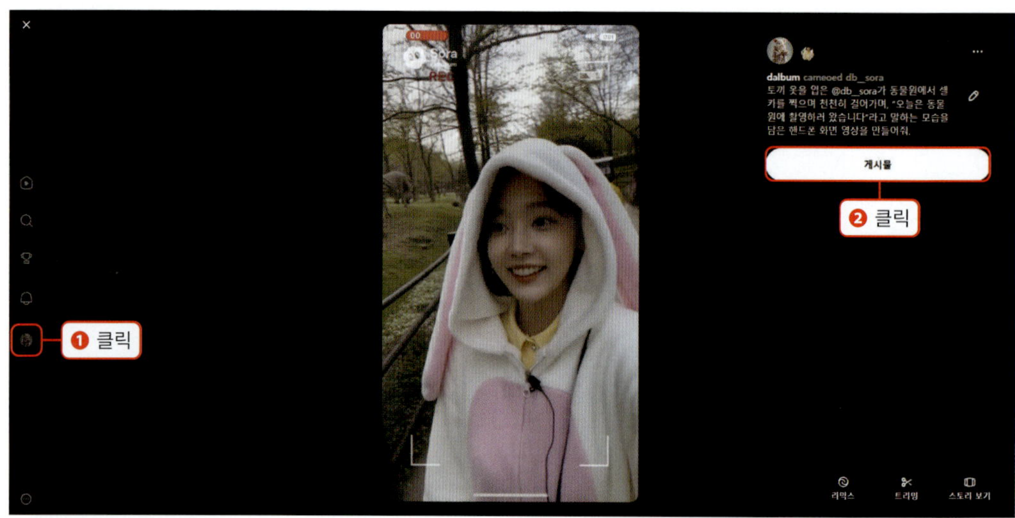

✦ **Tip** [게시물]을 클릭해 업로드하면, 해당 카메오를 사용한 영상이 캐릭터 전용 페이지에 자동으로 정리된 것을 확인할 수 있습니다.

캐릭터 전용 페이지는 하나의 캐릭터를 중심으로 콘텐츠를 관리하고 성장시키는 공간으로 캐릭터의 기본 설정부터 해당 캐릭터로 제작한 영상, 그리고 그에 대한 반응까지 한눈에 확인할 수 있습니다. 이 페이지는 단순한 프로필 화면을 넘어, 캐릭터 IP를 키워 나가기 위한 작업 공간이자 기록 공간으로 활용할 수 있습니다. 캐릭터를 장기적으로 운영하거나 하나의 브랜드처럼 발전시키고 싶다면, 이 페이지를 중심으로 콘텐츠를 관리하는 것이 효과적입니다.

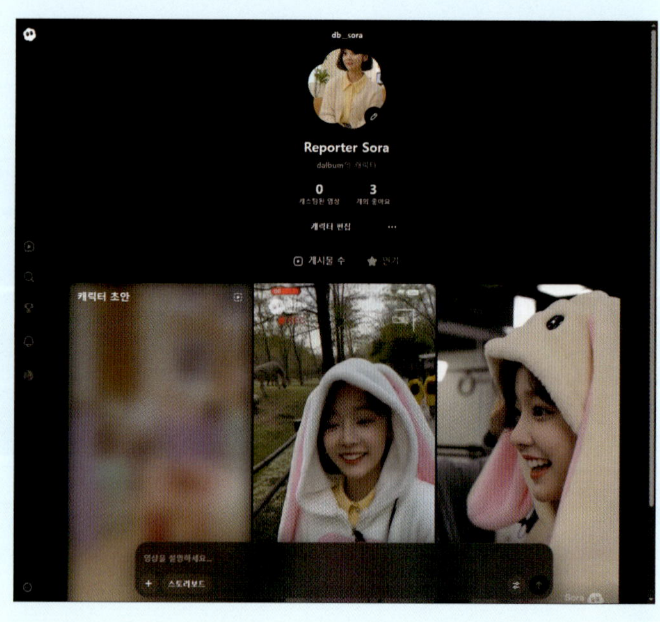

LESSON 07

여러 명의 인물 생성과 캐릭터 등록으로 브이로그 영상 만들기

완성파일: 03\멀티캐릭터1~4.mp4

AI 기반 브이로그도 사람의 일상과 마찬가지로 다양한 존재가 함께할 때 더욱 자연스럽고 따뜻한 분위기를 만들 수 있습니다. 실제 인물이 아니더라도 부모님, 친구, 직장 동료, 반려동물 등을 가상의 캐릭터로 구성해 등장시키면 콘텐츠는 한층 더 현실감 있고 풍부해집니다. 여러 인물과 동물이 조화를 이루면 영상의 몰입감이 높아지고 스토리도 자연스럽게 확장됩니다. 이제 이러한 캐릭터를 생성하고 활용하는 방법을 통해 더욱 생동감 있는 AI 브이로그 제작 방식을 살펴보겠습니다.

작업 패턴 **KEYWORD**

❶ 새로운 등장인물을 생성하고 캐릭터 등록하기

❷ 두 캐릭터가 함께 카페에 있는 영상 만들기

❸ 주인공의 반려견 만들고 캐릭터 등록하기

❹ 귀여운 반려견과 상호작용 영상 만들기

예제 콘셉트

소라 2에서는 인물 캐릭터뿐 아니라 반려동물, 친구, 자주 사용하는 소품까지 하나의 카메오 캐릭터로 등록해 메인 캐릭터와 함께 활용할 수 있습니다. 이러한 설정을 통해 영상마다 일관된 관계와 분위기를 유지할 수 있으며, 캐릭터의 성격과 세계관도 한층 풍부하게 확장할 수 있습니다. 이제 소라 2를 활용해 다양한 캐릭터 관계를 바탕으로 이야기를 만들어가는 방법을 살펴보겠습니다.

01 새로운 캐릭터 생성하고 등록하기

주인공 'Sora'는 남자친구와 귀여운 반려견 퍼그와 함께 생활하고 있습니다. 휴일에는 남자친구와 카페에 가는 것을 즐기고, 퇴근 후에는 치킨을 먹으며 하루를 마무리하는 소소한 행복을 누립니다. 이러한 세계관을 바탕으로, 주변 인물들과의 다양한 상호작용을 담은 브이로그로 발전시키겠습니다.

01 | 캐릭터의 콘셉트는 주인공 'Sora'의 남자친구이며, 카메오로 등록하는 과정은 주인공을 생성할 때와 동일합니다. 웹브라우저에 'sora.chatgpt.com'를 입력하고 소라 2의 메인 화면으로 이동하여 로그인합니다.

02 | 주인공의 남자친구 캐릭터를 묘사하는 프롬프트를 입력합니다.

프롬프트

따뜻한 봄날, 부드러운 표정을 가진 20대 남자가 캐주얼한 옷을 입고 정면을 바라보며 누군가를 기다리는 모습을 만들어줘.

03 | 프롬프트 입력창 오른쪽 아래의 '설정' 아이콘(　)을 클릭하면 화면 비율과 재생시간을 설정할 수 있습니다. 예제에서는 방향을 '세로 모드'로, 재생 시간을 '10초(10s)'로 설정한 후 '영상 만들기' 아이콘(　)을 클릭하여 영상을 생성합니다.

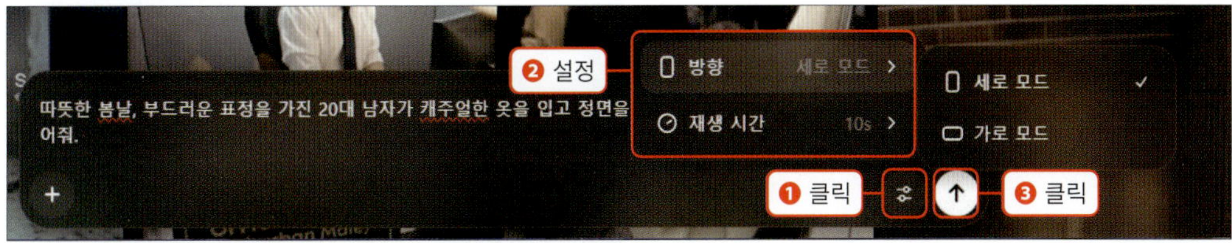

04 | 프롬프트 설정에 따라 구현된 인물 영상이 완성되면, 개인 프로필 화면에서 [초안]을 클릭하여 영상을 선택합니다.

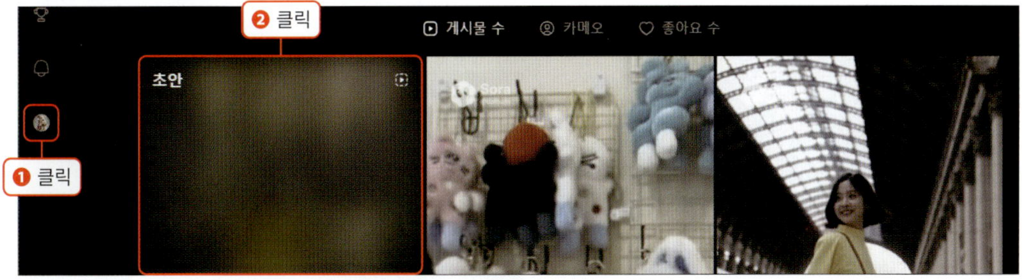

05 | 프롬프트가 제대로 적용되었는지, 인물의 표현이 자연스러운지 확인하고 오른쪽 '　' 아이콘을 클릭해 [캐릭터 생성]을 선택합니다.

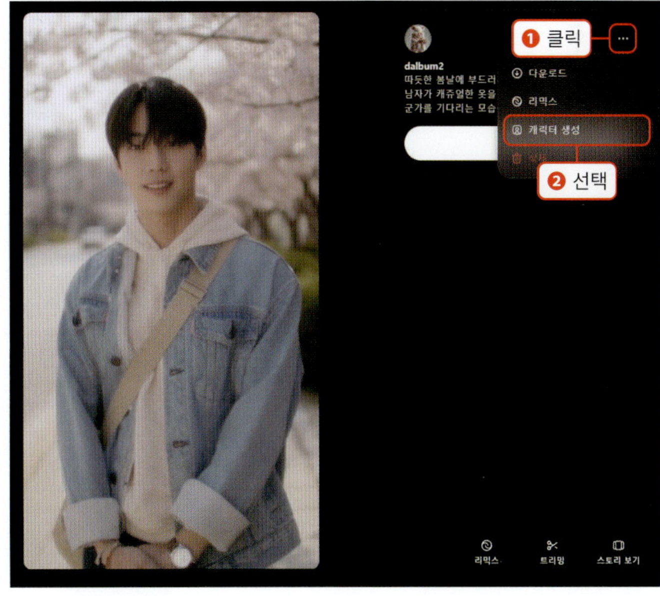

> ✦ **Tip** 결과물이 마음에 들지 않을 경우, 반복적으로 계속 생성해 콘셉트와 잘 어울리는 인물을 선택합니다.

06 | 양쪽 바를 드래그하여 생성한 캐릭터의 성격이 잘 드러나는 구간을 다음과 같이 지정하고 '다음' 아이콘(⊙) 아이콘을 클릭합니다.

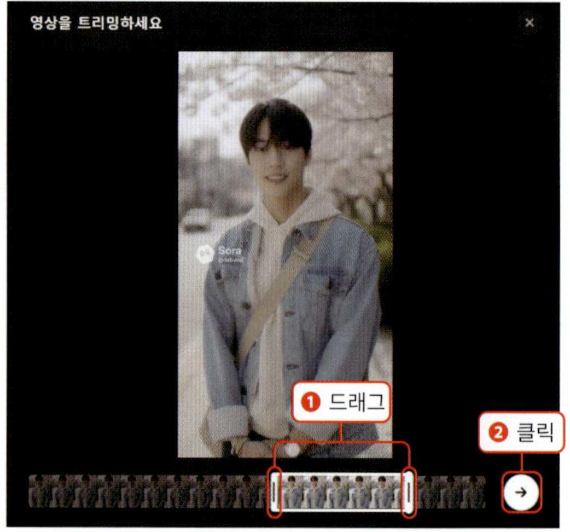

07 | 캐릭터의 프로필을 설정하는 창이 표시됩니다. 예제에서는 사용자 이름을 'db_Minsoo'로 입력하고 디스플레이 이름을 'Boyfriend Minsoo'라고 입력합니다. 이름을 작성한 뒤 [계속] 버튼을 클릭합니다.

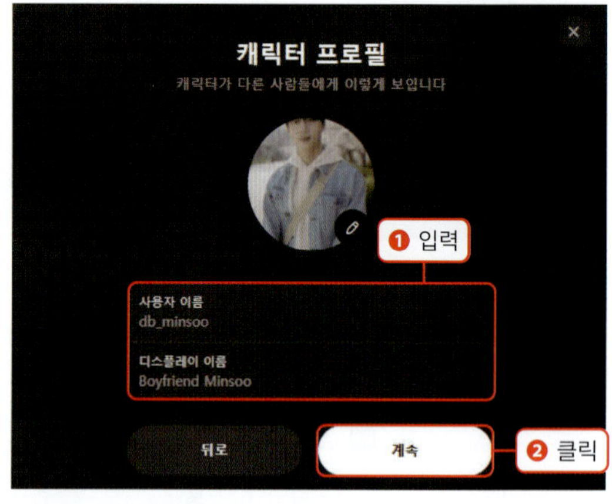

08 | 캐릭터 설명창에서는 캐릭터의 특징, 성격, 배경 등을 입력해 설정할 수 있습니다. 영상을 분석해 자동으로 채워져 있으니 필요한 부분만 수정이 가능합니다. 예제는 변경 사항이 없어서 [계속] 버튼을 클릭합니다.

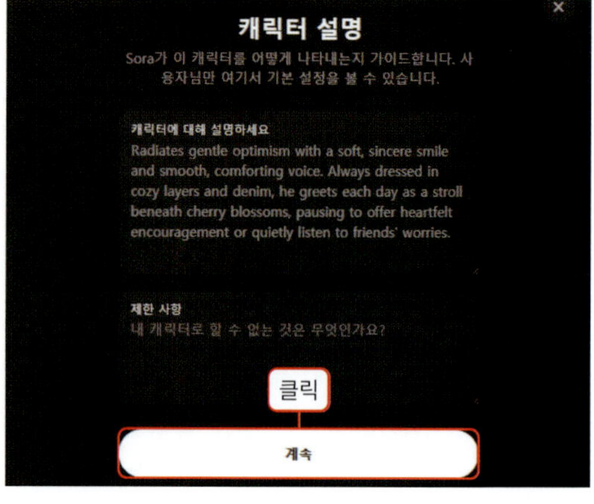

09 | 마지막 단계에서 캐릭터의 공개 범위(사용 권한)를 설정합니다. 생성한 캐릭터를 누가 사용할 수 있을지를 선택할 수 있으며, 예제에서는 [나만 보기]를 선택한 뒤 [저장] 버튼을 클릭해 설정을 완료합니다.

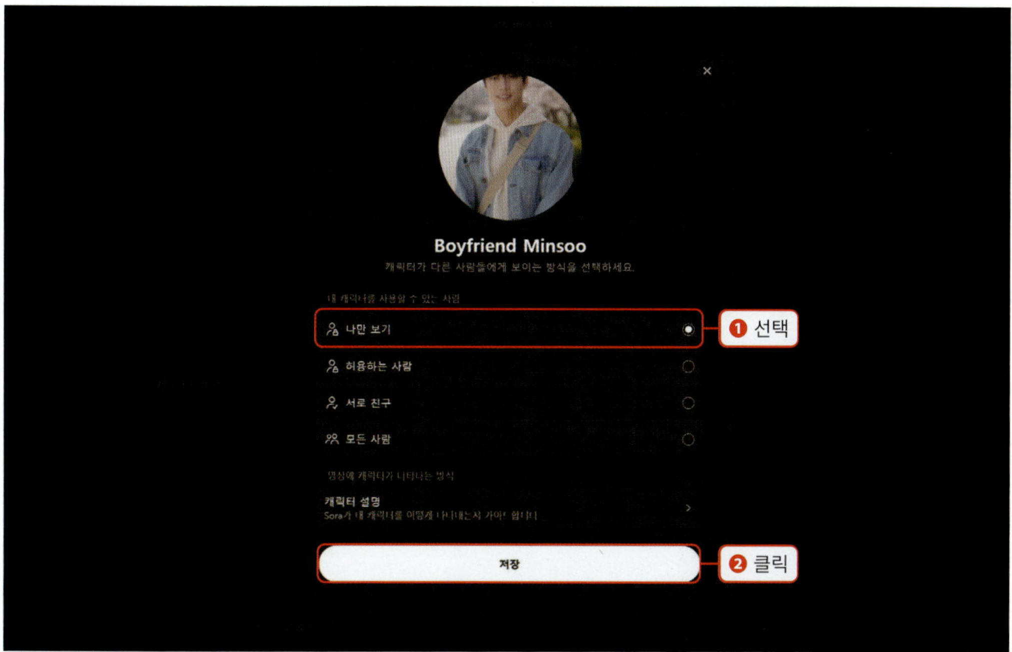

Tip 만약 내가 생성한 파일을 다른 계정으로도 사용하고 싶다면, [허용하는 사람]을 선택해 다른 계정을 추가로 설정할 수 있습니다. 이렇게 하면 생성한 캐릭터를 여러 계정에서 공유 할 수 있어 더욱 편리합니다.

10 | 캐릭터 등록의 모든 설정이 완료되었습니다. 그림처럼 캐릭터의 전용 공간이 생성되면 [카메오 편집]을 클릭하여 언제든지 공개 범위나 캐릭터 설정을 수정할 수 있습니다.

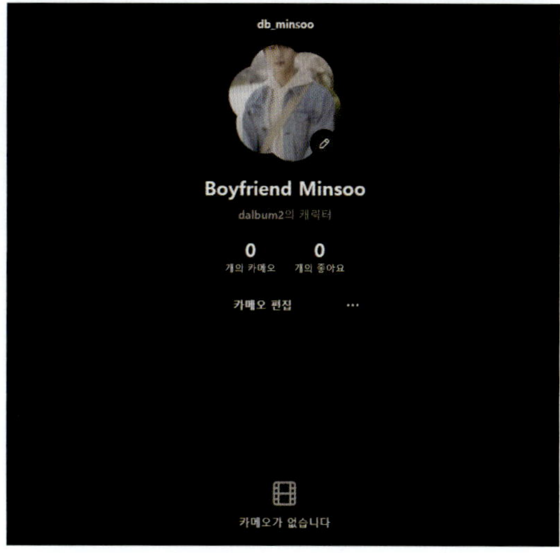

02 둘이 함께 카페에 있는 영상 만들기

따듯한 햇살이 비추는 봄날의 한적한 카페에서, 브이로그 주인공 'Sora'와 남자친구 'Minsoo'가 음료를 마시며 다정하게 이야기를 나누는 장면을 만들어 보겠습니다.

11 │ 두 명의 카메오를 적용하기 위해 프롬프트 입력창에 '@' 기호를 입력합니다. 이전에 등록한 캐릭터와 공개된 카메오 목록이 화면에 표시되면 [@db_sora]와 [@db_minsoo]를 선택합니다.

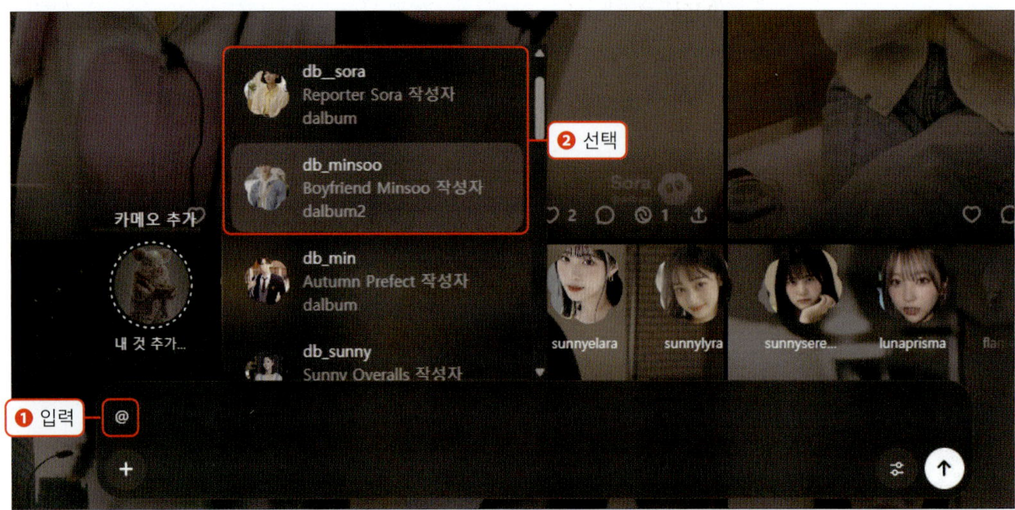

12 │ 두 캐릭터가 카페에 함께 있는 영상을 만들기 위해 프롬프트 창에 다음과 같은 문장을 입력합니다.

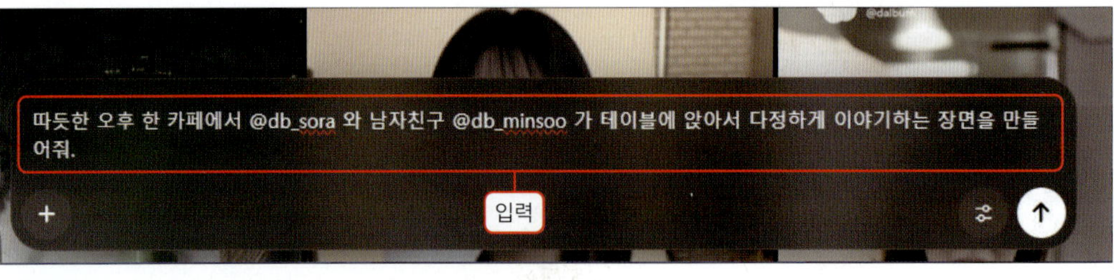

프롬프트

따듯한 오후 한 카페에서 @db_sora 와 남자친구 @db_minsoo 가 테이블에 앉아서 다정하게 이야기하는 장면을 만들어줘.

Tip 예시와 다른 카메오를 추가할 경우에는 @db_sora와 @db_minsoo에 해당 카메오로 변경하여 입력하세요.

13 | 프롬프트 입력창 오른쪽 아래의 '설정' 아이콘(▨)을 클릭하면 화면 비율과 재생시간을 설정할 수 있습니다. 예제에서는 방향을 '세로 모드'로, 재생 시간을 '15초(15s)'로 설정하고 '영상 만들기' 아이콘(↑)을 클릭하여 영상을 생성합니다.

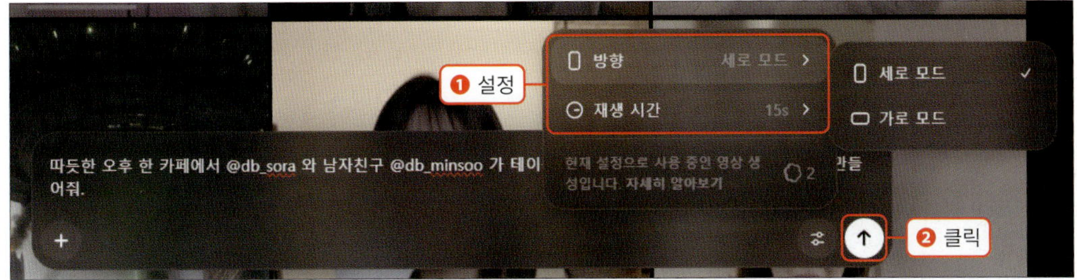

14 | 영상 생성을 완료하면 개인 프로필을 클릭해 [초안]에서 결과물을 확인합니다.

✦ **Tip　소라 2에서 브이로그처럼 자연스러운 장면을 생성하려면?**

1. '사건'이 아닌 '일상 흐름'을 중심으로 설정

브이로그는 명확한 스토리보다 하루의 흐름과 관찰 시점이 중요합니다.

프롬프트에 극적인 사건을 넣기보다는 다음 요소를 포함시키는 것이 효과적입니다.

예 "아침 준비 → 이동 → 짧은 일 → 휴식"처럼 연속된 루틴

2. 카메라 연출을 '완성본'이 아니라 '촬영 중'처럼 지시

소라 2는 카메라 지시를 잘 해석하므로, 전문 영상보다 손에 든 카메라 느낌을 명확히 주는 것이 중요합니다.

[권장 키워드] handheld camera / slight camera shake / imperfect framing / casual angle / eye-level shot / vlog-style recording

03 주인공의 반려견 캐릭터를 생성하고 등록하기

주인공 'Sora'는 귀엽고 애교 많은 퍼그와 함께 생활하고 있습니다. 브이로그 영상에 등장 시키기 위해 카메오로 생성하여 등록하겠습니다.

15 │ 짧고 명확한 프롬프트를 입력하고 '설정' 아이콘(☰)을 클릭하여 방향은 '세로 모드'로, 재생 시간은 '10초(10s)'로 설정하고 '생성' 아이콘(↑)을 클릭합니다.

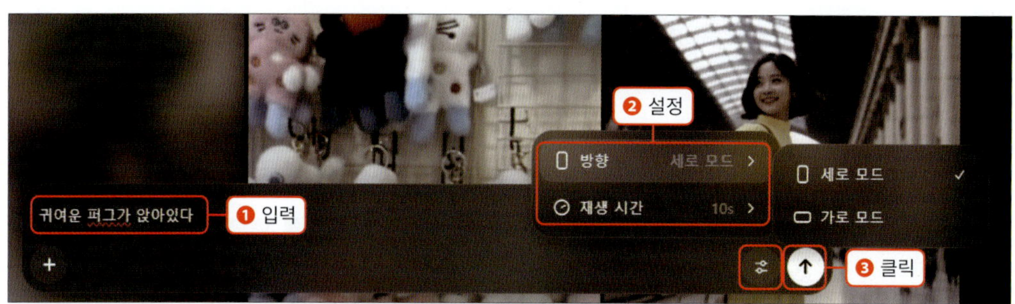

프롬프트 귀여운 퍼그가 앉아있다.

Tip 소라 2에서는 프롬프트를 길게 쓰기보다 핵심만 짧게 작성하면 더 정확하게 반영됩니다.

16 │ 생성이 완료되면 개인 프로필을 클릭해 [초안]에서 생성된 영상을 클릭합니다. 귀여운 퍼그 강아지가 제대로 만들어졌는지 확인하고, 오른쪽 '⋯' 아이콘을 클릭하고 [캐릭터 생성]을 선택합니다.

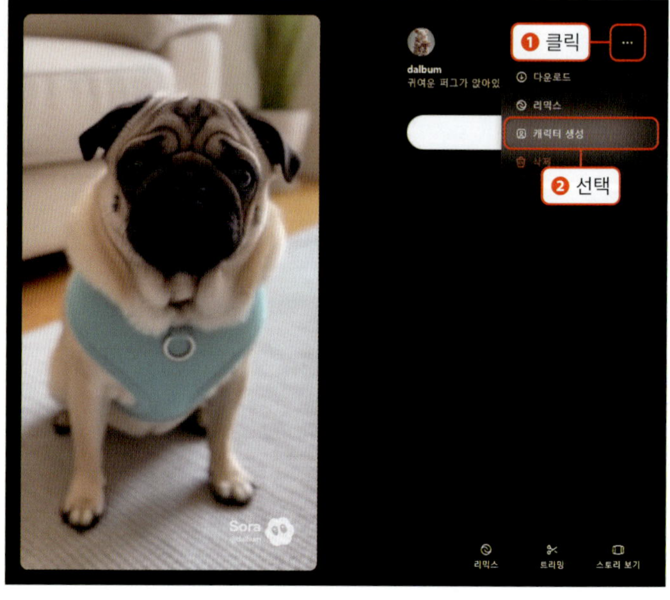

17 | 캐릭터 등록은 동일한 방식으로 진행됩니다. 사용자 이름을 'db__pug'로 입력하고 디스플레이 이름을 'Mr. Puddles'라고 입력한 다음, [계속] 버튼을 클릭하여 다음 단계로 넘어갑니다.

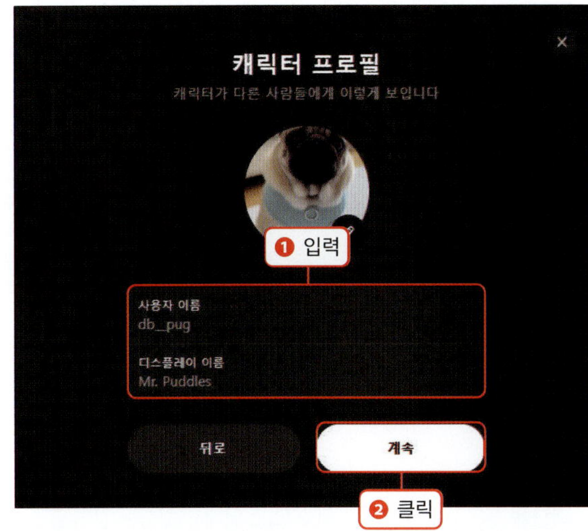

18 | 마지막 단계에서 캐릭터의 공개 범위 (사용 권한)는 [나만 보기]를 선택한 다음, [저장] 버튼을 클릭해 설정을 완료합니다.

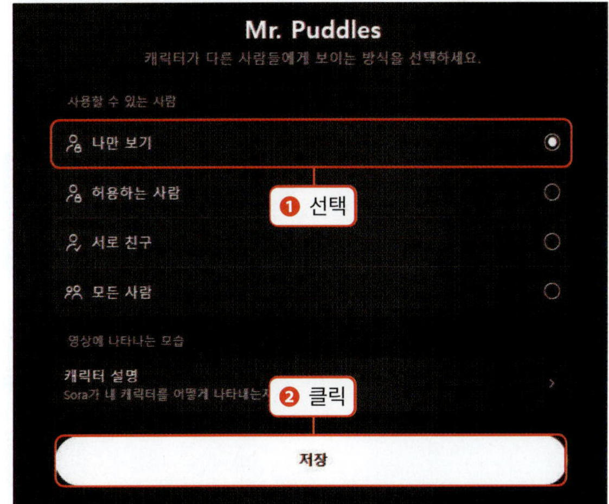

04 귀여운 반려견과 상호작용 영상 만들기

귀여운 반려견이 언제든 사용할 수 있는 카메오로 등록되었습니다. 이제 주인공 'Sora'가 집에서 파자마를 입고 음식을 먹는 장면을 촬영하고, 그 모습을 궁금한 듯 바라보는 퍼그가 함께 등장하는 브이로그 영상을 만들어 보겠습니다.

19 ｜ 'Sora'가 집에서 파자마를 입고 음식을 먹는 장면을 연출한 프롬프트에 카메오 태그를 추가하여 입력하고, '생성' 아이콘(⬆)을 클릭합니다.

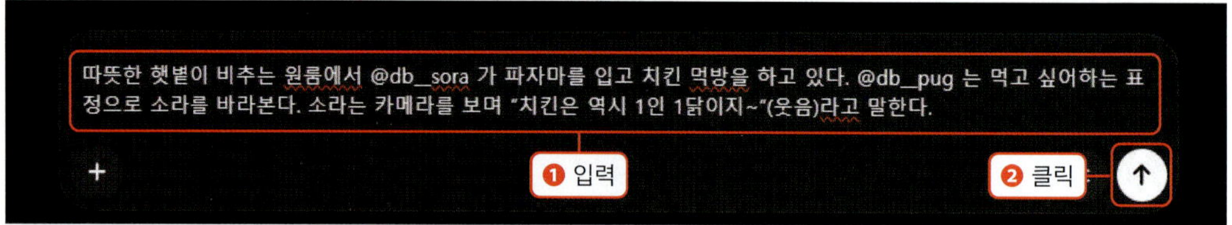

프롬프트 따뜻한 햇볕이 비추는 원룸에서 @db_sora가 파자마를 입고 치킨 먹방을 하고 있다. @dog_pug는 먹고 싶어하는 표정으로 소라를 바라본다. 소라는 카메라를 보며 "치킨은 역시 1인 1닭이지~"(웃음)라고 말한다.

✦ **Tip** 카메오 앞에 의상이나 모자 등 외형을 변경하는 문장을 넣으면 캐릭터가 제대로 적용되지 않을 수 있으므로, 외형을 꾸며주는 문장은 카메오 태그 뒤에 배치하는 것이 좋습니다.

20 ｜ 영상이 생성되면 개인 프로필을 클릭하고 [초안]에서 영상을 확인합니다. 영상과 사운드가 문제가 없다면 [게시물] 버튼을 클릭해 소라 2 SNS에 영상을 업로드합니다.

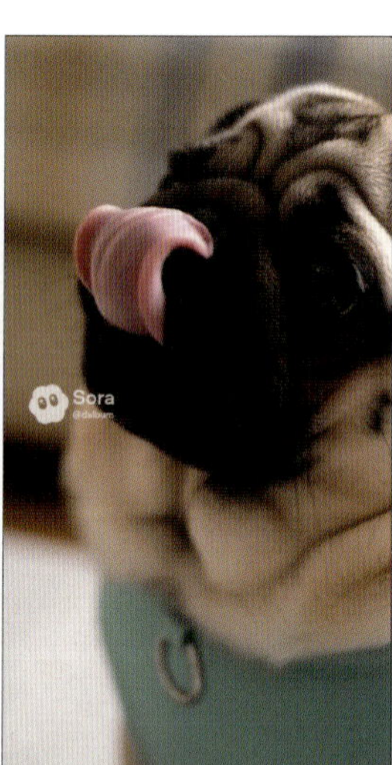

✦ **Tip** 소라 2에서는 카메오 수가 적을수록 캐릭터의 외형과 장면이 더 안정적으로 재현됩니다. 반대로 카메오가 많아질수록 장면 구성의 복잡성이 높아져, 의도와 다른 결과가 나타날 가능성이 커집니다. 일반적으로 카메오가 1~2명일 때 가장 안정적이며 캐릭터 재현력도 높습니다.

LESSON 08

상품 이미지를 등록하여 홍보하는 인물 생성하기

예제파일: 03\Tint.png **완성파일**: 03\틴트광고.mp4

광고에서 제품의 특성과 메시지도 중요하지만, 어떤 모델을 기용하느냐는 소비자 반응과 캠페인 성과에 큰 영향을 줍니다. 명확한 규칙이 있는 것은 아니지만, 제품군에 따라 선호되는 모델 유형은 일정한 경향을 보이기도 합니다. 예를 들어, 화장품 광고는 여성 모델이 주로 등장하며, 면도기 광고는 남성 모델을 활용하는 것이 일반적이며, 아동용 제품은 키즈 모델이나 캐릭터를 활용하고, 중·장년층 대상 제품은 시니어 모델을 기용하는 경우가 많습니다. 이처럼 광고 제품의 성격에 따라 모델의 성별, 연령, 이미지, 그리고 제품 인지도와 판매 성과까지 다양한 요소가 영향을 받는 것을 알 수 있습니다.

작업 패턴 `KEYWORD`

❶ 제품 사진을 **첨부 이미지로 등록**하기

❷ 소라 2에서 **장면 연출 프롬프트 작성**하기

❸ **제품 이미지를 활용한** 광고 영상 만들기

이번 과정에서는 소라 2를 활용하여 틱톡 스타일의 짧고 개성 있는 영상을 제작하는 방법을 살펴봅니다. 틱톡은 전 세계적으로 유명한 숏폼 콘텐츠 플랫폼이며, 영상에는 다양한 스타일이 존재하지만 브랜드마다 떠올릴 수 있는 고유한 느낌이 있습니다. 저자는 틱톡을 떠올리면 빠른 컷 편집과 톡톡 튀는 분위기가 연상됩니다. 프롬프트에서 특정 스타일을 제시하면 소라 2는 해당 이미지에 맞게 영상의 분위기와 느낌을 조정합니다. 이러한 스타일을 활용하여 10대가 사용할 만한 화장품을 홍보하는 콘셉트의 영상을 제작해 보겠습니다.

01 제품 이미지 등록하여 영상 만들기

이미지 등록은 소라 2에 텍스트 프롬프트뿐 아니라 사진이나 디지털 아트워크 같은 이미지 파일을 함께 입력하는 기능을 말합니다. 이렇게 등록된 이미지는 영상 생성 시 참고 자료로 활용되어, 해당 이미지의 스타일·구도·분위기를 자연스럽게 반영한 결과물을 만들어 냅니다.

01 | 웹브라우저에 'openai.com'를 입력하여 OpenAI 공식 사이트에 접속합니다. 오른쪽 상단에 [로그인] 버튼에 마우스를 위치하여 표시되는 목록에 [Sora]를 선택합니다.

02 | 메인 피드 화면으로 이동한 다음, 홍보할 제품 이미지를 등록하기 위해 프롬프트 입력창에서 '➕' 아이콘을 클릭합니다. 열기 대화상자가 표시되면 03 폴더에서 'Tint.png' 파일을 선택한 뒤 [열기(O)] 버튼을 클릭합니다.

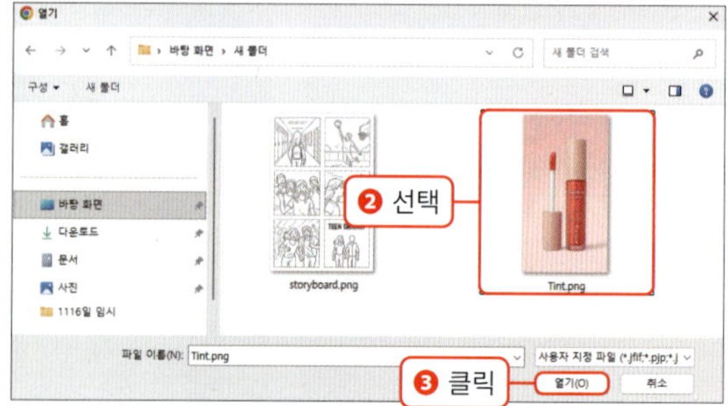

 소라 2에 이미지를 등록할 때는, 사용하려는 영상의 화면 비율에 맞춰 이미지의 비율이나 해상도를 조정하는 것이 좋습니다. 영상이 16:9(1920×1080) 또는 9:16(1080×1920) 중 하나로 생성되기 때문에, 업로드하는 이미지도 가능한 한 동일한 비율에 맞추면 최적의 결과를 얻을 수 있습니다.

03 | 제품 사진이 표시되면 광고 모델은 카메오에서 찾아 진행하겠습니다. 프롬프트 입력창에 '@'를 입력하고 리스트에서 '@db__sora'를 선택하고 복사해둡니다.

04 | 영상을 제작하기 위해 미리 작성해둔 내용을 프롬프트 입력창에 붙여 넣습니다. 예제에서는 '00.txt' 파일을 사용하였습니다.

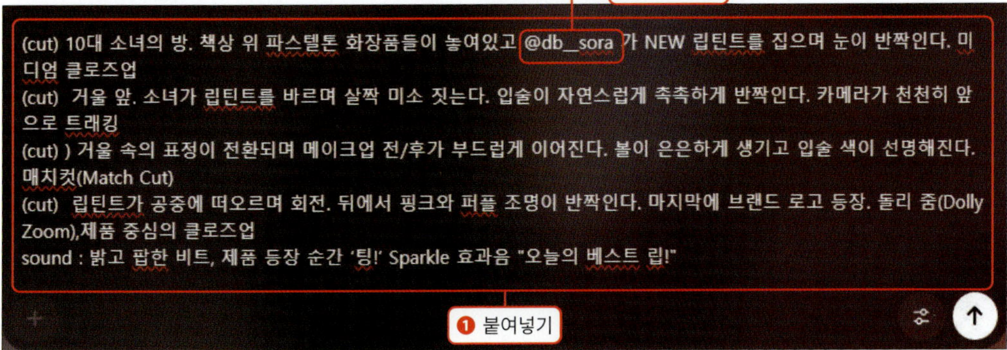

프롬프트

(cut) 10대 소녀의 방. 책상 위 파스텔톤 화장품들이 놓여있고 @db__sora 가 NEW 립틴트를 집으며 눈이 반짝인다. 미디엄 클로즈업

(cut) 거울 앞. 소녀가 립틴트를 바르며 살짝 미소 짓는다. 입술이 자연스럽게 촉촉하게 반짝인다. 카메라가 천천히 앞으로 트래킹

(cut) 거울 속의 표정이 전환되며 메이크업 전/후가 부드럽게 이어진다. 볼이 은은하게 생기고 입술 색이 선명해진다. 매치컷(Match Cut)

(cut) 립틴트가 공중에 떠오르며 회전. 뒤에서 핑크와 퍼플 조명이 반짝인다. 마지막에 브랜드 로고 등장. 돌리 줌(Dolly Zoom),제품 중심의 클로즈업

sound : 밝고 팝한 비트, 제품 등장 순간 '팅!' Sparkle 효과음 "오늘의 베스트 립!"는 두 주인공의 작은 실루엣이 함께 서 있다.

구도 : 중앙 정렬 깔끔한 마무리

프롬프트 문장 앞에 cut을 입력하면 장면 전환을 의미합니다. 즉, "지금 장면을 끊고 다음 장면으로 넘어가라" 또는 "새로운 컷을 추가하라"는 지시가 됩니다. 여러 샷을 하나의 프롬프트 안에 구성해 멀티-샷 영상을 만들고 싶을 때 유용하게 사용할 수 있습니다.

05 프롬프트 입력창 오른쪽 아래의 '설정' 아이콘(⚙)을 클릭하면 화면 비율과 재생시간을 설정할 수 있습니다. 예제에서는 방향을 '세로 모드'로, 재생 시간을 '15초(15s)'로 설정합니다. 설정을 마치고 '생성' 아이콘(↑)을 클릭하여 영상을 생성합니다.

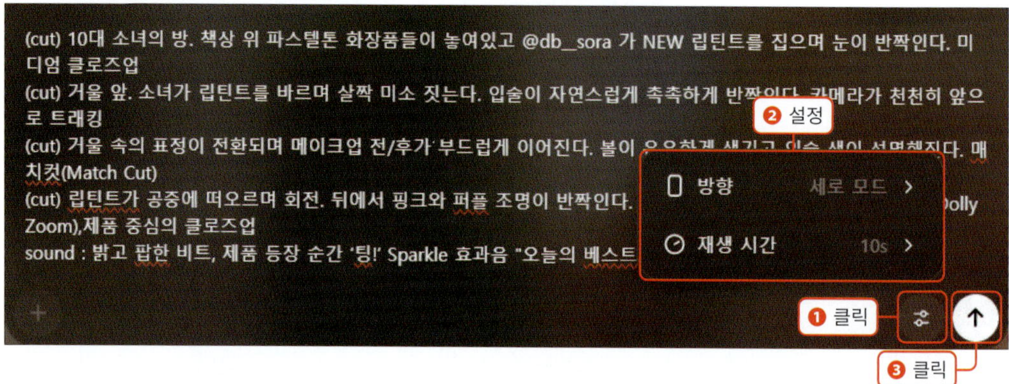

06 카메오로 선택한 인물이 프롬프트 설정에 따라 구현된 영상이 완성되었습니다. 개인 프로필 아이콘을 클릭하고 [초안]에서 해당 영상을 확인할 수 있습니다.

02 스토리보드에서 부분 수정하기

초안에서 생성된 영상이 스토리에 맞게 타임라인 기반의 스토리보드에서 확인할 수 있으며 이곳에서
장면 카드(Scene card)들을 시간순으로 재배열하거나 타이밍을 조절하여 사용할 수 있습니다.

07 | 스토리보드 기능을 활용해
영상을 만들겠습니다. 화면 하단에
[스토리 보기]를 선택합니다.

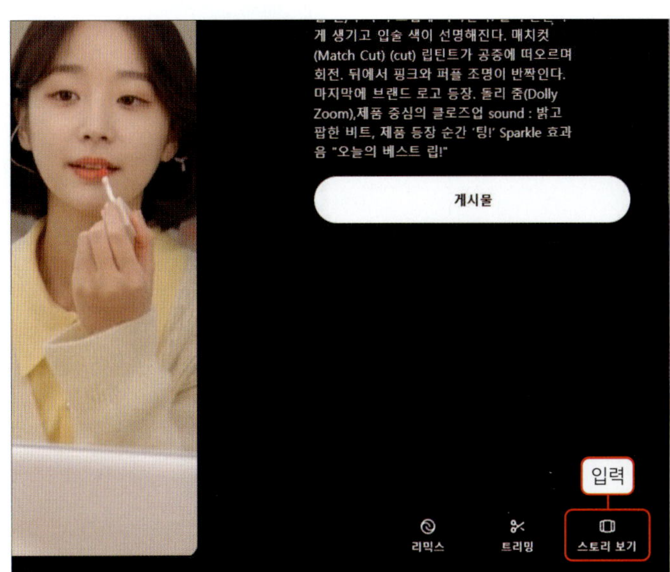

> **Tip** 소라 2의 업데이트 반영
> 이 계정마다 다를 수 있습니다.
> 하단에 항목을 찾을 수 없다면 상
> 단 오른쪽 '■' 아이콘을 클릭해
> 확인할 수 있습니다.

08 | 스토리보드의 내용이 카드 형태로 배치되어 표시되며 각 카드
를 검토하여 설명을 보정하거나 순서를 바꾸고, 타이밍을 조정할 수 있습
니다. 예제에서는 장면 6을 추가하여 다음과 같이 내용을 추가합니다.

프롬프트

> "With the call of 'Cut!' echoing, the camera slowly zooms out to
> reveal a woman holding a tint, smiling warmly at the screen, as
> the bustling film crew comes into view around her."

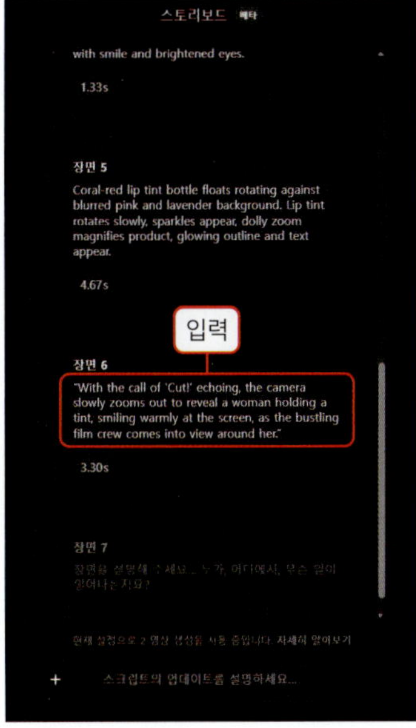

> **Tip** 프롬프트를 번역하면 다음과 같습니다.
> '컷!' 소리와 함께 카메라가 천천히 줌 아웃되며, 틴트를 든 여성이 화면
> 을 바라보며 환하게 웃는 모습과 주변 촬영팀의 분주한 모습이 함께 드
> 러난다.

09 | 마지막에 장면에 다음 문장을 추가 입력합니다. 장면마다 각각 표시되는 재 시간을 조정하고 '세로 모드'로 설정한 다음 [만들기] 버튼을 클릭해 전체 영상을 생성합니다.

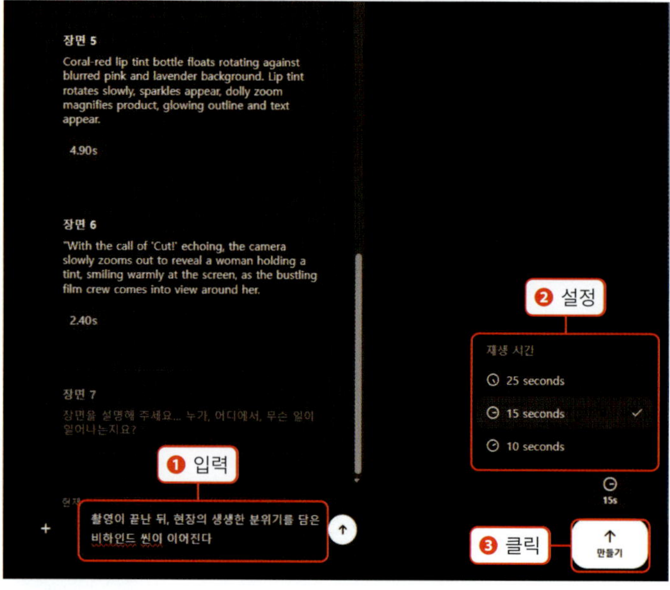

프롬프트 촬영이 끝난 뒤, 현장의 생생한 분위기를 담은 비하인드 씬이 이어진다.

Tip 오른쪽 아래 재생 시간이 빨간색으로 표시되면 전체 설정 시간을 초과한다는 의미입니다. 이때 [장면 길이에 맞추기]를 클릭하면 자동으로 재분배됩니다.

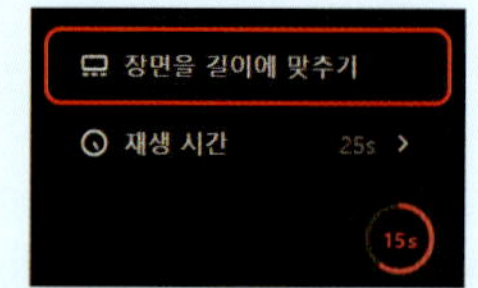

10 | 개인 프로필을 클릭하고 [초안]에서 영상을 재생하여 장면이 제대로 반영되었는지 확인합니다. 문제가 없다면 [게시물] 버튼을 클릭해 영상을 공유합니다.

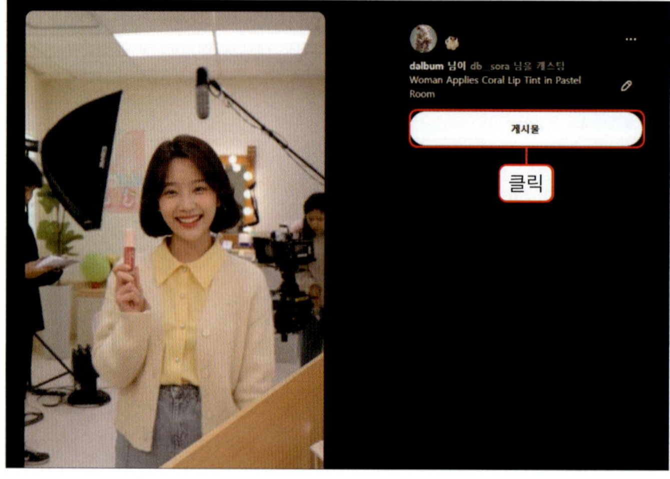

SORA

LESSON 09
영어 공부도 이젠 AI로!
리믹스 기능으로 영어 콘텐츠 만들기

예제파일: 03\영어교육1~2.mp4   완성파일: 03\영어교육_완성.mp4

디지털 교육은 오래전부터 다양한 방식으로 시도되어 왔지만, 최근 교육 트렌드의 핵심은 '재미있게 공부하기'입니다. 특히 반복 학습이 중요한 언어 교육에서는 흥미를 유지하고 꾸준히 학습하도록 돕는 방안이 지속적으로 연구되고 있으며, 이를 기반으로 여러 교육 콘텐츠가 제작되고 있습니다. 간단한 그림으로 개념을 설명하거나, 다른 사람들과 함께 참여하는 챌린지·놀이 활동을 통해 영어 단어와 문장을 자연스럽게 익히는 방식이 대표적입니다. 이번 예제에서는 일상에서 자주 접하는 상황을 짧은 스토리텔링으로 구성하여, 실제 상황에 대비할 수 있는 영어 교육 콘텐츠를 만들어보겠습니다.

작업 패턴 KEYWORD
❶ 일상 속 대화로 **교육 콘텐츠 기획**하기
❷ **한국어와 영어 대사**를 프롬프트에 반영하기
❸ 영상을 **리믹스하여 다른 언어 버전**으로 생성하기

예제 콘셉트

소라 2는 재미 중심의 학습 트렌드를 영상으로 쉽게 구현할 수 있는 교육 도구입니다. 일상에서 흔히 볼 수 있는 장면을 간단한 이야기 형식으로 구성해, 실제 상황에 대비할 수 있는 짧은 영어 학습 콘텐츠를 만드는 데에도 효과적입니다. 이번 예제에서는 패스트푸드점에서 일어날 수 있는 상황을 바탕으로, 손님과 직원이 자주 쓰는 단어를 다른 표현으로 안내하는 방식으로 일상 영어를 짧고 재미있게 배울 수 있는 영상을 만들어 보겠습니다. 이후 소라 2의 대사 입력 기능을 활용해 장면을 구성하고, 완성된 영상을 리믹스 기능으로 그래픽 스타일을 변경하여 영어 버전으로 제작해 보겠습니다.

01 일상생활 속 기초 회화 콘텐츠 기획하기

챗GPT를 활용해 일상에서 자주 사용하는 문구들 가운데 잘못 쓰인 표현이나 어색한 문장을 찾아 바로잡아 주는 콘텐츠를 만들어 보겠습니다. 이런 콘텐츠는 사람들이 흔히 하는 실수를 쉽게 이해하고, 올바른 영어 표현을 자연스럽게 익힐 수 있도록 도와주기 때문에 교육용으로도 매우 유용합니다.

01 | 웹브라우저에 'chatgpt.com/'를 입력하여 챗GPT에 접속합니다. 소라 2에서 사용할 간단한 샘플 대화를 프롬프트로 다음과 같이 요청합니다.

프롬프트

소라 2를 활용하여 생활 영어 영상을 만들거야. 패스트 푸드점에서 한국인 남성이 잘못된 외래어 표현을 하고 이를 외국인 여성이 올바른 문장 표현으로 고쳐 한국어로 말하는 샘플 문장을 3개 만들어줘.

챗GPT

아래는 소라 2용 생활 영어 영상에 쓰기 좋은 형식으로, 한국인 남성이 잘못된 외래어 표현을 말하고 외국인 여성이 올바른 영어 표현을 한국어로 설명해주는 3개의 샘플 대사입니다.

- **샘플 1**
  한국인 남성: "버거 세트 하나 주세요. 빅 사이즈로요."
  외국인 여성: "영어로는 'big size' 대신 'large', 그리고 '세트' 대신 'combo'라고 해요. 자연스럽게는 'I'd like a large combo, please.'라고 말해요."

- **샘플 2**
  한국인 남성: "콜라 리필 가능해요? 리필은 프리죠?"
  외국인 여성: "패스트푸드점에서는 '프리'가 아니라 영어로 'free refills'라고 해요. 자연스러운 표현은 'Do you have free refills?' 이렇게 말해요."

- **샘플 3**
  한국인 남성: "치즈버거에 피클은 서비스로 더 주세요."
  외국인 여성: "영어로 '서비스'는 'free'가 아니라 'on the house'라고 하지만 패스트푸드에서는 이렇게 말하지 않아요. 대신 'Can I get extra pickles?'라고 요청하는 게 자연스러워요."

02 | 제안받은 내용에서 하나를 선택해, 다음과 같은 방식으로 요청하겠습니다. 다음과 같이 챗GPT를 통해 제안받은 프롬프트 내용을 확인할 수 있습니다.

프롬프트 샘플1을 소라 2의 영상생성에 맞는 프롬프트로 작성해줘

챗GPT

소라 2 영상 생성 프롬프트 (샘플 1)

- 장면 설명: 패스트푸드점 내부. 한국인 남성이 주문대 앞에서 주문을 하고, 옆에 있던 외국인 여성이 부드럽게 영어 표현을 고쳐주는 상황. 밝고 캐주얼한 분위기.

- 프롬프트: "패스트푸드점 카운터 앞. 30대 한국인 남성이 메뉴판을 보며 직원에게 말한다. 남성은 캐주얼한 옷차림, 약간 긴장한 표정.
- 남성의 대사: '버거 세트 하나 주세요. 빅 사이즈로요.'

그 옆에서 20~30대 외국인 여성이 미소를 띠며 자연스럽게 말한다.
- 여성의 대사: '영어로는 big size 대신 large, 그리고 세트 대신 combo라고 해요. 자연스럽게는 I'd like a large combo, please 라고 말해요.'

카메라는 두 사람을 반신샷으로 부드럽게 잡고, 패스트푸드점 특유의 밝은 조명이 비친다. 자연스러운 대화 장면, 교육용 느낌."

SORA

수정된 소라용 프롬프트
프롬프트 : 밝은 조명의 패스트푸드점. 카운터 앞에 선 20대 한국인 남성과 노란 옷의 외국인 여성 직원이 반신 클로즈업으로 등장한다. 남성이 한국어로 주문을 한다. 대사할 때마다 카메라가 이동.
한국인 남성: "Burger set 하나 주세요. big size로요."
외국인 여성: "알겠어요. 그런데 패스트푸드점에서는 'big size' 대신 'large'를 'set' 대신 'combo'를 사용해요."
한국인 남성: "정말 감사해요."

Tip 인물의 대사를 설정할 때는 처음 생성시 문장이 어색한 부분이 있을 수 있습니다. 반복적으로 다듬어 요청하면 더욱 자연스럽고 매끄러운 대사를 얻을 수 있습니다.

02 한국어와 영어 대사를 프롬프트에 반영하기

소라 2에서는 등장인물 각각의 대화를 설정할 수 있습니다. 프롬프트에 "이름: 대사" 형식으로, 말하는 이의 이름과 그 대사를 큰따옴표(",") 안에 넣기만 하면 됩니다. 이렇게 완성된 프롬프트를 가지고 소라 2에서 영상 콘텐츠를 만들어보겠습니다.

03 | 웹브라우저에 'sora.chatgpt.com'을 입력하여 소라 2의 메인 화면으로 이동합니다.

04 | 프롬프트 입력창에 정리해둔 소라 2 프롬프트를 입력합니다.

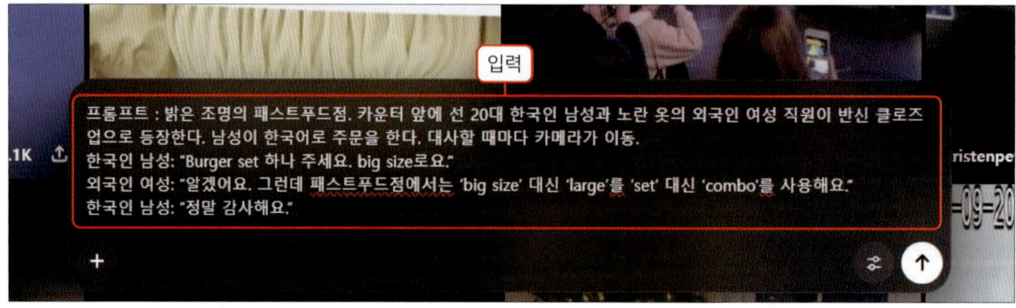

프롬프트

프롬프트 : 밝은 조명의 패스트푸드점. 카운터 앞에 선 20대 한국인 남성과 노란 옷의 외국인 여성 직원이 반신 클로즈업으로 등장한다. 남성이 한국어로 주문을 한다. 대사할 때마다 카메라가 이동.

한국인 남성: "Burger set 하나 주세요. big size로요."

외국인 여성: "알겠어요. 그런데 패스트푸드점에서는 'big size' 대신 'large'를 'set' 대신 'combo'를 사용해요."

한국인 남성: "정말 감사해요."

Tip 프롬프트에 "대사할 때마다 카메라가 이동."을 넣으면, 각 인물의 대사에 따라 카메라 시점이 자연스럽게 전환되어 더욱 역동적인 장면을 만들 수 있습니다.

05 | 프롬프트 입력창 오른쪽 아래의 '설정' 아이콘(⚏)을 클릭하면 화면 비율과 재생시간을 설정할 수 있습니다. 예제에서는 방향을 '세로 모드'로, 재생 시간을 '10초(10s)'로 설정합니다. '영상 만들기' 아이콘(↑)을 클릭하여 영상을 생성합니다.

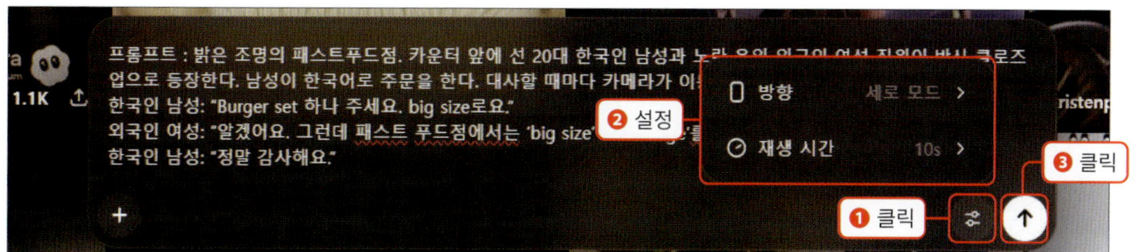

06 | 개인 프로필을 클릭하고 [초안]에서 해당 영상을 선택합니다. 패스트푸드점을 배경으로 두 인물이 대화를 주고받는 영상이 생성되었습니다.

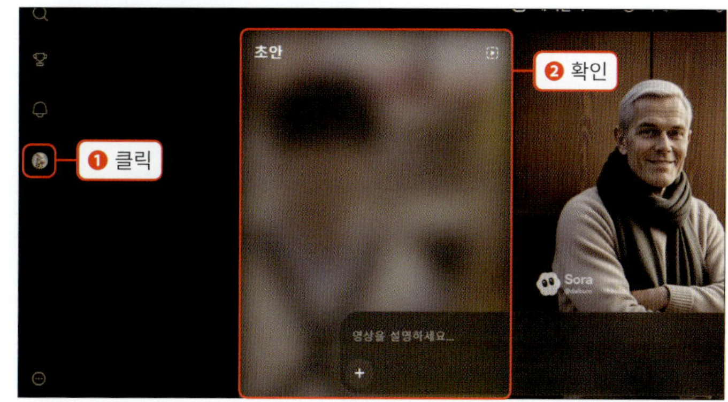

07 | 생성된 영상을 선택해 큰 화면으로 재생한 뒤, 장면 구성과 캐릭터 동작, 대사가 의도에 맞게 구현되었는지 확인합니다. 필요하다면 대사를 수정하거나 프롬프트를 다시 조정해 더욱 완성도 높은 영상을 제작합니다.

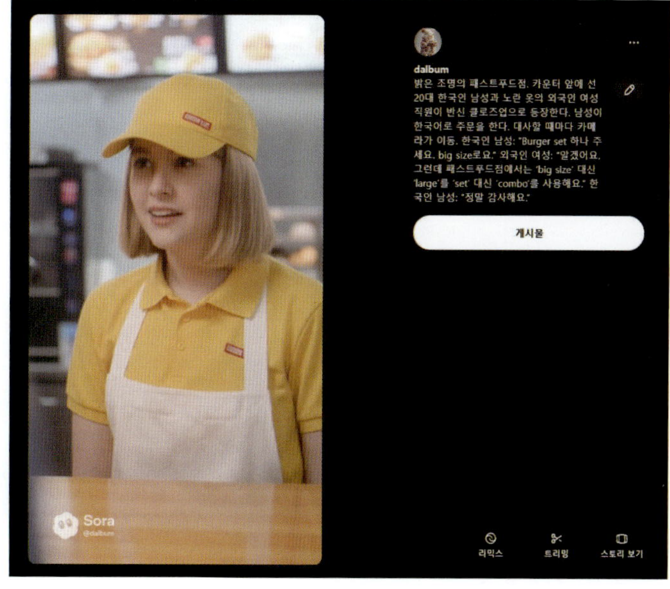

03 리믹스 기능으로 같은 장면 변형하기

이렇게 패스트푸드점을 배경으로 영어 단어의 다양한 활용법을 한국어로 설명하는 콘텐츠를 만들어 보았습니다. 계속해서 소라 2의 리믹스 기능을 활용해, 실사 영상을 3D 그래픽 스타일로 변환하고 대사도 한번 더 학습할 수 있도록 영어 버전으로 수정해 보겠습니다.

08 | 리믹스 기능을 활용해 같은 영상을 스타일은 3D로, 대사는 영어로 변경하여 생성하겠습니다. 화면 오른쪽 '••••' 아이콘을 클릭해 [리믹스]를 선택합니다.

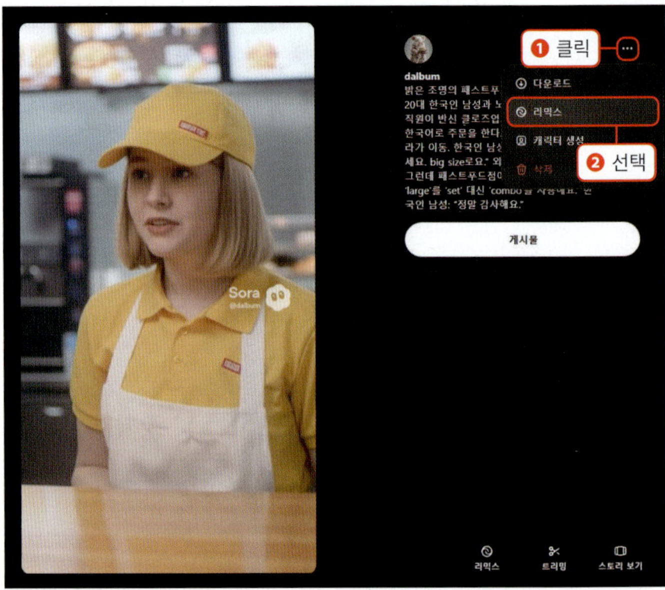

✦ **Tip** 해당 위치에 [리믹스]가 표시되지 않는다면 화면 오른쪽 하단에 위치해 있을 수 있습니다. 현재 계정마다 다르게 나타날 수 있으니 참고하세요.

09 | 프롬프트 입력창에 스타일 변경과 영어 대사를 요청하는 내용을 입력한 다음, '영상 만들기' 아이콘(⬆)을 클릭합니다.

프롬프트

대사를 전부 영어로 바꾸고, 이미지 스타일을 픽사 3D 스타일로 바꿔줘

10 | 생성이 완료되면 개인 프로필을 클릭하고 [초안]에서 해당 영상을 확인합니다. 영상이 마음에 들게 생성되면 [게시물] 버튼을 클릭하여 게시합니다.

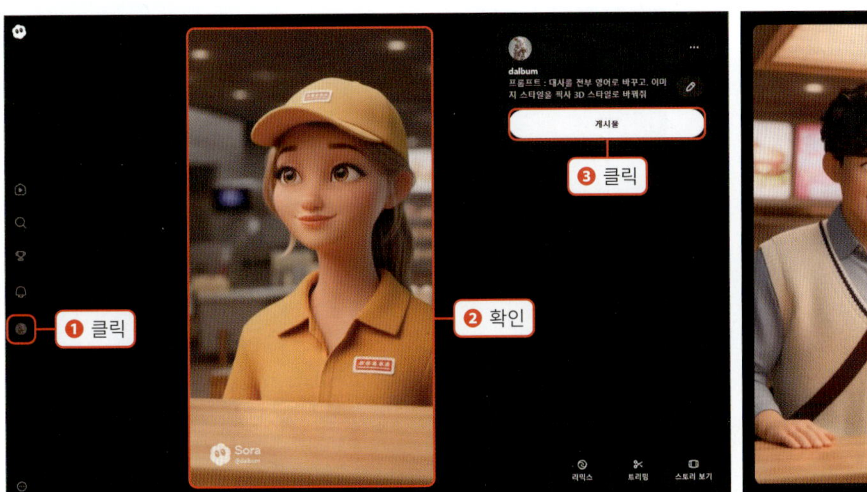

11 | 생성된 영상에 영어 대사를 자막으로 표기하기 위해 한번 더 리믹스하겠습니다. 영상을 클릭하고 오른쪽에 표시된 '리믹스' 아이콘(◎)을 클릭합니다.

12 │ 프롬프트 입력창에 대사를 자막으로 표기해 달라는 프롬프트를 입력하고 '영상 만들기' 아이콘(↑)을 클릭합니다.

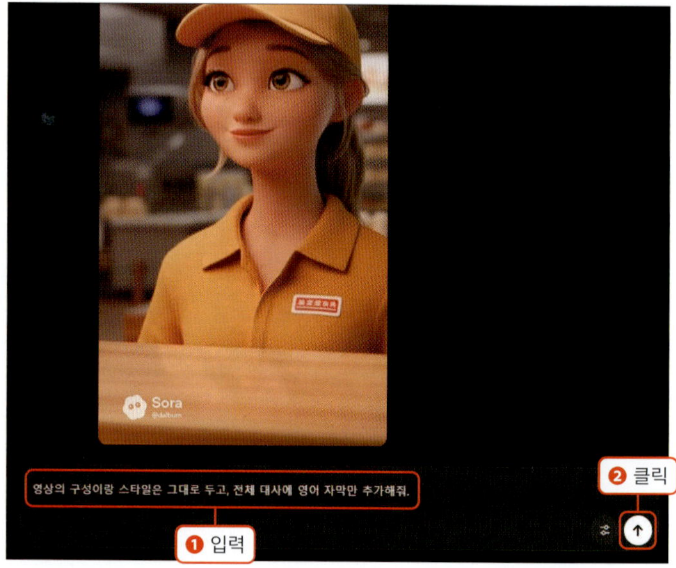

프롬프트

> 영상의 구성이랑 스타일은 그대로 두고, 전체 대사에 영어 자막만 추가해줘.

13 │ 영상 생성이 완료되면 개인 프로필을 클릭하고 [초안]에서 영상을 확인합니다. 장면과 대사가 정확하게 반영 되었는지 확인하고 이상 없으면 [게시물] 버튼을 클릭해 영상을 공유합니다.

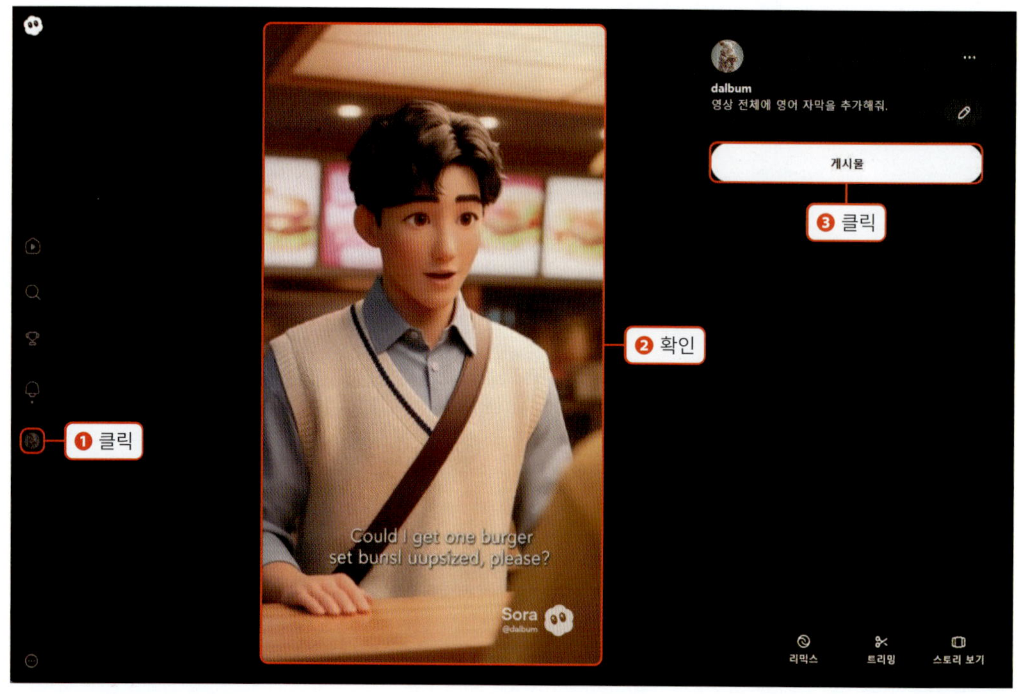

LESSON 10
카메라 워크와 립싱크 기능으로
뉴스 형식의 인터뷰 영상 만들기

완성파일: 03\뉴스_완성.mp4

상상 속의 인물이 실제 뉴스 인터뷰에 등장한다면, 어떤 장면이 펼쳐질까요? 이번에는 뉴스형식으로 진행되는 쇼츠 인터뷰 영상을 함께 만들겠습니다. 이 형식은 소라 2의 인물·음성 기능을 활용해 AI 아나운서와의 대화를 자연스럽게 연출할 수 있으며, 카메라 워크와 립싱크 기능을 더하면 실제 방송처럼 생생하고 몰입감 있는 장면을 구현할 수 있습니다. 특히 짧은 영상일수록 프롬프트에서 질문과 답변의 흐름을 명확히 설계하는 것이 중요합니다. 이제 머릿속의 아이디어를 구체화하여 현실과 상상이 만나는 특별한 인터뷰 영상을 생성해 보겠습니다.

예제 콘셉트

소라 2의 인물, 음성, 카메라 워크, 립싱크 기능을 활용해 뉴스형식의 쇼츠 인터뷰 영상을 제작하는 과정입니다. 상상 속 인물을 주제로 인터뷰 아이디어를 구상하고, 질문과 답변 구조를 명확히 한 프롬프트를 작성한 뒤, 아나운서와 인터뷰의 음성을 설정합니다. 이후 카메라 워크와 립싱크를 적용해 실제 대화처럼 자연스럽게 연출하고, 완성된 영상을 게시물로 공유한 후 리믹스 기능을 활용해 새로운 버전으로 변형할 수 있습니다.

작업 패턴
KEYWORD

❶ 챗GPT를 활용해 인터뷰 장면용 프롬프트 만들기
❷ 완성된 영상을 공유 게시물로 업로드하기
❸ 리믹스 기능을 활용해 인터뷰 장면 재구성하기

01 챗GPT로 프롬프트 생성하기

머릿 속에 떠오르는 단순한 아이디어를 챗GPT의 기능을 활용하면 생생한 영상 장면으로 구체화할 수 있습니다. 아이디어를 실제로 연출 가능한 프롬프트로 발전시켜보겠습니다.

01 | 챗GPT를 활용해 프롬프트를 작성하겠습니다. 웹브라우저에 'chatgpt.com'을 입력해 챗GPT 사이트에 접속하고 다음과 같은 내용을 요청합니다.

프롬프트

소라 2를 활용해 뉴스 현장에서 두 명의 앵커가 소라 2의 카메오 기능에 관해 대화하는 15초 길이의 영상 프롬프트를 만들어줘

챗GPT

프롬프트 제목: 뉴스 속 소라 2 카메오 기능 소개 인터뷰
길이: 약 15초

[프롬프트 내용]
[장면 설정]
뉴스 스튜디오. 두 명의 앵커가 밝은 미소로 카메라를 바라보며 대화를 시작한다.
배경은 최신 뉴스룸 세트, 카메라가 천천히 좌우로 이동한다.

[앵커 A – 활기찬 톤]
오늘의 뉴스, AI 영상 제작 도구 '소라 2'가 화제입니다! 특히 '카메오 기능'이 새롭게 추가됐다는데요?

[앵커 B – 약간 놀란 듯]
맞아요! 이 기능으로 실제처럼 인물이나 AI 캐릭터를 장면 속에 자연스럽게 등장시킬 수 있대요.

[앵커 A – 미소 지으며]
덕분에 누구나 뉴스 주인공이 될 수 있겠네요!

[마무리 – 두 앵커 함께]
소라 2, 이제 여러분의 상상을 현실로 만들어 드립니다!

활용 포인트
• AI 아나운서 음성 기능으로 자연스러운 뉴스 대화 연출
• 카메오 기능으로 실제 뉴스 현장 속 등장 인물처럼 구현
• 카메라 워크: 스튜디오 전경 → 클로즈업 전환

Tip 챗GPT에게 요청할 때는 문체와 톤을 명확히 지시하면 좋습니다. 예를 들어 "차분하고 전문적인 어조로" 또는 "친근하고 밝은 아침 뉴스 느낌으로"라고 명시하면, AI의 음성과 표정이 이에 맞춰 자연스럽게 조정됩니다.

02 | 프롬프트가 완성되면, 오른쪽 상단에 [코드 복사]를 클릭해 내용을 복사합니다.

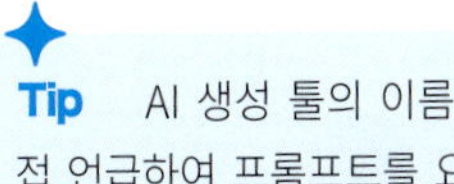

Tip AI 생성 툴의 이름을 직접 언급하여 프롬프트를 요청하면, 해당 툴에 최적화된 맞춤형 제안을 받을 수 있습니다.

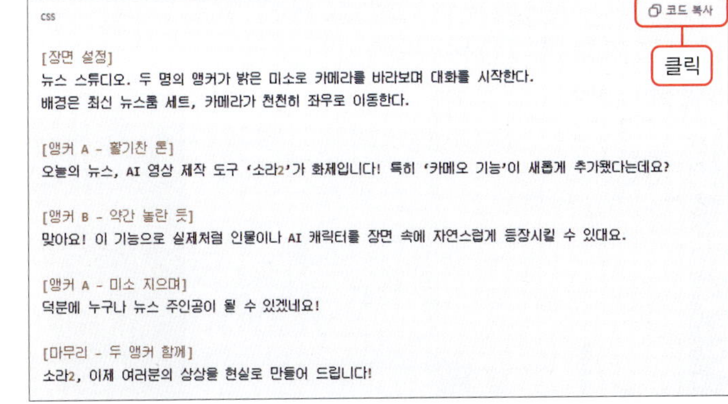

02 소라 2에서 영상 생성하기

작성된 프롬프트를 참고해서 두 앵커가 카메오 기능을 소개하는 15초 뉴스 인터뷰 영상을 소라 2에서 생성하겠습니다.

03 | 웹브라우저에 'openai.com'를 입력하여 OpenAI 공식 사이트로 이동합니다. 이후 [로그인] 버튼에 마우스를 위치하고 [Sora]를 선택합니다.

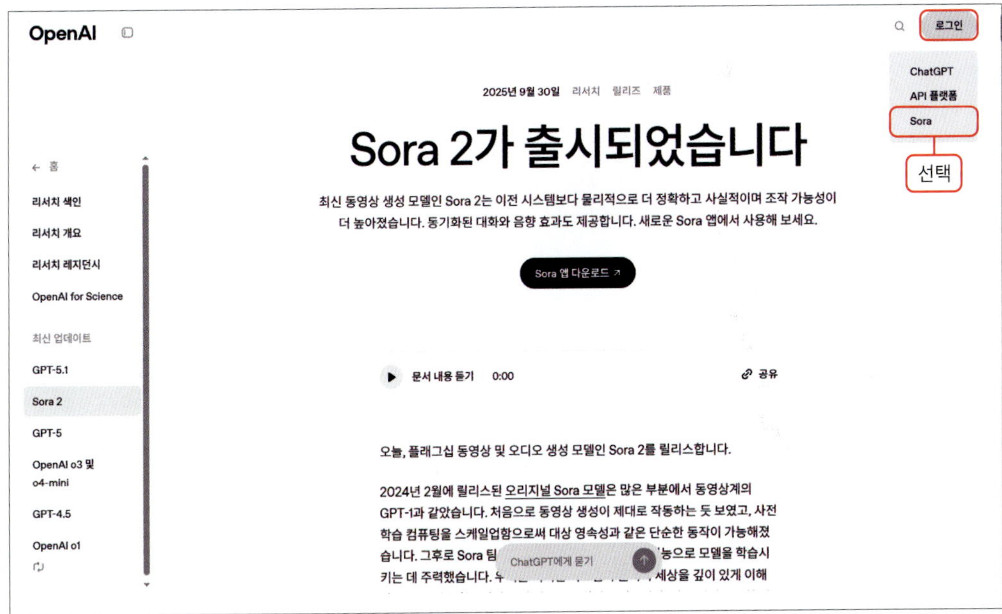

04 | 소라 2 메인 화면으로 이동합니다. 이곳에 보이는 영상들은 다른 사용자들이 생성한 콘텐츠로, 다양한 스타일과 연출의 영상을 감상하고 참고할 수 있습니다.

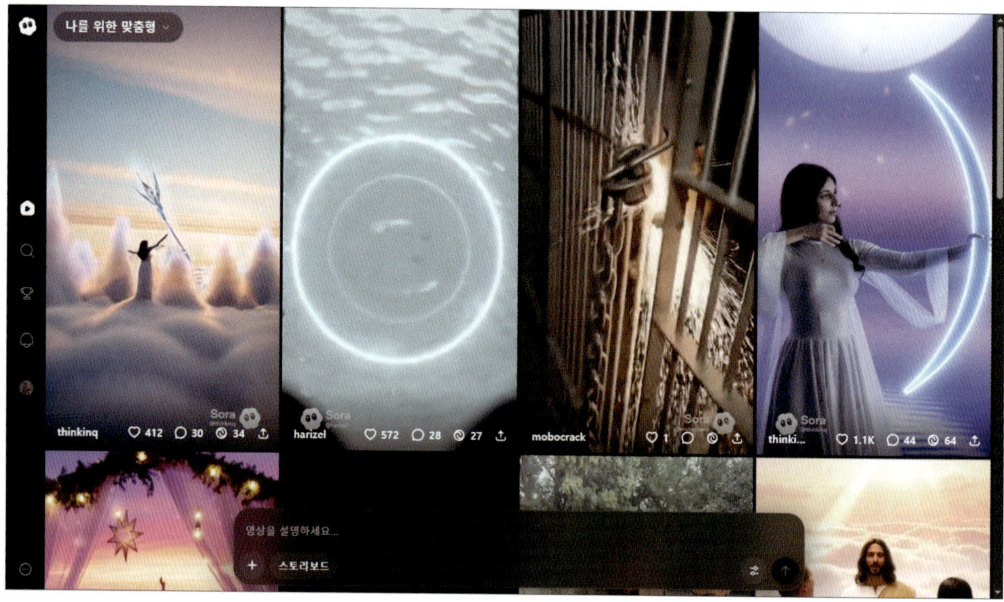

05 | 프롬프트 입력창에 이전에 복사해둔 챗GPT의 답변 프롬프트를 그대로 붙여 넣습니다(Ctrl + V).

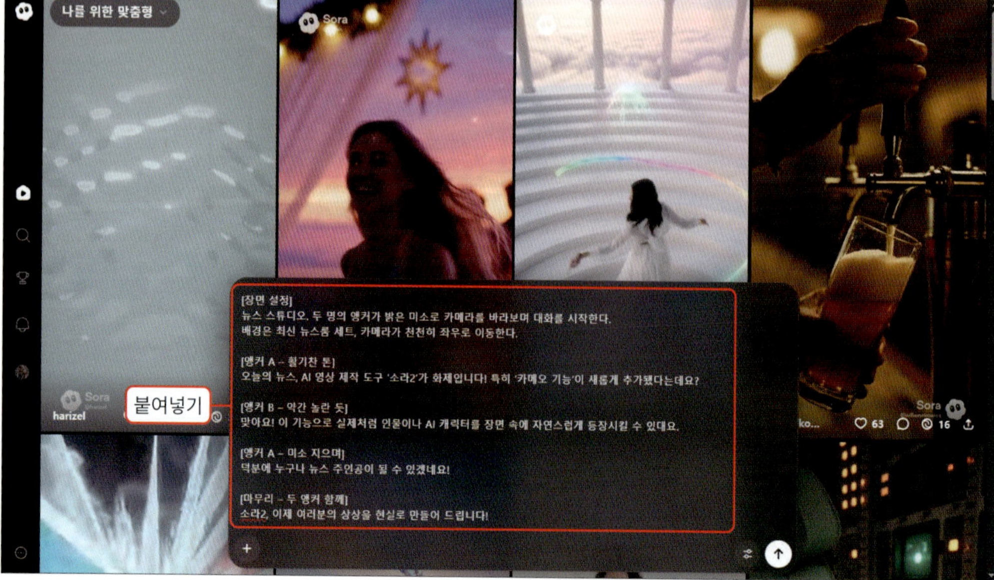

06 | 프롬프트 입력창 오른쪽 아래의 '설정' 아이콘(🎛)을 클릭하면 화면 비율과 재생시간을 설정할 수 있습니다. 예제에서는 방향을 '세로 모드'로, 재생 시간을 '15초(15s)'로 설정합니다. '생성' 아이콘(⬆)을 클릭하여 영상을 생성합니다.

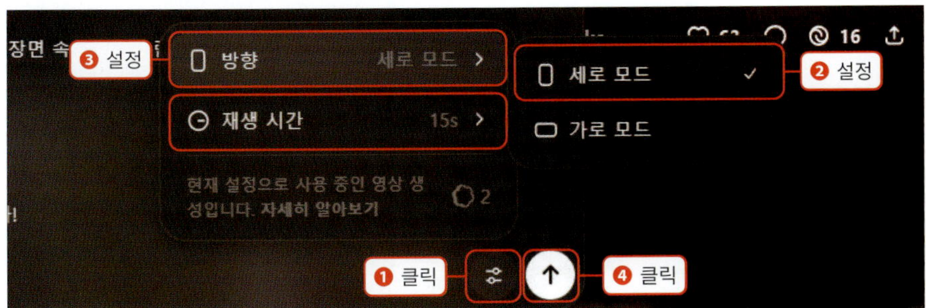

Tip 립싱크 기능을 활용할 때는 대사 길이에 맞춰 자연스럽게 조정하는 것이 중요하며, 문장이 길면 입 모양이 부자연스러울 수 있어서 최대한 짧고 리듬감 있게 표현하는 것이 좋습니다.

07 | 개인 프로필 아이콘을 클릭하고 [초안]에서 해당 영상을 확인할 수 있습니다.

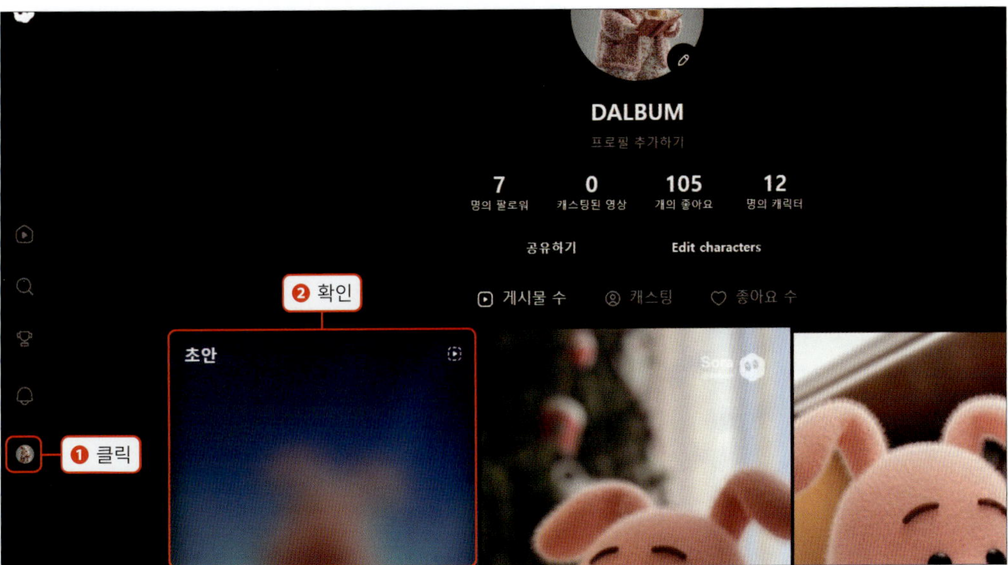

Tip [초안]은 사용자가 생성한 영상을 바로 공개하지 않고, 프롬프트나 설정을 수정하거나 리믹스하기 위해 임시로 저장해두는 비공개 작업 공간으로, 여러 버전을 실험하고 최종본을 결정하기 전까지 안전하게 보관·편집할 수 있는 기능입니다.

08 | 현재 생성된 영상은 [초안]에 저장됩니다. 결과물을 확인한 다음 [게시물] 버튼을 클릭하면 소라 2 SNS에 공유할 수 있습니다.

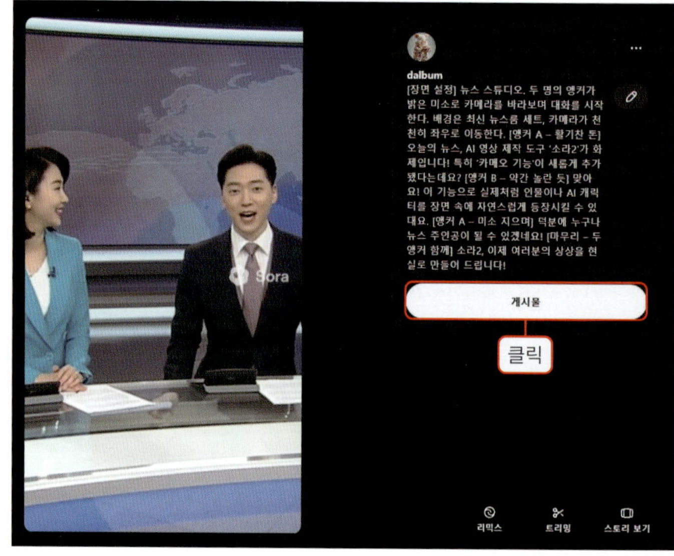

03 영상을 리믹스로 재편집하기

완성된 영상은 SNS에 게시한 뒤, 리믹스 기능을 활용해 대사 · 장면 · 음성 등을 재구성할 수 있습니다. 필요에 따라 프롬프트를 수정하여 새로운 버전의 영상을 생성하면, 보다 완성도 높은 결과물을 얻을 수 있습니다.

09 | 영상이 소라 2 SNS에 업로드되었습니다. 이제 리믹스 기능을 활용하여, 멘트에 따라 카메라가 전환되는 영상을 생성하겠습니다. 영상 하단의 '리믹스' 아이콘(◉)을 클릭합니다.

✦ **Tip** '리믹스' 아이콘을 클릭하면 프롬프트를 다시 입력할 수 있습니다. 이 기능은 이미 구성된 영상의 특정 장면이나 상황을 변경할 때 사용합니다.

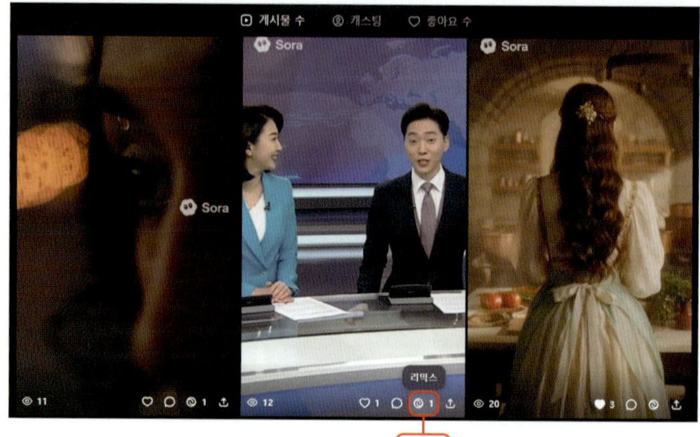

10 │ 다음과 같은 프롬프트를 입력한 다음, '생성' 아이콘(⬆)을 클릭하여 영상을 새로 만듭니다.

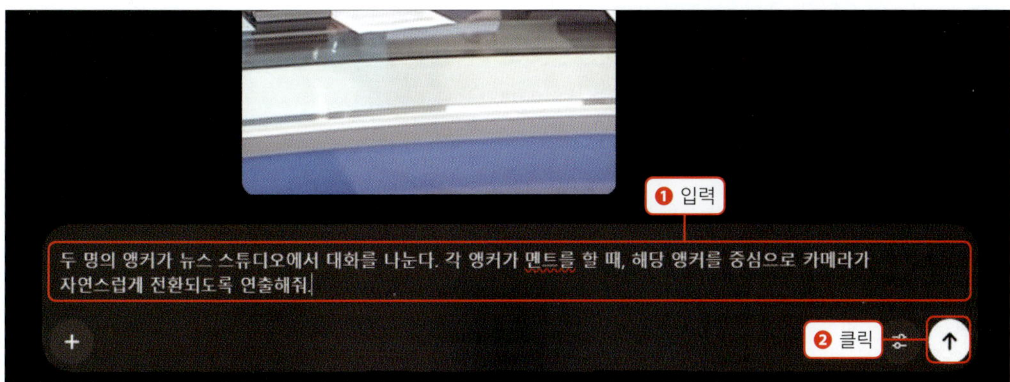

프롬프트 두 명의 앵커가 뉴스 스튜디오에서 대화를 나눈다. 각 앵커가 멘트를 할 때, 해당 앵커를 중심으로 카메라가 자연스럽게 전환되도록 연출해줘.

11 │ 개인 프롬필을 클릭하고 [초안]에서 완성된 결과물을 확인하고 [게시물] 버튼을 클릭하여 소라 2 SNS에 업로드합니다.

Tip 대화자가 바뀔 때는, 예를 들어 "두 앵커가 한 화면에 잡힐 때 카메라가 오른쪽으로 천천히 이동한다."처럼 컷 전환을 명시하면 AI가 장면의 리듬을 자연스럽게 인식합니다.

LESSON 11

영상의 흐름을 한번에 만드는 스토리보드로 숏폼 콘텐츠 만들기

예제파일: 03\storyboard.png   **완성파일**: 03\스토리보드1~2.mp4

스토리보드는 인물, 배경, 카메라 시점과 구도 등을 미리 그림으로 정리해 영상의 흐름을 파악하는 도구로, 실제 촬영에서도 많이 활용됩니다. 소라 2의 흥미로운 기능 중 하나는 스토리보드 이미지를 기반으로 바로 영상을 생성할 수 있다는 점입니다. 소라 2에서는 이러한 스토리보드 이미지를 활용해, 촬영이 어렵거나 빠르게 영상 초안을 만들어야 할 때 이미지 + AI 연출만으로도 자연스러운 시퀀스 영상을 생성할 수 있습니다. 여러 컷과 샷이 필요한 장면을 간편하게 구성할 수 있어 매우 유용한 방식입니다.

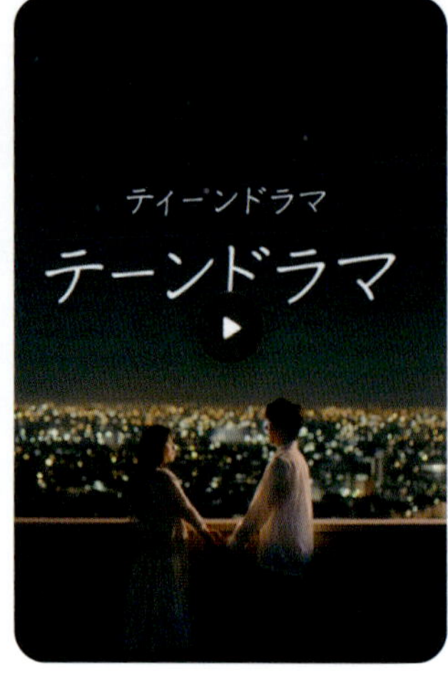

작업 패턴 KEYWORD
❶ 챗GPT로 영상 기획 및 스토리보드 생성하기
❷ 스토리보드 이미지를 참고하여 영상 생성하기
❸ 리믹스를 활용하여 다른 버전으로 생성하기

예제 콘셉트

영상의 주제를 정했다면 먼저 스토리보드를 제작합니다. 과거에는 손으로 직접 그리거나 전문 작가의 도움이 필요했지만, 이제는 AI를 활용해 간단한 스케치나 디지털 이미지, 또는 AI가 생성한 참고 이미지로도 충분히 구성할 수 있습니다. 완성한 스토리보드 이미지를 소라 2에 적용해 생성된 영상을 확인하며, 각 장면의 흐름과 연출을 점검하고 수정해 나가면서 스토리가 살아 있는 영상을 만들어 보겠습니다.

01 챗GPT로 스토리보드와 기획 구상하기

영상 주제인 10대 청소년의 풋풋한 영상을 주제로 진행하겠습니다. 먼저 챗GPT를 이용하여 구체적인 기획을 구상합니다.

01 | 웹브라우저에 'chatgpt.com'을 입력해 챗GPT 사이트에 접속합니다. 프롬프트 입력창에 다음과 같은 문장을 입력하고 '제출' 아이콘(⬆)을 클릭합니다.

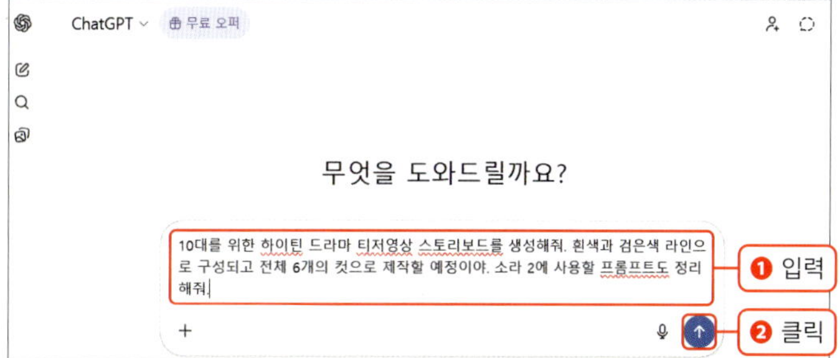

프롬프트

10대를 위한 하이틴 드라마 티저영상 스토리보드를 생성해줘. 흰색과 검은색 라인으로 구성되고 전체 6개의 컷으로 제작할 예정이야. 소라 2에 사용할 프롬프트도 정리해줘.

02 | 다음과 같이 챗GPT를 통해 제안받은 기획을 확인할 수 있습니다. 이를 기반으로 티저 영상의 기획을 정리합니다.

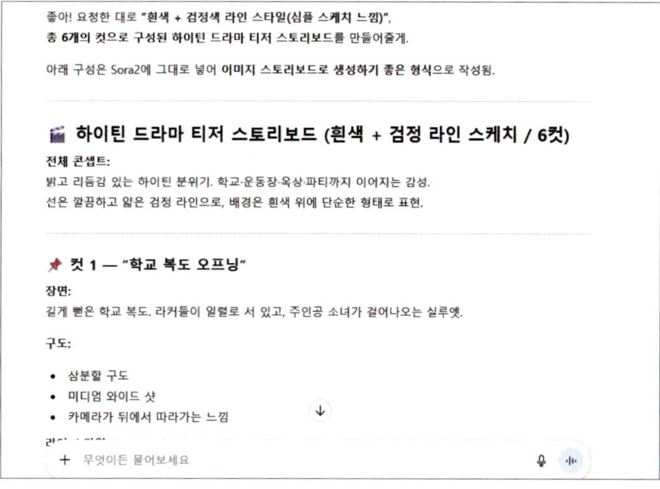

챗GPT

하이틴 드라마 티저 스토리보드 (흰색 + 검정 라인 스케치 / 6컷)
전체 콘셉트: 밝고 리듬감 있는 하이틴 분위기. 학교·운동장·옥상·파티까지 이어지는 감성.선은 깔끔하고 얇은 검정 라인으로, 배경은 흰색 위에 단순한 형태로 표현.

컷 1 — "학교 복도 오프닝"
장면: 길게 뻗은 학교 복도. 라커들이 일렬로 서 있고, 주인공 소녀가 걸어나오는 실루엣.
구도: 삼분할 구도 미디엄 와이드 샷
카메라가 뒤에서 따라가는 느낌

컷 2 — "운동장 활기"
장면: 소년이 농구공을 던지며 점프하는 순간. 공이 하늘 위로 올라가 있다.구도: 하이 앵글 → 공중을 향해 가는 공 강조, 긴장감 있는 실루엣
라인 스타일: 소년의 점프 실루엣을 선명한 검정 라인으로 표현.

컷 3 — "친구들과 웃음"
장면: 친구 3~4명이 모여 웃으며 장난치는 순간. 손을 흔드는 모습.
구도: 미디엄 샷 중앙에 주인공, 양옆에 친구들 배치

컷 4 — "로맨스 기류"
장면: 학교 옥상에서 두 주인공이 마주보고 서 있다. 바람에 머리카락이 흩날린다.
구도: 미디엄 클로즈업 얕은 배경, 캐릭터 중심

컷 5 — "파티씬 하이라이트"
장면: 네온 라이트 아래에서 모두 춤추고 있는 순간. 두 주인공이 카메라를 향해 달려온다.
구도: 다이내믹한 더치 앵글(기울어진 구도) 중앙에 주인공 둘

컷 6 — "타이틀 등장"
장면: 하얀 배경 위에 드라마 제목이 크게 등장. 아래에는 두 주인공의 작은 실루엣이 함께 서 있다.
구도: 중앙 정렬 깔끔한 마무리

SORA

Sora2에서 바로 쓰는 프롬프트용(요약 버전)
"흰색 배경에 검정색 얇은 라인으로 그린 6컷짜리 하이틴 드라마 티저 스토리보드를 만들어줘. 컷1: 학교 복도에서 걸어오는 소녀. 컷2: 농구공을 던지는 소년. 컷3: 친구들과 웃는 장면. 컷4: 옥상에서 서로를 바라보는 두 주인공. 컷5: 네온 파티에서 달려오는 주인공들. 컷6: 중앙에 드라마 타이틀, 아래에 두 사람의 실루엣. 간단한 선 드로잉 스타일, 흰색/검정 라인만 사용."

Tip 사용할 AI 툴의 이름을 직접 언급하여 프롬프트를 요청하면, 해당 툴에 최적화된 맞춤형 제안을 받을 수 있습니다.

03 │ 스토리보드 이미지를 만들기 위해 다음과 같은 문장을 입력하고 '제출' 아이콘(↑)을 클릭합니다.

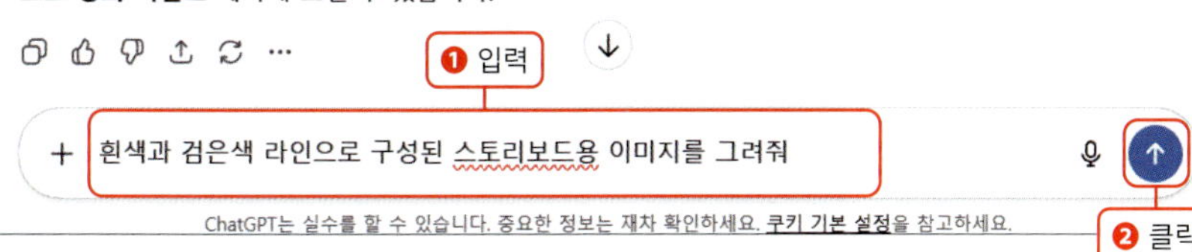

프롬프트　흰색과 검은색 라인으로 구성된 스토리보드용 이미지를 그려줘

✦ **Tip**　'파일 추가 및 기타' 아이콘(+)을 클릭해 [이미지 만들기]를 선택하지 않고 텍스트 프롬프트 입력만으로도 이미지를 생성할 수 있습니다.

04 │ 다음과 같이 챗GPT를 이미지가 생성되었습니다. 이후 원하는 이미지가 될 때까지 제안을 다시 할 수 있으며 해당 이미지를 저장합니다.

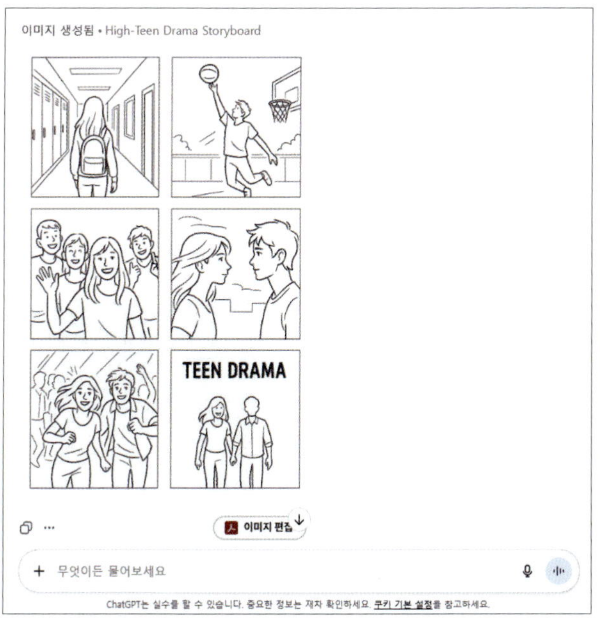

02 스토리보드 이미지를 활용한 영상 만들기

소라 2에 스토리보드 이미지 등록하여 자세한 프롬프트 입력하지 않고도 이미지와 간단한 프롬프트를 기반으로 영상이 생성할 수 있습니다.

05 │ 소라로 이동하여 로그인 후 개인 프로필을 클릭합니다. 챗 GPT를 활용하여 생성한 이미지를 등록하기 위해 프롬프트 입력창에 '➕' 아이콘을 클릭합니다.

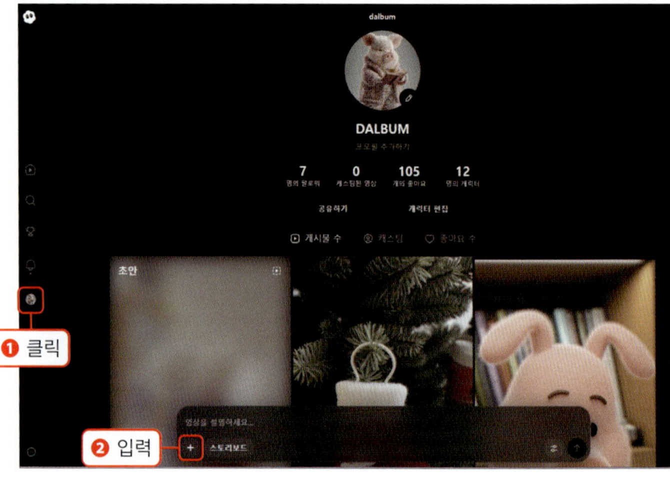

06 │ 열기 대화상자가 표시되면 03 폴더에서 'storyboard.png' 파일을 선택한 다음 [열기(O)] 버튼을 클릭합니다. 이미지가 프롬프트 입력창에 표시됩니다.

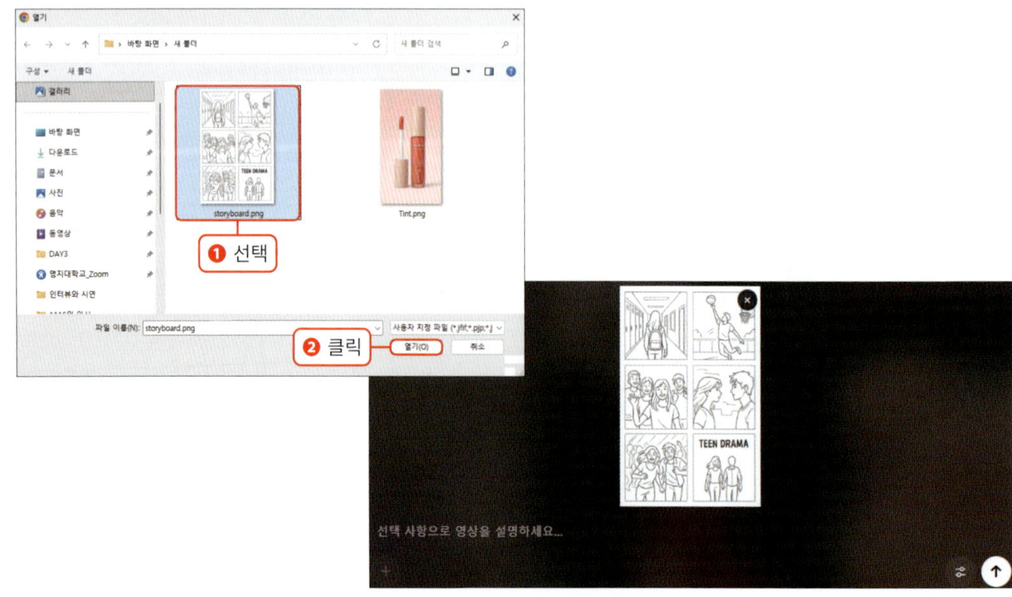

07 │ 이미지 아래에 영상 설명으로 다음과 같은 프롬프트를 입력합니다. 소라 2가 해당 프롬프트를 기반으로 영상을 생성할 준비를 완료합니다.

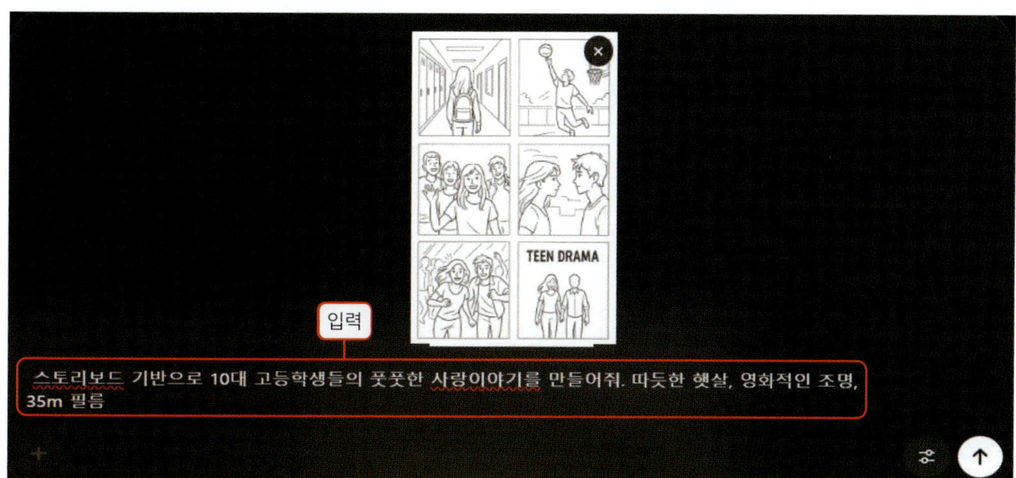

 스토리보드 기반으로 10대 고등학생들의 풋풋한 사랑이야기를 만들어줘. 따듯한 햇살, 영화적인 조명, 35m 필름

08 │ 프롬프트 입력창에 '설정' 아이콘(⚙)을 클릭하고 방향을 '세로 모드'로, 재생 시간을 '10초(10s)'로 설정합니다. 설정을 마치고 '생성' 아이콘(↑)을 클릭합니다.

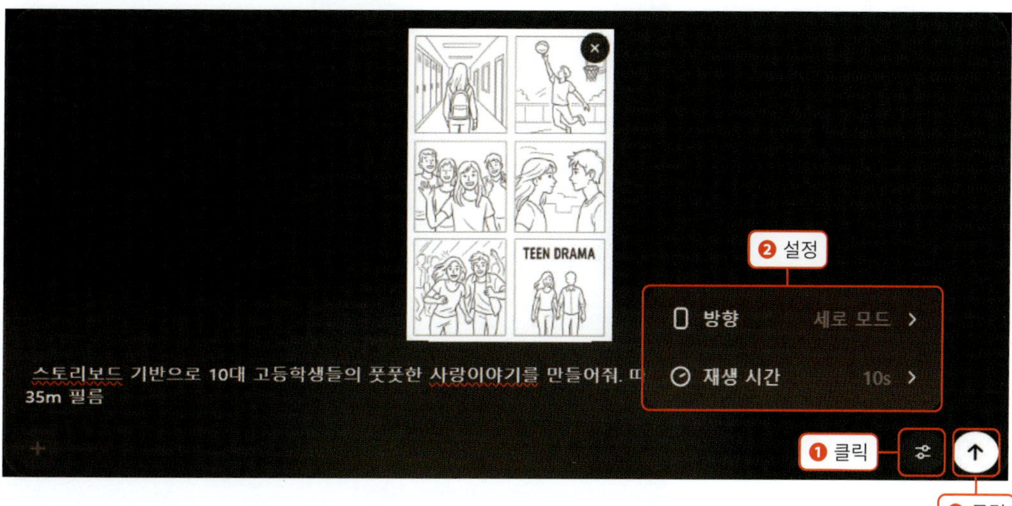

09 | 영상 생성이 끝나면 개인 프로필 아이콘을 클릭하고 [초안]을 클릭해 영상을 확인합니다.

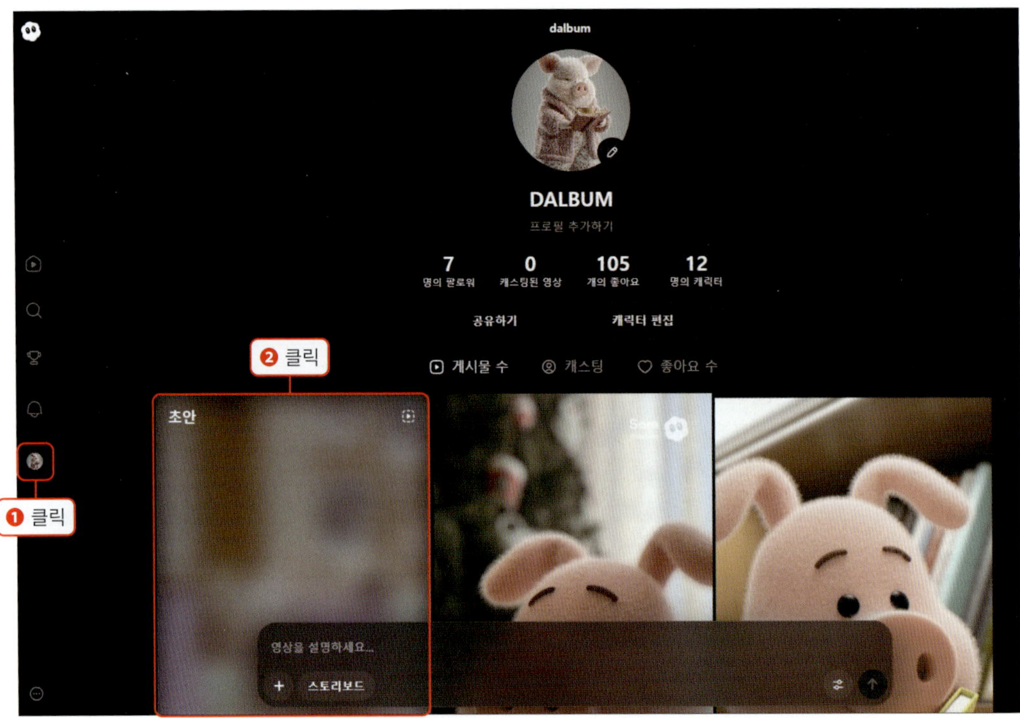

10 | 생성된 영상은 자동으로 [초안]에 저장됩니다. 썸네일을 클릭하여 생성된 영상과 사운드를 확인합니다.

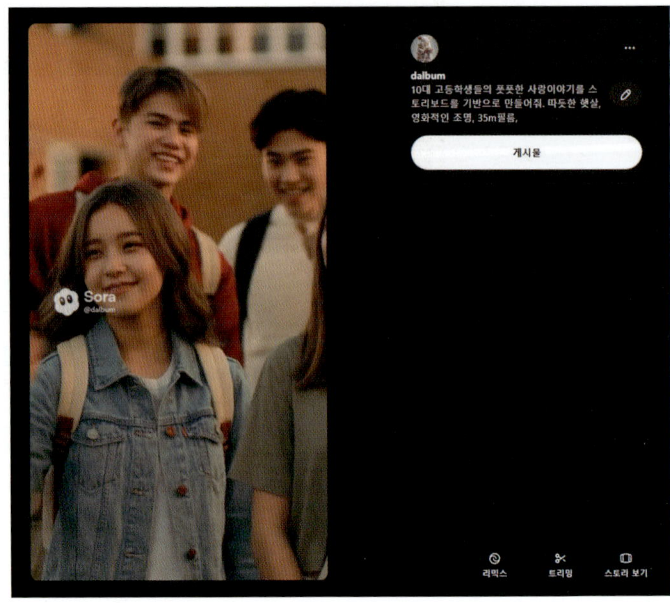

03 같은 스토리보드로 다른 영상 생성하기

소라 2에 스토리보드 이미지 등록하여 자세한 프롬프트 입력하지 않고도 이미지와 간단한 프롬프트를 기반으로 영상을 생성할 수 있으며 프롬프트에 따라 얼마든지 다른 느낌을 줄 수 있습니다.

11 | 프롬프트 입력창에 '➕' 아이콘을 클릭하여 다시 한번 'storyboard.png' 파일을 등록합니다.

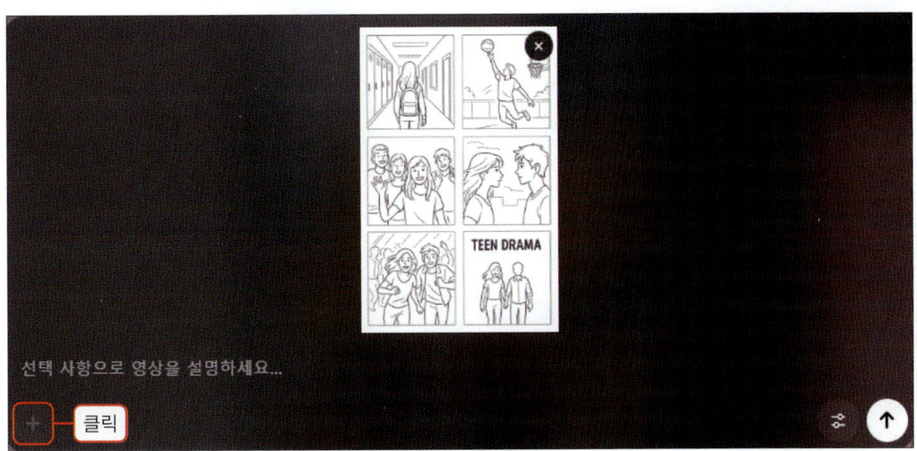

12 | 프롬프트 입력창에 배경을 일본으로 바꾸는 프롬프트를 입력한 다음, 방향을 '세로 모드'로, 재생 시간을 '10초(10s)'로 설정합니다. 이후 '생성' 아이콘(⬆)을 클릭하여 영상을 생성합니다.

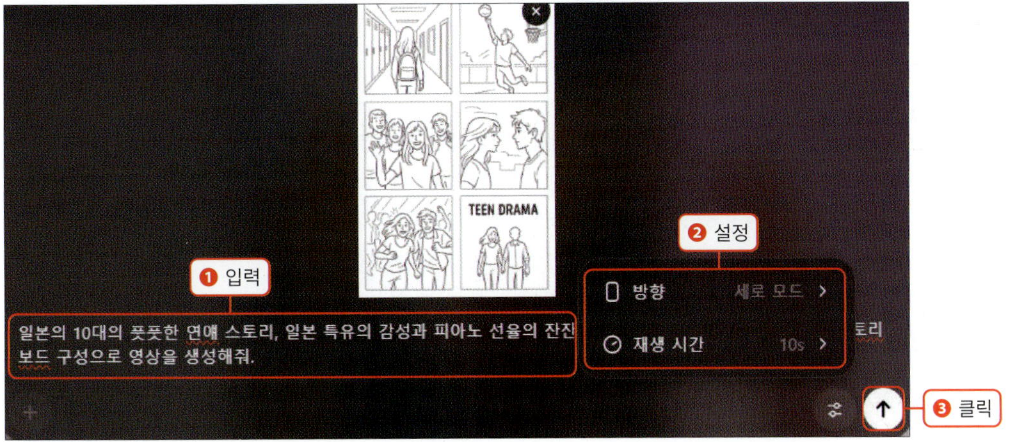

프롬프트 일본의 10대의 풋풋한 연애 스토리, 일본 특유의 감성과 피아노 선율의 잔잔한 음악, 자연조명, 35mm 카메라, 스토리보드 구성으로 영상을 생성해줘.

13 | 개인 프로필을 클릭해 [초안]에서 영상을 확인해보면 전체적인 스토리가 유지되면서 영상미가 일본 드라마 같은 영상이 생성되었습니다. 문제가 없다면 [게시물] 버튼을 클릭해 게시합니다.

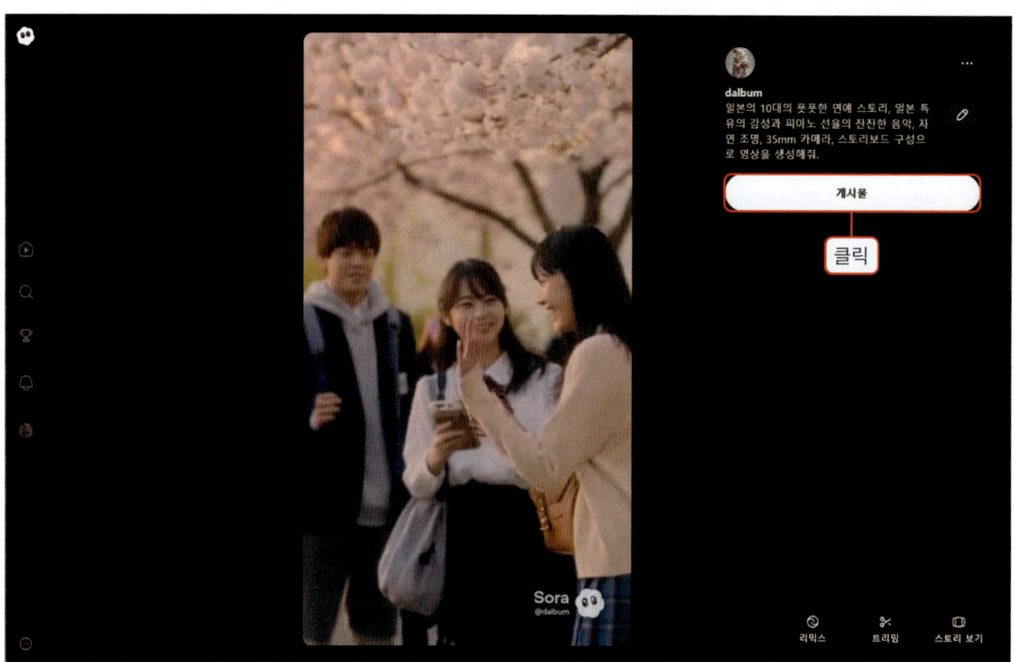

Tip   리믹스 기능의 핵심 특징

리믹스(Remix) 기능은 기존에 생성한 영상이나 설정을 그대로 유지한 채, 일부 요소만 수정하거나 새로운 조건을 덧붙여 다시 생성하는 기능입니다. 완성된 결과를 출발점으로 삼아 분위기·동작·구도·스타일 등을 변주할 수 있어 반복 작업의 부담을 크게 줄여줍니다.

- **일관성 유지**: 캐릭터 외형, 세계관, 기본 구도를 유지한 상태에서 변형이 가능합니다.

  예 걷는 장면의 캐릭터 영상 -> 리믹스로 뛰는 동작과 카메라 추적 샷으로 변형

- **부분 수정 중심**: 배경만 바꾸거나, 동작·표정·시간대 등 특정 요소만 선택적으로 변경할 수 있습니다.

  예 '카페에서 노트북을 보는 인물' 영상 → 리믹스로 배경을 야외 테라스로 변경하고 노을 시간대로 수정

- **실험 최적화**: 실패 부담 없이 다양한 버전을 빠르게 비교·탐색할 수 있습니다.

  예 동일한 장면을 유지한 채 현실적인 톤 / 영화 같은 색감 / 빈티지 스타일 세 가지 버전을 제작해 비교

- **제작 흐름 단축**: '처음부터 생성 → 수정' 구조가 아닌 '완성 → 확장' 방식으로 작업 효율이 높아집니다.

LESSON 12

챗GPT에서 포토샵 기능을 불러와 제품 리뷰 쇼츠 영상 만들기

예제파일: 03\노트북, 노트북_홍보.png **완성파일**: 03\노트북_완성.mp4

소비자는 왜 텍스트보다 영상 리뷰를 더 신뢰할까요? 실제 사용 경험을 담은 제품 리뷰 영상을 쇼츠 형태로 제작하면, 짧은 시간 안에 핵심 정보를 효과적으로 전달하며 더 많은 잠재 소비자에게 도달할 수 있습니다. 조회 수가 높은 리뷰 콘텐츠를 기반으로, 챗GPT의 포토샵 앱을 활용해 이미지를 보정하고 이를 제품 리뷰 쇼츠 영상으로 완성하는 과정을 단계별로 살펴봅니다.

예제 콘셉트

챗GPT는 포토샵을 포함한 어도비의 주요 이미지 편집 기능을 통합해, 이미지를 업로드하고 자연어로 요청하는 것만으로 배경 제거, 색감 보정, 객체 수정 등 다양한 편집 작업을 수행할 수 있도록 지원합니다. 이를 통해 전문적인 디자인 경험이 없는 사용자도 복잡한 과정을 거치지 않고 완성도 높은 이미지를 빠르게 제작할 수 있습니다. 예제에서는 챗GPT의 포토샵 기능을 활용해 상품 이미지를 보정하고 상세페이지를 구성하는 과정을 살펴봅니다. 이후 소라 2를 활용해 완성된 이미지를 기반으로 제품 리뷰 영상을 제작하는 전체 흐름을 단계별로 진행하겠습니다.

작업 패턴 KEYWORD

❶ 챗GPT에서 **포토샵 앱 추가**하기
❷ 이미지 보정을 통해 **상품 상세페이지 만들기**
❸ 완성된 **이미지를 바탕으로 리뷰 영상 제작**하기

01 챗GPT에서 포토샵 앱 추가하기

챗GPT에서 포토샵 앱을 추가해 이미지 편집 기능을 사용할 수 있도록 설정해 보겠습니다. 앱 추가 과정을 통해 이후 이미지 보정과 편집 작업을 보다 편리하게 진행할 수 있습니다.

01 | 웹브라우저에 'chatgpt.com/'를 입력하여 챗GPT에 접속합니다. 화면 왼쪽 사이드바에서 사용자의 계정 아이콘을 클릭하고 [설정]을 선택합니다.

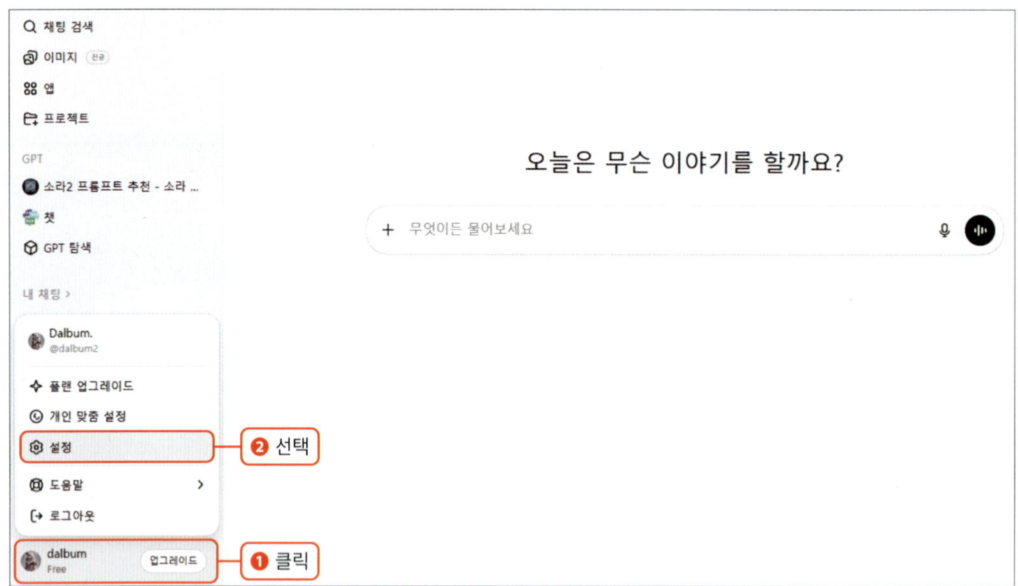

02 | 화면 가운데 나타나는 팝업창에서 [앱] 메뉴를 선택합니다. 이어서 챗GPT가 채팅에서 사용할 수 있는 앱을 추가하기 위해 [앱 탐색] 버튼을 클릭합니다.

03 | 메인 배너에 어도비 포토샵 앱이 보이면 [보기] 버튼을 클릭해 이동하거나, 하단 메뉴에서 [Adobe Photoshop]을 선택하여 동일한 페이지로 이동할 수 있습니다.

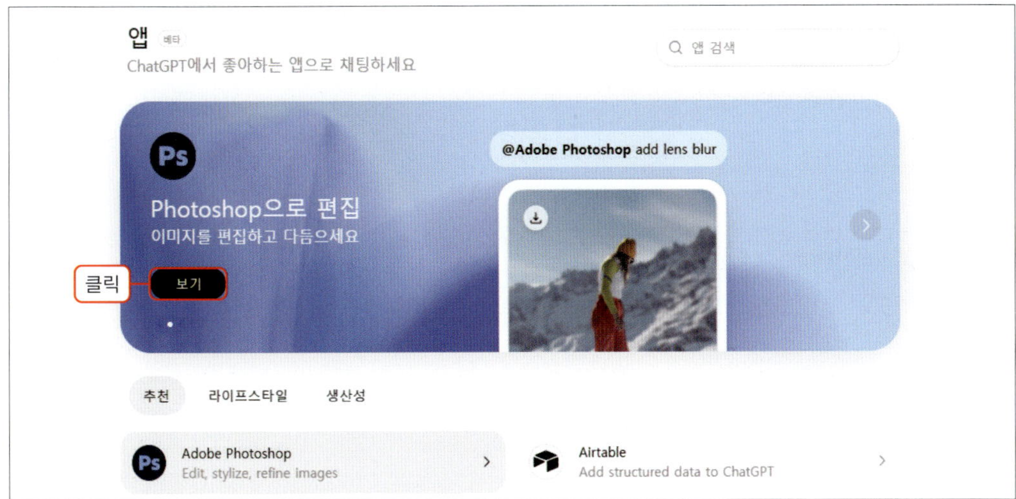

04 | 포토샵을 챗GPT와 연동하기 위해서 오른쪽 상단에 있는 [연결하기] 버튼을 클릭합니다.

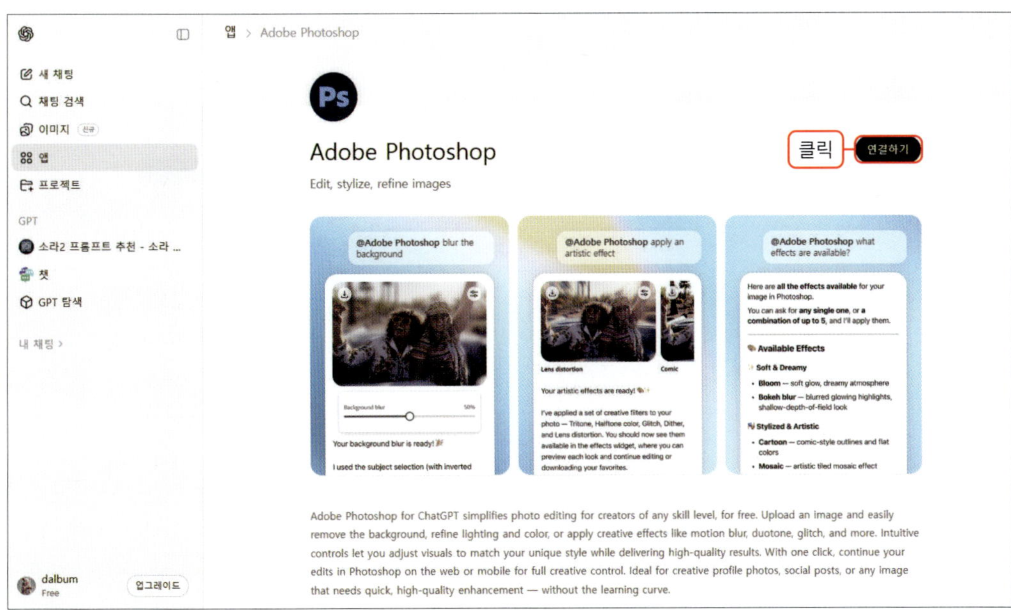

Tip 이 화면은 챗GPT에서 사용할 수 있는 어도비 포토샵 앱 소개 페이지로, 포토샵 기능이 챗GPT 안에서 어떻게 활용되는지 한눈에 보여주는 설명 화면입니다.

05 | 마지막 단계에서는 포토샵이 어떻게 챗GPT와 연결되며, 어떤 데이터가 사용되는지 안내하는 팝업창이 나타납니다. 내용을 확인한 다음 [연결하기] 버튼을 클릭해 연동을 완료합니다.

> **Tip** 어도비 포토샵 앱을 챗GPT에서 사용하려면 어도비 계정으로 로그인하여 계정을 연결하는 것이 일반적입니다. 어도비 계정이 없으면 무료로 회원가입을 진행하여 안정적으로 기능을 활용할 수 있습니다.

06 | 연결이 완료되면 [채팅 시작] 버튼을 클릭해 챗GPT 대화창으로 이동합니다. 이제 챗GPT 안에서 포토샵 기능을 활용해 이미지 편집을 진행할 수 있습니다.

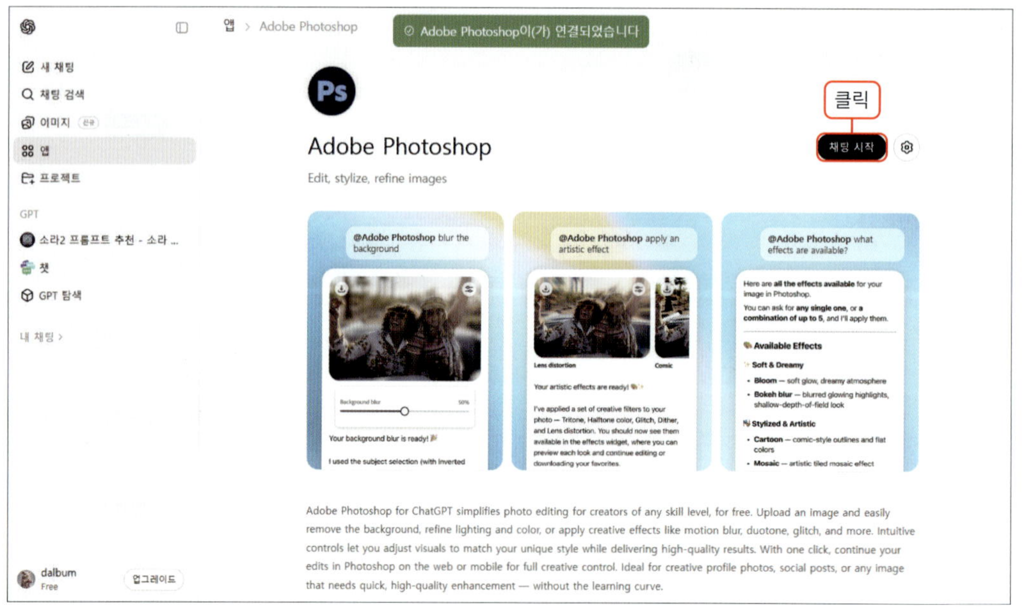

> **Tip** 만약 연결을 해제하고 싶다면 [채팅 시작] 옆에 있는 '설정' 아이콘(⚙)을 클릭하여 언제든지 빠르게 연결을 끊을 수 있습니다.

07 | 과정을 모두 완료하면, 프롬프트 입력창을 통해 어도비 포토샵 기능을 챗GPT에서 바로 활용할 수 있게 됩니다.

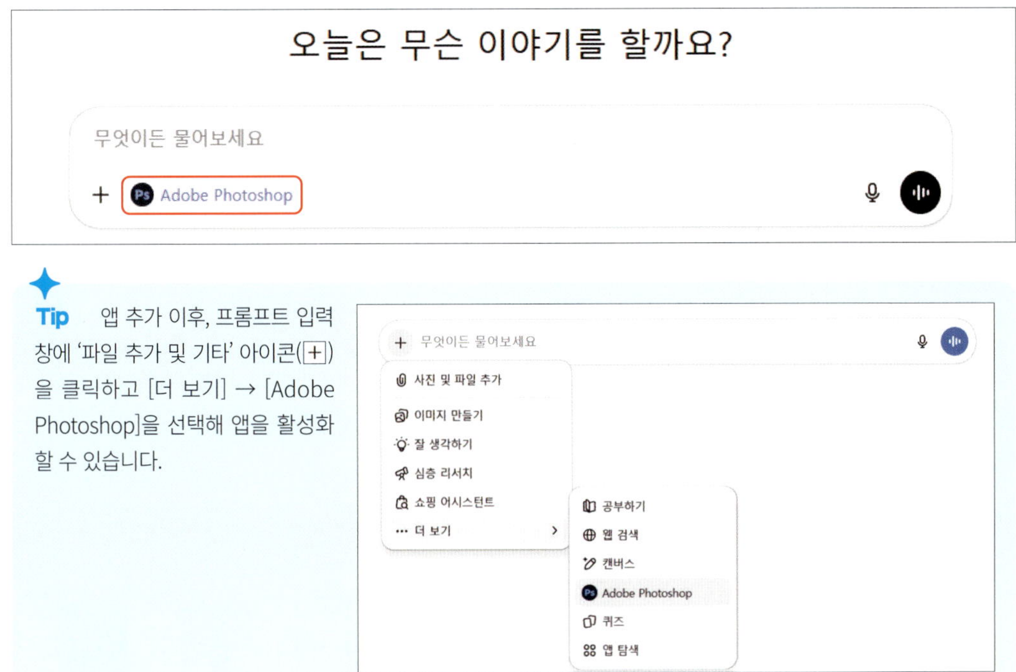

Tip 앱 추가 이후, 프롬프트 입력창에 '파일 추가 및 기타' 아이콘(+)을 클릭하고 [더 보기] → [Adobe Photoshop]을 선택해 앱을 활성화할 수 있습니다.

02 챗GPT 포토샵 앱 기능으로 상품 상세페이지 만들기

챗GPT에서 제공하는 이미지 보정 기능을 활용하면, 전문 디자인 툴 없이도 상품 사진을 쉽게 다듬고 상세페이지용 이미지로 완성할 수 있습니다. 챗GPT와 포토샵 앱을 이용해 제품 이미지를 보정하고, 판매 페이지에 사용할 수 있는 깔끔한 상세 이미지로 만들어 보겠습니다.

08 | 챗GPT 홈 화면에서 왼쪽 사이드바에 [새 채팅]을 선택합니다.

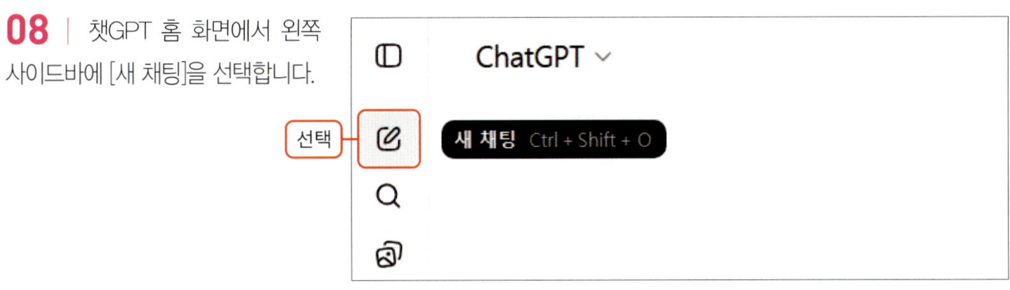

09 | 포토샵 기능을 사용하기 위해, 프롬프트 입력창에 '파일 추가 및 기타' 아이콘(➕)을 클릭하고 [더 보기] → [Adobe Photoshop]을 선택합니다.

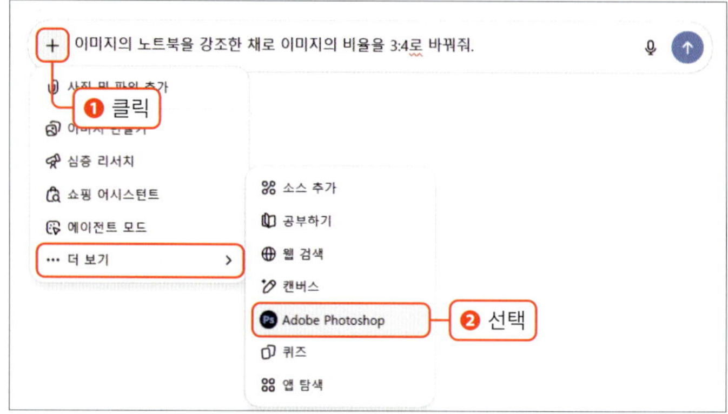

10 | 앱이 활성화되면, '파일 추가 및 기타' 아이콘(➕)을 클릭하고 [사진 및 파일 추가]를 선택합니다. 열기 대화상자가 표시되면 03 폴더에서 '노트북.png' 파일을 선택한 다음, [열기(O)] 버튼을 클릭합니다.

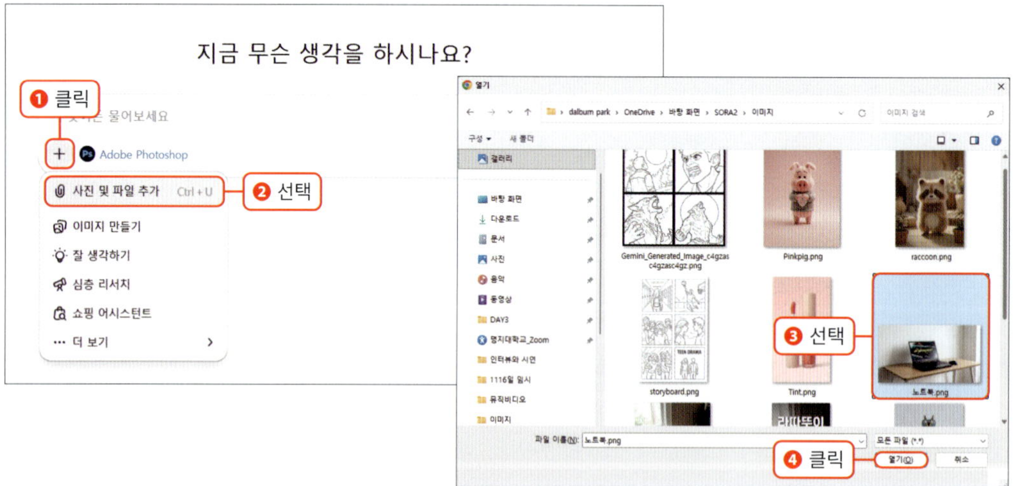

11 | 첨부한 이미지의 비율을 조정하기 위해 프롬프트 입력창에 아래 문장을 입력한 다음, '제출' 아이콘(⬆)을 클릭합니다.

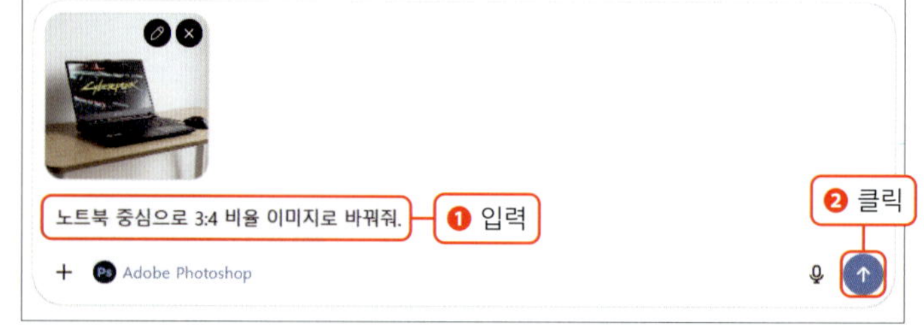

프롬프트　　노트북 중심으로 3:4 비율 이미지로 바꿔줘.

12 │ 이미지 비율이 원하는 형태로 확장된 것을 확인할 수 있습니다. 제품 소개에 활용할 설명 이미지로 만들어 보겠습니다.

13 │ 게이밍 노트북 이미지의 특징을 강조해 홍보물로 활용할 수 있도록, 다음 문장을 입력한 다음 '제출' 아이콘(➡)을 클릭합니다.

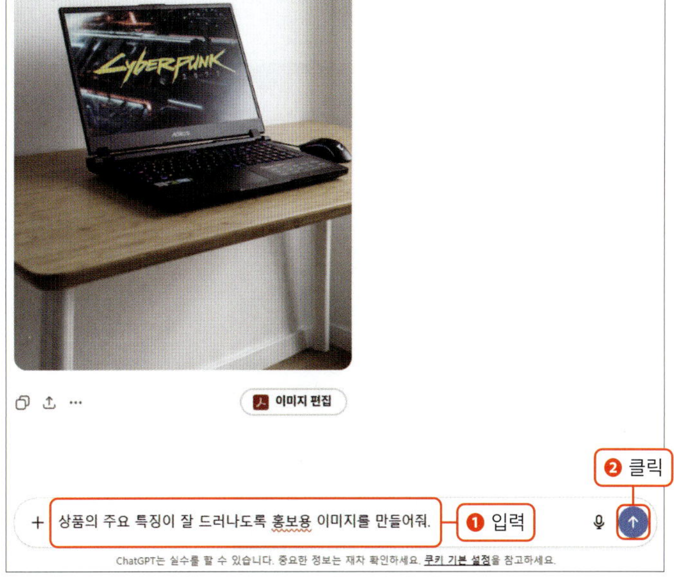

프롬프트   상품의 주요 특징이 잘 드러나도록 홍보용 이미지를 만들어줘.

14 | 생성된 이미지를 클릭하면 상세 화면에서 결과물을 확인할 수 있습니다.

15 | 상세 화면에서 결과물을 확인하고, [저장] 버튼을 클릭해 저장합니다.

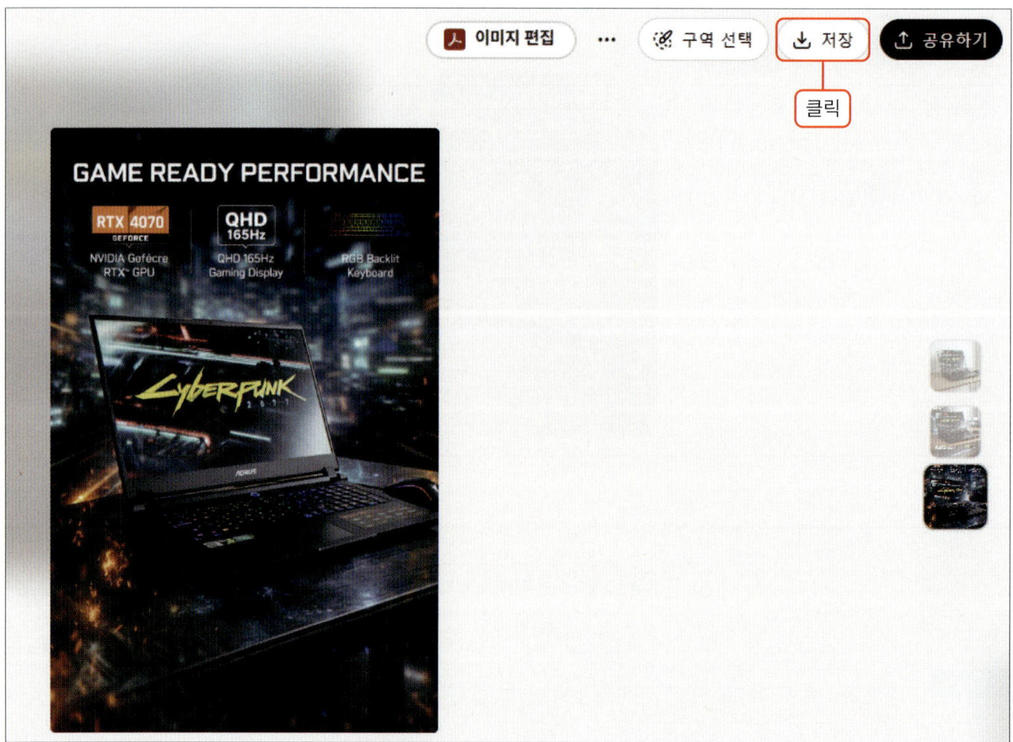

03 완성된 이미지로 리뷰 영상 제작하기

이전에 챗GPT를 활용해 완성한 이미지를 참고하여, 게이밍 노트북의 특징과 제품을 사용하는 크리에이터가 자연스럽게 소개하는 가상 리뷰 영상을 만들어 보겠습니다.

16 | 웹브라우저에 'sora.chatgpt.com'를 입력하여 소라 2에 접속하고 개인 프로필을 클릭합니다. 프롬프트 입력창에 이미지를 첨부하기 위해 '+' 아이콘을 클릭하고 열기 대화상자가 표시되면 03 폴더에서 '노트북_홍보.png' 파일을 선택한 다음 [열기(O)] 버튼을 클릭합니다.

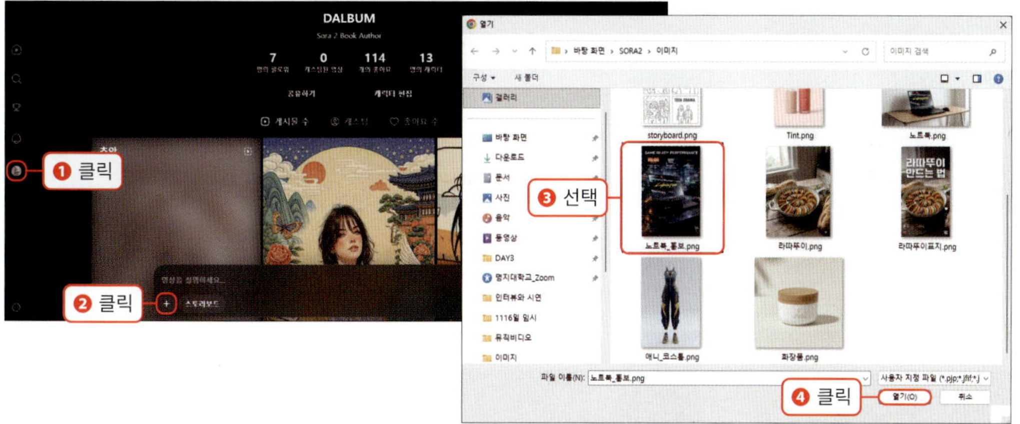

17 | 크리에이터가 제품을 리뷰하는 영상을 만들기 위해, 다음과 같은 프롬프트를 입력해 보겠습니다.

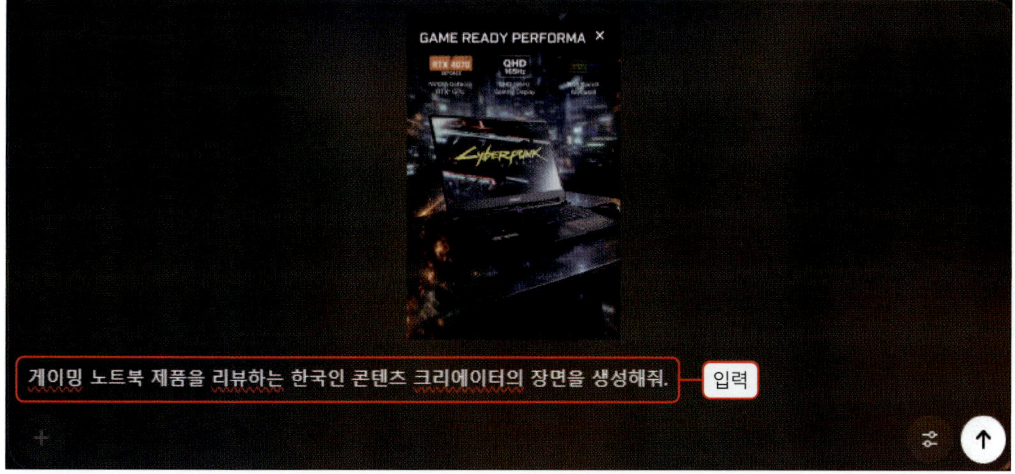

프롬프트 게이밍 노트북 제품을 리뷰하는 한국인 콘텐츠 크리에이터의 장면을 생성해줘.

18 | '설정' 아이콘(⚙)을 클릭하여 화면 비율과 재생 시간을 설정합니다. 예제에서는 방향을 '세로 모드'로, 재생 시간을 '15초(15s)'로 설정하고 '생성' 아이콘(⬆)을 클릭합니다.

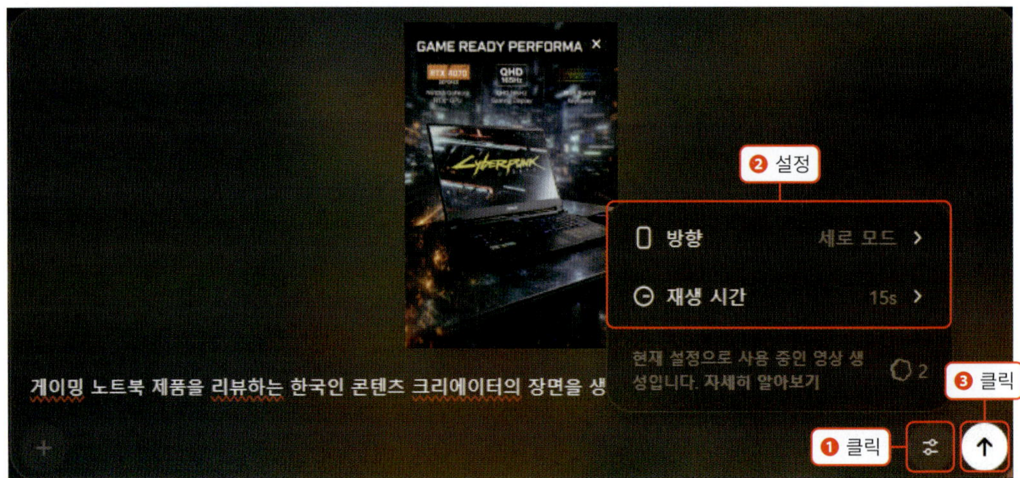

19 | 입력한 프롬프트 내용을 바탕으로 제품을 리뷰하는 영상이 생성된 것을 확인할 수 있으며, 개인 프로필의 [초안]에서 결과 영상을 확인합니다.

LESSON 13

자막도 직접 소라 2로 만들어 예능 방송 스타일 영상 만들기

예제파일: 03\Font.png   **완성파일:** 03\예능자막1~2.mp4

한국 예능은 출연자들 간의 자연스러운 호흡과 유쾌한 케미를 중심으로 리얼리티 형식과 감정적 공감 요소를 결합해 시청자에게 친근함과 높은 몰입감을 전달하며, 자막과 효과음, 역동적인 편집 기법으로 웃음을 극대화하는 동시에 상황에 맞춰 인물의 표정과 반응을 섬세하게 포착하는 카메라 워크를 통해 다양한 장르와 포맷을 실험하는 독창적이고 발전적인 콘텐츠로 자리 잡고 있습니다. 이번 예제에서는 소라 2를 활용한 한국 예능 스타일의 촬영과 상황에 어울리는 자막 및 효과음 등을 적절히 결합해 재미있는 장면을 연출해 보겠습니다.

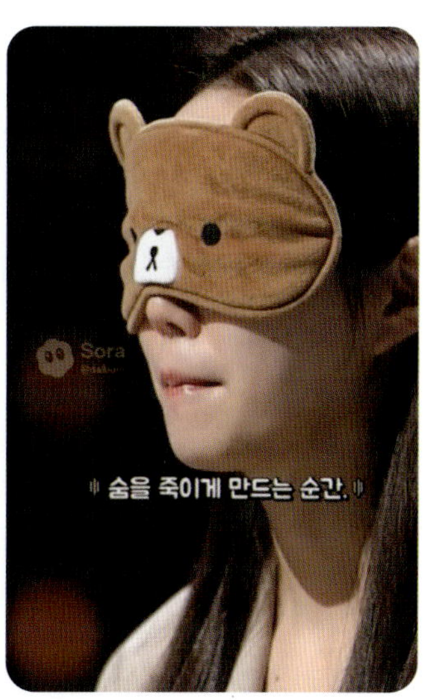

예제 콘셉트

소라 2는 텍스트 프롬프트로 자연어 설명을 입력하면 이를 이해하고 해석해 영상과 동기화된 오디오(대사 포함)를 생성하는 AI 비디오 생성 모델입니다. 프롬프트에 자막이 영상 속 장면에 실제로 보이도록 구체적인 한글 문구와 표현 방식을 명확하게 작성하면, AI는 이를 반영해 인물의 대사와 자막을 동일한 시간대에 자연스럽게 노출시켜 줍니다. 이번 예제에서는 '예능'과 '자막'을 핵심 프롬프트 키워드로 설정하고, 연출의 전체적인 구성과 방향만 정의한 뒤 세부 표현은 챗GPT의 도움을 받아 정리하여, 소라 2를 활용해 한국적인 감성과 스타일을 담은 예능 콘텐츠를 완성해 보겠습니다.

작업 패턴 KEYWORD

❶ 챗GPT를 활용한 영상 + 대사 프롬프트 디테일 설계

❷ 소라 2를 활용한 예능 영상 제작

❸ 무료 폰트를 활용한 자막 샘플 이미지 제작

❹ 소라 2에 이미지 등록 후 자막 폰트 적용

01 챗GPT를 활용한 프롬프트 디테일 설계

영상 아이디어가 있다면 챗GPT로 기본 대사를 입력하고 주제와 분위기, 필요한 장면과 자막을 요청하면 소라 2가 이해하기 쉬운 프롬프트를 만들 수 있으며, 이번 예제에서는 요리 프로그램에서 두 남자가 대화하는 장면을 간단히 작성해 요청하겠습니다.

01 | 웹브라우저에 'chatgpt.com'을 입력해 챗GPT 사이트에 접속하고 다음과 같은 내용을 입력하고 '제출' 아이콘(↑)을 클릭합니다.

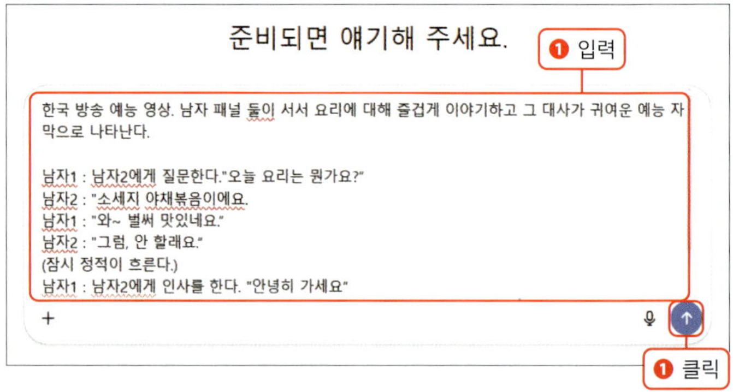

프롬프트

> 한국 방송 예능 영상. 남자 패널 둘이 서서 요리에 대해 즐겁게 이야기하고 그 대사가 귀여운 예능 자막으로 나타난다.
> 남자1 : 남자2에게 질문한다. "오늘 요리는 뭔가요?"
> 남자2 : "소세지 야채볶음이에요."
> 남자1 : "와~ 벌써 맛있네요."
> 남자2 : "그럼, 안 할래요."(잠시 정적이 흐른다.)
> 남자1 : 남자2에게 인사를 한다. "안녕히 가세요"
>
> 이 내용을 소라 2 프롬프트로 다듬어줘.

02 | 다음과 같이 챗GPT를 통해 제안받은 영상 기획을 확인할 수 있습니다. 이 제안받은 내용을 메모장 또는 한글 문서에 정리정리하면 작업이 수월합니다. 예제에서는 드래그하여 복사(Ctrl+C)합니다.

Sora 2 Prompt(Korean)
한국 방송 예능 프로그램 스타일의 영상.
밝고 친근한 스튜디오 주방 세트에서 남자 패널 두 명이 나란히 서서 요리에 대해 즐겁게 대화한다.
카메라는 상반신 위주의 고정 샷과 가벼운 리액션 컷을 번갈아 보여준다.
대사는 모두 알록달록하고 귀여운 예능 자막으로 화면에 크게 등장하며, 말의 뉘앙스에 맞게 통통 튀는 애니메이션 효과가 들어간다.

- 남자1이 밝은 표정으로 남자2를 보며 질문한다.
  자막: "오늘 요리는 뭔가요?"

- 남자2가 자신 있게 대답한다.
  자막: "소세지 야채볶음이에요."
- 남자1이 과장된 리액션으로 감탄한다.
  자막: "와~ 벌써 맛있네요."(자막에 반짝이는 효과와 작은 별 아이콘 추가)
- 남자2가 갑자기 시크한 표정으로 농담처럼 말한다.
  자막: "그럼, 안 할래요."
  (자막이 툭 튀어나왔다가 멈춘다)
  잠시 정적이 흐르며, 화면에 작은 점점점(⋯) 자막과 함께 어색한 침묵 연출.
- 남자1이 아무 일 없다는 듯 웃으며 손을 흔들어 인사한다.
  자막: "안녕히 가세요"
  (자막이 귀엽게 흔들리며 마무리)

전체 분위기는 유쾌하고 코믹하며, 전형적인 한국 예능 프로그램 편집 감성을 살린다.

Tip   챗GPT가 제안한 내용을 그대로 복사해 바로 사용하거나, 필요에 따라 수정한 다음 사용해도 좋습니다. 중요한 점은 한 번에 완벽한 결과를 만들려고 하기보다는, 먼저 빠르게 생성한 뒤 결과를 확인하고 반복적으로 수정해 나가는 방식으로 진행하는 것입니다.

02 소라 2를 활용한 예능 영상 제작하기

챗GPT로 제안받아 정리한 프롬프트를 바탕으로 소라 2를 활용해 한국 예능 특유의 분위기를 살린 출연자들의 반응과 대사 흐름을 구현하고, 자막이 장면에 맞게 자연스럽게 어우러지는 영상을 만들어봅니다.

03 │ 웹브라우저에 'sora.chatgpt.com'을 입력하여 소라 2의 메인 화면으로 이동하고 로그인합니다.

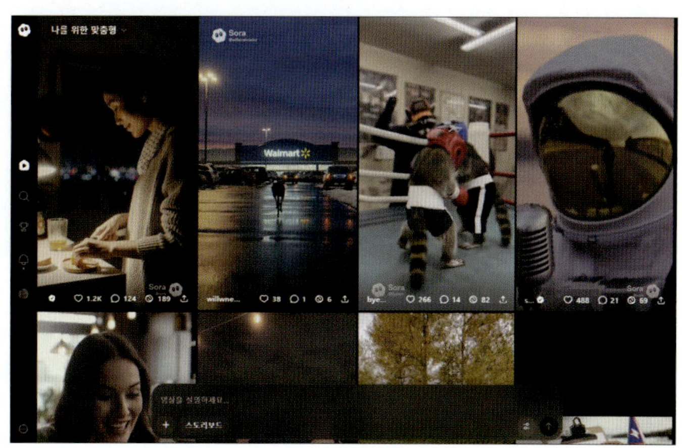

04 | 아래 프롬프트 입력창에 챗GPT에게 제안받아 정리한 내용을 붙여 넣습니다(Ctrl + V).

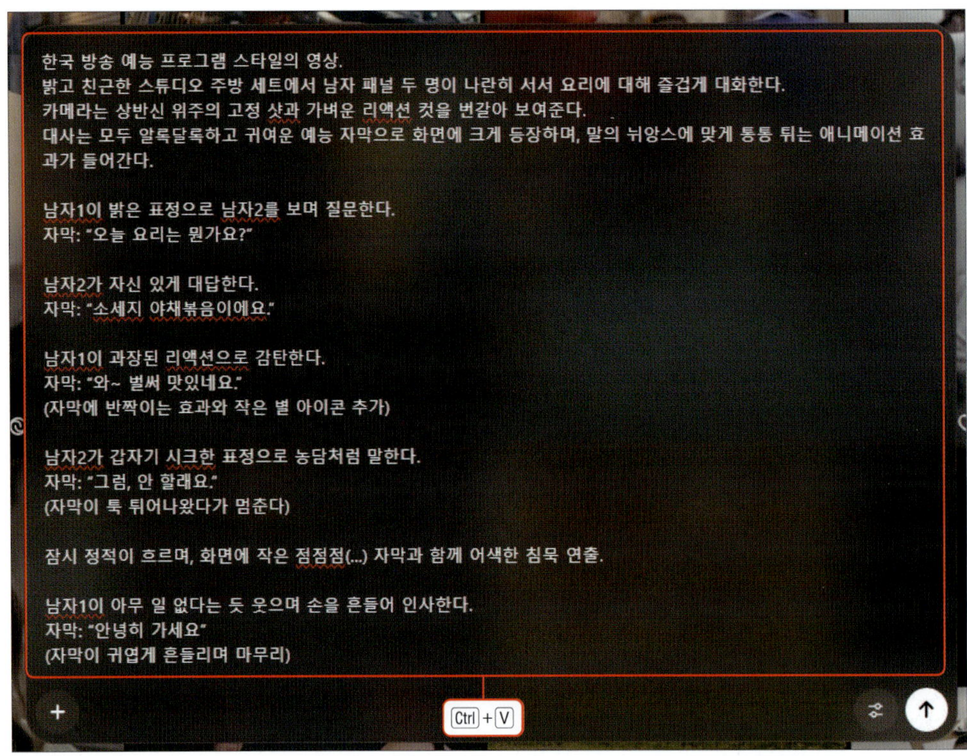

05 | 프롬프트 입력창의 '설정' 아이콘(⚙)을 클릭하고 방향을 '세로 모드'로, 재생 시간을 '15초(15s)'로 설정합니다. '생성' 아이콘(↑)을 클릭하여 영상을 생성합니다.

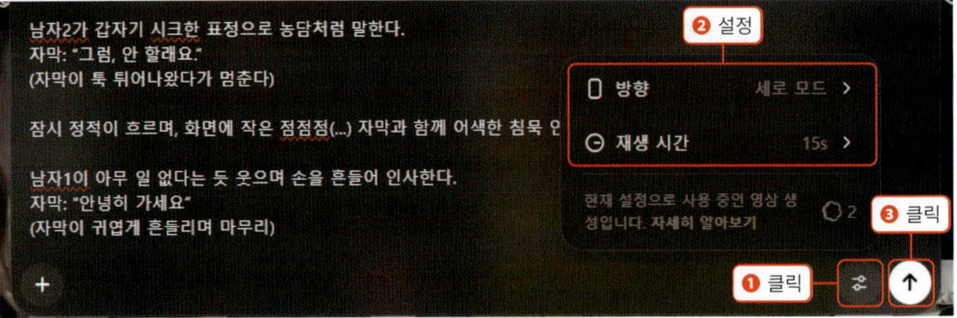

Tip 상황에 따라 다르지만, 대화형 프롬프트로 영상을 생성할 때 10초의 재생 시간 안에 모든 대화 내용을 담기 어려울 수 있습니다. 이럴 때는 먼저 생성된 영상 결과를 확인한 뒤, 프롬프트는 그대로 유지하고 재생 시간만 늘려서 다시 생성하는 방법도 효과적입니다.

06 | 영상이 완성되면 개인 프로필을 클릭해 [초안]에서 영상을 확인합니다. 장면 구성과 대사 그리고 자막이 타이밍 맞게 구현되었는지 확인합니다.

03 무료 폰트를 활용한 자막 샘플 이미지 만들기

무료 폰트가 정리된 사이트를 참고해 영상 분위기에 잘 어울리는 폰트를 선택한 뒤, 자막이 실제 영상에서 어떻게 보일지 미리 확인할 수 있도록 자막 샘플 이미지를 만들어봅니다.

07 | 웹 브라우저에 'noonnu. cc'를 입력하면, 다양한 한글 폰트(글꼴)를 둘러보고 선택할 수 있는 눈누 사이트로 이동합니다.

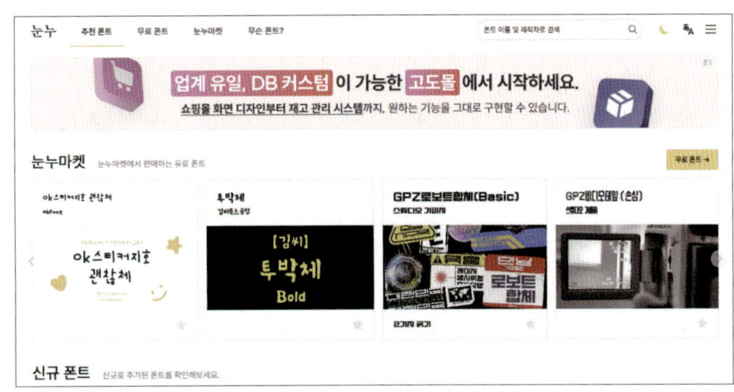

✦ **Tip**   눈누(noonnu)는 상업적으로도 사용 가능한 무료 한글 폰트(글꼴)를 체계적으로 모아 제공하는 사이트로, 디자이너, 개발자, 크리에이터가 프로젝트 목적에 맞는 폰트를 쉽게 탐색하고 미리 확인한 뒤 다운로드하여 활용할 수 있도록 돕는 무료 한글 폰트 라이브러리 서비스입니다.

08 | 메인 화면 상단에 [무료 폰트] 메뉴를 클릭해 상업적으로 이용 가능한 무료 폰트를 찾아봅니다.

09 | 스크롤을 내려 예능 자막에 어울리는 폰트를 찾아 클릭합니다. 예제에서는 [여기어때 잘난체]를 선택하여 클릭합니다.

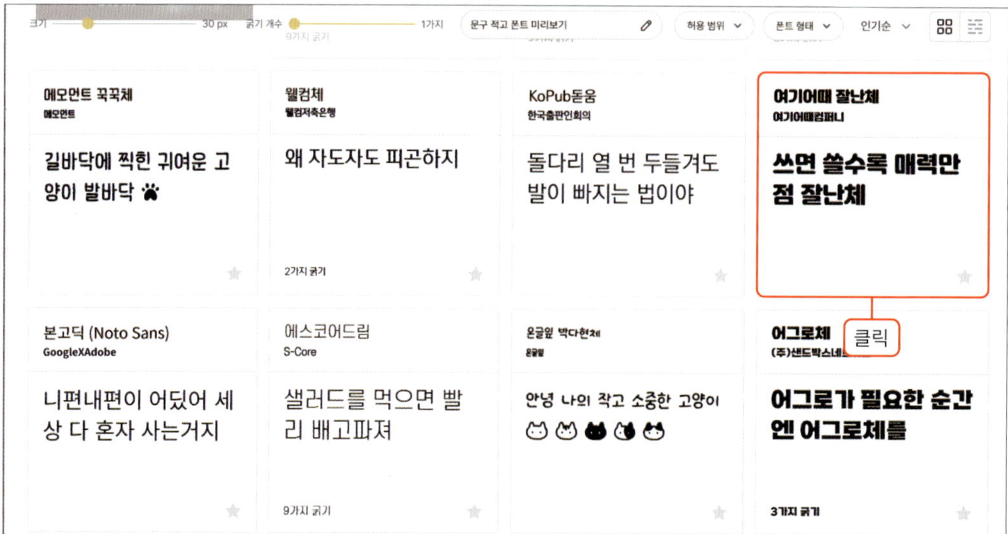

10 | 선택한 폰트의 상세화면으로 이동하여 '미리 써보기' 영역에 텍스트를 다음과 같이 입력해 보고 페이지를 스크롤하여 '라이선스 본문'에서 상업적 사용이 가능한지 반드시 확인합니다.

✦ **Tip** 소라 2는 자체적으로 자막의 폰트를 설정하는 기능이 없기에 이미지를 첨부하여 비슷하게 자막을 생성해달라고 요청할 수 있습니다. 예제에서는 해당 폰트가 무료 사용 가능한 폰트지만 다운로드하지 않고 캡처 이미지로 진행하였습니다.

11 | 미리 써보기에서 폰트 사이즈도 조정해볼 수 있습니다. 예제에서는 이후에 해당 폰트를 자막으로 사용하기 위해 이미지로 캡처하고자 '53px'로 설정했습니다. 캡처 프로그램으로 입력한 글자영역을 캡처하여 이미지로 저장합니다.

04 소라 2에 폰트 이미지 등록 후 영상에 적용하기

폰트의 기본을 확인할 수 있는 폰트 샘플 이미지를 소라 2에 업로드한 뒤, 프롬프트를 활용해 해당 폰트를 영상 자막에 적용함으로써 전체 영상을 더 보기 쉽게 구성하고 스토리 구성상 심사의 긴장감이 잘 느껴지도록 완성해봅니다.

12 | 웹브라우저에 'sora.chatgpt.com'을 입력하여 소라 2의 메인 화면으로 이동합니다. 이후 이전에 저장한 폰트 샘플 이미지를 업로드하기 위해, 프롬프트 입력창에 있는 '+' 아이콘을 클릭합니다.

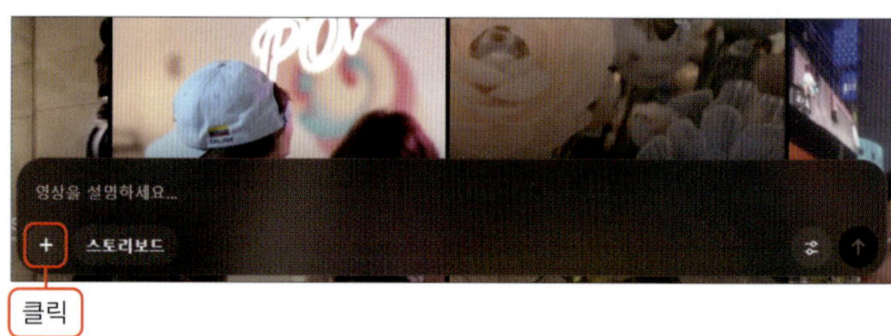

13 | 열기 대화 상자가 표시되면 03 폴더에서 'Font.png' 파일을 선택한 다음, [열기(O)] 버튼을 클릭합니다.

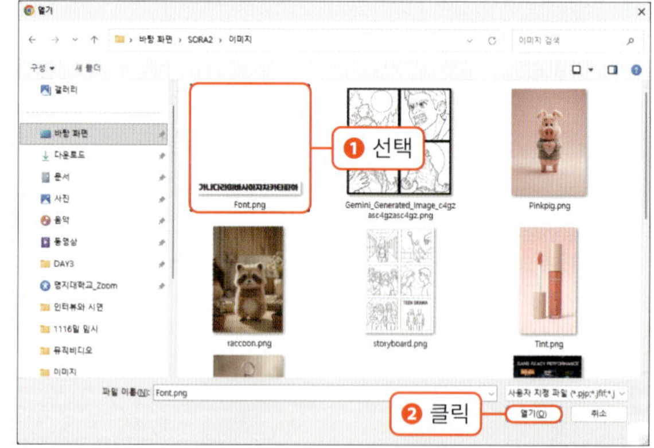

14 | 프롬프트 입력창에 글자 샘플 이미지가 표시된 것을 확인합니다. 이번엔 요리대회 예능의 한 장면을 생성하기 위해, 프롬프트 입력창에 다음 문장을 입력합니다.

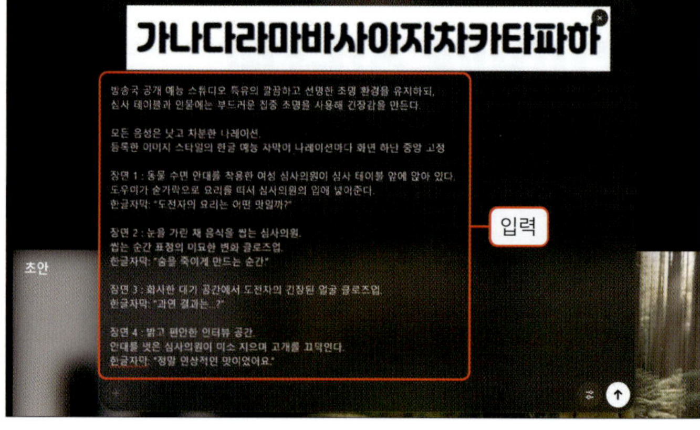

프롬프트

방송국 공개 예능 스튜디오 특유의 깔끔하고 선명한 조명 환경을 유지하되,
심사 테이블과 인물에는 부드러운 집중 조명을 사용해 긴장감을 만든다.

모든 음성은 낮고 차분한 나레이션.
등록한 이미지 스타일의 한글 예능 자막이 나레이션마다 화면 하단 중앙 고정

장면 1 : 동물 수면 안대를 착용한 여성 심사의원이 심사 테이블 앞에 앉아 있다.
도우미가 숟가락으로 요리를 떠서 심사의원의 입에 넣어준다.
한글자막: "도전자의 요리는 어떤 맛일까?"

장면 2 : 눈을 가린 채 음식을 씹는 심사의원.
씹는 순간 표정의 미묘한 변화 클로즈업.
한글자막: "숨을 죽이게 만드는 순간."

장면 3 : 화사한 대기 공간에서 도전자의 긴장된 얼굴 클로즈업.
한글자막: "과연 결과는…?"

장면 4 : 밝고 편안한 인터뷰 공간.
안대를 벗은 심사의원이 미소 지으며 고개를 끄덕인다.
한글자막: "정말 인상적인 맛이었어요."

15 | '설정' 아이콘(⚙)을 클릭하여 방향을 '세로 모드'로, 재생시간을 '10초(10s)'로 설정한 다음 '생성' 아이콘
(⬆)을 클릭합니다.

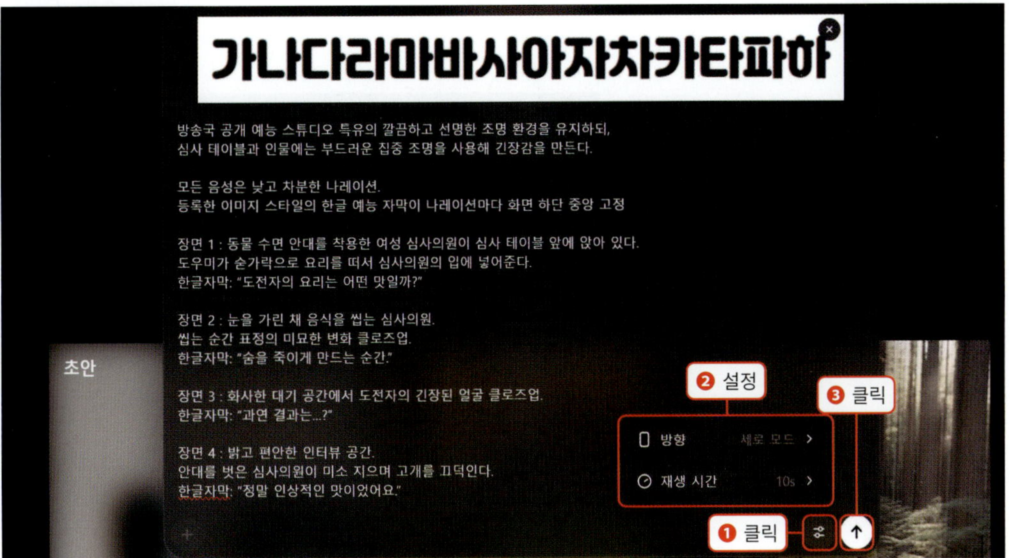

16 | 개인 프로필의 [초안]에서 결과물을 확인하면. 예능 영상의 각 장면마다 영상과 이미지에 어울리는 자막이 자동으로 생성된 것을 볼 수 있습니다. 게시물을 등록하기 전에 영상의 내용을 간결하게 변경하여 공유하고자 '🖉' 아이콘을 클릭해 내용을 편집합니다.

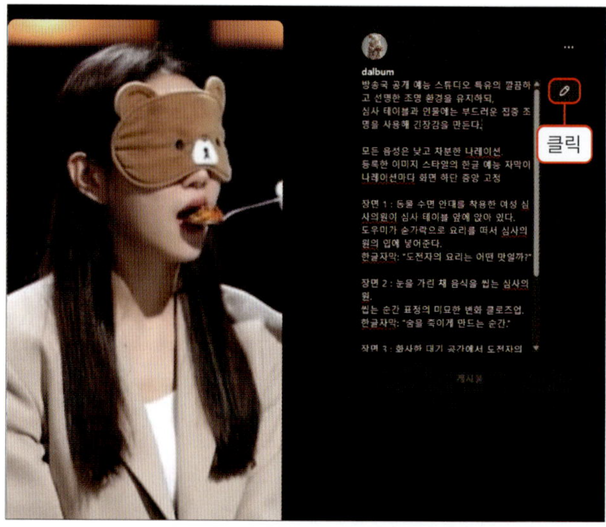

17 | 그림과 같이 프롬프트 내용을 간결한 제목과 해시태그 형식으로 수정하겠습니다. 입력을 완료하면 체크로 변경된 아이콘을 클릭합니다.

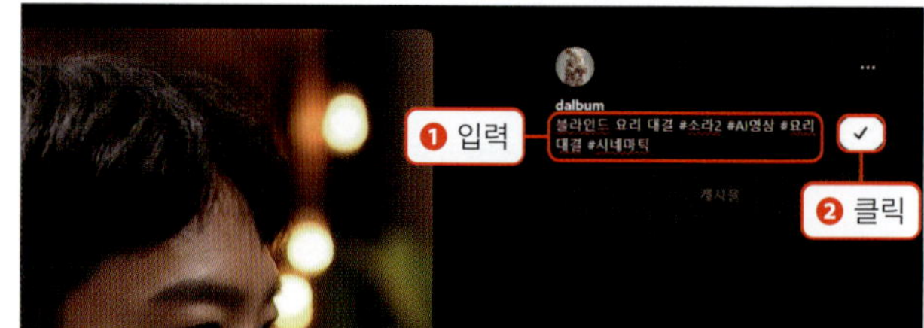

프롬프트
블라인드 요리 대결 #소라2 #AI영상 #요리대결 #시네마틱

18 | 영상 업로드할 준비가 완료되었습니다. 메뉴에서 [게시물] 버튼을 클릭해 소라 2 SNS에 영상을 공유합니다.

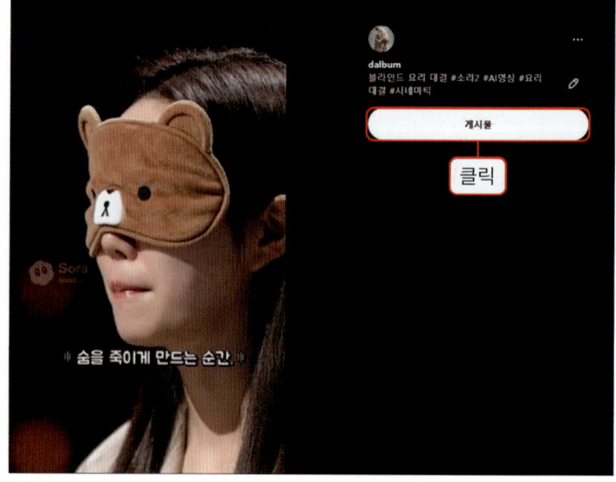

LESSON 14

모바일에서 일관성 있는 캐릭터 영상 만들기

예제파일: 03\토마토.jpg **완성파일**: 03\토마토모바일1~2.mp4

소라 2는 PC 버전뿐만 아니라 iOS 및 안드로이드 기반의 모바일 앱을 지원하여, 사용자가 장소에 구애받지 않고 자유롭게 창작할 수 있는 환경을 제공합니다. 특히 생성형 AI와 SNS 기능이 결합된 플랫폼 특성상, 피드를 통해 글로벌 유저들의 다채로운 작품을 감상하며 영감을 얻는 동시에 모바일 기기에서 즉시 영상 생성으로 연결할 수 있습니다. 모바일 앱 특유의 직관적인 인터페이스는 이미지 한 장과 간결한 프롬프트만으로도 고품질 영상을 완성할 수 있는 최적의 사용성을 자랑합니다.

이번 예제에서는 모바일 환경에 최적화된 워크플로를 따라가며, 한 줄 프롬프트를 활용해 언제 어디서나 빠르게 콘텐츠를 제작하는 실전 과정을 살펴 보겠습니다. 등록한 이미지 한 장이 영상의 기준점이 되어 전체 분위기와 캐릭터를 자연스럽고 정교하게 연출하도록 유도할 수 있습니다.

예제 콘셉트

작업 패턴
KEYWORD

❶ 모바일 앱으로 소라 2 영상 생성하기
❷ 캐릭터 이미지 등록 후 간단한 프롬프트 활용하기
❸ 리믹스하여 새로운 영상으로 확장하기

01 모바일 앱으로 소라 2 실행하기

앱스토어에서 소라 2 모바일 앱을 다운로드한 후, 영상 생성을 위한 기본 준비 단계를 살펴보겠습니다.

01 │ iOS 앱스토어 검색창에 '소라 2'를 입력하고 해당 앱을 스마트폰에 설치합니다. 설치가 완료되면 [열기] 버튼을 탭하여 모바일 앱용 소라 2를 실행합니다.

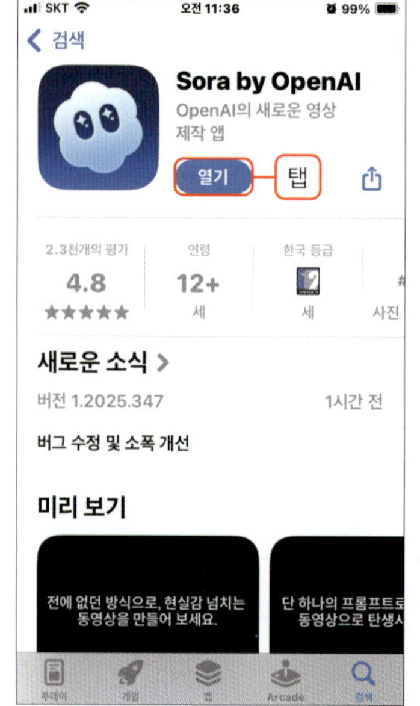
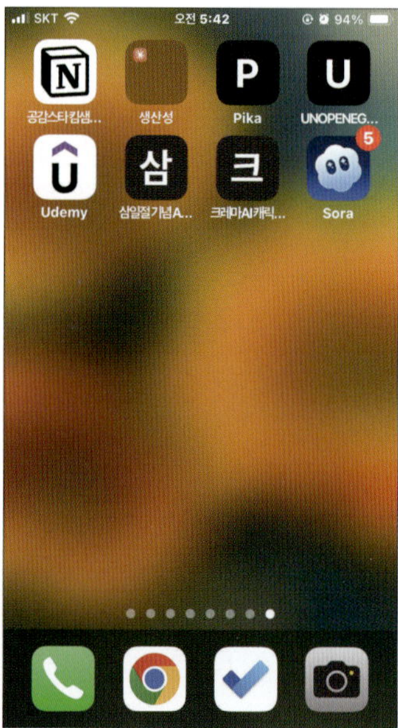

✦ **Tip** 안드로이드 이용 시, 구글 플레이 스토어(Google Play Store)에서 동일하게 설치할 수 있습니다.

02 │ PC 버전에서 사용하던 계정과 동일한 계정을 선택하고 인증을 완료하면 PC 버전과 연동된 상태로 소라 2 모바일 앱을 사용할 수 있습니다. 예제에서는 구글 계정으로 로그인하였습니다.

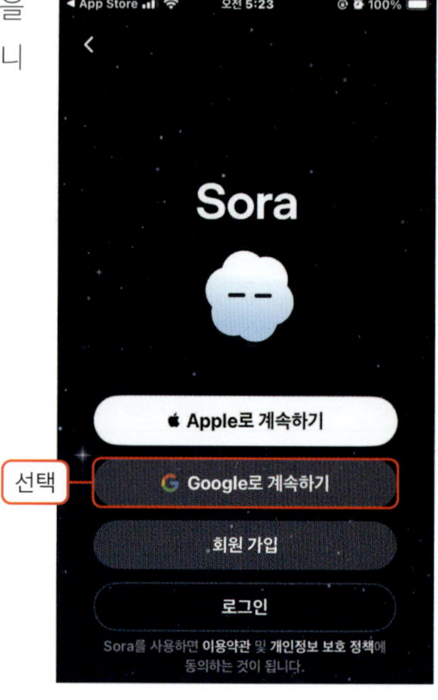

03 | 계정이 연결되었으면 화면에 표시되는 [계속] 버튼을 탭하여 로그인합니다.

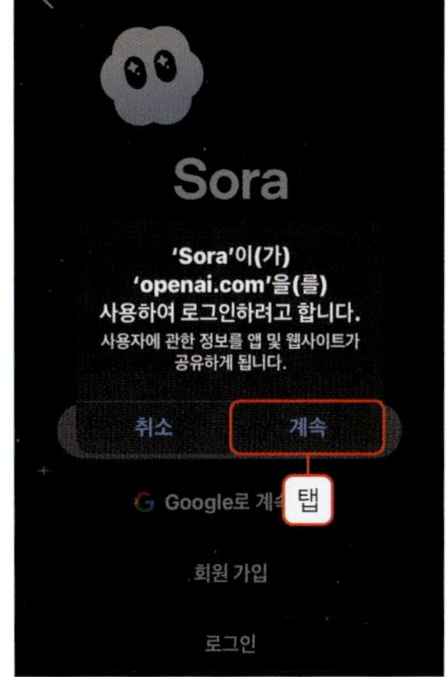

Tip 모바일 앱을 통해 직접 영상을 생성할 수도 있으며, PC와 앱이 연동되어 있는 경우에는 PC에서 생성 중이던 영상이 완료되면 알림이 표시되어 모바일에서도 바로 결과를 확인할 수 있습니다.

02 모바일 앱으로 소라 2 영상 생성하기

이제 모바일 앱에서 이미지와 프롬프트를 활용해 소라 2로 영상을 직접 생성해 보겠습니다. 이미지 등록부터 프롬프트 입력까지, 모바일 환경에서 영상이 생성되는 과정을 차례대로 살펴봅니다.

04 | 로그인 후 소라 2 모바일 앱을 실행하면 가장 먼저 메인 피드 화면이 표시되면, 하단에 개인 프로필 아이콘을 탭하여 프로필 화면으로 이동합니다.

05 | 영상을 생성하기 위해 '+' 아이콘을 탭하고 영상 생성화면을 실행합니다.

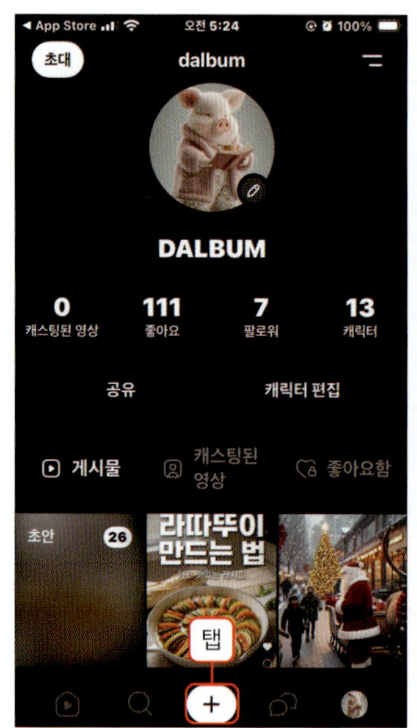
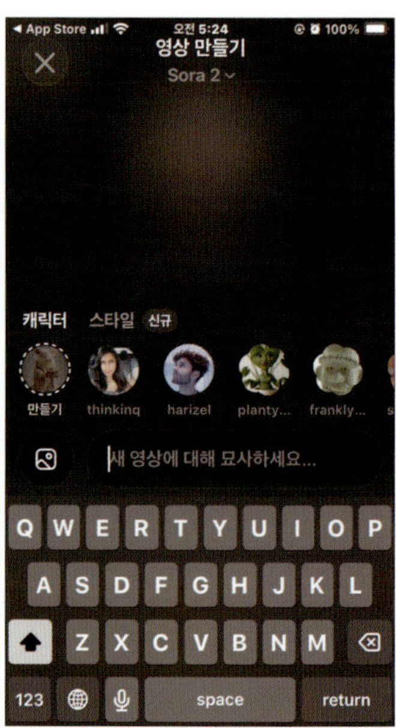

06 | 이미지 등록을 위해 '📷' 아이콘을 탭합니다. 사진 갤러리에서 이미지를 선택할 수 있습니다. 예제에서는 03 폴더에 '토마토.jpg' 파일을 사용하기위해 탭합니다.

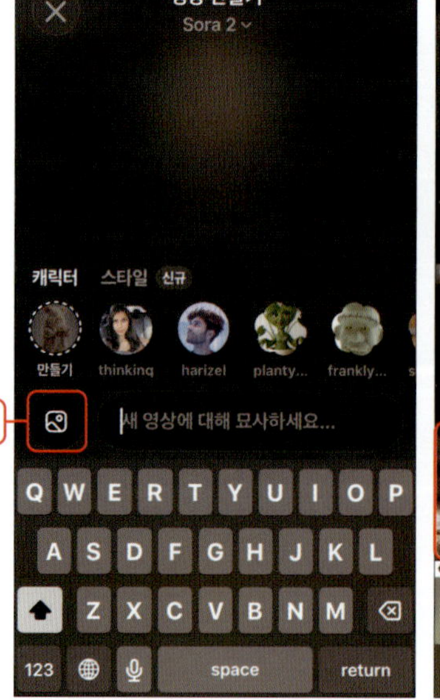
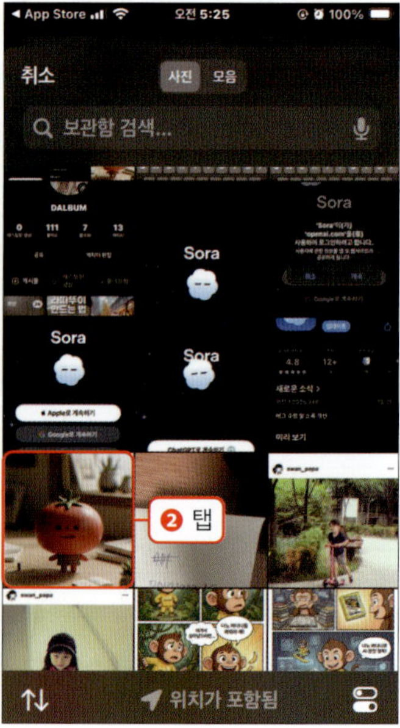

07 | 그림과 같이 선택한 이미지가 정상적으로 등록되어 화면 중앙에 표시됩니다. 하단에 있는 프롬프트 입력창에 캐릭터의 다양한 모습을 담은 영상을 생성하기 위한 짧은 문장을 입력합니다.

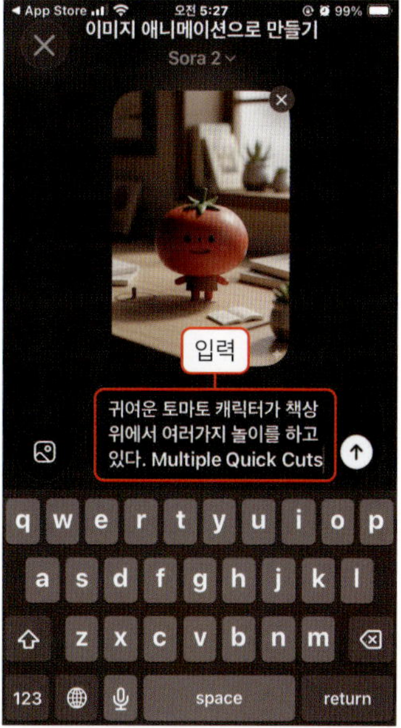

프롬프트 귀여운 토마토 캐릭터가 책상 위에서 여러 가지 놀이를 하고 있다. Multiple quick cuts

08 | 화면 상단에 있는 [Sora 2 ▽]를 탭하여 화면 비율과 재생 시간을 설정합니다. 예제에서는 방향을 '인물 사진'으로, 기간을 '10초'로 설정합니다. 완료되면 '생성' 아이콘(⬆)을 탭하여 영상 생성을 시작합니다.

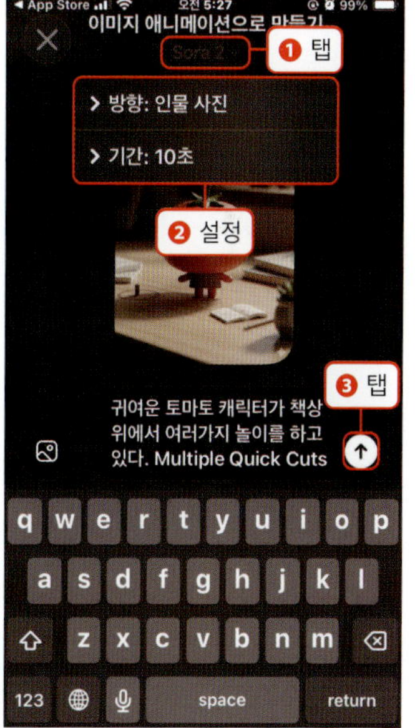

Tip 현재 소라 2 모바일 앱은 인물 중심의 세로 비율과 영상 길이를 10초로 고정하여 기본 생성하는 방식으로 변경되었습니다. 해당 인터페이스가 존재하지 않을 경우, 프롬프트 입력 후 '생성' 아이콘(⬆)을 탭하여 진행합니다.

09 │ 영상 생성이 완료되면 개인 프로필 화면의 [초안]을 탭하여 결과물을 확인할 수 있습니다.

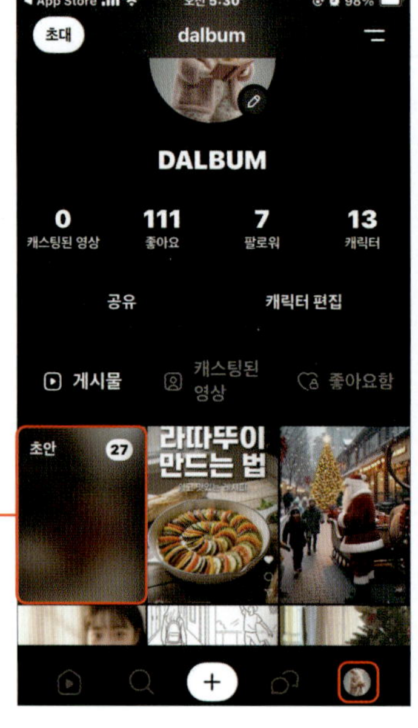

10 │ 영상을 선택하면 생성된 영상과 함께 사용한 프롬프트를 확인할 수 있으며, 필요에 따라 오른쪽 '⬚' 아이콘을 탭하여 [다운로드]로 저장할 수 있습니다.

Tip   안드로이드 이용자의 경우, [장치에 저장]으로 다운로드할 수 있습니다.

03 리믹스하여 새로운 영상으로 확장하기

생성된 영상을 리믹스 기능을 활용해 새로운 영상으로 확장해 보겠습니다. 기존 영상과 프롬프트를 기반으로 설정을 수정하거나 아이디어를 추가해, 예제에서는 배경을 책상 위에서 냉장고 안으로 변경한 영상을 만들어보겠습니다.

11 | 하단 메뉴에서 '' 아이콘을 탭하여 [동영상 리믹스]를 선택합니다. 프롬프트 입력창이 나타나면 기존의 '책상 위'를 '냉장고 안'으로 변경하여 입력하고 '생성' 아이콘(⬆)을 클릭합니다.

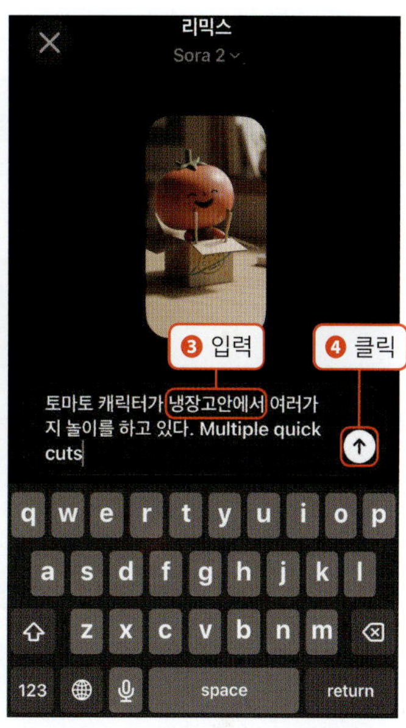

프롬프트

> 토마토 캐릭터가 냉장고 안에서 여러 가지 놀이를 하고 있다.
> Multiple quick cuts

12 | 영상을 확인하고 마음에 들게 완성되었다면 [게시하기] 또는 [영상 게시하기]를 탭하여 소라 2의 SNS에 공유합니다.

소라 2의 학습 데이터로
영화 장면 패러디 영상 만들기

완성파일: 03\패러디1~2.mp4

소라 2는 방대한 영상·오디오 데이터를 바탕으로 학습된 생성형 AI입니다. 이 데이터는 영화, TV, 다양한 콘텐츠를 포함했을 가능성이 있고, 소라 2는 그 안에 담긴 영상 스타일·구도·조명·카메라 앵글·움직임 등의 패턴을 일반화하여 내재화했을 수 있습니다. 때문에 사용자의 프롬프트가 모호하거나 일반적인 장면을 요청하더라도 과거 학습 데이터 중 영화적 구도나 장면 구성과 유사한 것을 가장 그럴듯한 해석으로 끌어와서, 결과물이 마치 영화의 한 장면처럼 보일 수 있습니다.

예제 콘셉트

익숙한 장면을 소라 2로 연출할 때는 저작권 이슈가 발생할 가능성이 있습니다. 어떤 영상이 학습 데이터로 사용되었는지 공개되지 않았기 때문에, 만약 생성된 영상이 학습에 활용된 원본 콘텐츠와 지나치게 유사하게 나타난다면 저작권 문제가 제기될 수 있는 법적 위험이 존재합니다. 이러한 가능성을 줄이기 위해, 기본적인 상황이나 구도는 유지하되 스타일을 바꾸거나 패러디 형태로 변형하는 방식을 활용해 더 안전하게 연출하는 방법을 소개하겠습니다.

작업 패턴
KEYWORD

❶ 소라 2로 명장면 재해석하기
❷ 애니메이션 스타일링하기
❸ 영상에서 불필요한 장면 편집하기

01 공포영화 명장면을 재해석하여 영상 생성하기

소라 2에서 익숙한 장면이나 명장면을 재해석해 영상으로 만들기 위해서는, 먼저 각 장면의 핵심 요소를 분석해 프롬프트로 정리하는 과정이 중요합니다. 어떤 인물의 동작, 카메라 구도, 배경 분위기, 감정선이 포함되어 있는지를 참고하여 프롬프트를 작성합니다.

01 | 웹브라우저에 'sora.chatgpt.com'를 입력하여 소라 2의 메인 화면으로 이동합니다.

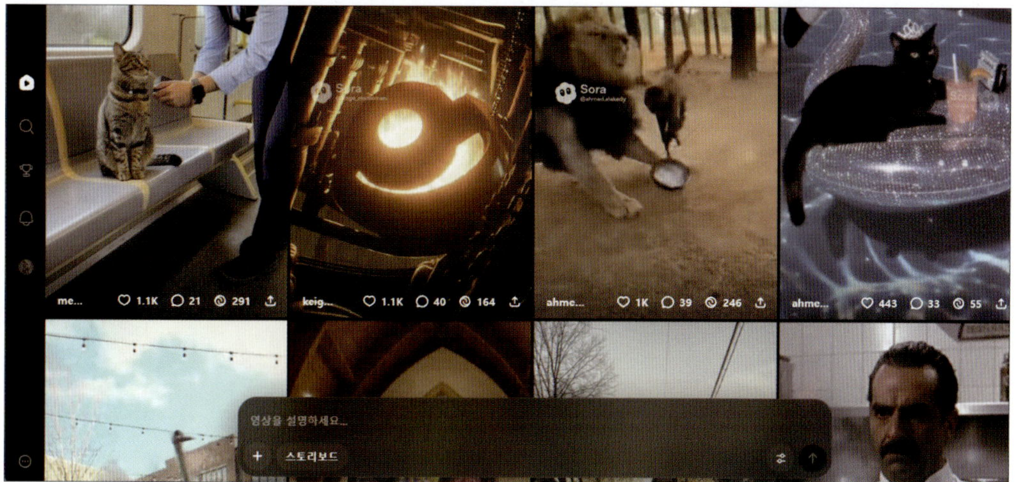

02 | 첫 번째 장면은 유명한 공포영화의 한 장면입니다. 프롬프트 입력창에 다음과 같은 프롬프트를 입력합니다.

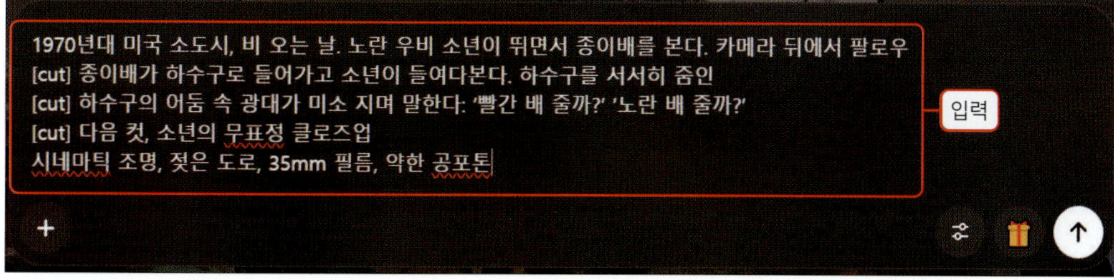

프롬프트

> 1970년대 미국 소도시, 비 오는 날. 노란 우비 소년이 뛰면서 종이배를 본다. 카메라 뒤에서 팔로우
>
> [cut] 종이배가 하수구로 들어가고 소년이 들여다본다. 하수구를 서서히 줌인
>
> [cut] 하수구의 어둠 속 광대가 미소 지며 말한다: '빨간 배 줄까?' '노란 배 줄까?'
>
> [cut] 다음 컷, 소년의 무표정 클로즈업
>
> 시네마틱 조명, 젖은 도로, 35mm 필름, 약한 공포톤

03 | 프롬프트에 포함된 '광대'는 소라 2의 카메오로 설정하겠습니다. 상단에 카메오 리스트에서 'franklyfrankenstein'를 클릭하여 변경합니다.

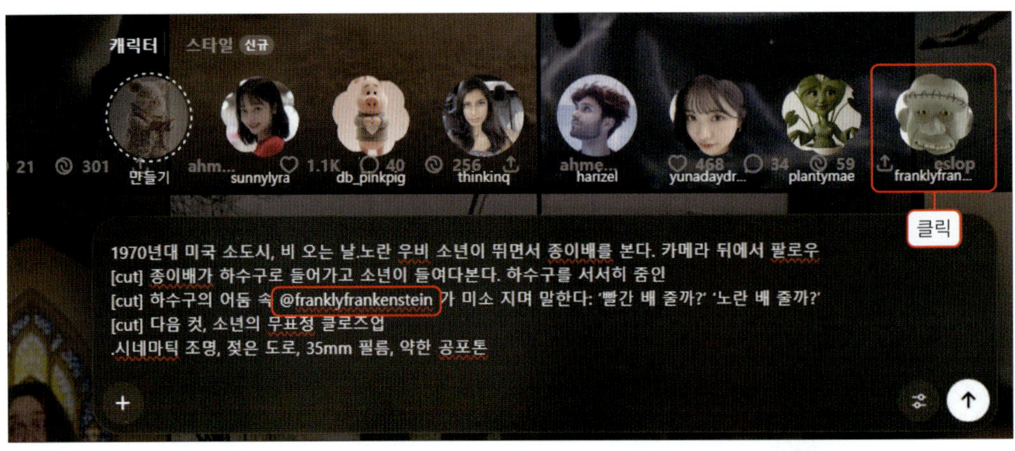

 **Tip** 캐릭터에 뜨지 않을 경우, '광대' 자리에 @franklyfrankenstein를 직접 입력하여 설정할 수 있습니다.

04 | 영상의 스타일을 변경하기 위해 프롬프트 입력창 위에 스타일을 선택하여 [만화책] 스타일을 선택하여 클릭합니다.

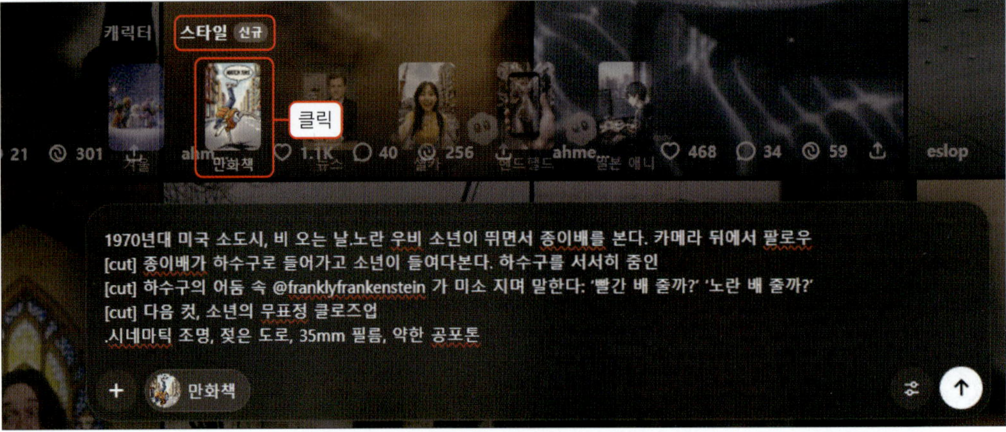

Tip 임의로 하나의 스타일을 클릭하고 Spacebar 를 누른 다음, 키보드 방향키로 보이지 않는 스타일 목록을 확인할 수 있습니다.

05 | 프롬프트 입력창 오른쪽 아래의 '설정' 아이콘(⬍)을 클릭하면 화면 비율과 재생 시간을 설정할 수 있습니다. 예제에서는 방향을 '가로 모드'로, 재생 시간을 '15초(15s)'로 설정하고 '생성' 아이콘(⬆)을 클릭하여 영상을 생성합니다.

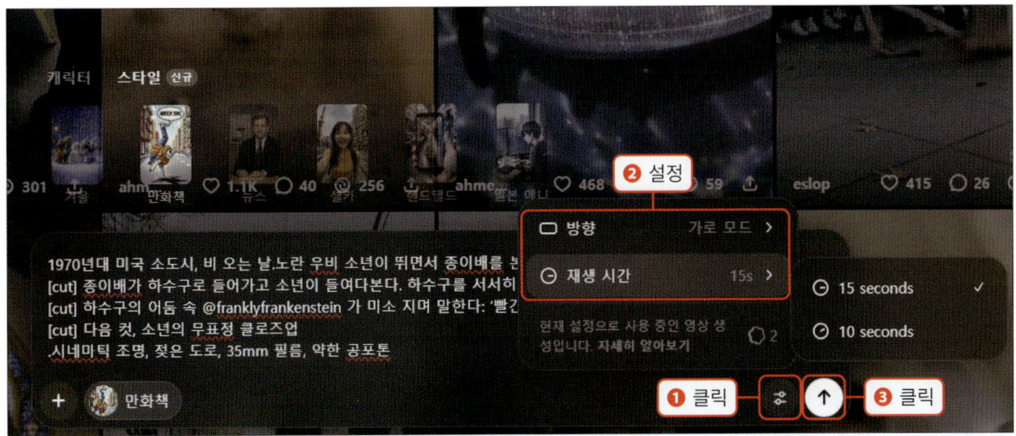

06 | 생성이 완료되면 개인 프로필의 [초안]에서 해당 영상을 클릭하고 영화 속 유명한 장면이 만화책 스타일로 패러디되어 생성되었는지 확인합니다.

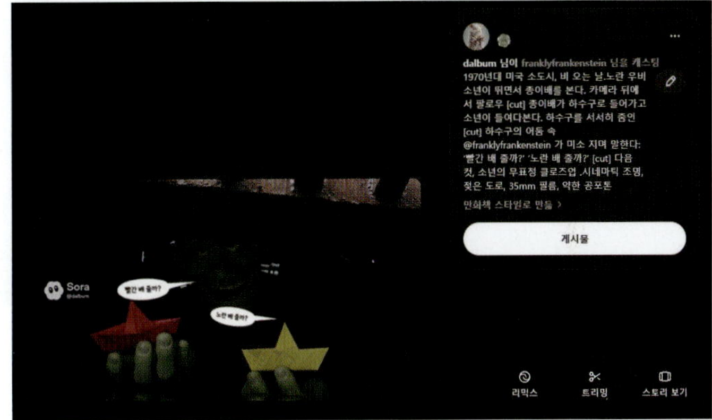

소라 2의 카메오 기능으로 두 명의 카메오를 동시에 출연시켜, 잘 알려진 판타지 영화의 명장면을 새로운 콘셉트로 재해석한 영상을 제작해 보겠습니다.

07 │ 두 번째 장면은 판타지스러운 유명한 영화의 한 장면을 패러디하겠습니다. 프롬프트 입력창에 다음과 같은 프롬프트를 입력합니다. 예제에서는 '남자'를 @harizel로, '여자'를 @thinkinq로 변경했습니다.

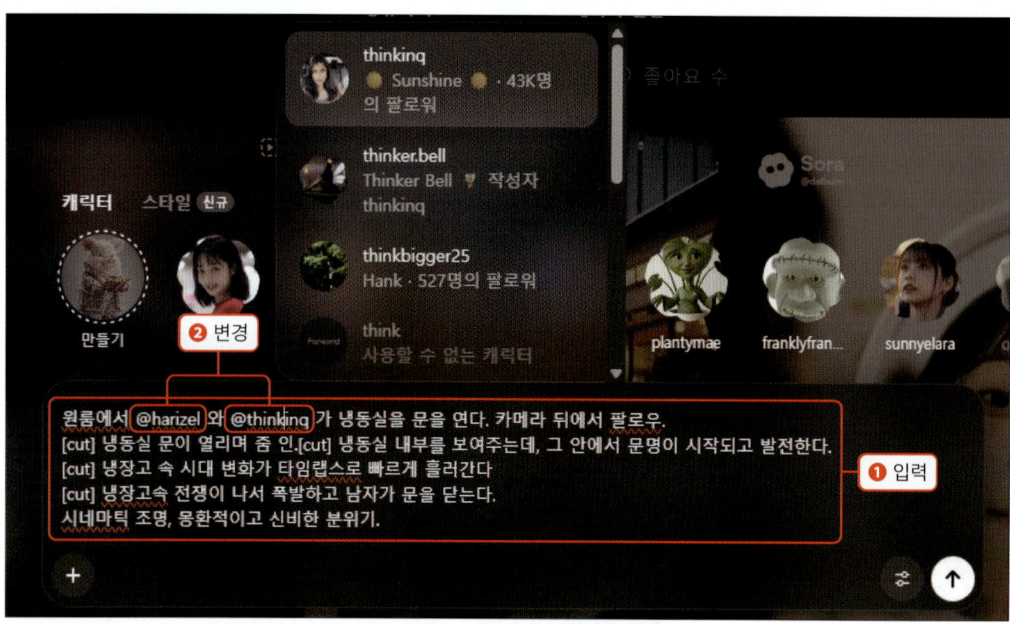

프롬프트

원룸에서 남자와 여자가 냉동실을 문을 연다. 카메라 뒤에서 팔로우.

[cut] 냉동실 문이 열리며 줌 인.

[cut] 냉동실 내부를 보여주는데, 그 안에서 문명이 시작되고 발전한다.

[cut] 냉장고 속 시대 변화가 타임랩스로 빠르게 흘러간다.

[cut] 냉장고속 전쟁이 나서 폭발하고 남자가 문을 닫는다.

시네마틱 조명, 몽환적이고 신비한 분위기.

08 | 프롬프트 입력창 오른쪽 아래의 '설정' 아이콘(▨)을 클릭하고 방향을 '가로 모드'로, 재생 시간을 '15초 (15s)'로 설정합니다.

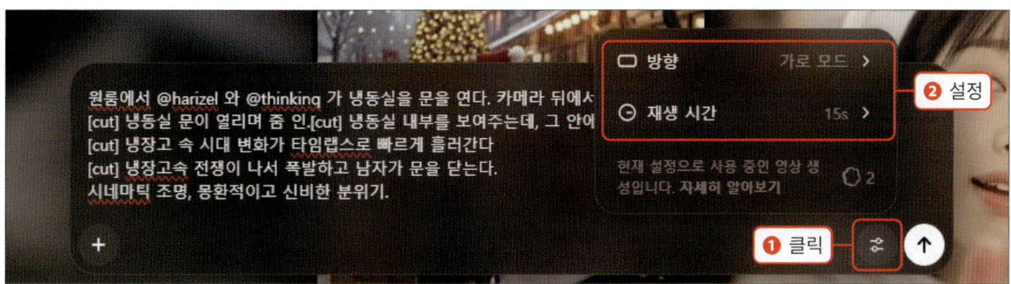

09 | 프롬프트 창 위에 스타일을 클릭하여 '핸드헬드' 스타일을 클릭합니다. 설정을 완료한 후 '생성' 아이콘 (▣)을 클릭하여 영상을 생성합니다.

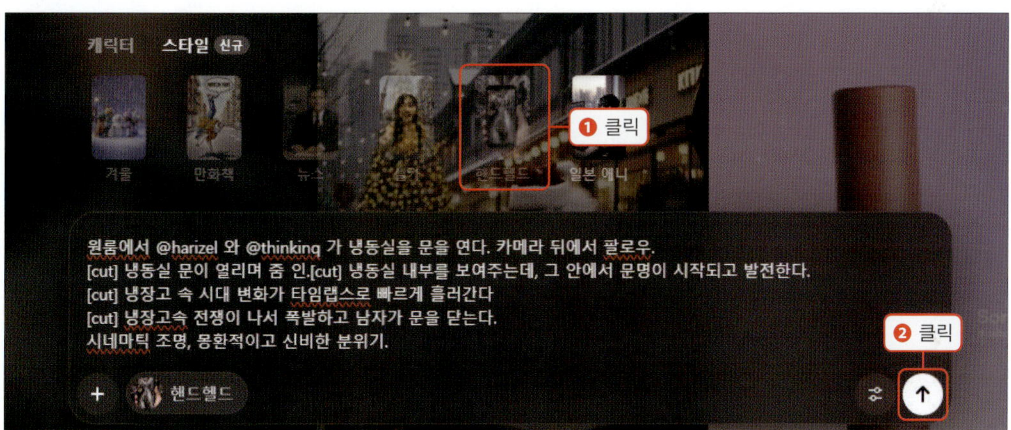

10 | 영상 생성이 끝나면 개인 프로필을 클릭하고 [초안]에서 영상을 확인합니다. 카메오로 선택한 인물이 프롬프트 설정에 따라 구현되었습니다.

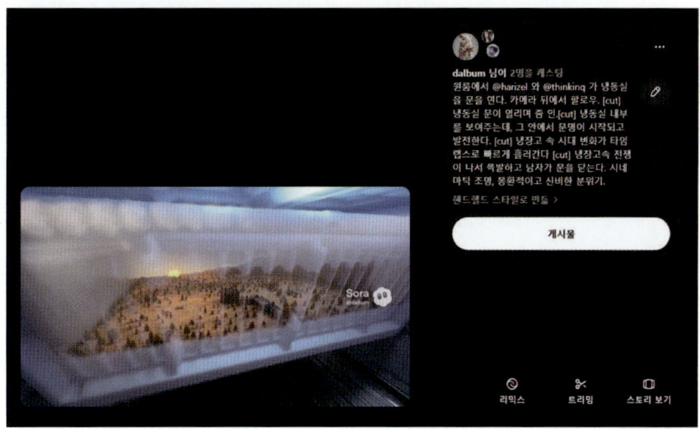

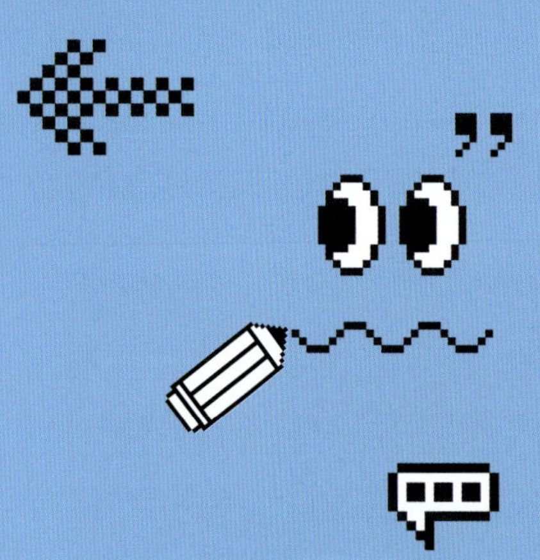

PART 4

AI 작곡과 사운드는 필수! 사운드 영상 만들기

영상 제작에서 사운드는 시각 요소만큼 중요한 몰입 요소로, 특히 숏폼 영상에서는 음악의 리듬과 분위기가 콘텐츠 완성도를 좌우합니다. 소라2는 영상의 템포와 컷에 맞춰 음악을 자동 생성해 영상과 사운드의 싱크를 자연스럽게 맞출 수 있습니다. 수노 AI를 활용하면 영상 콘셉트에 맞는 가사와 음악을 동시에 생성해 메시지를 음악으로 효과적으로 전달할 수 있으며, 작곡된 대중 음악부터 배경 음악 등을 영상에 결합해 뮤직 미디오 형태의 콘텐츠를 간단하게 제작할 수 있습니다.

가장 현실적인 영상 제작 공식! 소리 2
!!!
AI 사운드와 오디오 편
챗GPT와 함께 이미지 영상 제작까지 한번에!

LESSON 01

음악 생성형 AI, 수노 AI를 사용하기 위한 설치

수노 AI(Suno AI)는 텍스트 프롬프트를 입력하면 완전한 노래(음악 + 가사 + 보컬 포함) 또는 연주곡(Instrumental)을 자동 생성하는 웹 기반 AI 음악 생성 플랫폼으로 사용자가 원하는 스타일과 길이로 노래를 맞춤 제작하고 세부 요소까지 조정할 수 있으며 초보자도 쉽게 전문적인 음악을 만들 수 있도록 돕는 도구입니다.

01 수노 AI 회원가입 및 요금제 알아보기

수노 AI를 제대로 사용하기 위해서는 먼저 회원가입과 요금제 구조를 이해하는 것이 필요합니다. 계정 생성 방법과 무료 · 유료 요금제의 차이를 간단히 살펴봅니다.

01 | 웹브라우저에 'suno.com'을 입력하여 소라 2의 메인 화면으로 이동합니다. 로그인하기 위해 화면 왼쪽에서 [Sign in] 버튼을 클릭합니다.

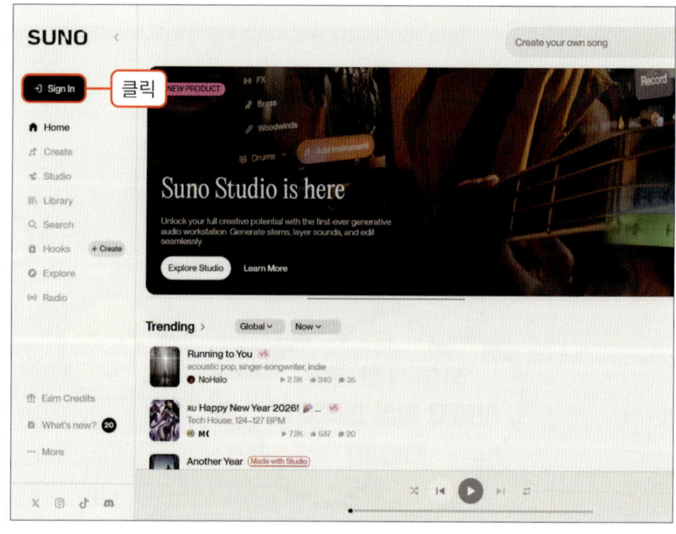

✦ **Tip**   수노 AI는 계정이 없어도 다른 사용자가 생성한 음악을 감상할 수 있으며, 무료 계정을 만들면 음악 생성과 탐색 기능을 자유롭게 이용할 수 있습니다.

02 │ 회원가입 화면에서는 여러 로그인 옵션을 선택할 수 있으며, 전화번호로도 가입할 수 있습니다. 예제에서는 구글 계정으로 사용하기 위해 구글 아이콘을 클릭합니다.

03 │ 구글의 어느 계정을 사용할 것인지 선택하는 화면이 나타나면, 사용할 계정을 선택해 진행합니다.

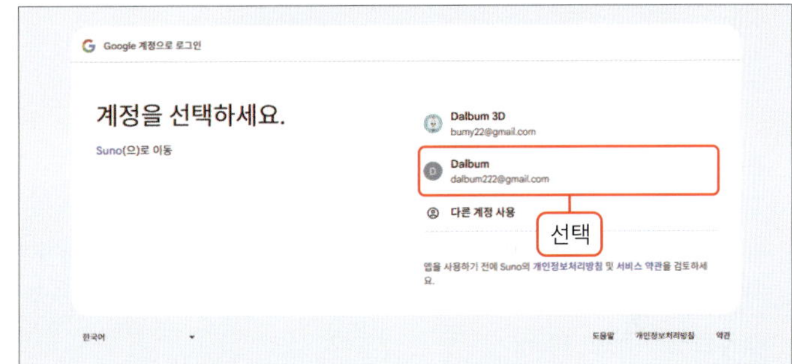

04 │ 회원가입이 완료되면 자동으로 로그인되어 수노 AI를 이용할 수 있습니다. 무료로도 일정부분 사용할 수 있지만 퀄리티 높은 결과물을 위해 요금제를 선택할 수 있습니다. 왼쪽에 표시되는 [프로필]을 클릭한 다음, [Manage Subscription]을 선택합니다.

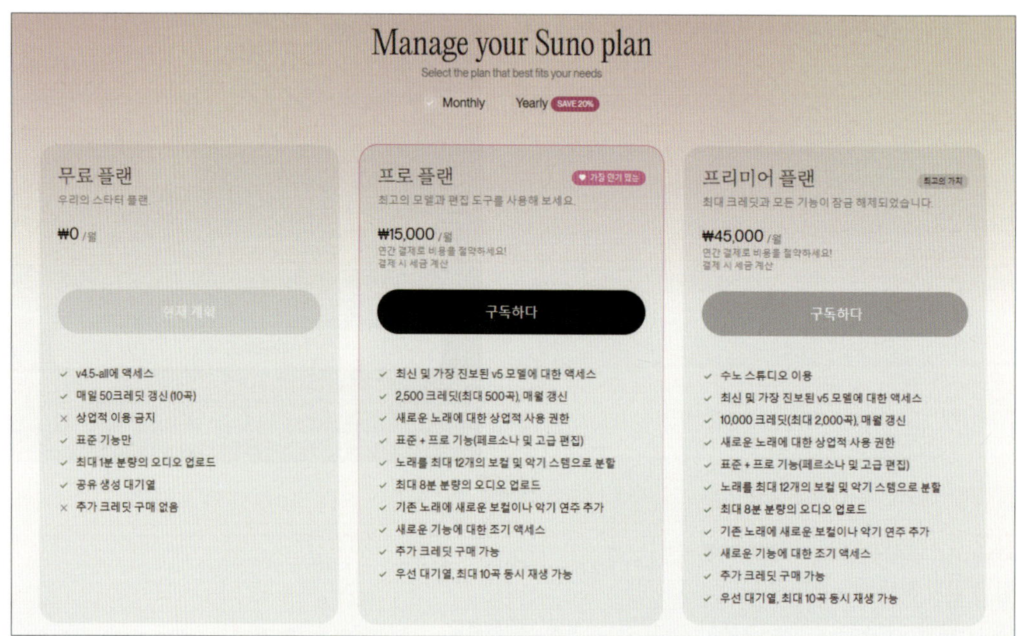

✦ **Tip**　수노 AI는 무료와 유료 구독을 함께 제공하는 프리미엄(Freemium) 모델로, 음악 생성 시마다 크레딧이 소모되며 회원가입 시 기본적으로 무료 플랜이 적용되어 하루 약 10곡을 만들 수 있는 50크레딧이 매일 리필되므로 초보자에게는 무료 요금제만으로도 충분히 활용할 수 있습니다.

❶ 무료 플랜(Basic Plan)
- 일일 크레딧 50개 제공(하루 약 10곡 생성 가능)
- 크레딧은 매일 리필
- 표준 AI 음악 생성 기능 사용 가능 단, 비상업적 용도만 허용(개인 감상용)
  ➡ 초보자 또는 최소한으로 사용하는 사용자에게 적합한 플랜입니다.

❷ 프로(Pro Plan) –월 약 $10 또는 연간 할인
- 월 약 2,500 크레딧 제공(대략 500곡 생성 가능)
- 상업적 사용 가능(유튜브, SNS 등 수익화 OK)
- 생성 우선순위(빠른 응답) 제공· 동시에 여러 작업 실행 가능· 최신 모델(고급 AI 음악 생성 모델) 접근 가능
  ➡ 취미 창작자, 콘텐츠 제작자, 일부 수익 창출 목적 사용자에게 적합합니다.

❸ 프리미어 플랜(Premier 플랜) – 월 약 $30 또는 연간 할인
- 월 약 10,000 크레딧 제공(대략 2,000곡 생성 가능)
- 상업적 사용 가능· 생성 우선순위 + 더 큰 크레딧 제공
- 전문 창작자 및 다량 제작 사용자용
  ➡ 전문 뮤지션·프로듀서나 대량 작업이 필요한 사용자에게 적합합니다.

LESSON 02
음악 생성과 관리, 탐색을 위한 수노 AI 인터페이스

수노 AI에 로그인하면 가장 먼저 메인 대시보드인 홈 화면이 표시됩니다. 이 화면은 사용자가 플랫폼의 전체 구조와 주요 기능을 빠르게 이해하고, 음악 감상과 생성 흐름을 자연스럽게 탐색할 수 있도록 구성된 출발점 역할을 합니다. 홈 화면에서는 추천 음악과 다양한 사용자 콘텐츠를 살펴볼 수 있으며, 동시에 생성·관리·탐색 기능으로 이동할 수 있는 사이드 메뉴를 한눈에 확인할 수 있습니다.

01 홈 화면 구성 살펴보기

화면 중앙에는 음악 생성과 감상으로 바로 이어지는 핵심 기능이 배치되어 있으며, 최근 작업한 곡이나 추천 콘텐츠를 통해 현재 계정의 사용 흐름을 자연스럽게 이어갈 수 있습니다. 홈 화면은 수노 2를 처음 접하는 사용자도 별도의 학습 없이 주요 기능의 위치와 역할을 이해할 수 있도록 설계된 출발 지점입니다.

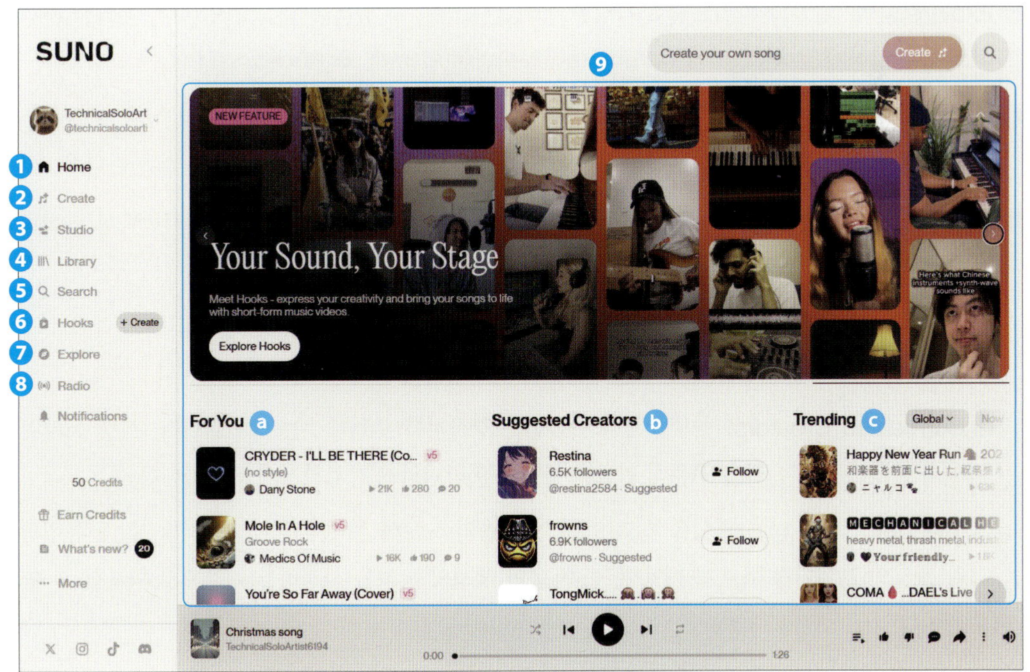

❶ **Home(홈)**: 추천 음악과 인기 곡, 다른 사용자의 창작 결과가 모여 있는 메인 피드 화면입니다. 현재 어떤 음악이 생성되고 있는지, 전체적인 트렌드와 분위기를 파악할 수 있습니다.

❷ **Create(생성하기)**: 텍스트 프롬프트를 입력해 새로운 음악을 생성하는 핵심 기능입니다. 장르, 분위기, 감정, 가사 스타일 등을 자연어로 입력하면 AI가 이를 바탕으로 곡을 만들어 주며, 수노 AI의 중심 기능이라 할 수 있습니다.

❸ **Studio(스튜디오)**: 내가 만든 음악을 편집하고 관리하는 공간입니다. 생성된 곡을 바탕으로 수정하거나 이어서 새로운 버전을 만들 수 있으며, 보다 세밀한 작업과 관리 기능은 유료 요금제에서 제공됩니다.

❹ **Library(라이브러리)**: 내가 생성하거나 저장한 음악이 모이는 보관함입니다. 이전에 만든 곡을 다시 감상하거나 다운로드하고, 필요에 따라 재편집하기 위해 접근하는 공간입니다.

❺ **Search(검색)**: 곡 제목, 키워드, 제작자 이름 등을 기준으로 원하는 음악을 직접 찾아서 듣고 분석할 수 있는 공간입니다. 특정 스타일이나 아이디어를 참고하고 싶을 때 유용합니다.

❻ **Hooks**: 생성한 음악에 짧은 영상 클립을 결합해 숏폼 콘텐츠를 제작하는 기능입니다. 완성된 콘텐츠는 플랫폼 내에서 공유되며, 좋아요 · 댓글 · 리믹스 등 소셜 기능을 통해 확장된 창작 활동으로 이어질 수 있습니다.

❼ **Explore(탐색)**: 장르나 키워드별로 다양한 음악을 둘러볼 수 있는 탐색 공간입니다. 유사한 분위기의 곡을 묶어서 보여주는 기능이 있어 새로운 영감을 얻는 데 적합한 메뉴입니다.

❽ **Radio(라디오)**: 선택한 분위기나 특정 스타일을 기준으로 유사한 음악을 자동으로 이어 재생해 주는 맞춤형 연속 재생 모드로, 별도의 선곡 고민 없이도 자연스럽게 음악을 감상할 수 있습니다.

❾ **추천 · 탐색 중심 콘텐츠**: 사용자가 음악을 감상하는 과정에서 자연스럽게 프롬프트 작성 방식과 플랫폼 내 트렌드를 이해할 수 있도록 돕는 탐색 중심의 공간입니다.

  ⓐ **For You**: 사용자의 활동과 취향을 반영해 개인화된 음악을 추천해주는 영역입니다. 현재 수노 AI에서 어떤 스타일의 음악이 생성되고 있는지를 감각적으로 파악할 수 있습니다.

  ⓑ **Suggested Creators**: 플랫폼에서 주목받는 창작자를 추천해주는 영역입니다. 특정 스타일이나 완성도 높은 음악을 꾸준히 만드는 창작자를 발견하고 참고하기에 적합합니다.

  ⓒ **Trending**: 최근 많은 관심을 받고 있는 인기 음악을 모아 보여주는 영역입니다. 현재 유행하는 장르와 분위기를 빠르게 파악해, 이후 음악 생성의 방향을 설정하는 기준으로 활용할 수 있습니다.

02 Create 작업 화면 살펴보기

특정 메시지나 가사가 반드시 필요한 곡이거나 유튜브 · 영상 · 광고처럼 목적이 분명한 음악을 제작할 때, 동일한 콘셉트로 여러 버전을 만들고 프롬프트를 직접 조절해 완성도를 높이고 싶은 경우에 적합합니다.

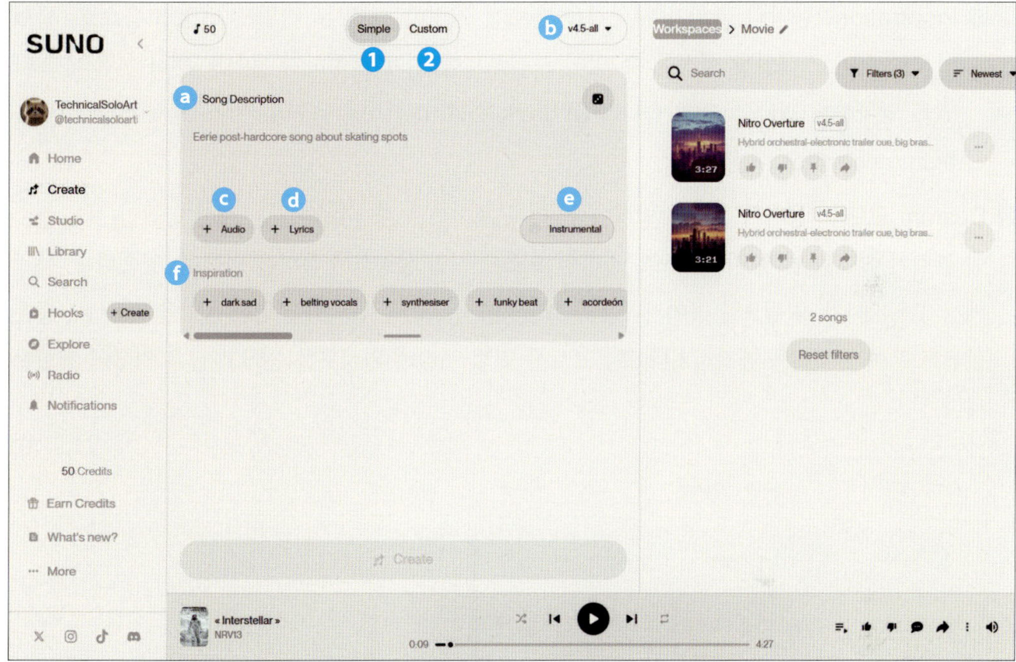

❶ **Simple 모드**: 수노 AI에서 음악을 가장 빠르고 간단하게 만들 수 있는 방식입니다. 사용자는 복잡한 설정 없이 한두 문장의 설명만 입력하면, AI가 음악의 장르, 분위기, 구조, 가사(보컬 곡의 경우)까지 자동으로 판단해 곡을 생성합니다.

ⓐ **Song Description 입력창**: '어떤 음악을 만들어야 하는지' 문장으로 설명하는 가장 중요한 입력 공간입니다. 장르, 분위기, 템포, 감정, 보컬 스타일, 곡의 성격까지 음악의 전체 방향을 설정하는 핵심 요소로, AI가 가장 우선적으로 참고하는 정보이며 Simple 모드에서는 사실상 유일한 입력값 역할을 합니다.

ⓑ **모델 선택(v4.5-all)**: 음악을 생성하는 AI 모델 버전 선택 영역이며 모델에 따라 음질, 보컬 표현, 편곡 스타일이 달라질 수 있습니다.

ⓒ **+ Audio**: 사운드 성향이나 음향적 느낌이 담긴 음원을 업로드해 보조적으로 활용하는 옵션으

로, 악기 질감이나 전체적인 사운드 방향을 보완할 때 사용합니다.

ⓓ + Lyrics: 가사를 직접 입력하거나 AI가 가사를 자동으로 생성하도록 설정할 때 사용하는 옵션입니다. 클릭 시 Custom 모드로 이동합니다.

ⓔ Instrumental: 활성화하면 보컬이 없는 연주곡으로 생성되며, 보컬 관련 설명이나 가사는 자동으로 제외됩니다.

ⓕ Inspiration: 음악의 분위기와 성격을 빠르게 지정할 수 있는 키워드 버튼 모음으로, 클릭만으로 음악 스타일을 설정할 수 있어 프롬프트를 길게 작성하지 않아도 원하는 음악 스타일을 명확하게 전달할 수 있습니다(예 dark sad/belting vocals/synthesiser/funky beat/accordio).

❷ Custom 모드: 사용자가 음악의 방향을 좀 더 구체적으로 제어할 수 있는 생성 방식입니다. 단순한 분위기 설명을 넘어, 가사, 구조, 스타일 요소를 직접 설정하며 음악을 만들 수 있습니다. 특정 메시지나 가사가 꼭 필요한 곡이거나 유튜브·영상·광고 등 목적이 분명한 음악을 만들 때, 같은 콘셉트로 여러 버전을 제작하거나 프롬프트를 직접 조절해 완성도를 높이고 싶은 경우에 적합합니다.

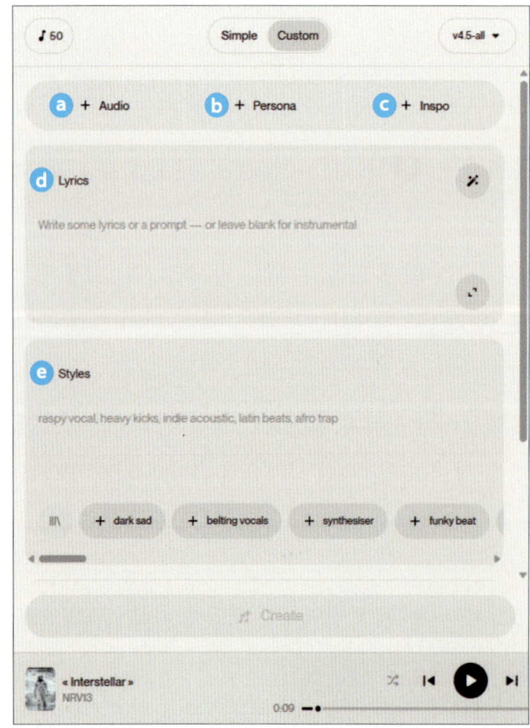

ⓐ **+ Audio:** 사운드 질감이나 음향적 특징을 추가로 지정하는 옵션입니다. 곡의 전체 사운드 방향(거칠다, 부드럽다, 강하다 등)을 보완하는 역할을 합니다.

ⓑ **+ Persona:** 보컬이나 음악의 캐릭터(인격 · 이미지)를 설정하는 요소입니다. 예를 들어, 감정적인 보컬인지, 강한 퍼포먼스형 보컬인지 같은 음악의 '태도'를 정하는 데 활용됩니다.

ⓒ **+ Inspo:** 음악의 영감이 되는 키워드나 참고 스타일을 추가하는 버튼입니다. 특정 분위기, 장면, 감성을 빠르게 전달하고 싶을 때 사용합니다.

ⓓ **Lyrics 영역:** 가사를 직접 작성하거나 AI가 가사를 생성할 수 있도록 가사에 대한 프롬프트(생성 지시문)를 입력하는 공간으로, 텍스트를 입력하면 보컬 곡이 생성되고 비워두면 연주곡으로 만들어집니다. 특히 Custom 모드에서 스토리나 메시지가 있는 곡을 제작할 때 가장 중요한 영역입니다.

ⓔ **Styles 영역:** 음악의 스타일을 키워드 형태로 지정하는 공간으로, 예를 들어 raspy vocal(거친 음색의 보컬), heavy kicks(묵직한 킥 사운드), indie acoustic(인디 감성의 어쿠스틱 사운드), latin beats(라틴풍 비트), afro trap(아프로 트랩)과 같은 키워드는 AI가 편곡, 보컬 톤, 리듬 패턴을 결정할 때 참고하는 요소로 활용됩니다.

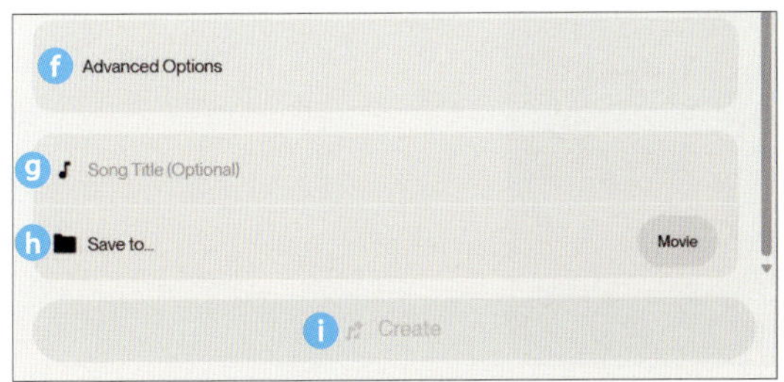

ⓕ **Advanced Options(고급 옵션):** 기본 설정만으로는 부족할 때 보다 세밀한 음악 생성 옵션을 추가로 조정할 수 있는 확장 메뉴로, 필요할 때만 열어 사용하도록 구성된 고급 사용자용 영역입니다. 음악의 디테일한 방향이나 표현을 직접 컨트롤하고 싶은 경우에 특히 유용하게 활용할 수 있습니다.

ⓖ **Song Title(Optional):** 생성될 곡의 제목을 미리 지정하는 입력란으로, 비워두면 AI가 자동으로 제목을 생성하며 프로젝트 관리나 결과를 정리할 때 유용하게 활용할 수 있습니다.

ⓗ **Save to…(저장 위치):** 생성된 음악을 저장할 워크스페이스를 선택하는 영역으로, 프로젝트 단위로 음악을 체계적으로 관리할 수 있도록 도와줍니다.

ⓘ **Create 실행(음악 생성):** [Create] 버튼을 클릭하면 크레딧이 소모되며 AI가 음악 생성을 시작하고, 보통 1~2개의 곡 버전이 함께 생성됩니다.

LESSON 03

자동 생성 음악과 의상이 체인지 되는 챌린지 영상 만들기

예제파일: 04\애니_코스튬.png, 룩북댄스1~3.mp4　　**완성파일**: 04\룩북댄스_완성.mp4

댄스 챌린지는 이제 신곡 출시와 함께 즐기는 대중적인 '놀이 문화'이자 일상적인 소통 방식으로 자리 잡았습니다. 아티스트가 공개한 안무를 유저들이 따라 하고 공유하는 과정은 숏폼 플랫폼을 통해 강력한 확산력을 발휘합니다. 댓글과 리믹스로 이어지는 활발한 상호작용은 단순한 시청을 넘어 모두가 함께 즐기는 커뮤니티를 형성합니다. 낮은 참여 문턱 덕분에 패션, 뷰티 등 다양한 라이프스타일 콘텐츠와 결합하며 무한한 확장성을 보여줍니다. 이처럼 일상이 된 챌린지 열풍은 아티스트와 팬을 잇는 가장 자연스럽고 강력한 마케팅 전략이 되고 있습니다.

작업 패턴 KEYWORD

❶ K-POP 음악에 맞춰 춤을 추는 영상 만들기

❷ 의상 이미지를 등록해 참고 자료로 활용하기

❸ 춤을 추며 의상이 자연스럽게 바뀌는 숏폼 영상 만들기

❹ 화면 분할을 활용한 동작 동기화 영상 생성하기

❺ 스티칭 기능으로 생성한 영상 결합하기

예제 콘셉트

소라 2에서는 '음악에 맞춰 춤을 춘다'는 간단한 프롬프트만으로도 음악 스타일과 리듬에 완벽히 부합하는 댄스 영상을 손쉽게 생성할 수 있습니다. 이번 예제에서는 가상 아티스트를 주인공으로 설정해, 역동적인 K-pop 댄스 음악에 맞춘 숏폼 영상을 제작해 보겠습니다. 특히 퍼포먼스 도중 의상이 자연스럽게 교체되는 연출이나, 화면 분할을 통해 동일 인물이 군무를 추는 듯한 시각적 장치 등 시청자의 시선을 사로잡는 핵심 요소를 살펴봅니다. 이어 실제 의상 전환 영상을 직접 생성해 보고, 최종적으로 소라 2의 스티칭 기능을 활용해 개별 클립들을 하나의 완성도 높은 영상으로 연결하는 과정을 알아보겠습니다.

01 K-POP 음악에 맞춰 춤을 추는 영상 만들기

세계적으로 인기를 얻고 있는 K-POP 스타일의 음악 리듬과 분위기에 맞춰 인물이 춤을 추는 영상을 생성하겠습니다. 음악 스타일에 어울리는 동작과 연출을 응용 가능한 프롬프트로 설정해, 숏폼 형식의 댄스 영상을 제작하겠습니다.

01 | 웹브라우저에 'sora. chatgpt.com'을 입력하고 소라 2의 메인 화면으로 이동하여 로그인합니다.

02 | 야외 공간에서 한 여성이 K-POP 음악에 맞춰 혼자 춤을 추는 영상을 만들기 위해, 프롬프트 입력창에 다음과 같은 문장을 입력합니다.

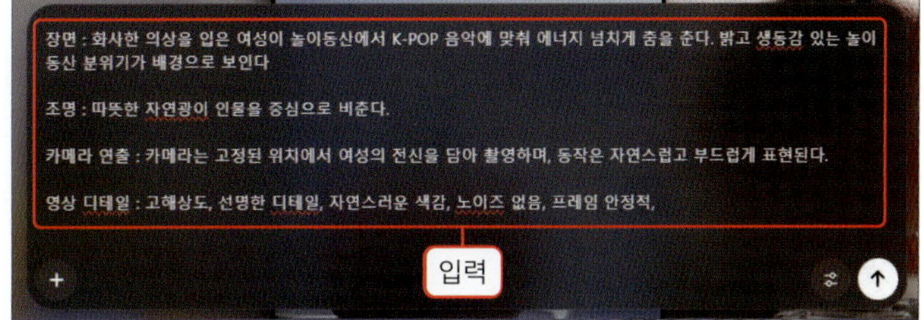

프롬프트

장면 : 화사한 의상을 입은 여성이 놀이동산에서 K-POP 음악에 맞춰 에너지 넘치게 춤을 춘다.

조명 : 따뜻한 자연광이 인물을 중심으로 비춘다.

카메라 연출 : 카메라는 고정된 위치에서 여성의 전신을 담아 촬영하며, 동작은 자연스럽고 부드럽게 표현된다.

영상 디테일 : 고해상도, 선명한 디테일, 자연스러운 색감, 노이즈 없음, 프레임 안정적.

03 | '설정' 아이콘(⬌)을 클릭하여 화면 비율과 재생시간을 설정합니다. 예제에서는 방향을 '세로 모드'로, 재생 시간을 '10초(10s)'로 설정한 다음 '생성' 아이콘(⬆)을 클릭합니다.

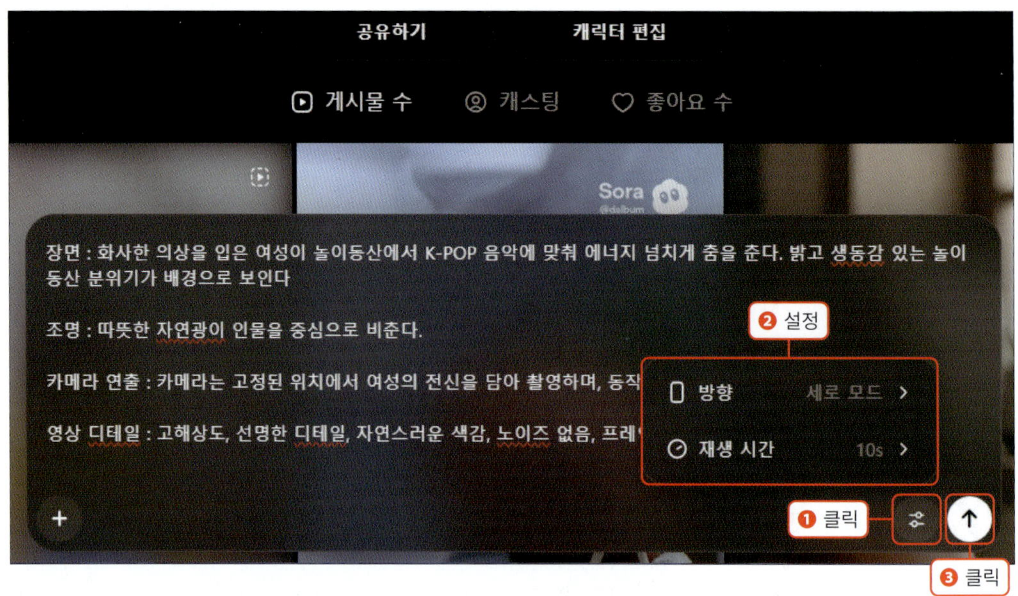

04 | 개인 프로필에서 [초안]을 클릭하여 결과물을 확인합니다. 입력한 프롬프트 내용을 바탕으로 댄스 챌린지 영상이 제작된 것을 확인할 수 있습니다.

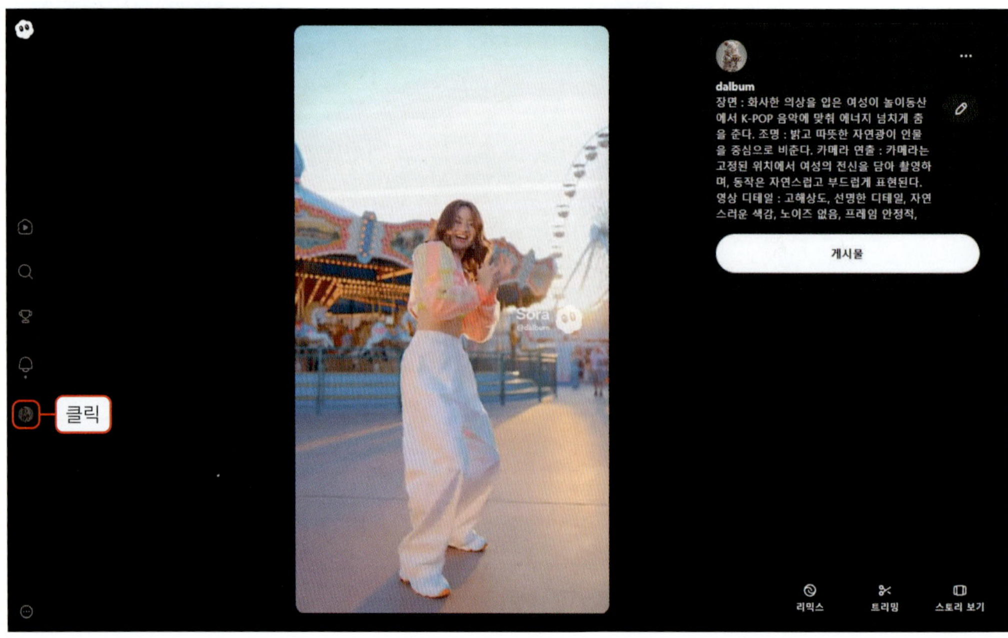

02 의상 이미지를 첨부하여 참고 자료로 활용하기

의상 이미지를 첨부해 참고 자료로 활용한 뒤, 해당 의상을 기준으로 인물이 자연스럽게 옷을 갈아입는 연출을 적용합니다. 이를 통해 영상 전반에 걸쳐 의상 스타일의 일관성을 유지하면서 더욱 완성도 높은 장면을 구현합니다.

05 │ 새로운 영상을 생성하기 위해 앞서 작성한 프롬프트의 기존 구성에서 장면을 수정한 다음과 같은 문장을 입력합니다. 참고 의상 이미지를 등록하기 위해 '+' 아이콘을 클릭합니다.

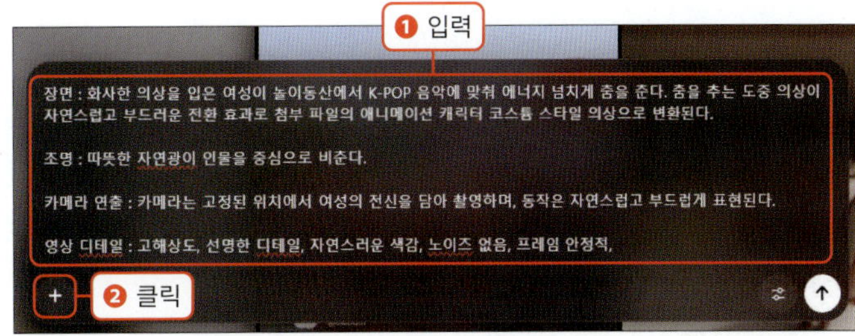

프롬프트

장면 : 화사한 의상을 입은 여성이 놀이동산에서 K-POP 음악에 맞춰 에너지 넘치게 춤을 춘다. 춤을 추는 도중 의상이 자연스럽고 부드러운 전환 효과로 애니메이션 캐릭터 코스튬 스타일 의상으로 변환된다.

조명 : 따뜻한 자연광이 인물을 중심으로 비춘다.

카메라 연출 : 카메라는 고정된 위치에서 여성의 전신을 담아 촬영하며, 동작은 자연스럽고 부드럽게 표현된다.

영상 디테일 : 고해상도, 선명한 디테일, 자연스러운 색감, 노이즈 없음, 프레임 안정적.

06 │ 열기 대화 상자가 표시되면 04 폴더에서 '애니_코스튬.png' 파일을 선택한 다음, [열기(O)] 버튼을 클릭합니다.

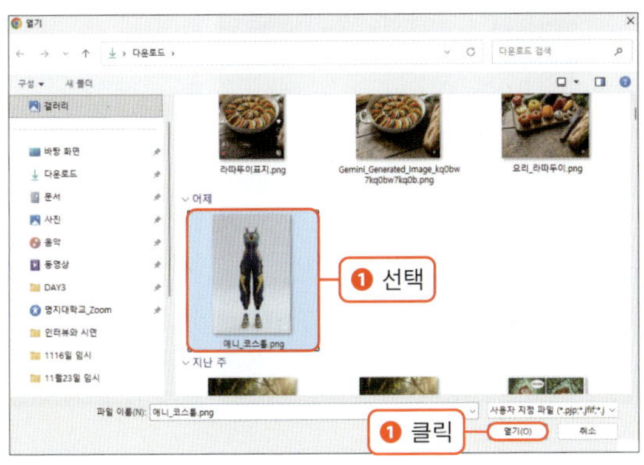

Tip 텍스트 프롬프트를 이해하고 파일을 참고하기 때문에 이미지 파일명은 프롬프트 속 내용과 동일하게 지정하는 것이 좋습니다.

07 | '설정' 아이콘(▦)을 클릭하여 화면 비율과 재생시간을 설정합니다. 예제에서는 방향을 '세로 모드'로, 재생 시간을 '10초(10s)'로 설정한 다음 '생성' 아이콘(⬆)을 클릭합니다.

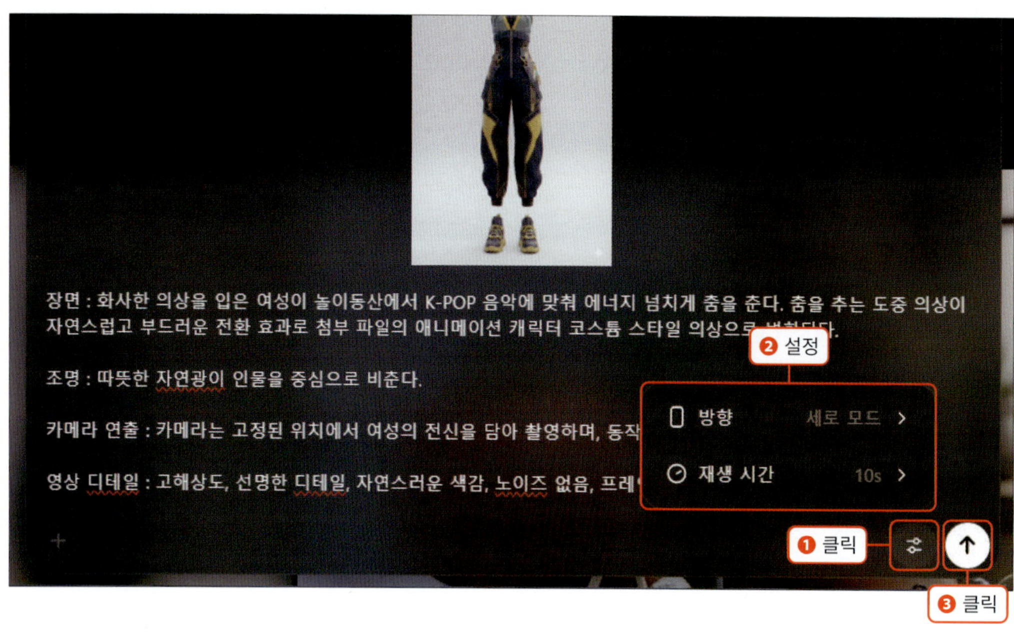

08 | 개인 프로필에서 [초안]을 클릭하여 결과물을 확인합니다. 혼자서 춤을 추면서 등록한 이미지의 의상으로 자연스럽게 변경된 영상이 생성되었습니다.

Tip   이미지를 등록해 생성한 영상의 경우, 등록한 이미지가 시작 프레임에 잠시 노출되는 현상이 발생할 수 있습니다. 이 경우에는 이후 영상 편집을 통해 삭제할 수 있습니다.

03 화면 분할을 활용한 동작 동기화 영상 생성하기

생성된 영상을 리믹스해 화면 분할 기능을 활용한 새로운 영상을 만들어 보겠습니다. 동일한 인물이 같은 동작으로 춤을 추도록 설정해, 여러 화면에서 동작이 동시에 진행되는 연출로 시각적인 재미와 몰입감을 높입니다.

09 | 리믹스 기능을 활용하기 위해 화면 오른쪽 하단에 나타나는 [리믹스]를 선택합니다.

10 | 프롬프트를 다시 입력할 수 있는 화면이 열리면, 화면 분할과 의상 교체를 위한 프롬프트를 입력한 다음, '생성' 아이콘(↑)을 클릭해 영상을 생성합니다.

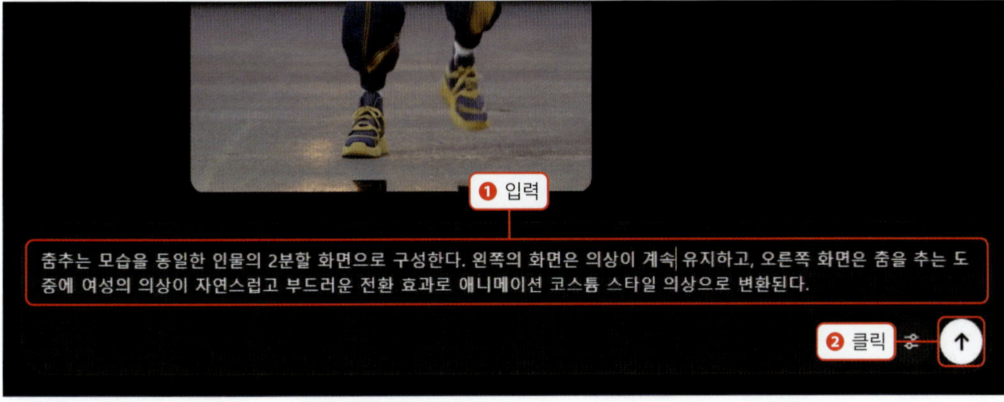

프롬프트 춤추는 모습을 동일한 인물의 2분할 화면으로 구성한다. 왼쪽의 화면은 옷이 계속 그대로 있고, 오른쪽 화면은 춤을 추는 도중에 여성의 의상이 자연스럽고 부드러운 전환 효과로 애니메이션 코스튬 스타일 의상으로 변환된다.

11 | 개인 프로필에서 [초안]을 클릭하여 결과물을 확인합니다. 리믹스 기능으로 생성된 영상은 화면이 분할되며 의상이 변하는 이미지가 생성되었습니다.

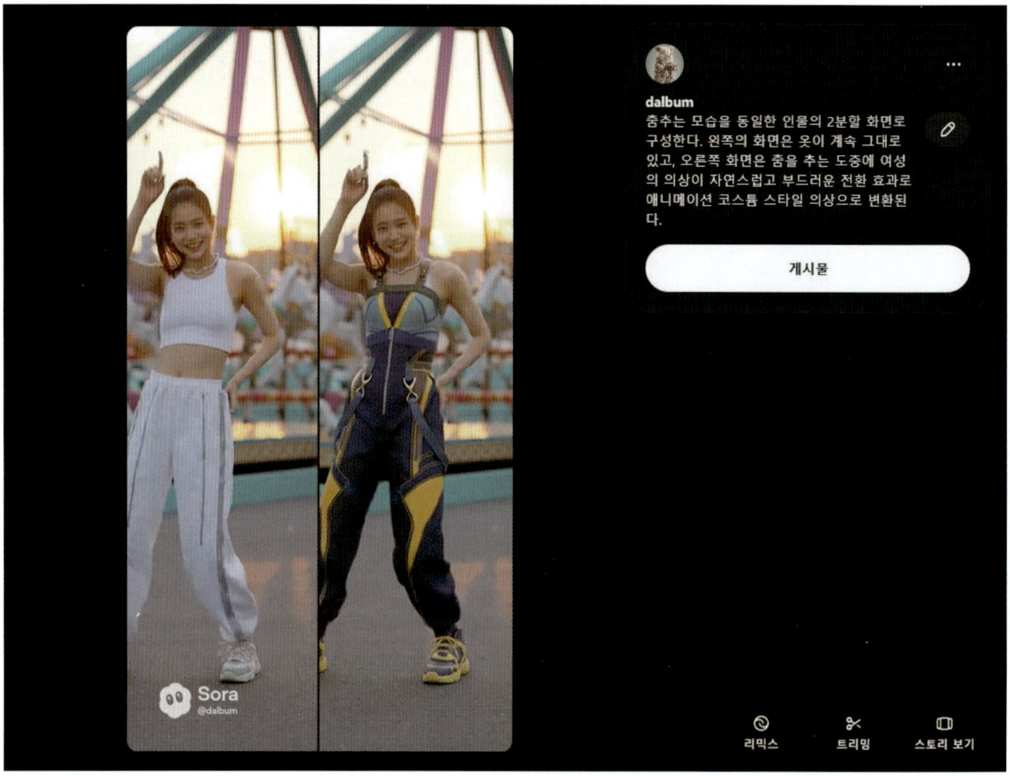

12 | 이번에는 화면이 3분할 된 영상을 만들기 위해 한 번 더 리믹스를 진행합니다. 화면 오른쪽 하단에 나타나는 [리믹스]를 선택합니다.

13 | 프롬프트를 다시 입력할 수 있는 화면이 열리면, 화면 분할과 의상 교체를 위한 프롬프트를 입력한 다음, '생성' 아이콘(⬆)을 클릭해 영상을 생성합니다.

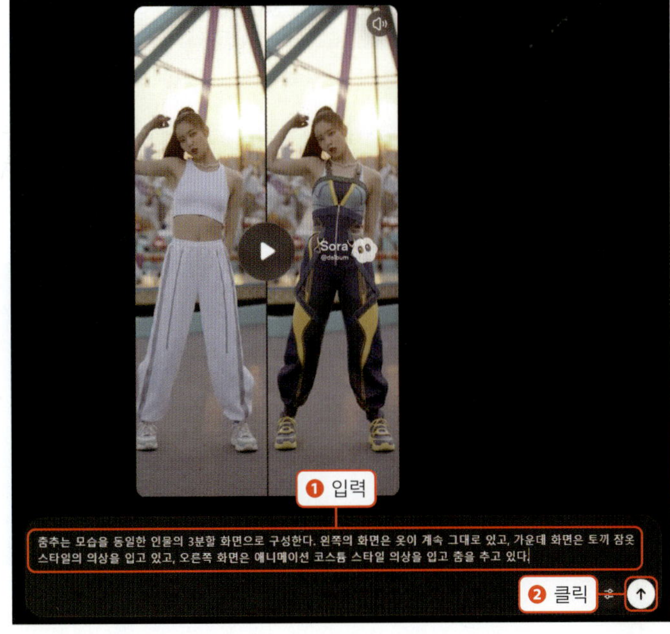

프롬프트

춤추는 모습을 동일한 인물의 3분할 화면으로 구성한다. 왼쪽의 화면은 옷이 계속 그대로 있고, 가운데 화면은 동물 잠옷 스타일의 의상을 입고 있고, 오른쪽 화면은 애니메이션 코스튬 스타일 의상을 입고 춤을 추고 있다.

14 | 개인 프로필에서 [초안]을 클릭하여 결과물을 확인합니다. 3분할의 화면에 각각 다른 의상으로 적용된 영상이 생성되었습니다.

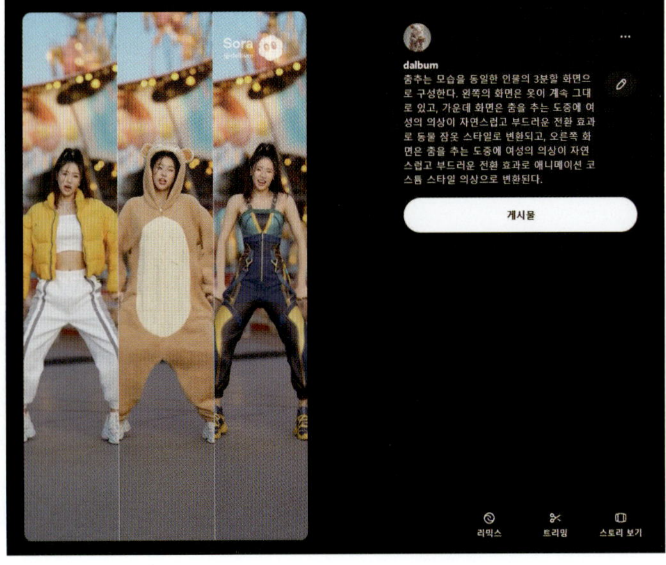

04 스티칭 기능으로 생성한 영상 결합하기

마지막으로 각 영상의 불필요한 앞부분을 트리밍한 뒤, 스티칭 기능을 활용해 개별적으로 생성한 여러 영상을 하나의 영상으로 결합하겠습니다. 영상의 흐름과 순서를 조정해 자연스럽게 이어지는 최종 결과물을 완성합니다.

15 | 3개의 영상을 합치기 전에 영상마다 불필요하게 추가된 앞부분을 제거하겠습니다. 코스튬을 입은 첫 번째 영상을 선택한 다음, 화면 오른쪽 하단에 나타나는 [트리밍]을 선택합니다.

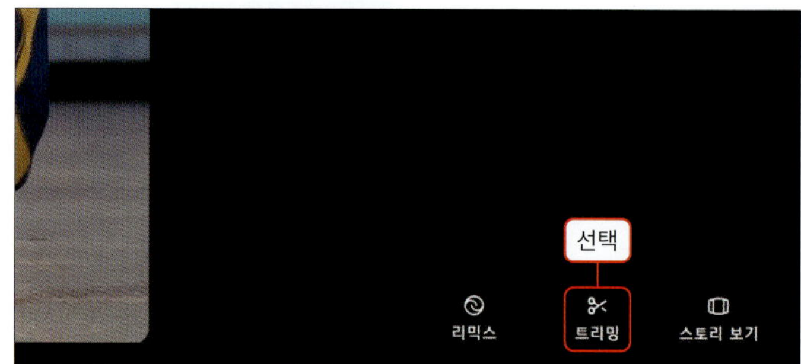

Tip 소라 2의 업데이트 반영이 계정마다 다를 수 있습니다. 하단에 항목을 찾을 수 없다면 상단 오른쪽 '⋯' 아이콘을 클릭해 확인할 수 있습니다.

16 | 생성된 영상의 앞부분에 참고 이미지가 나타나는 구간이 보입니다. 왼쪽 바를 시작된 구간으로 드래그하여 조정합니다. 조정이 완료되면 '다음' 아이콘(→)을 클릭합니다.

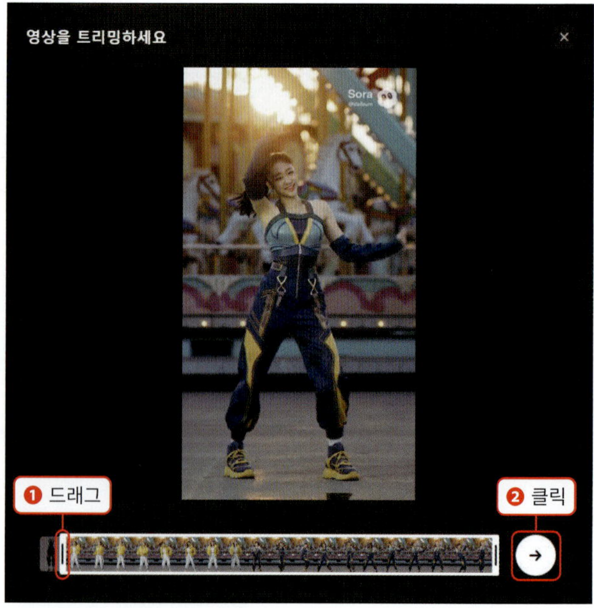

17 | 개인 프로필에서 [초안]을 클릭하여 결과물을 확인합니다. 두 번째와 세 번째 영상도 동일한 방법으로 앞부분을 잘라 편집합니다.

18 | 세 개의 영상에서 앞부분을 모두 잘라냈다면, 영상을 하나로 합쳐 보겠습니다. [초안]에서 상단의 [선택] 버튼을 클릭합니다.

19 | 편집한 3개의 영상을 선택한 다음, 화면 상단의 [스티칭] 버튼을 클릭합니다.

20 | 스티칭 화면에서 선택한 영상들이 순서대로 배열되었는지 확인합니다. 영상을 드래그하여 순서를 바꿀 수 있습니다. 정렬한 다음 [스티칭] 버튼을 클릭합니다.

21 | 개인 프로필에서 [초안]을 클릭하여 결과물을 확인합니다. 영상을 선택해 재생하면서 장면이 자연스럽게 이어지고 전환되는지, 시작 이미지가 정상적으로 제거되었는지 확인합니다. 이상이 없다면 [게시물] 버튼을 클릭해 소라 2 SNS에 공유합니다.

LESSON 04

내 매장에는 캐롤송이 울린다!
크리스마스 캐롤송 작곡하기

예제파일: 04\크리스마스캐롤 폴더 **완성파일:** 04\캐롤1~4, 캐롤_완성.mp4

차가운 공기와 눈 내리는 풍경, 그리고 자연스럽게 떠오르는 겨울의 캐롤. 많은 사람은 겨울이 시작되면 크리스마스를 함께 떠올립니다. 예전에는 연말마다 거리 곳곳에서 캐롤이 흘러나왔지만, 최근에는 저작권 문제로 쉽게 듣기 어려운 경우가 많습니다. 그러나 이제는 수노 AI와 같은 음악 생성 도구를 통해 누구나 직접 멜로디를 만들고 가사를 더해 자신만의 노래를 제작할 수 있습니다. 특히 가사만 준비되어 있다면 캐롤처럼 분위기 있는 곡도 손쉽게 완성할 수 있습니다. 다만, 사용 조건에 따라 권리와 활용 범위가 달라질 수 있으므로 주의가 필요합니다. 이번 예제에서는 이러한 AI 도구를 활용해 겨울 분위기의 짧은 캐럴 한 곡과 그에 어울리는 영상 장면을 함께 만들어 보겠습니다. 비록 짧은 영상과 음악이지만, 그 안에는 겨울이 주는 감정과 분위기가 따뜻하게 담길 것입니다.

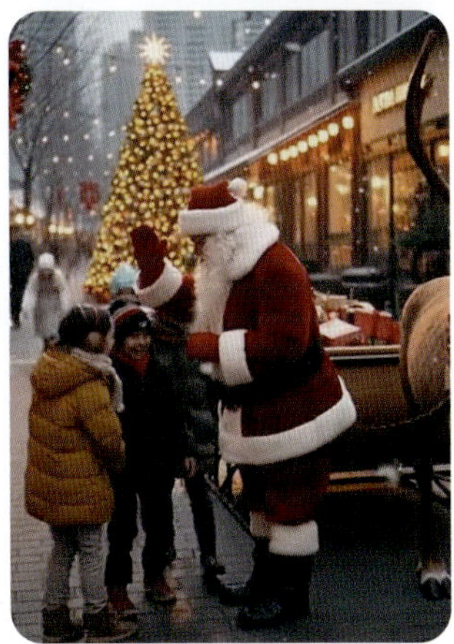

작업 패턴 KEYWORD
❶ 챗GPT를 활용하여 캐롤 가사 작성하고 다듬기
❷ 수노 AI로 캐롤 음악 만들기
❸ 소라 2로 캐롤 분위기의 영상 만들기
❹ 스티칭 기능으로 음악과 영상 합치고 자막 완성하기

예제 콘셉트

간단한 한 줄의 가사에서 출발해, 그 문장이 멜로디가 되고, 그 멜로디에 어울리는 장면이 차례로 완성되는 과정을 다룹니다. 챗GPT로 가사를 구상하고 수노 AI로 캐롤을 제작한 뒤, 겨울 분위기의 장면을 영상으로 구성해 하나의 작품으로 정리하는 흐름을 안내합니다. 비록 짧은 캐럴과 몇 개의 장면으로 이루어진 영상이지만, 그 안에는 각자가 바라본 겨울의 풍경과 감정이 담깁니다. 이러한 겨울의 분위기를 짧은 노래와 영상으로 표현하는 전 과정을 소개합니다.

01 챗GPT를 활용하여 캐롤 가사 작성하고 다듬기

챗GPT를 활용한 캐럴 가사 작성은 겨울의 분위기와 감정을 문장으로 정리해 음악으로 이어지는 첫 단계를 만드는 작업입니다. K-POP 스타일을 참고해 자연스러운 흐름의 가사로 완성해 보겠습니다.

01 | 웹브라우저에 'chatgpt.com/'를 입력하여 챗GPT에 접속합니다. 프롬프트 입력창에 다음과 같은 내용을 입력하고 Enter 을 누릅니다.

프롬프트 산타와 루돌프 사슴이 등장하고, 눈 내리는 겨울 거리 분위기를 담은 30초 길이의 짧고 반복적인 K-POP 스타일 캐럴 가사를 만들어줘.

02 | 다음과 같이 챗GPT가 제안한 K-POP 스타일의 캐럴 가사를 확인할 수 있습니다. 원하는 느낌과 다르다면 얼마든지 문장을 수정해도 되며, 음악을 생성한 뒤 가사에 맞춰 다시 다듬는 방식도 좋습니다.

K-POP 스타일 캐럴 (30초, 반복 가능)

[Verse]
반짝이는 거리 위로 falling snow
설렘처럼 하얗게 내려와 (oh-oh)
저 멀리서 들려오는 sleigh bell flow
산타랑 루돌프가 날 불러와

[Pre-Chorus]
붉은 코가 반짝, 리듬 따라 step
오늘 밤은 우리 holiday f te
손을 잡아 jumpin', 밤하늘에 fly
겨울 밤을 밝혀 shine so bright

[Chorus]
Hey Santa-la-la, 루돌프와 함께 달려가
빙글빙글 춤추는 이 겨울의 노래
Hey Santa-la-la, 다시 또 반복되는 magic night
눈 내리는 거리에서 sing it all night — la-la-la-la

---

03 | 이 가사로 영상을 만들기 위해 4개의 장면 프롬프트를 요청하겠습니다.

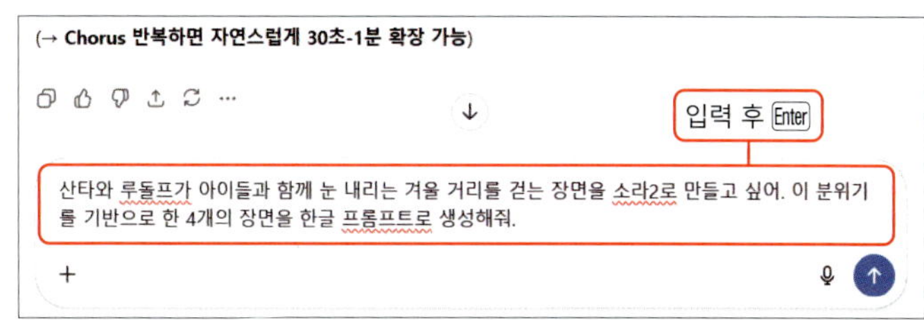

프롬프트

산타와 루돌프가 아이들과 함께 눈 내리는 겨울 거리를 걷는 장면을 소라 2로 만들고 싶어. 이 분위기를 기반으로 한 4개의 장면을 한글 프롬프트로 생성해줘.

Tip 대부분의 생성 모델과 마찬가지로 소라 2 역시 해외기반으로 영어 데이터를 가장 많이 학습했습니다. 따라서 프롬프트 이해도와 세부 묘사 반영은 영어로 작성했을 때 가장 뛰어납니다. 다만 예제는 이해를 돕기 위해 모든 프롬프트를 한국어로 진행했습니다.

04 | 다음과 같이 챗GPT를 통해 제안받은 프롬프트 내용을 확인할 수 있습니다.

장면 1 ─ 눈 내리는 거리에서 산타와 루돌프, 아이들이 등장하는 전체 구도

프롬프트 1 : "눈이 부드럽게 내리는 화이트 겨울 거리, 반짝이는 크리스마스 장식과 가로등 아래를 산타클로스와 루돌프가 아이들과 함께 천천히 걸어가는 장면. 아이들은 목도리를 두르고 웃으며 눈송이를 잡고, 루돌프의 붉은 코가 은은하게 빛남. 따뜻하고 포근한 분위기의 영화 같은 롱샷."

장면 2 ─ 아이들과 자연스럽게 상호작용하는 따뜻한 클로즈업

프롬프트 2 : "크리스마스 선물 자루를 든 산타가 아이들에게 손을 흔들며 미소 짓고, 루돌프가 아이들의 손길을 받아 행복해하는 따뜻한 클로즈업 장면. 눈송이가 카메라 앞을 지나며 부드럽게 흐릿해지고, 아이들은 반짝이는 눈으로 산타를 바라봄. 감성적인 아침 햇빛이 은은하게 비치는 분위기."

장면 3 ─ 아이들과 산타, 루돌프가 함께 눈길을 걷는 다이내믹한 움직임

프롬프트 3 : "함박눈이 쏟아지는 겨울 도시의 골목길에서 산타, 루돌프, 여러 아이들이 발자국을 남기며 함께 걸어가는 다이내믹한 시퀀스. 아이들이 산타의 옷자락을 잡고 뛰어가며, 루돌프가 고개를 까딱이며 즐겁게 움직임. 카메라는 로우 앵글로 촬영해 움직임의 생동감이 강조됨."

장면 4 ─ 거리 전체가 반짝이는 크리스마스 테마의 마무리 컷

프롬프트 4 : "트리 조명과 크리스마스 데코가 가득한 겨울 거리의 파노라마 장면. 산타와 루돌프가 아이들과 함께 손을 들어 인사하며, 배경의 상점들에서 따뜻한 불빛이 새어 나옴. 눈이 천천히 내리며 환상적인 반짝임을 만드는 마무리 컷. 포근하고 감동적인 엔딩 분위기."

02 수노 AI로 캐롤 음악 만들기

수노 AI는 사용자가 만든 가사를 바탕으로 새로운 음악을 생성하는 음악 제작 도구입니다. 복잡한 작곡 과정 없이도 멜로디, 보컬, 분위기가 조화를 이루는 완성형 음원을 손쉽게 만들 수 있습니다.

05 | 웹브라우저에 'suno.com'을 입력해 수노 AI 사이트로 이동하고 [Sign Up] 버튼을 클릭해 로그인합니다.

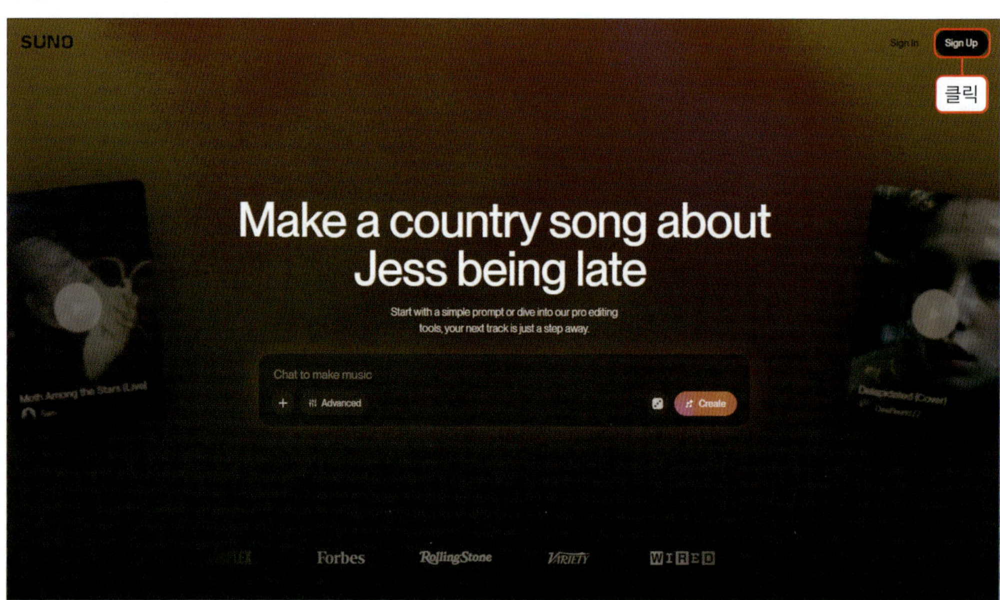

06 | 메인 화면으로 이동하면, 음악을 만들기 위해 화면 왼쪽에 있는 [Create] 메뉴를 클릭합니다. 예제에서는 가사가 포함된 음악을 만들기 위해 상단 메뉴의 [Custom]을 선택합니다.

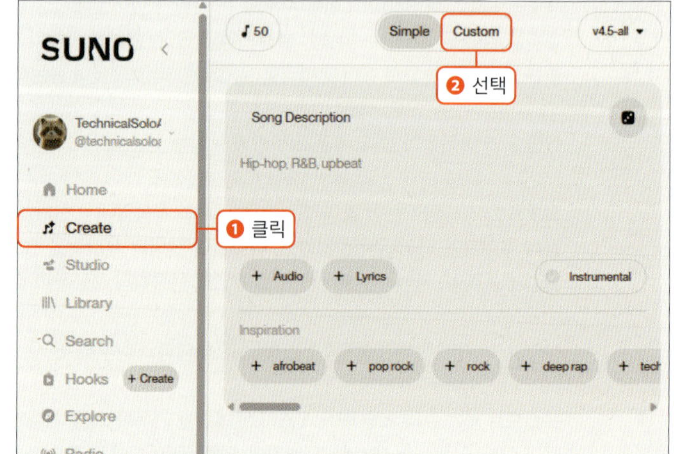

07 | 챗GPT로 만들어둔 가사를 복사해 Lyrics 칸에 붙여 넣습니다. 이어서 Styles 영역에 다음의 문장을 입력해 곡의 분위기를 설정합니다. Song title 칸에 제목인 'Christmas song'을 입력한 뒤 [Create] 버튼을 클릭합니다.

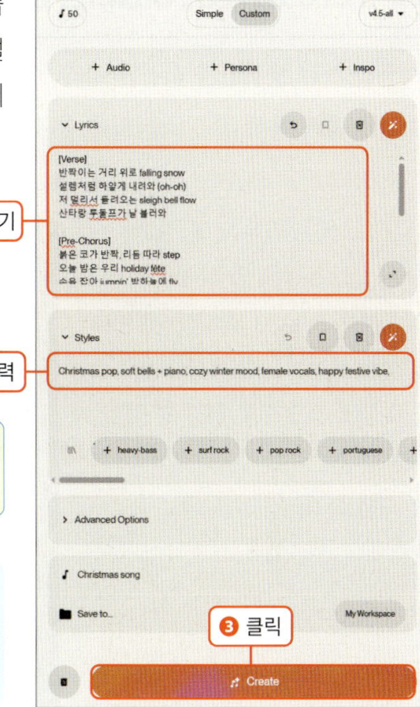

프롬프트

Christmas pop, soft bells + piano, cozy winter mood, female vocals, happy festive vibe.

✦ **Tip**   프롬프트를 번역하면 다음과 같습니다.
크리스마스 팝 스타일, 부드러운 종소리와 피아노, 포근한 겨울 분위기, 여성 보컬, 즐겁고 축제 같은 느낌

08 | 생성된 음악의 가사와 분위기를 확인한 뒤 크리스마스 분위기를 잘 살릴 수 있다고 생각하면 해당 곡의 '▣' 아이콘을 클릭하여 [Download] → [MP3 Audio]를 선택해 곡을 다운로드합니다.

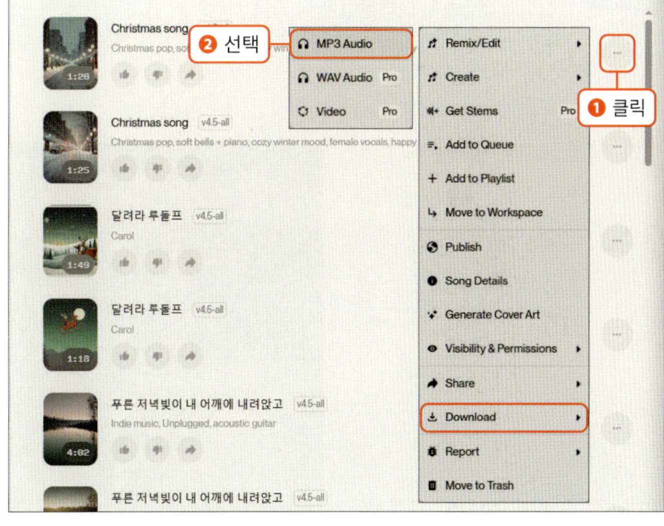

03 소라 2로 캐롤과 어울리는 장면 영상 만들기

캐롤이 가진 분위기와 감정을 시각적으로 표현하기 위해 소라 2에서 장면을 생성하고, 이후에는 리믹스 기능을 활용해 같은 스타일을 유지한 채 다양한 변화를 더 해보겠습니다.

09 │ 웹브라우저에 'sora. chatgpt.com'를 입력하여 소라 2에 접속하고 로그인합니다. 첫 번째 영상을 생성하기 위해서 프롬프트 입력창에 챗GPT를 통해 제안받은 내용을 기반으로 다음과 같이 수정한 프롬프트를 입력합니다.

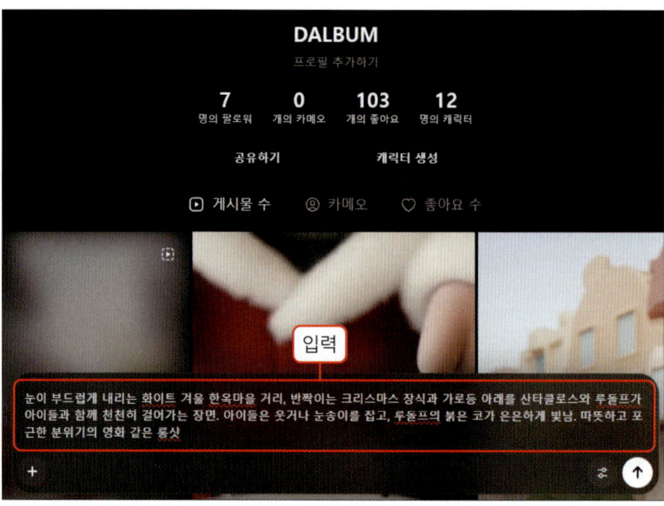

> **프롬프트**
>
> 산타와 루돌프와 아이들이 한국 겨울 거리에서 함께 걷는 장면, 따뜻하고 포근하며 현실적인 겨울 분위기, 눈이 부드럽게 내리는 한국 도심의 겨울 아침, 거리 가게 간판과 가로등이 보이는 롱샷

10 │ 프롬프트 입력창 오른쪽 아래의 '설정' 아이콘(⚏)을 클릭하여 화면 비율을 '세로 모드'로, 재생 시간을 '10초(10s)'로 설정하고 '생성' 아이콘(↑)을 클릭합니다.

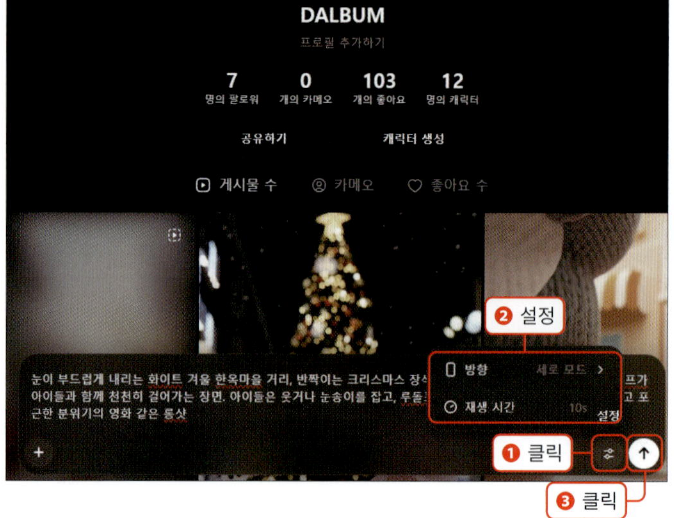

11 | 첫 번째 클립이 생성되면 개인 프로필을 클릭해 [초안]에서 영상의 분위기와 움직임이 의도한 대로 표현되었는지 확인합니다.

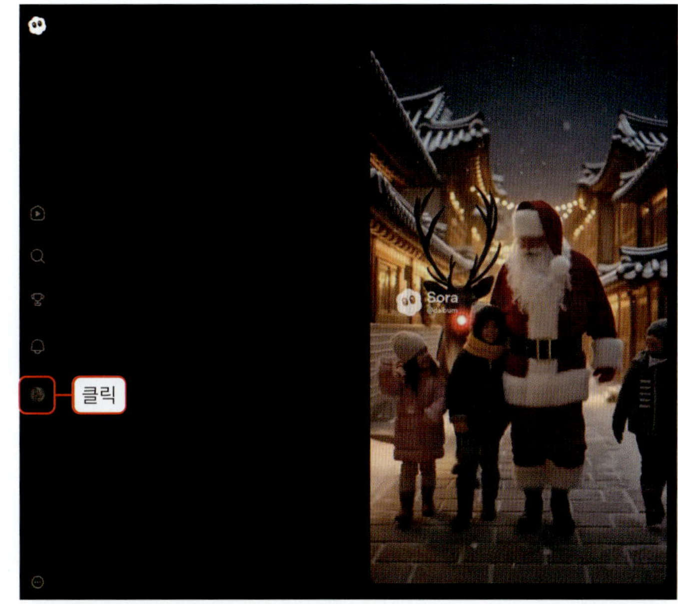

12 | 생성한 영상에 리믹스 기능을 활용해 비슷한 구성은 유지하면서 다른 상황의 애니메이션을 만들겠습니다. 화면 오른쪽 하단에서 [리믹스]를 선택합니다.

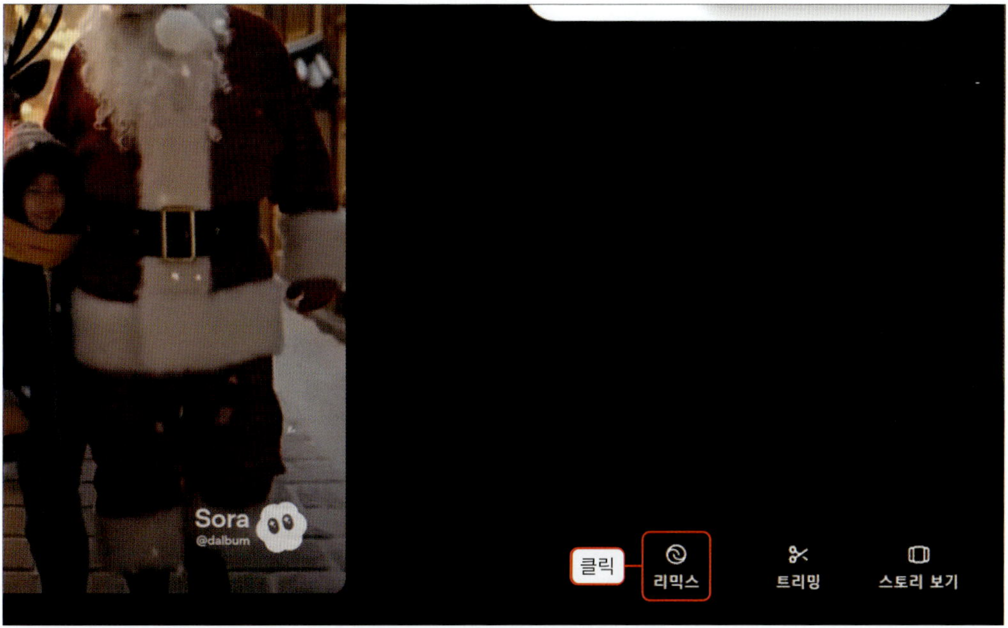

13 | 기존 영상과 차별화된 설정을 추가해 프롬프트를 입력한 다음, '생성' 아이콘(↑)을 클릭해 새 영상을 생성합니다.

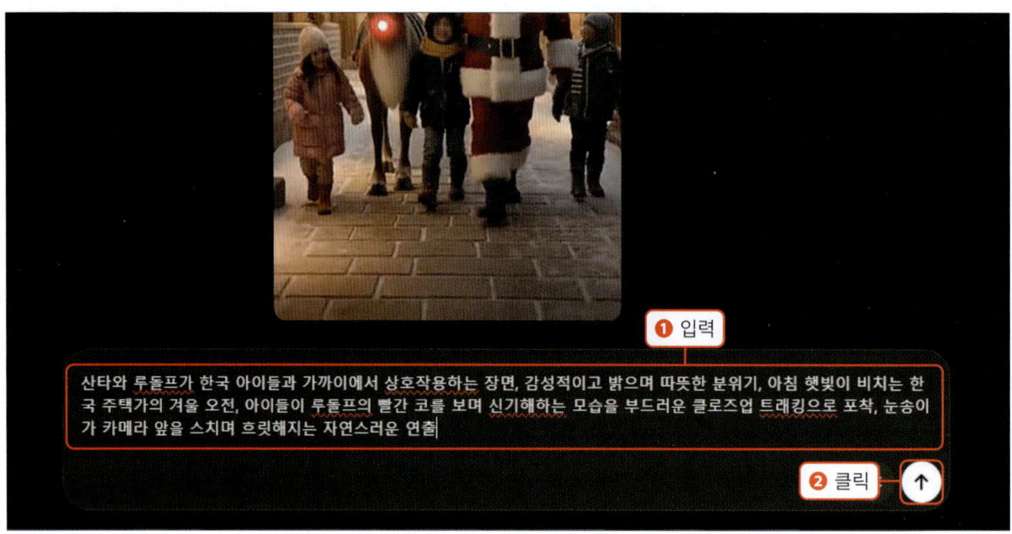

프롬프트
산타와 루돌프가 한국 아이들과 가까이에서 상호작용하는 장면, 감성적이고 밝으며 따뜻한 분위기, 아침 햇빛이 비치는 한국 주택가의 겨울 오전, 아이들이 루돌프의 빨간 코를 보며 신기해하는 모습을 부드러운 클로즈업 트래킹으로 포착, 눈송이가 카메라 앞을 스치며 흐릿해지는 자연스러운 연출

14 | 개인 프로필을 클릭하고 [초안]에서 영상을 재생해, 장면이 의도대로 잘 반영되었는지 확인합니다.

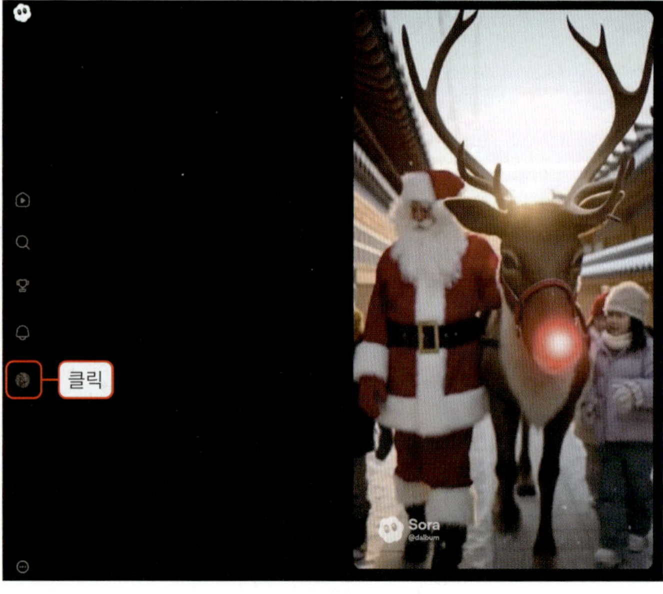

15 | 세 번째 장면 영상을 만들기 위해서 처음 생성한 장면을 다시 선택해 위와 같은 방식으로 리믹스를 진행합니다. 프롬프트를 입력한 뒤 '생성' 아이콘(⬆)을 클릭해 생성합니다.

프롬프트

산타와 루돌프, 여러 한국 아이들이 눈길을 뛰듯 걸으며 움직이는 영상, 활기차고 생동감 있는 분위기, 함박눈이 내리는 한국 광장의 겨울 낮, 한국의 거리에서 많은 아이들이 함께 춤을 추는 모습을 크레인샷으로 역동적으로 담아낸 구성.

16 | 마지막 장면 역시 처음 만든 영상을 다시 선택해 동일한 방식으로 프롬프트를 입력한 다음 '생성' 아이콘(⬆)을 클릭해 새 영상을 생성합니다.

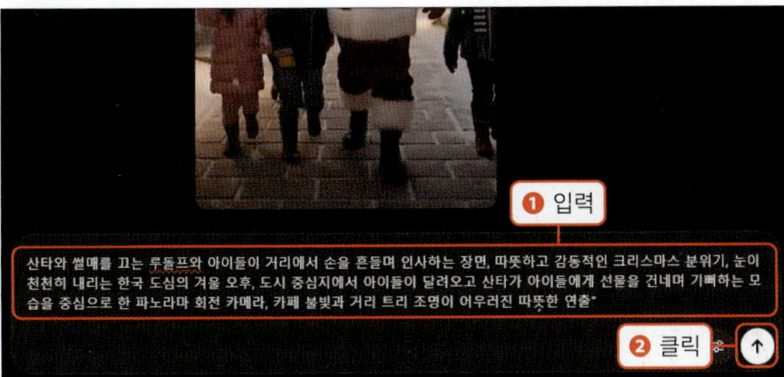

프롬프트

산타와 썰매를 끄는 루돌프와 아이들이 거리에서 손을 흔들며 인사하는 장면, 따뜻하고 감동적인 크리스마스 분위기, 눈이 천천히 내리는 한국 도심의 겨울 오후, 도시 중심지에서 아이들이 달려오고 산타가 아이들에게 선물을 건네며 기뻐하는 모 습을 중심으로 한 파노라마 회전 카메라, 카페 불빛과 거리 트리 조명이 어우러진 따뜻한 연출

17 | 4개의 영상이 모두 완성되었다면, 이제 소라 2의 스티칭 기능을 활용해 생성한 영상클립을 하나의 영상으로 만들겠습니다. 개인 프로필을 클릭하고 [초안]의 영상 목록에서 [선택] 버튼을 클릭해 생성한 4개의 영상을 선택한 뒤 [스티칭] 버튼을 클릭합니다.

18 | 선택된 4개의 영상클립이 하나의 연속된 스토리처럼 표시되며, 화면 아래의 썸네일을 드래그해 원하는 위치로 배치할 수 있습니다. 영상의 순서를 정렬하고 [스티칭] 버튼을 클릭합니다.

19 | [초안]을 확인해보면 합쳐진 영상 파일을 확인할 수 있습니다. 영상을 선택해 '**⋯**' 아이콘을 클릭하고 [다운로드]를 선택하여 파일을 MP4 형식으로 저장합니다.

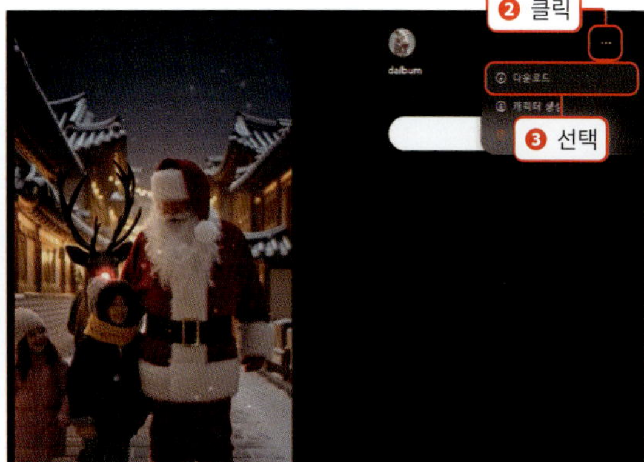

04 음악에 맞춰 컷 편집하고 자막 완성하기

마지막 단계에서는 음악의 흐름에 맞추어 각 장면의 길이를 조정하고 자막을 추가해, 완성도 높은 겨울 캐롤 영상을 완성합니다. 캡컷으로 편집할 때는 음원과 영상이 자연스럽게 어우러지도록 조정하는 것이 중요합니다.

20 | 웹브라우저에 'capcut.com'을 입력하여 캡컷 홈 화면으로 이동합니다. [+ 새로 만들기]에 마우스를 위치시키고 [동영상]에서 [9:16]을 선택합니다.

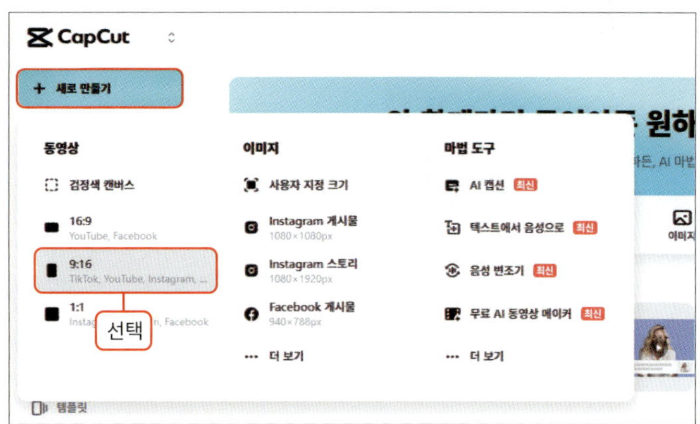

✦ **Tip**　새 프로젝트 생성 화면에서 [16:9], [9:16], [1:1] 등 다양한 화면비를 선택할 수 있으며, 프로젝트에 들어간 이후에도 비율을 다시 수정하실 수 있습니다. 16:9는 유튜브나 가로형 영상에 적합하고, 9:16은 틱톡·인스타 릴스·쇼츠 같은 세로형 숏폼에 활용하기 좋으며, 1:1은 인스타그램 피드나 범용 SNS 게시물에 알맞습니다.

21 | 소라 2와 수노 AI에서 제작한 뮤직 비디오용 영상클립과 노래 파일을 불러오기 위해 [미디어] 메뉴에서 [업로드] → [파일 업로드]를 선택합니다. 열기 대화상자가 표시되면 04 폴더에서 '크리스마스캐롤' 폴더 속 파일을 선택한 다음 [열기] 버튼을 클릭합니다.

✦ **Tip** 화면 중앙의 [+] 버튼을 클릭하거나, 파일을 중앙으로 드래그하여 간편하게 업로드할 수 있습니다.

22 | 미디어 영역에 선택한 폴더의 리소스가 업로드된 것을 확인할 수 있습니다. 순서대로 영상과 음악 파일을 드래그하여 타임라인으로 배치합니다.

✦ **Tip** 예제에서는 리믹스 기능을 활용하여 분위기에 맞는 인트로 영상을 추가로 생성했습니다. 다운로드한 04 폴더 → 크리스마스캐롤 폴더에서 찾을 수 있습니다.

23 | 음악 길이보다 영상이 짧아서, 기존 영상을 복제해 이어 붙이겠습니다. '크리스마스 영상.mp4' 영상을 마우스 오른쪽 버튼으로 클릭하고 [복제]를 선택한 다음, 영상을 마지막으로 이동하여 붙여줍니다.

> ✦ **Tip** 예제에서는 영상이 길어질 수 있어서 간단히 복제 기능을 사용했지만, 실제 작업에서는 각 장면을 여유 있게 생성해 두고 편집하는 것이 훨씬 좋습니다.

24 | 음악 영상에 어울리는 가사 자막을 추가하겠습니다. 음악 클립을 선택하고 가사가 바뀌는 '00:16:09' 지점에 재생 헤드를 두고 '비트 추가' 아이콘()을 클릭하면 음원 위에 비트가 생성됩니다.

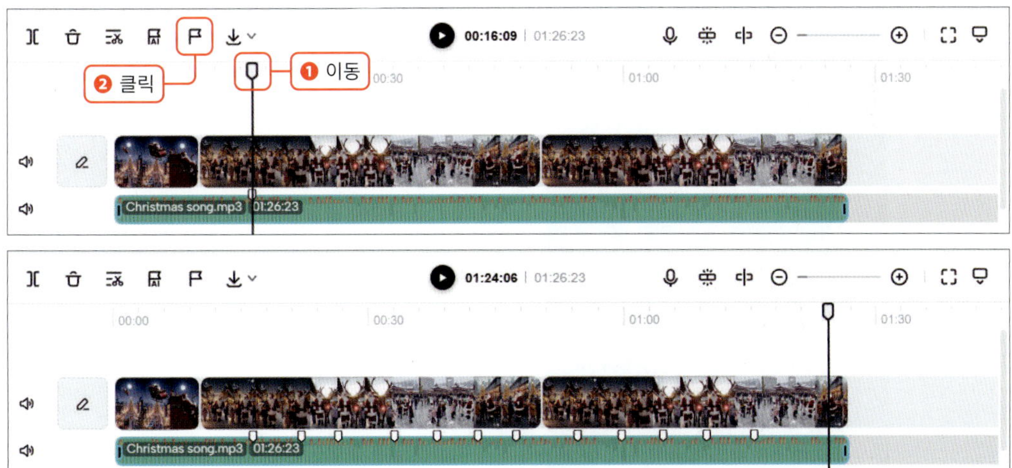

> ✦ **Tip** 음악을 들으면서 동일한 방식으로 가사가 변경되는 구간에 비트를 추가합니다.

25 | 재생 헤드를 가사가 시작되는 위치로 이동한 다음, 왼쪽 [텍스트] 메뉴를 선택하고 [본문 추가]를 클릭해 자막 텍스트를 생성합니다.

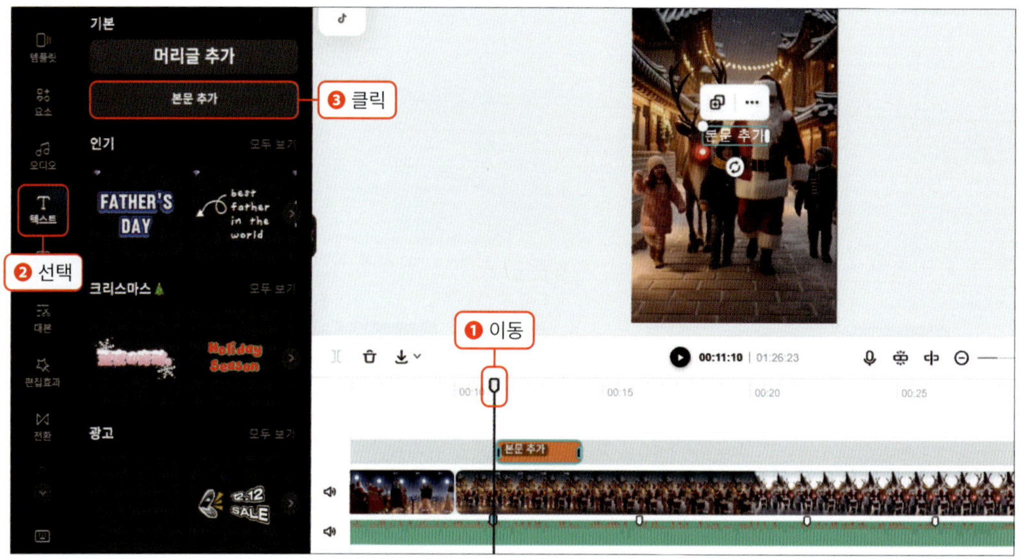

26 | 텍스트 상자를 화면 아래로 드래그하고, 내용을 입력하기 위해 오른쪽 사이드바에 [기본]을 선택합니다. 이곳에서 텍스트 관련 설정을 자유롭게 조정할 수 있습니다.

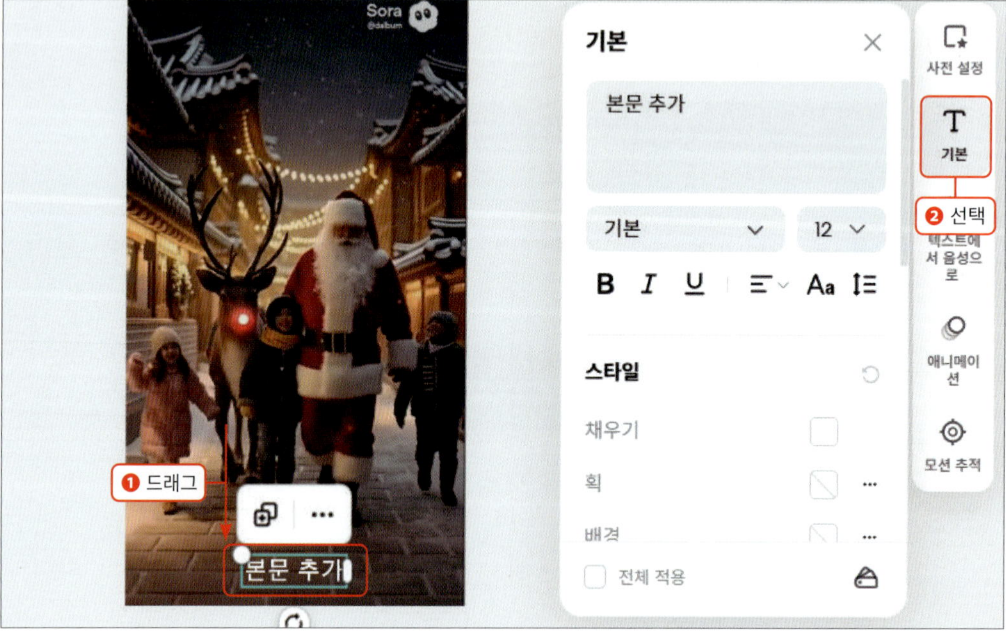

27 | 첫 번째 가사인 '반짝이는 거리 위로 Falling snow'를 입력합니다. 필요에 따라 글자 크기와 폰트 등 다양한 설정을 조정할 수 있습니다. 예제에서는 폰트를 '클래식 타입' 크기를 '11'로 설정하였습니다.

프롬프트

반짝이는 거리 위로 falling snow

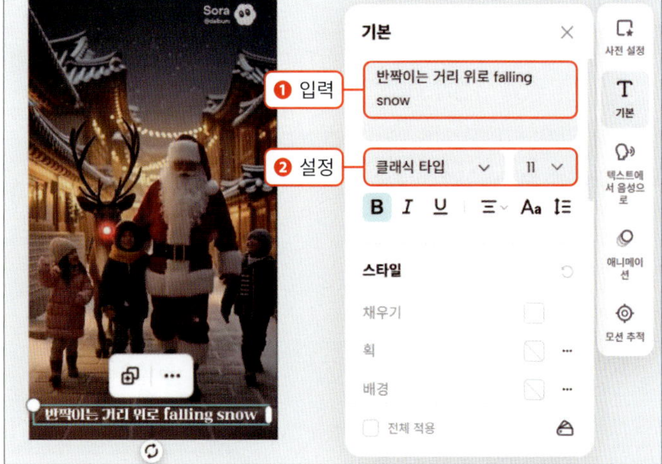

28 | 가독성을 위해 사이드바에 [사전 설정]에서 원하는 스타일을 선택합니다. 이후 텍스트 클립의 오른쪽 끝을 드래그해 다음 비트 위치까지 늘리면, 구간 동안 자막이 유지됩니다.

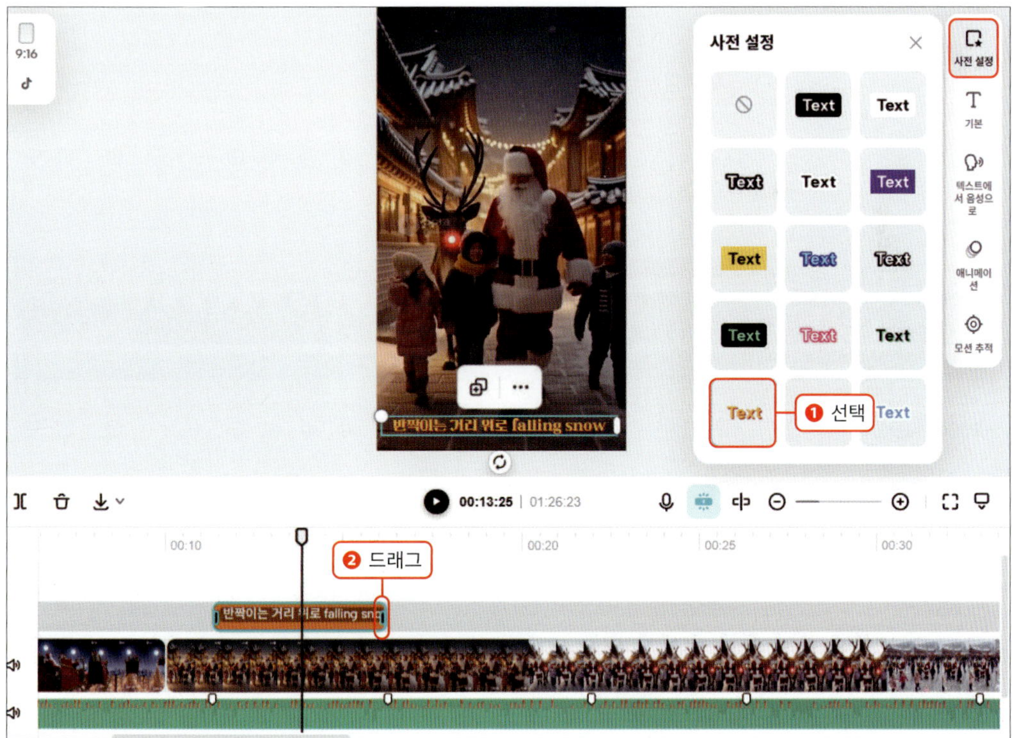

29 | 노래에 어울리는 자막 효과를 넣기 위해, 사이드바에 [애니메이션]에서 [노래방] 효과를 클릭합니다. 이후 인/아웃 모션 지속 시간의 바를 조절해 애니메이션 타이밍을 원하는 대로 맞춰줍니다.

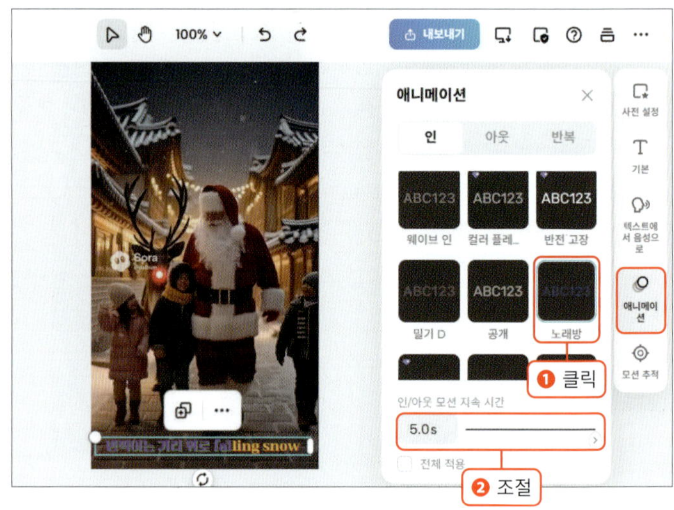

30 | 설정한 스타일을 다른 가사에도 동일하게 적용하기 위해 텍스트 상자를 클릭하고, '복제' 아이콘(🗗)을 클릭합니다. 생성된 클립을 다음 비트 위치로 이동시켜 내용만 변경해 활용합니다.

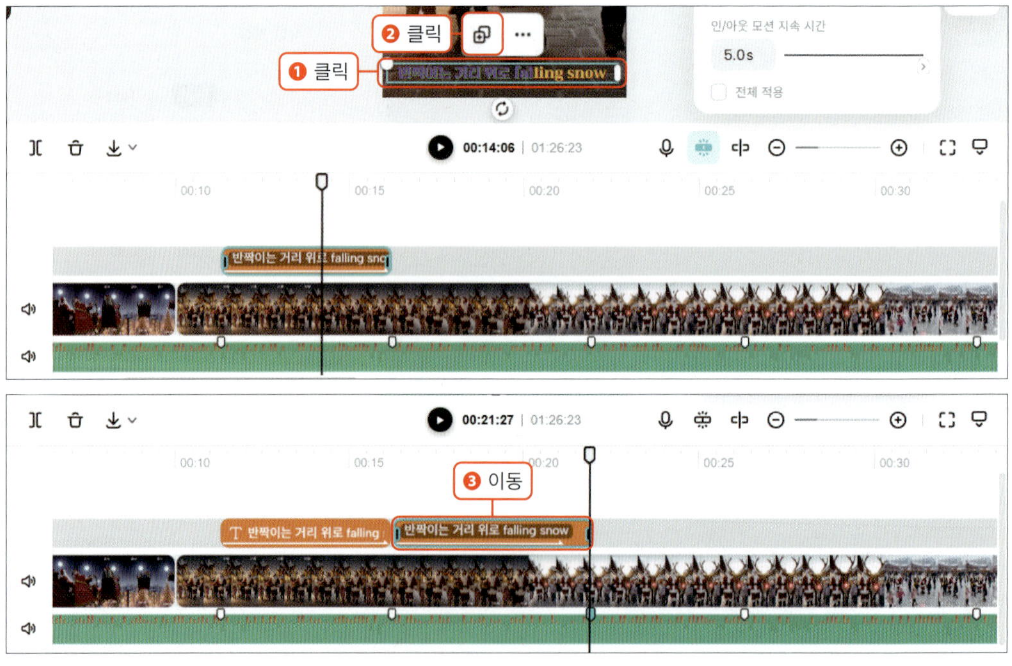

31 │ 다음 가사를 입력하면 기존 스타일은 그대로 유지된 채 자막 내용만 변경됩니다. 이런 방식으로 비트 타이밍에 맞춰 길이를 조정하면서 자막을 계속 추가합니다.

32 │ 영상 편집이 모두 끝났다면, 상단에 [내보내기] 버튼을 클릭하고 [다운로드]를 클릭합니다. 내보내기 설정에서 원하는 해상도와 파일 형식을 지정하고 [내보내기] 버튼을 클릭합니다. 겨울 분위기에 맞춰 생성한 캐럴과 영상이 하나로 합쳐진 뮤직 비디오가 저장됩니다.

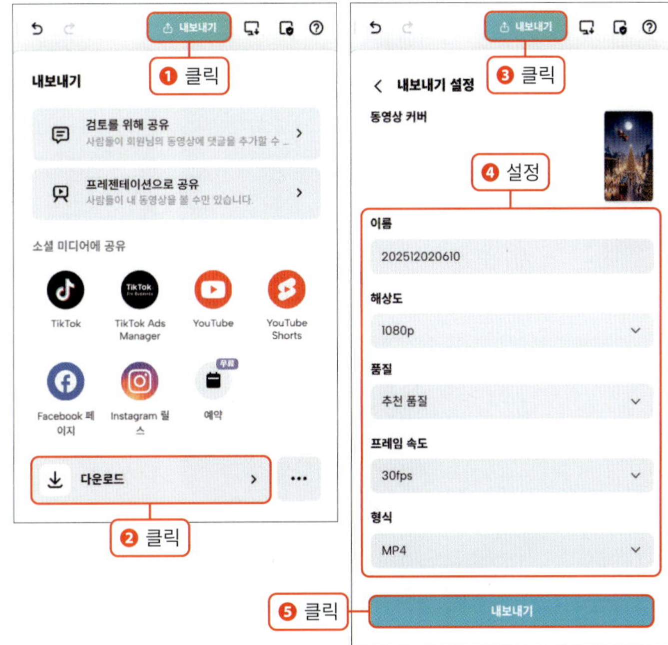

Tip   내보내기 과정에서 [소셜 미디어에 공유] 옵션을 선택하면, 편집이 완료된 영상을 캡컷 인터페이스 안에서 곧바로 틱톡, 유튜브 등 다양한 소셜 미디어 플랫폼과 연결해 업로드할 수 있습니다. 이 기능을 사용하면 영상을 기기에 저장한 뒤 각 플랫폼에 다시 접속해 업로드해야 하는 번거로운 절차를 생략할 수 있어 작업 흐름이 한층 간결해집니다.

특히 틱톡 계정으로 로그인한 상태라면, 캡컷에서 바로 틱톡으로 공유가 가능해 모바일 환경에서도 빠르게 결과물을 게시할 수 있습니다. 또한 캡컷은 플랫폼별로 요구되는 화면 비율, 해상도, 영상 포맷을 자동으로 적용해 주기 때문에, 사용자가 별도의 설정을 고민하지 않아도 됩니다. 이러한 자동 최적화 기능은 업로드 오류를 줄이고, 초보자도 안정적으로 영상을 게시할 수 있도록 돕는 장점이 있습니다.

LESSON 05

작사부터 작곡까지 대중음악 만들기

예제파일: 04\인디음악가사.txt   **완성파일:** 04\콘셉트.mp4, 바람이 스치는 곳에서.mp3

한 편의 뮤직 비디오는 예전에는 기획부터 촬영, 음악 제작까지 많은 시간과 비용이 필요해 개인이 혼자 만들기 어려웠습니다. 하지만 최근 AI 기술이 발전하면서 기획, 음악, 영상 제작까지 혼자서도 단계별로 진행할 수 있는 환경이 마련되었습니다. 이제는 전문 장비나 큰 팀이 없어도 자신의 아이디어만 있다면 뮤직 비디오를 완성할 수 있습니다. 이번 예제에서는 그 첫 단계인 기획과 콘셉트 설정부터 시작해, 수노 AI를 활용한 음악 제작까지 함께 진행해 보겠습니다.

예제 콘셉트

인디 음악의 핵심은 화려한 기술이나 거대한 장비가 아니라, 음악을 만드는 사람의 진정성과 개성에 있습니다. 꾸밈없는 감정, 자신만의 사운드, 그리고 일상에서 길어 올린 이야기가 담긴 가사는 인디 음악만의 특별한 매력을 만들어 냅니다. 때로는 한 사람의 아이디어만으로도 충분히 깊이 있는 음악을 완성할 수 있다는 점 역시 인디 음악의 큰 장점이죠. 이러한 인디 감성을 기획 단계에서 어떻게 녹여낼 수 있는지 살펴보고, GPTs를 활용해 기획안을 마련한 뒤, 그 결과를 바탕으로 음악 생성 AI를 이용해 실제 음악으로 구현하는 과정을 소개하겠습니다.

작업 패턴 KEYWORD

❶ 챗GPT의 GPTs 기능으로 수노 2용 영상 생성 프롬프트 제안받기
❷ 챗GPT에 적절한 노래 가사 요청하기
❸ 수노 AI에 가사를 넣어 음악 생성하기

01 챗GPT에서 뮤직 비디오 컨셉 기획하기

컨셉으로 정한 인디 음악 특유의 감성을 살려, 뮤직 비디오의 분위기와 장면 구성을 GPTs를 활용해 구체적으로 설계해보겠습니다. 이를 기반으로 전체 콘셉트의 흐름을 더욱 명확하게 정해 보겠습니다.

01 | 웹브라우저에 'chat. openai.com/gpts'를 입력하여 GPTs로 이동합니다. 또는 챗GPT 화면에서 [탐색하기]나 [GPT 탐색]가 활성화되어 있을 시 클릭해 이동할 수 있습니다.

> **Tip** GPTs는 사용자가 원하는 목적이나 스타일에 맞게 직접 만든 맞춤형 챗봇입니다.기본 챗GPT를 바탕으로 하지만, 여기에 추가 지침이나 필요한 정보, 도구 등을 넣어 특정한 역할을 더 잘 하도록 만든 버전이라고 생각하면 됩니다.

02 | 검색창에 '소라2'를 입력합니다. 그러면 소라 2에 특화된 여러 모델이 나타나며, 이 중에서 가장 사용자가 많은 [소라2 프롬프트 추천 – 소라 영상 최적화] 모델을 선택해 클릭합니다.

03 | 모델을 클릭하면 해당 모델의 정보와 대화 샘플을 확인할 수 있는 팝업이 나타납니다. 여기서 [채팅 시작] 버튼을 클릭하여, 해당 모델을 사용할 수 있는 화면으로 이동합니다.

04 | 이제 이 화면에서 소라 2에 특화된 GPTs 모델을 사용할 수 있습니다. 입력창에 화면의 분위기를 표현할 수 있는 문장과 각 장면에 필요한 프롬프트를 입력합니다.

프롬프트

> 따뜻한 인디 음악 뮤직 비디오 느낌으로, 20대 여성 인물을 중심에 둔 감성적인 콘셉트 필름을 만들고 싶어. 영상의 전체 분위기를 보여줄 단순 프롬프트 1개와, 배경과 인물이 자연스럽게 어우러지는 스토리 기반의 5개 장면을 위한 간단한 한국어 프롬프트를 만들어줘.

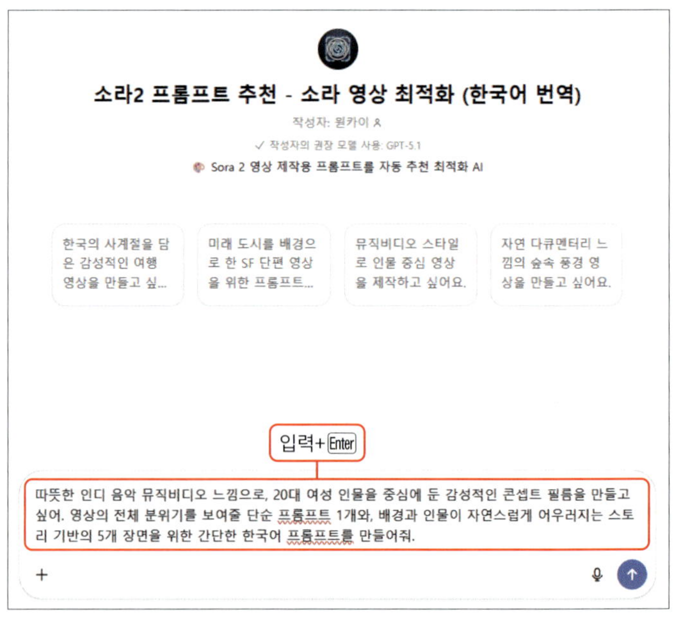

05 | 다음과 같이 챗GPT를 통해 제안받은 프롬프트 내용을 확인할 수 있습니다. 프롬프트는 영어와 한국어 버전으로 제공됩니다.

아래는 따뜻한 인디 음악 뮤직 비디오 느낌, 20대 여성 중심, 감성 콘셉트 필름에 맞춰
영상 전체 분위기용 단일 프롬프트 1개,
스토리 흐름이 있는 5개 장면용 프롬프트, 영어 + 한글 버전으로 구성해 최적화한 것입니다.

① 전체 분위기용 단일 프롬프트 (영어 + 한국어)
"A warm, indie-style music video featuring a soft and emotional atmosphere. A woman in her twenties is the central focus, captured in natural Korean urban and coastal settings with gentle sunlight, shallow depth of field, warm pastel colors, and subtle film-grain texture. Slow, cinematic camera movements that emphasize nostalgia and quiet warmth."

"따뜻한 인디 감성의 뮤직 비디오 분위기. 20대 여성이 중심에 있고, 한국의 자연스러운 도시와 해안 배경에서 은은한 햇빛, 얕은 심도, 따뜻한 파스텔 톤, 가벼운 필름 그레인이 어우러진 장면. 느리고 시네마틱한 카메라 움직임으로 잔잔한 따뜻함과 노스탤지어를 강조한다."

② 5개 장면 스토리 기반 간단 프롬프트 (영어 + 한국어)
각 장면은 독립적으로 사용 가능하며, 이어 붙이면 감성적인 뮤직 비디오 흐름이 자연스럽게 이어지도록 구성했습니다.

1. 새벽빛 속을 걷는 장면
"Early dawn street in Korea with soft pink sunlight. A woman in her twenties walks slowly, hands in pockets, her hair moving gently in the breeze. Warm indie film tone, handheld camera, soft focus."

"부드러운 새벽 햇빛이 비치는 한국의 거리. 20대 여성이 천천히 걸으며 바람에 살짝 흔들리는 머리카락. 따뜻한 인디 필름 톤, 핸드헬드 카메라, 소프트 포커스."

2. 카페 창가에서 빛을 바라보는 장면
"A cozy Korean caf window seat. The woman sits alone, looking out at the warm afternoon light, dust floating in the air. Shallow depth of field, gentle lens flares, soft acoustic mood."

"아늑한 한국 카페의 창가. 여성이 혼자 앉아 따뜻한 오후 햇살을 바라본다. 공중에 떠다니는 먼지, 얕은 심도, 은은한 렌즈 플레어, 어쿠스틱한 감성."

3. 바닷가에서 바람을 느끼는 장면
"Quiet Korean seaside during golden hour. The woman stands near the water, closing her eyes as the wind brushes past. Warm pastel colors, slow dolly-out shot, nostalgic indie mood."

"골든 아워의 조용한 한국 바닷가. 여성이 파도 가까이 서서 바람을 느끼며 눈을 감고 있다. 따뜻한 파스텔 톤, 느린 돌리 아웃, 노스탤지어한 인디 감성."

4. 노트에 글을 적는 손 클로즈업
"Close-up of the woman's hands writing in a small notebook. Sunlight through a curtain creates soft shadows. Warm film grain, cozy indie aesthetic."

"작은 노트에 글을 적는 여성의 손 클로즈업. 커튼 사이로 들어오는 햇빛이 부드러운 그림자를 만든다. 따뜻한 필름 그레인, 포근한 인디 분위기."

5. 옥상에서 하늘을 바라보며 미소짓는 엔딩
"Korean rooftop at sunset. The woman smiles softly while looking up at the sky, wind moving her hair. Wide cinematic framing, glowing orange light, calm and emotional ending shot."

"해 질 녘 한국의 옥상. 여성이 하늘을 바라보며 잔잔히 미소 짓는다. 바람에 흔들리는 머리카락, 와이드 시네마틱 구도, 따뜻한 오렌지빛, 감성적인 마무리 장면."

프롬프트 구성 요소 해설
Indie Music Video Mood: 파스텔 컬러·필름 그레인·부드러운 자연광·핸드헬드가 핵심
20대 여성 중심: 감정선이 자연스럽게 드러나는 소규모 동작 중심
한국적 배경: 카페, 거리, 해안, 옥상 등 일상적 공간
감성 시네마틱: 느린 카메라, 얕은 심도, 자연광 활용

02 스토리보드로 완성하는 감성 콘셉트 영상

GPTs를 통해 제안받은 프롬프트를 소라 2에 입력하면, 전체적인 분위기와 콘셉트를 확인할 수 있습니다. 이제 스토리보드 기능을 활용해 각 장면을 하나의 영상으로 만들어 보겠습니다.

06 | 웹브라우저에 'sora.chatgpt.com'을 입력하여 소라 2의 메인 화면에서 로그인합니다. 컨셉 영상 생성을 위해 프롬프트 입력창에 [스토리보드] 버튼을 클릭합니다.

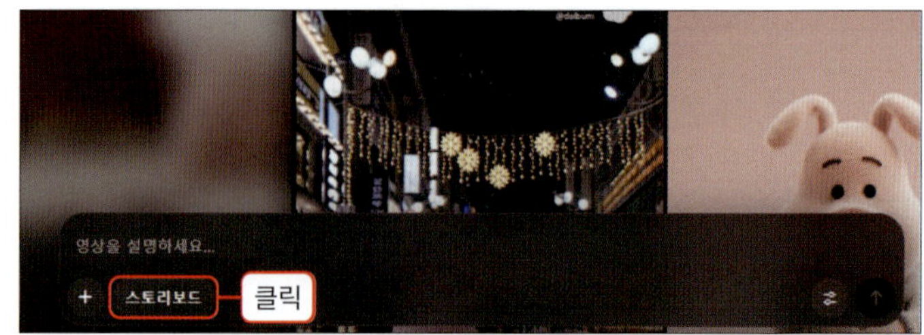

Tip 소라 2의 스토리보드 기능은 여러 장면을 카드 형태로 나누어 배치하며 영상의 흐름·구성·분위기를 미리 설계할 수 있어, 뮤직 비디오나 단편 영상처럼 여러 컷이 필요한 작업에 특히 유용한 기획 도구입니다.

07 | 장면의 프롬프트를 순서대로 입력해 콘셉트 영상을 제작할 수 있습니다. 설정은 방향을 '가로 모드'로, 재생 시간을 '15초(15s)'로 설정합니다.

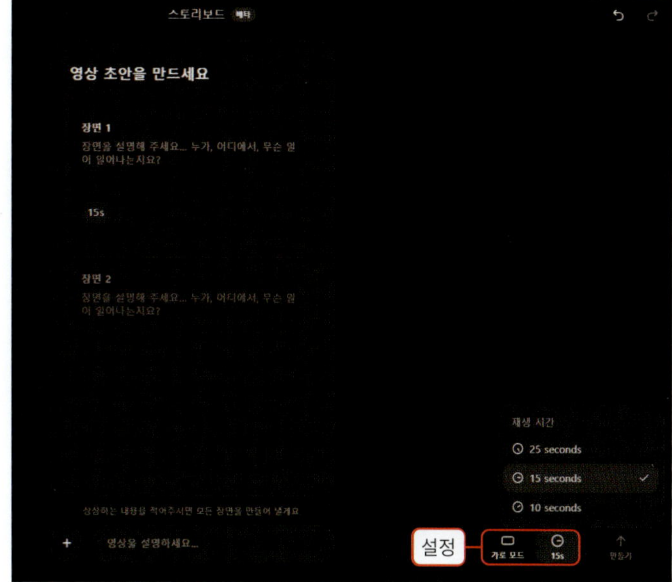

✦ **Tip** 영상 길이는 제작 전에 미리 설정하는 것이 좋습니다. 작업 중에 시간을 변경하게 되면 각 장면의 시간도 다시 설정해야 하기 때문입니다. 또한, 소라 2에서 15초 영상은 생성 단위(Video Gens)를 사용합니다. 25초 영상을 만들 경우, 더 많은 생성 단위나 크레딧이 소모될 수 있으니 주의하세요.

08 | GPTs를 통해 제안받은 프롬프트를 장면 1~5까지 순서에 맞게 복사하여 붙여 넣습니다.

✦ **Tip** 각 장면의 영상 시간은 스토리보드에 입력된 순서에 따라 자동으로 분배됩니다. 필요하다면 시간 영역을 눌러 조절할 수 있으며, 설정한 전체 시간을 초과하면 시간 아이콘이 빨간색으로 표시됩니다.

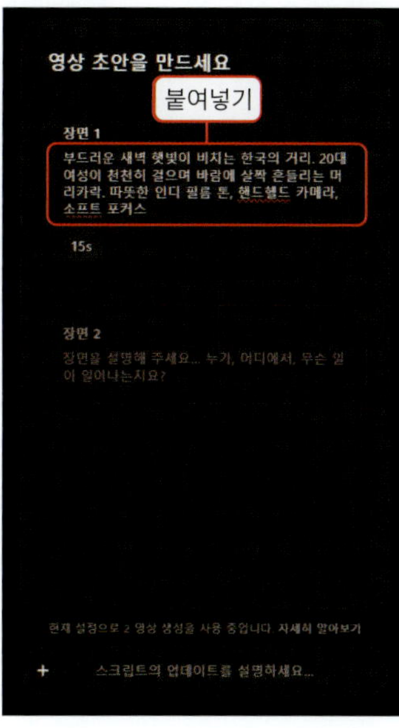
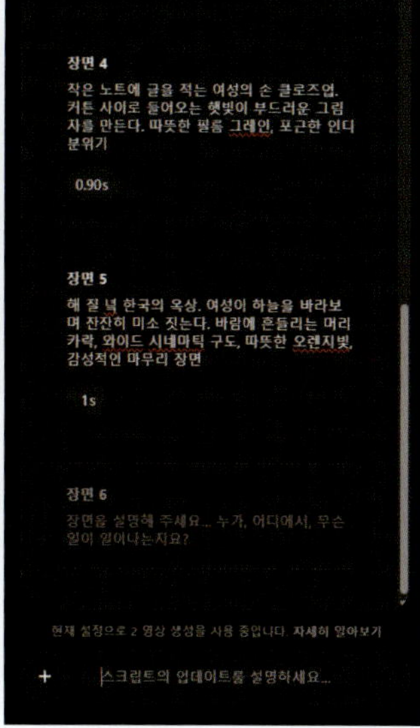

09 | 프롬프트 입력창의 '스크립트의 업데이트를 설명하시오' 영역에는 챗GPT가 제안한 전체 분위기용 단일 프롬프트를 복사해 붙여 넣습니다. 입력을 마친 뒤 '생성' 아이콘(↑)을 클릭하면 영상 생성이 시작됩니다.

프롬프트

따뜻한 인디 감성의 뮤직 비디오 분위기. 20대 여성이 중심에 있고, 한국의 자연스러운 도시와 해안 배경에서 은은한 햇빛, 얕은 심도, 따뜻한 파스텔 톤, 가벼운 필름 그레인이 어우러진 장면. 느리고 시네마틱한 카메라 움직임으로 잔잔한 따뜻함과 노스탤지어를 강조한다.

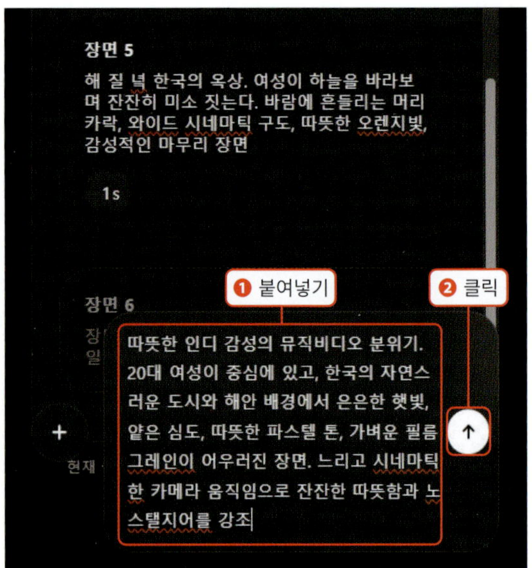

10 | 개인 프로필을 클릭하고 [초안]에서 영상을 확인합니다. 영상의 전체적인 장면 흐름과 분위기, 감성적인 톤을 미리 확인하는 단계이므로, 전개의 흐름이 의도한 콘셉트와 잘 맞는지 중심적으로 살펴보는 것이 좋습니다.

✦ **Tip** 생성한 영상의 '⋯' 아이콘을 클릭해 [스토리보드로 열기]를 선택하면 시간과 장면 등을 다시 수정할 수 있습니다. 영상에 음악이나 보이스가 포함되어 있더라도, 이후 편집 과정에서 언제든지 제거하거나 원하는 소리로 교체할 수 있습니다.

03 챗GPT를 활용한 인디 감성 가사 제작

각 장면을 구성해 콘셉트의 흐름을 잡았다면, 이제는 그 분위기에 어울리는 가사를 만들어볼 차례입니다. 챗GPT를 활용해 인디 특유의 감성을 담은 가사를 생성하는 방법을 살펴보겠습니다.

11 │ 챗GPT 홈 화면에 [새 채팅]을 클릭합니다. 앞서 구성한 장면을 설명하는 문장을 입력하고 '제출' 아이콘(⬆)을 클릭합니다.

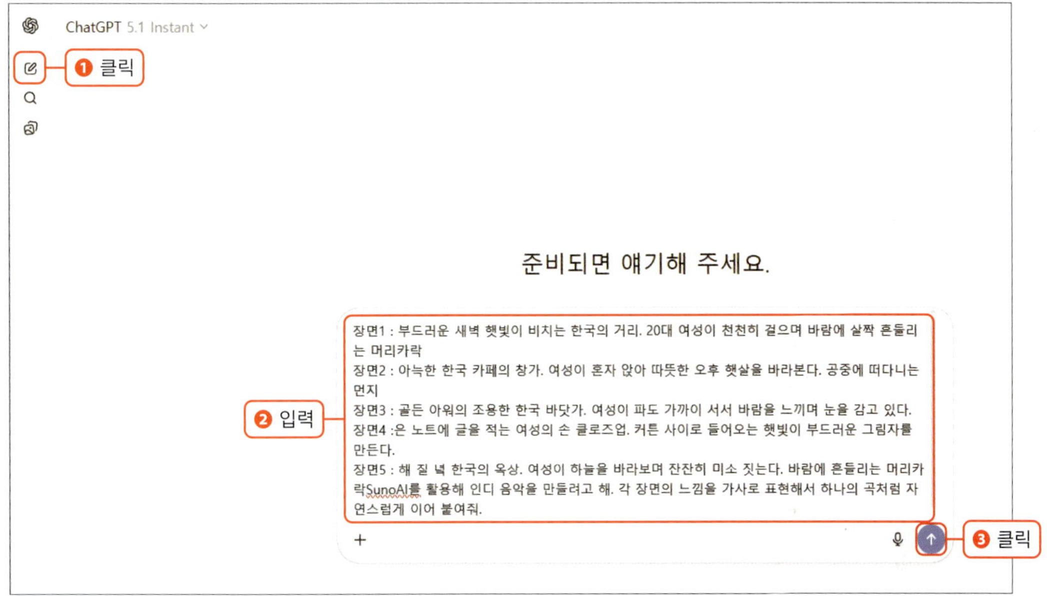

프롬프트

장면1 : 부드러운 새벽 햇빛이 비치는 한국의 거리. 20대 여성이 천천히 걸으며 바람에 살짝 흔들리는 머리카락

장면2 : 아늑한 한국 카페의 창가. 여성이 혼자 앉아 따뜻한 오후 햇살을 바라본다. 공중에 떠다니는 먼지

장면3 : 골든 아워의 조용한 한국 바닷가. 여성이 파도 가까이 서서 바람을 느끼며 눈을 감고 있다.

장면4 : 노트에 글을 적는 여성의 손 클로즈업. 커튼 사이로 들어오는 햇빛이 부드러운 그림자를 만든다.

장면5 : 해 질 녘 한국의 옥상. 여성이 하늘을 바라보며 잔잔히 미소 짓는다. 바람에 흔들리는 머리카락

수노 AI를 활용해 인디 음악을 만들려고 해. 각 장면의 느낌을 가사로 표현해서 하나의 곡처럼 자연스럽게 이어 붙여줘.

12 | 챗GPT를 통해 아래와 같은 제목과 가사가 생성되었습니다. 원하는 분위기가 나올 때까지 같은 프롬프트로 재요청할 수 있으며, 마음에 들었다면 수노 AI에서 활용하기 위해 생성된 가사를 복사해 준비합니다.

인디 음악 가사 초안 ― "바람이 스치는 곳에서"

[Verse 1 ― 새벽 거리]
새벽빛이 차분히 내려앉은 거리 위
천천히 걷는 나의 그림자만 길어지고
바람에 흩날리는 머리카락 사이로
아직 깨어나지 않은 하루가 스며와

[Verse 2 ― 카페의 오후]
창가에 홀로 앉아 오래된 먼지를 바라보면
햇살이 조용히 흘러와 마음을 데워
잔잔한 오후 속에 나도 잠시 멈춰 서서
말하지 못한 생각들을 한 겹씩 풀어내

[Chorus]
이렇게 하루의 빛 속을 걸어가
흐르는 바람에 마음을 실어
어디로든 이어지는 길 위에서
나는 조금씩 나에게 닿아가

[Verse 3 ― 바닷가의 골든 아워]
황금빛이 번지는 바다 끝에 서서
파도 소리에 맞춰 눈을 감아보면
모든 걱정이 멀리 날아가 버릴 것 같아
잠시의 고요가 나를 감싸 안아

[Bridge ― 노트에 적히는 글]
커튼 사이로 흘러드는 따스한 빛 아래
손끝에 남아있는 말들을 노트에 적어
오늘의 내가 느꼈던 작은 마음들을
지워지지 않도록 조용히 담아두고

[Final Verse ― 저녁 옥상]
해가 지는 옥상 위에 서서 하늘을 보면
붉게 번진 구름 사이로 내일이 비쳐
바람에 흔들리는 머리카락을 넘기며
아주 조용히, 혼자만의 미소를 지어

> [Outro]
> 스쳐 지나간 모든 순간들 속에서
> 나는 조금씩 더 나다운 빛을 찾아
> 오늘도, 또 내일도
> 바람이 스치는 곳에서 걸어가

04 수노 AI 음악 만들기

이렇게 생성된 가사를 바탕으로 음악 생성 AI를 활용해 하나의 곡으로 완성해보겠습니다. 곡의 완성도를 높이기 위해서는 제안받은 가사를 먼저 넣어보고, 여러 번 수정하며 다듬어가는 과정이 중요합니다.

13 | 웹브라우저에 'Suno.com/'를 입력해 수노 AI 사이트로 이동합니다. 이미 회원이라면 [Sign In] 버튼을 클릭하여 로그인하고, 처음이라면 [Sign Up] 버튼을 클릭하여 무료로 회원가입을 진행합니다.

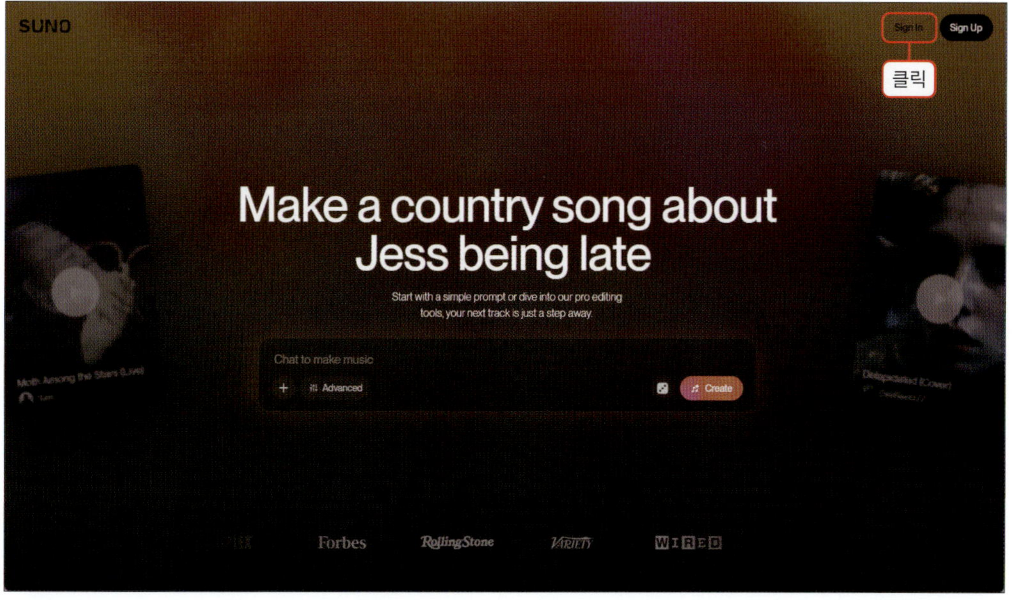

Tip　수노 AI의 무료 플랜에서는 하루에 50 크레딧이 제공되며, 이로 인해 대략 하루에 최대 10곡까지 생성할 수 있습니다.

14 | 로그인 후 메인 화면으로
이동합니다. 음원을 생성하기 위해
[Create] 메뉴를 선택해 이동합니다.

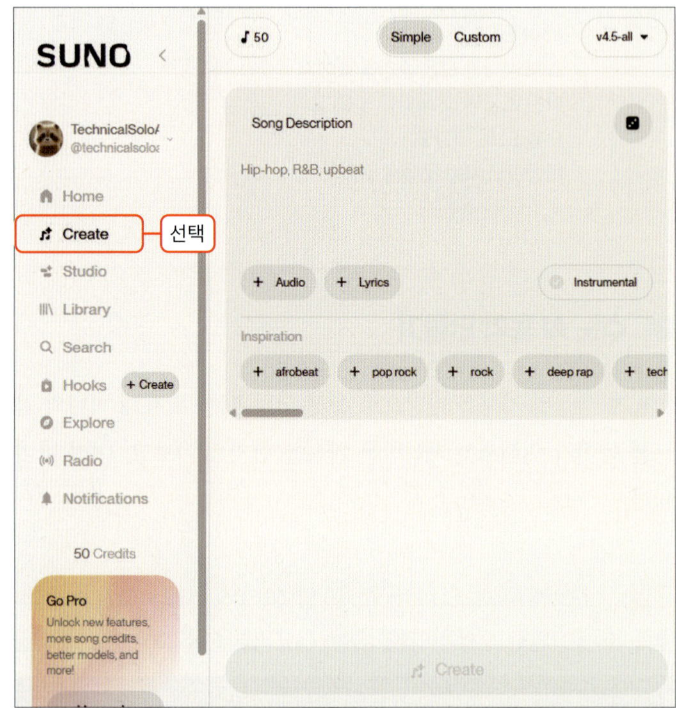

15 | 가사가 없는 음악을 만들고 싶다면 [Sample]을,
가사가 포함된 노래를 만들고 싶다면 [Custom]을 선택하
면 됩니다. 예제는 가사가 있는 경우이므로 [Custom]을
선택합니다.

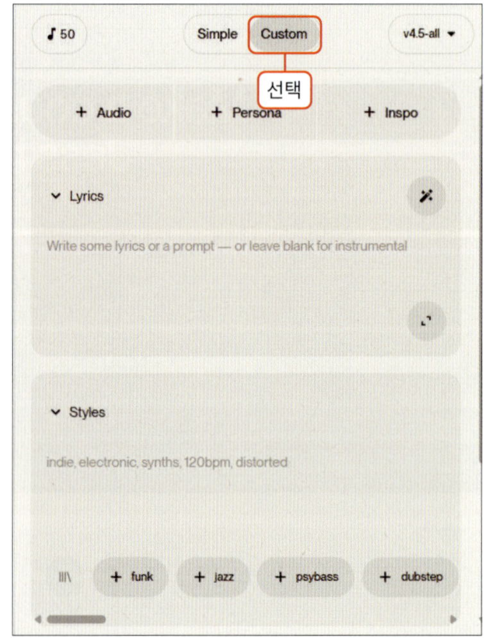

16 │ 챗GPT로 만들어둔 가사를 복사해 Lyrics 영역에 붙여 넣습니다. 이어서 Styles 영역에 다음의 프롬프트를 입력해 곡의 분위기를 설정하고 [Create] 버튼을 클릭합니다.

Indie music, Unplugged, acoustic guitar

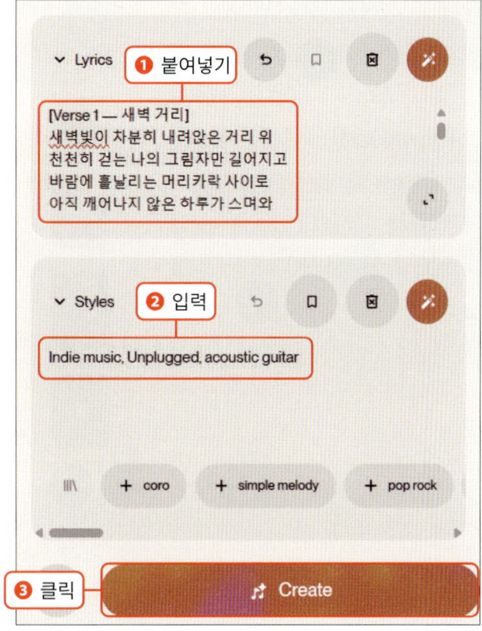

17 │ 수노 AI에서는 한번 곡을 생성할 때 두 개의 버전으로 생성합니다. 추가로 유료 버전에서는 1분 길이의 프리뷰 곡이 제공되며, 생성된 음악을 듣기 위해 해당 버전의 썸네일을 클릭하면 바로 재생할 수 있습니다.

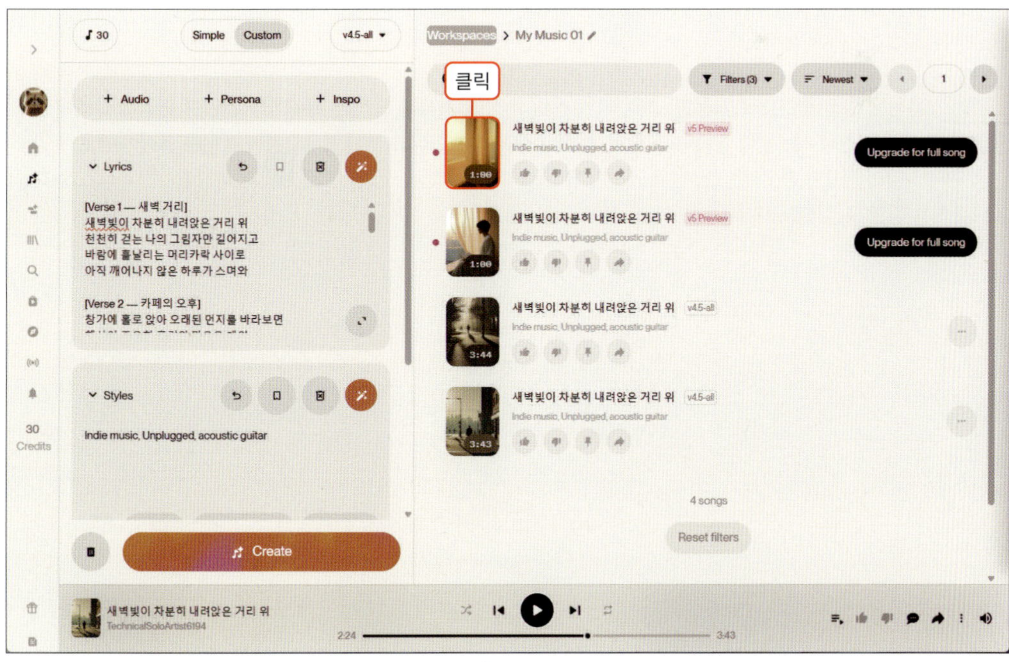

18 | 생성된 음악의 가사와 분위기를 확인한 뒤 노래가 마음에 들면, 해당 곡의 '⋯' 아이콘을 클릭하고 [Download] → [MP3 Audio]를 선택해 곡을 다운로드합니다. 예제에서는 '바람이 스치는 곳에서.mp3'로 이름을 변경하여 저장했습니다.

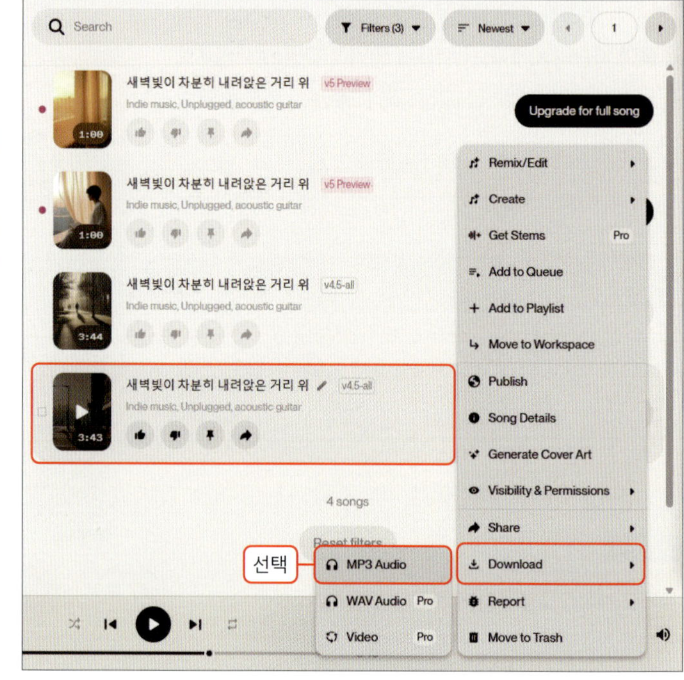

✦ **Tip**　곡 제목은 첫 소절을 기준으로 자동 생성되며, 제목을 바꾸고 싶다면 해당 곡에 마우스를 위치시켜 'Edit Title' 아이콘(✎)을 클릭해 수정할 수 있습니다. 제목을 변경하면 다운로드 시에도 수정된 제목으로 저장됩니다.

✦ **Tip**　음원을 영상에 그대로 사용할 경우, 파일 용량이 작아 저장과 관리가 편리하며 간단한 편집에도 충분한 [MP3 Audio]를 선택하는 것이 좋습니다. 반면, 음질 손실을 최소화하고 편집 프로그램에서 음량 조절·이펙트 추가 등 추가 가공이 필요한 경우에는 [WAV Audio]가 유리합니다. 단, 해당 포맷은 프로 요금제 이상에서만 사용 가능하므로 이용 중인 요금제를 고려하여 선택하는 것이 좋습니다.

LESSON 06

음악 한곡을 완성하여 뮤직 비디오 완성하기

예제파일: 04\인디_뮤직비디오 폴더   **완성파일**: 04\인디뮤직비디오_완성.mp4

소라 2에서는 영상 생성 시 보통 10초 또는 15초처럼 짧은 클립 단위로 작업하는 경우가 많습니다. 물론 여러 개의 클립을 이어 붙이는 스티치(Stitch) 기능을 사용하면 더 긴 영상도 만들 수 있습니다. 하지만 뮤직 비디오처럼 음악의 리듬과 장면 전환이 중요한 작업에서는, 처음부터 각 장면에 맞는 클립을 순서대로 만드는 것이 더 좋은 결과를 얻는 데 도움이 됩니다. 이렇게 생성한 클립을 외부 편집 프로그램에서 음악에 맞춰 정교하게 이어 붙이면 훨씬 자연스럽고 완성도 높은 뮤직 비디오를 만들 수 있습니다.

앞서 챗GPT를 통해 콘셉트 영상을 만들 수 있는 프롬프트를 제안받고, 각 장면을 바탕으로 가사도 생성했으며, 이를 활용해 음악 생성 AI 프로그램인 수노 AI로 인디 음악 한 곡을 완성했습니다. 이제는 소라 2에서 각각의 장면을 생성하여 영상 클립으로 만들고, 생성한 음악 및 영상 리소스를 편집해 뮤직 비디오의 한 부분을 완성해보겠습니다.

예제 콘셉트

작업 패턴 KEYWORD

❶ 소라 2에서 프롬프트로 첫 번째 장면 영상 만들기
❷ 캐릭터 등록으로 전체 장면 일관성 유지하기
❸ 일관성 있게 새로운 장면 생성하기
❹ 캡컷으로 장면을 편집해 장편 영상 만들기

01 소라 2에서 첫 번째 장면 영상 만들기

챗GPT에서 제안받은 영상 설명과 분위기 설정 프롬프트를 조합해 기본 장면을 구성한 뒤, 이를 바탕으로 소라 2에서 장면의 감성과 흐름을 유지하면서도, 컷마다 개성을 담은 뮤직 비디오 스타일의 영상을 만들겠습니다.

01 │ 웹브라우저에 'sora. chatgpt.com'을 입력하여 소라 2의 메인 화면에서 개인 프로필을 클릭합니다.

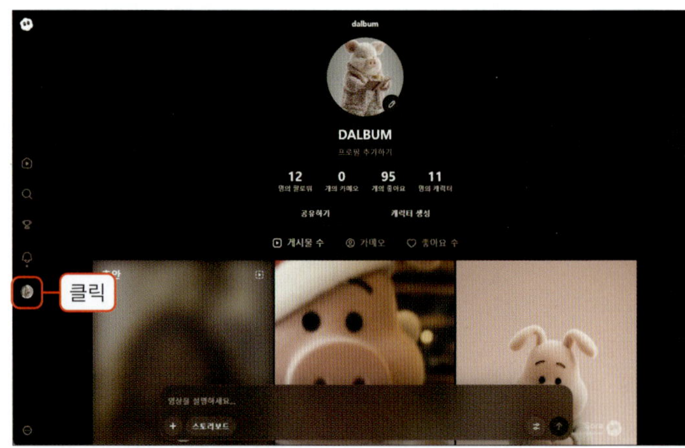

02 │ 전체 영상의 기준이 될 첫 번째 영상을 생성하기 위해 기획단계에서 챗GPT에게 제안 받은 프롬프트를 참고하여 입력합니다.

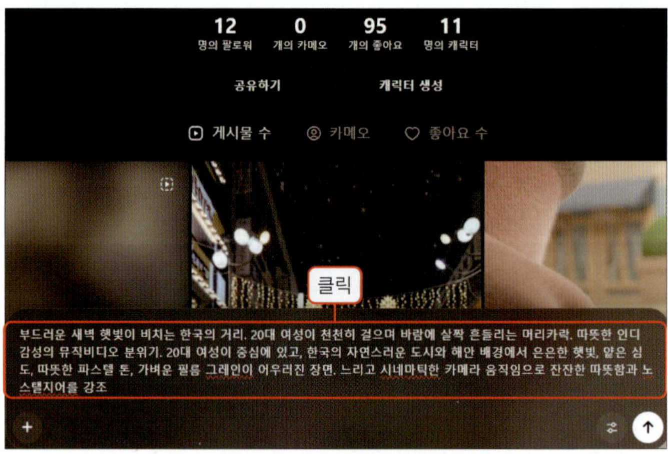

프롬프트

부드러운 새벽 햇빛이 비치는 한국의 거리. 20대 여성이 천천히 걸으며 바람에 살짝 흔들리는 머리카락. 따뜻한 인디 감성의 뮤직 비디오 분위기. 20대 여성이 중심에 있고, 한국의 자연스러운 도시와 해안 배경에서 은은한 햇빛, 얕은 심도, 따뜻한 파스텔 톤, 가벼운 필름 그레인이 어우러진 장면. 느리고 시네마틱한 카메라 움직임으로 잔잔한 따뜻함과 노스탤지어를 강조

03 | 프롬프트 입력창 오른쪽 아래의 '설정' 아이콘(⚙)을 클릭하고 방향을 '가로 모드'로, 재생 시간을 '15초(15s)'로 설정하고 '생성' 아이콘(↑)을 클릭하여 영상을 생성합니다.

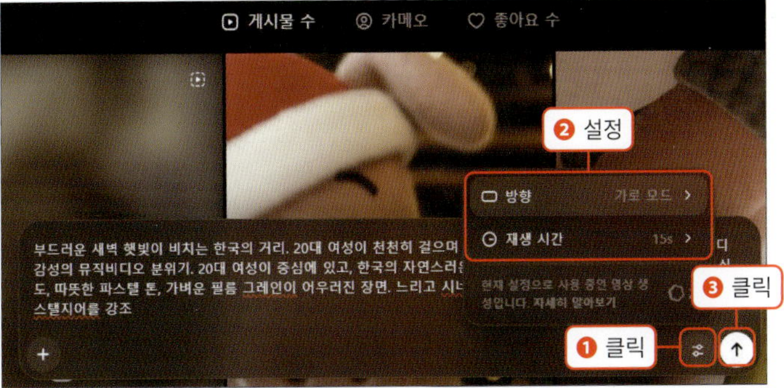

✦ **Tip**   영상 클립은 짧은 것보다 긴 것이 좋으므로, 가능한 한 넉넉한 길이로 생성해 두면 이후 편집 과정에서 장면을 자르거나 조정할 때 훨씬 유리합니다.

04 | 영상이 생성되면 개인 프로필을 클릭해 [초안]에서 영상의 분위기와 움직임이 의도한 대로 잘 표현되었는지 확인합니다.

02 캐릭터 등록으로 전체 장면 일관성 유지하기

뮤직 비디오처럼 여러 장면이 이어지는 영상에서는 인물의 모습과 분위기가 일정하게 유지되는 것이 중요합니다. 이를 위해 소라 2의 캐릭터 등록 기능을 활용하면, 동일한 캐릭터를 기반으로 모든 장면을 안정적으로 생성할 수 있습니다.

05 │ 화면 오른쪽의 '...' 아이콘을 클릭합니다. 여기서 [캐릭터 생성]을 선택하여 주인공 캐릭터를 등록하겠습니다.

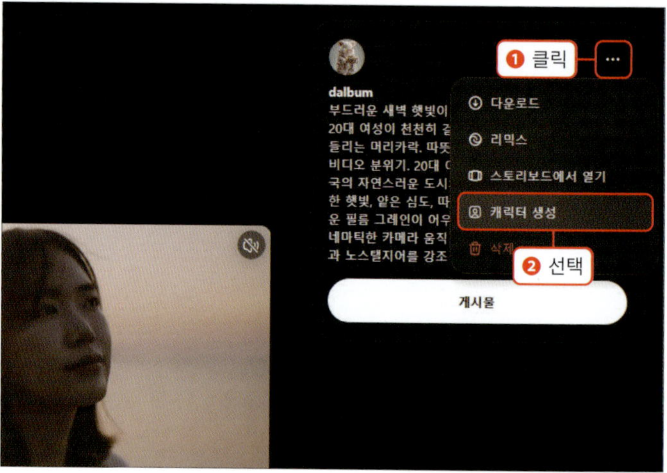

06 │ 캐릭터 등록 과정은 **Part 3**의 **Lesson 5 107쪽**을 참고해 동일한 과정으로 진행합니다. 얼굴이 잘 드러나는 구간을 설정하고 사용자 이름은 'db_Muse', 디스플레이 이름은 'Music Dreamer'로 설정하고 [나만보기]를 클릭하고 [저장]을 클릭합니다.

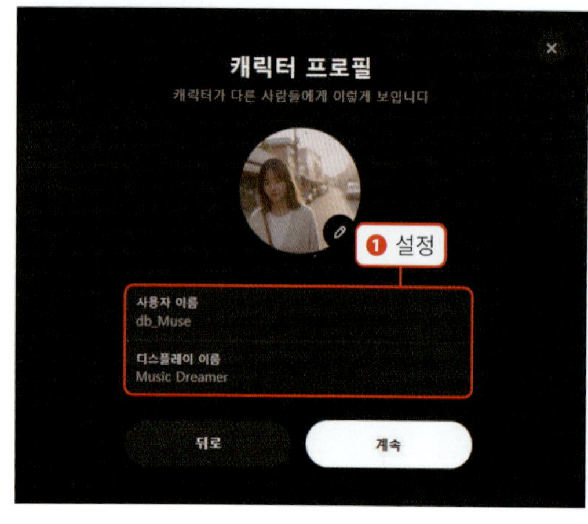

03 일관성 있게 새로운 장면 생성하기

캐릭터 등록을 마쳤다면, 이제 동일한 캐릭터를 활용해 다음 장면들을 만들어 볼 차례입니다. 뮤직 비디오는 여러 장면이 이어지기 때문에, 처음 만들어 둔 캐릭터와 분위기를 유지하면서 새로운 클립을 생성하는 것이 중요합니다.

07 | 두 번째 장면의 생성 방식은 첫 번째 장면과 동일하지만 이번에는 카메오 기능을 활용하겠습니다. 프롬프트 입력창에 공통 프롬프트를 포함하여 입력합니다.

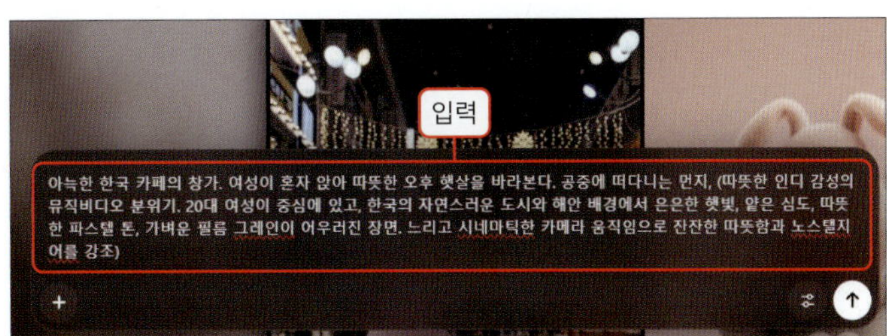

프롬프트 | 아늑한 한국 카페의 창가. 여성이 혼자 앉아 따뜻한 오후 햇살을 바라본다. 공중에 떠다니는 먼지, (따뜻한 인디 감성의 뮤직 비디오 분위기. 20대 여성이 중심에 있고, 한국의 자연스러운 도시와 해안 배경에서 은은한 햇빛, 얕은 심도, 따뜻한 파스텔 톤, 가벼운 필름 그레인이 어우러진 장면. 느리고 시네마틱한 카메라 움직임으로 잔잔한 따뜻함과 노스탤지어를 강조)

08 | 프롬프트 입력창에 '@' 기호를 입력하고 @db_Muse를 선택한 뒤, 프롬프트 안의 '여성'을 해당 캐릭터로 교체합니다.

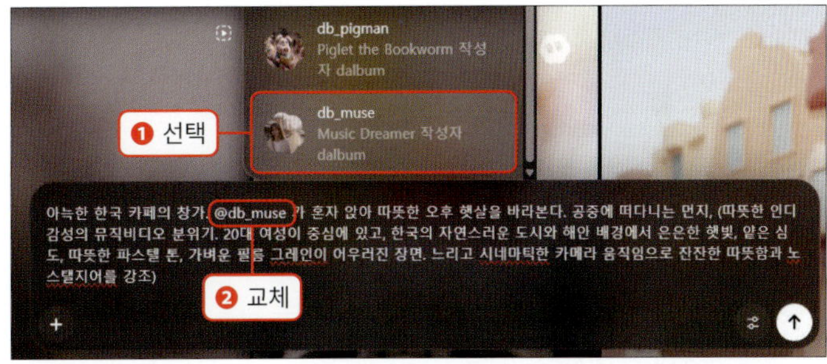

09 | 프롬프트 입력창 오른쪽 아래의 '설정' 아이콘(⚙)을 클릭하고 방향을 '가로 모드'로, 재생 시간을 '15초(15s)'로 설정하고 '생성' 아이콘(↑)을 클릭하여 영상을 생성합니다.

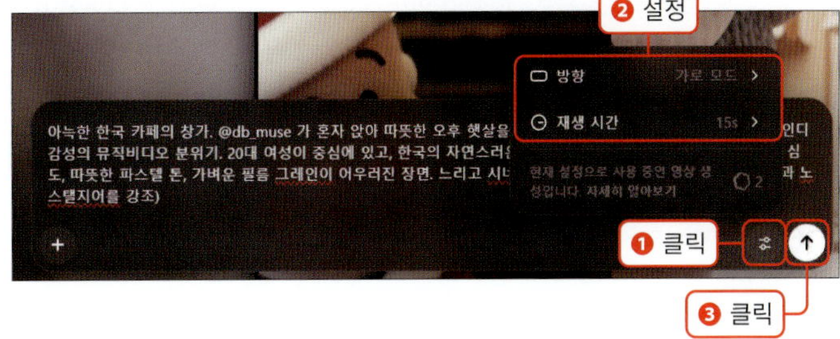

10 | 개인 프로필을 클릭해 [초안]에서 해당 영상의 분위기가 잘 표현되었는지 확인합니다. 첫 번째 영상의 여성이 일관성을 유지한 두 번째 클립 영상이 생성된 것을 확인할 수 있습니다. 문제가 없다면 오른쪽의 '┅' 아이콘을 클릭해 [다운로드]를 선택하여 저장합니다.

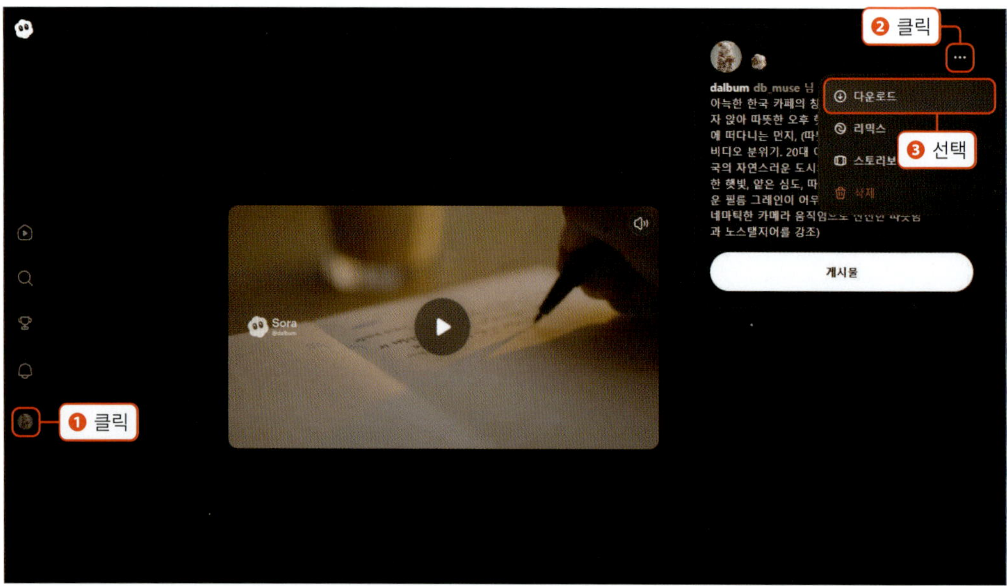

11 | 장면 3~5까지의 영상도 동일한 방식으로 생성합니다. 이후 편집 단계에서 사용하기 위한 모든 장면의 기본 영상 파일을 한 폴더에 정리합니다. 예제에서는 04 폴더 → '인디_뮤직 비디오' 폴더에 정리했습니다.

> **프롬프트**
>
> 장면 3 프롬프트 : 골든 아워의 조용한 한국 바닷가. @db_Muse 가 파도 가까이 서서 바람을 느끼며 눈을 감고 있다. + (공통 프롬프트)
>
> 장면 4 프롬프트 : 작은 노트에 글을 적는 @db_Muse의 손 클로즈업. 커튼 사이로 들어오는 햇빛이 부드러운 그림자를 만든다. + (공통 프롬프트)
>
> 장면 5 프롬프트 : 해질녘 한국의 옥상. @db_Muse가 하늘을 바라보며 잔잔히 미소 짓는다. 바람에 흔들리는 머리카락, 와이드 시네마틱 구도, 따뜻한 오렌지빛, 감성적인 마무리 장면 + (공통 프롬프트)

✦ **Tip** 뮤직 비디오에는 가사가 없는 일반적인 반주 구간이 포함되기 때문에, 동일한 분위기를 유지한 배경만 있는 영상을 추가로 만들어두면 편집할 때 더욱 자연스럽게 활용할 수 있습니다.

04 캡컷으로 하나의 장편 영상 만들기

소라 2에서 생성한 여러 장면을 하나로 이어 붙여, 실제 뮤직 비디오 형태로 완성하겠습니다. 영상 편집 도구인 캡컷을 활용하면 음악과 장면을 타이밍에 맞춰 조정하고, 전환 효과를 추가해 완성도를 높일 수 있습니다. 이 단계에서는 준비된 음악과 영상 클립을 캡컷으로 불러와, 하나의 장편 영상으로 편집하는 과정을 알아보겠습니다.

12 | 웹브라우저에 'capcut.com'을 입력하여 캡컷 홈 화면으로 이동합니다. [Capcut 온라인 사용해 보기]를 클릭합니다. 계정이 없다면 회원가입 후 이용할 수 있습니다. 다만 회원가입 없이도 기본 편집 기능은 일부 사용이 가능합니다.

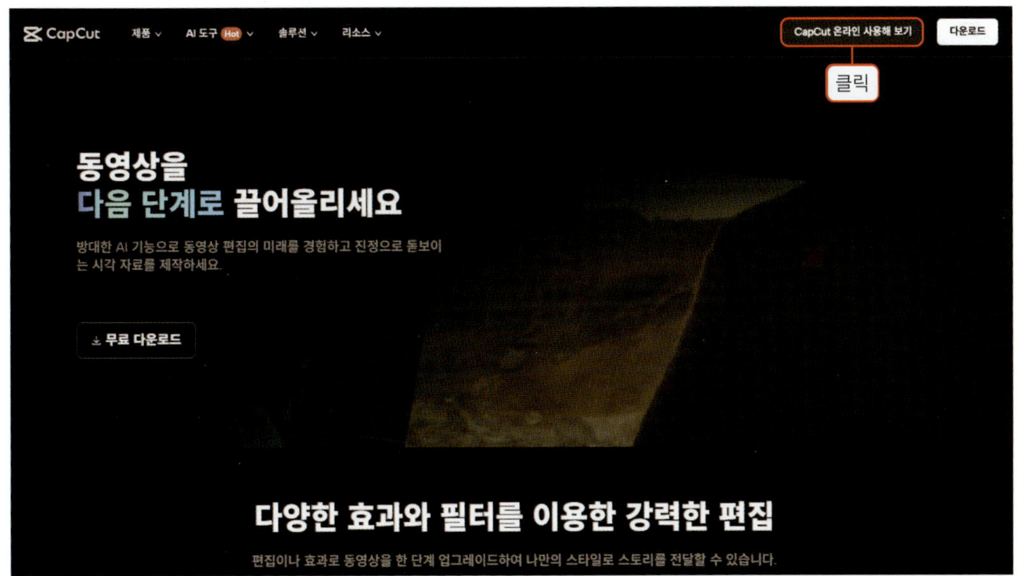

Tip　캡컷은 PC 설치 프로그램뿐 아니라 웹 버전과 모바일 앱으로도 이용할 수 있어, 원하는 환경에서 편리하게 작업할 수 있습니다.

❶ **PC 설치 프로그램**: 고사양 편집에 적합해 긴 영상이나 복잡한 효과, 다중 트랙 작업을 안정적으로 처리할 수 있으며, 로컬 파일 관리와 정밀한 편집이 필요한 경우에 유리합니다.

❷ **웹 버전**: 별도의 설치 없이 브라우저에서 바로 사용할 수 있어, 장소나 기기에 구애받지 않고 빠르게 작업을 시작할 수 있으며 간단한 편집이나 수정 작업에 적합합니다.

❸ **모바일 앱**: 스마트폰에서 언제든지 사용할 수 있어 촬영 직후 바로 편집하거나 숏폼 콘텐츠를 빠르게 제작·공유하기에 좋고, 터치 기반 UI로 직관적인 작업이 가능합니다.

→ 작업 규모가 크면 PC, 접근성과 속도가 중요하면 웹, 즉각적인 제작과 공유가 목적이라면 모바일 앱을 활용하시면 효율적입니다.

13 | [+ 새로 만들기]에 마우스를 위치시키고 [동영상] 메뉴에서 화면 비율을 [16:9]로 선택합니다.

14 | 소라 2와 수노 AI에서 제작한 뮤직 비디오용 영상 클립과 노래 파일을 불러오기 위해 **[업로드]** → **[폴더 업로드]**를 선택합니다.

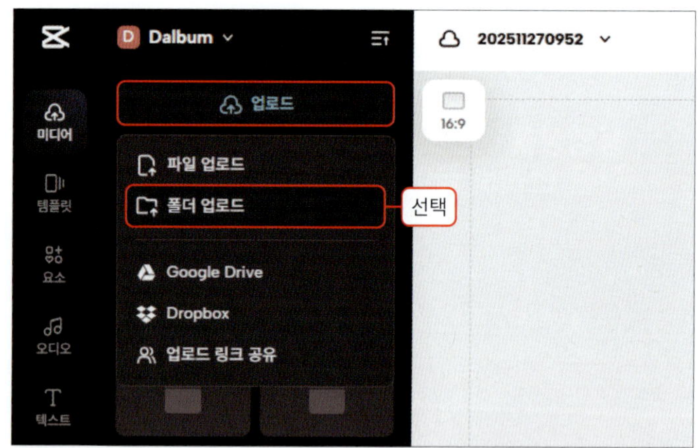

15 | 업로드할 폴더 선택 대화상자가 표시되면 04 폴더에서 '인디_뮤직 비디오' 폴더를 선택한 다음, [업로드] 버튼을 클릭해 캡컷으로 불러옵니다.

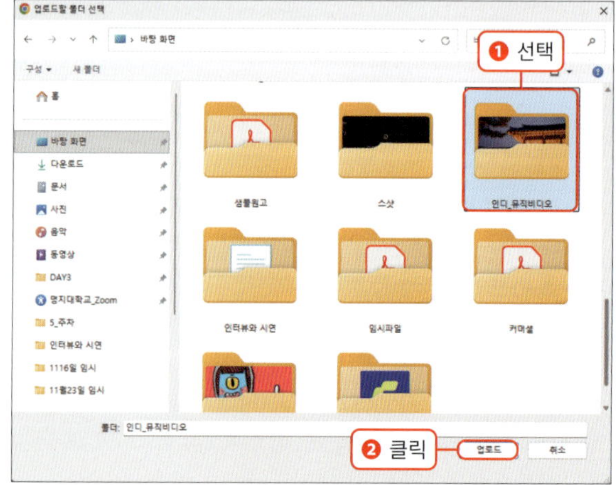

16 │ 미디어 영역에 선택한 폴더의 리소스가 업로드되면, 음악을 배치하겠습니다. '바람이 스치는 곳에서.mp3' 파일을 타임라인의 시작 지점으로 드래그하여 배치합니다.

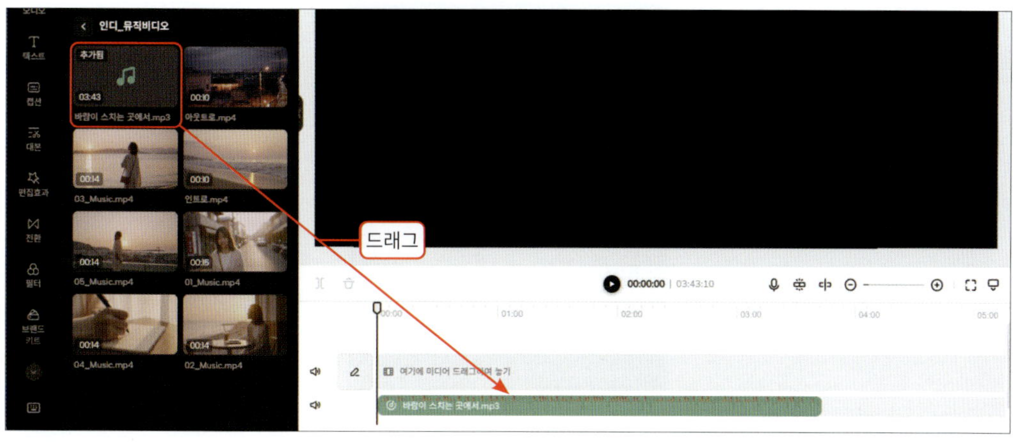

Tip   '재생' 아이콘(▶)을 클릭하거나 Spacebar 를 누르면 음악과 영상이 재생됩니다.

17 │ 음원 파일의 1절만 사용하기 위해 길이를 편집하겠습니다. 클립을 선택하고 재생 헤드를 '01:33:08' 위치에 맞추고 '분할' 아이콘(⌷)을 클릭해 분할합니다. 분할된 클립 중 오른쪽에 있는 클립을 선택하고 '삭제' 아이콘(🗑)을 클릭합니다.

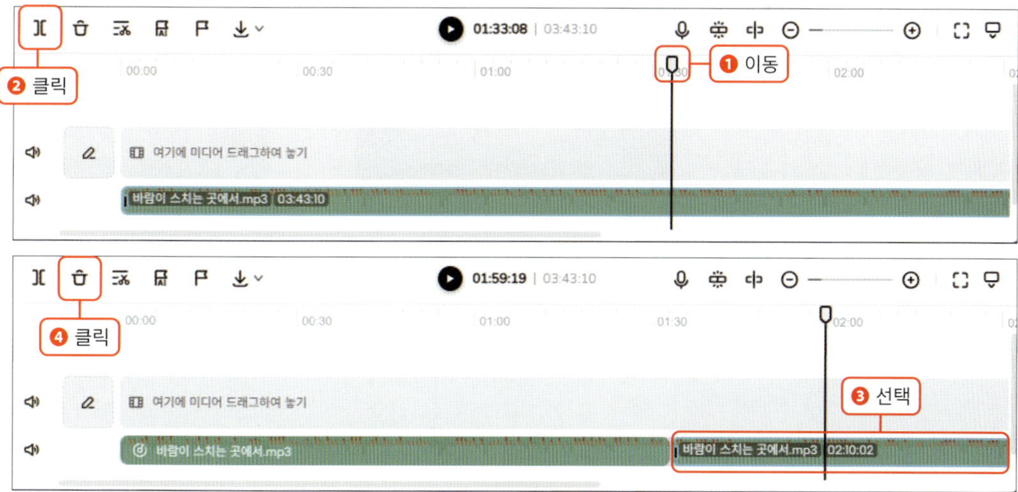

18 | 영상 리소스를 타임라인에 배치하겠습니다. '인트로.mp4' 파일을 타임라인의 시작 지점으로 드래그합니다.

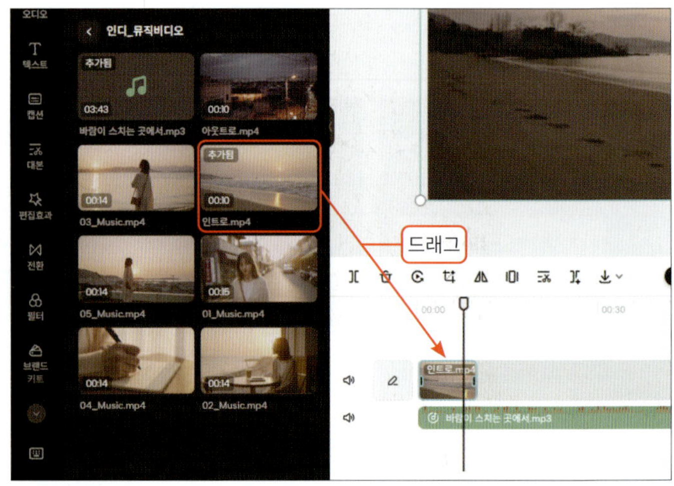

19 | 소라 2에서 생성된 영상에는 기본적으로 사운드가 있어서 오디오를 분리해 삭제하겠습니다. 영상 클립에서 마우스 오른쪽 버튼을 클릭한 뒤 [개별 오디오]를 선택합니다.

20 | 그림과 같이 영상과 소리가 분리되면, 가장 아래쪽에 있는 오디오 클립을 선택하고 Delete를 눌러 제거합니다.

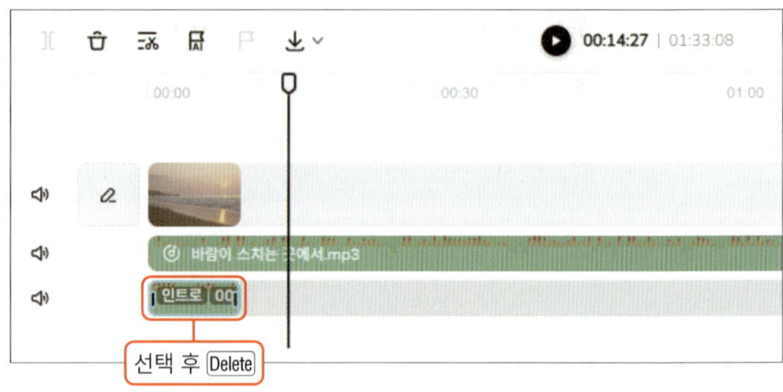

21 │ 동일한 방법으로 영상들을 순서대로 배치합니다. 재생 헤드를 이동하여 해당 위치의 장면을 미리 볼 수 있으며, 슬라이더(+, −)를 조절하여 흐름을 한눈에 확인할 수 있습니다.

 **Tip** 　다른 영상들도 소리가 포함되어, 같은 방식으로 오디오를 분리한 다음 삭제하는 것이 좋습니다.

22 │ 영상의 시작과 끝이 자연스럽도록 첫 번째 영상 클립을 선택하고, 사이드바에서 **[애니메이션] →** **[페이드 인]**을 선택합니다. 같은 방법으로 마지막 영상 클립에는 [페이드 아웃]을 설정합니다.

Tip 　[페이드 인]을 선택하여 인/아웃 모션의 지속 시간(Duration)을 2.5초(2.5s)정도 설정하면 영상이 부드럽게 전환됩니다.

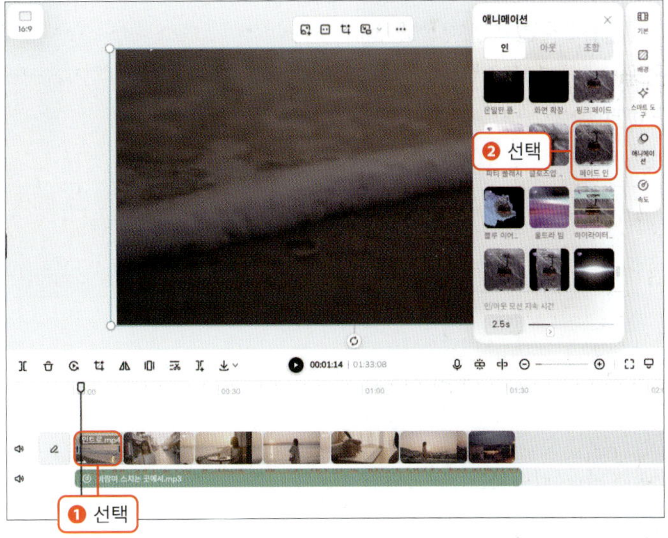

23 | 장면과 장면 사이를 더욱 부드럽게 연결하기 위해 전환 효과를 적용하겠습니다. 예제에서는 재생 헤드를 첫 번째와 두 번째 클립 사이로 이동시키고 왼쪽 [전환] 메뉴를 클릭해 **[오버레이]** → **[B 페이드]**를 선택했습니다.

Tip 전환 효과도 페이드인 기능처럼 선택하여 사이드바의 [기본]을 클릭해 지속기간을 조정할 수 있습니다.

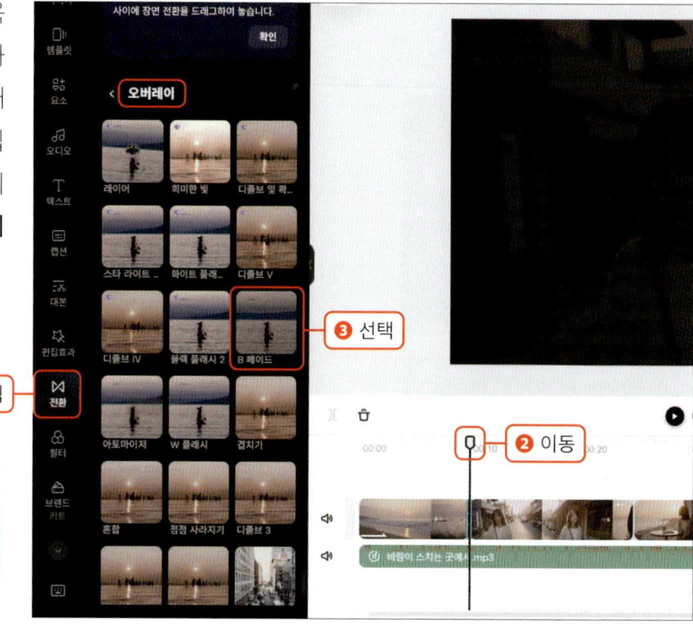

24 | 같은 방법으로 다른 클립과 클립 사이에도 [B 페이드] 효과를 적용합니다. 빠른 작업을 위해 효과를 장면과 장면 사이로 드래그하면 손쉽게 적용할 수 있습니다.

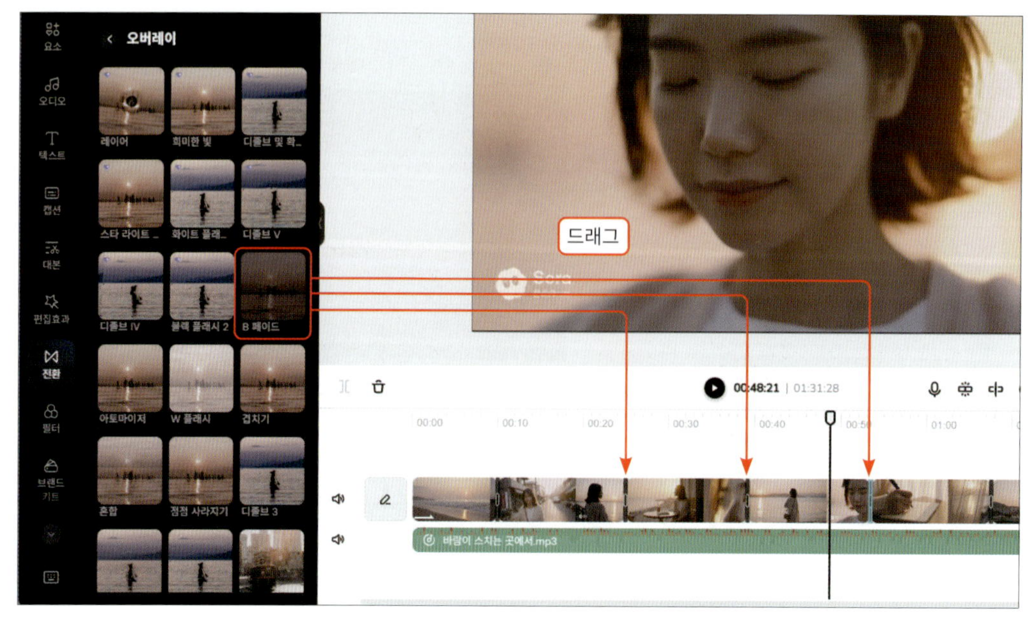

25 | 영상 편집이 모두 끝났다면, 상단 메뉴에서 [내보내기] 버튼을 클릭하고 [다운로드]를 선택합니다. 내보내기 설정에서 원하는 해상도와 파일 형식을 설정한 다음 [내보내기] 버튼을 클릭하여 저장하여 마무리합니다.

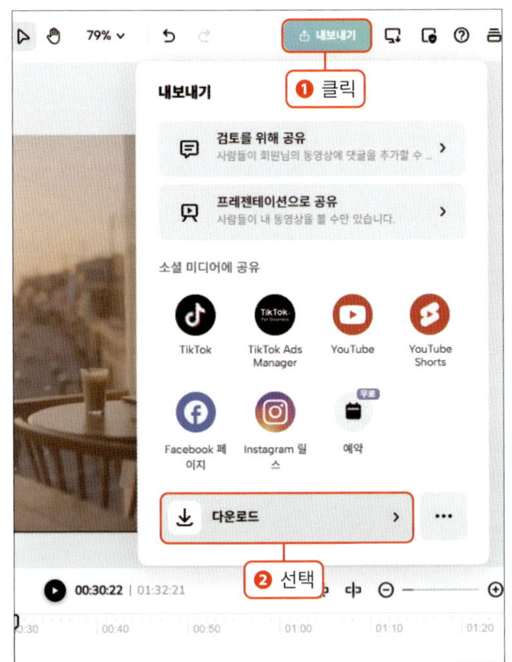

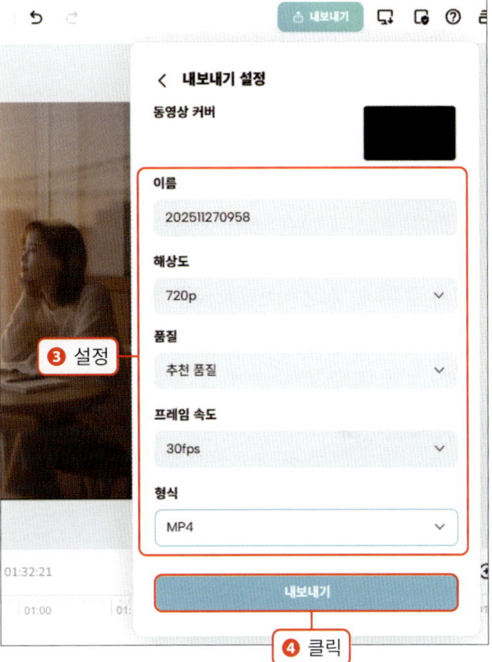

✦ **Tip** 전환 효과는 장면의 흐름을 보조하는 역할이므로, 모든 컷에 적용하기보다는 장면 전환이 명확한 지점에만 선택적으로 사용하는 것이 좋습니다. 분위기를 부드럽게 이어가고 싶을 때는 디졸브 계열을, 장면 전환을 분명히 강조하고 싶을 때는 페이드나 블랙 전환을 활용하면 영상의 리듬이 안정됩니다. 또한 전환 시간을 너무 길게 설정하면 흐름이 늘어질 수 있으므로, 짧고 간결하게 조절하는 것이 전체 완성도를 높이는 데 도움이 됩니다.

다음은 자주 사용되는 대표적인 영상 전환 효과와 활용 팁입니다.

❶ **디졸브(Dissolve)**: 앞뒤 장면이 자연스럽게 겹치며 전환되는 효과로, 시간의 흐름이나 분위기 변화를 부드럽게 표현할 때 적합합니다. 브이로그, 감성 영상, 풍경 영상에 많이 사용됩니다.

❷ **페이드 인 / 페이드 아웃(Fade In / Out)**: 화면이 서서히 밝아지거나 어두워지는 전환 효과로, 영상의 시작이나 마무리, 또는 장면이 완전히 전환됨을 명확히 보여주고 싶을 때 효과적입니다.

❸ **블랙 전환(Black Fade)**: 화면이 잠시 검정으로 전환된 후 다음 장면으로 넘어가는 방식으로, 장면의 단절이나 여운을 강조하고 싶을 때 유용합니다. 인터뷰나 스토리형 영상에서 자주 활용됩니다.

❹ **화이트 플래시(White Flash)**: 순간적으로 화면이 밝아지며 전환되는 효과로, 역동적이거나 에너지 있는 장면 전환에 어울립니다. 뮤직 비디오나 하이라이트 장면에 효과적입니다.

❺ **블러 전환(Blur Transition)**: 화면이 흐려졌다가 다시 선명해지는 전환으로, 시선 이동이나 감정의 변화, 몽환적인 분위기를 연출할 때 활용하기 좋습니다.

LESSON 07

시네마 스타일의 영화 배경 음악 만들기

예제파일: 04\레이싱무비 폴더 **완성파일:** 04\레이싱_완성.mp4

질주하는 차량과 화면을 가로지르는 빛의 궤적, 빠르게 전환되는 시점은 레이싱 영화 특유의 본능적인 쾌감을 만들어냅니다. 이러한 연출은 자동차의 속도뿐 아니라 엔진의 폭발적인 출력과 노면을 움켜쥐는 타이어의 긴장감, 순간적인 선택이 승부를 가르는 상황을 시각적으로 압축해 전달합니다. 여기에 빠른 컷 편집과 리듬감 있는 장면 전환, 과감한 카메라 앵글을 더하면 관객은 마치 차량 내부에 함께 탑승한 듯한 몰입감을 느끼게 됩니다. 특히 주행 방향을 강조하는 시점 이동과 배경을 흐려주는 모션 블러 효과는 속도를 더욱 강렬하게 부각합니다. 이러한 요소들이 유기적으로 어우러질 때 영화 같은 레이싱 장면이 완성됩니다.

예제 콘셉트

예제에서는 레이싱 영화 특유의 속도감과 긴장감을 효과적으로 표현하는 것을 목표로 합니다. 먼저 챗GPT를 활용해 장면의 콘셉트와 분위기, 카메라 연출과 편집 방향을 포함한 프롬프트를 체계적으로 설계합니다. 이후 해당 프롬프트를 바탕으로 소라 2에서 질주하는 차량과 역동적인 배경이 강조된 레이싱 스타일 영상을 생성합니다. 마지막으로 생성된 영상을 캡컷에서 컷 편집과 화면 전환, 모션 효과와 사운드를 더해 하나의 완성도 높은 시네마틱 레이싱 영상으로 완성합니다.

작업 패턴
KEYWORD

❶ 질주하는 경주용 차량을 중심으로 한 레이싱 스타일 영상 생성하기
❷ 수노 AI를 활용해 레이싱 영화 분위기의 배경 음악 제작하기
❸ 캡컷으로 컷 편집과 효과를 적용해 시네마틱 레이싱 영상 완성하기

01 질주하는 경주용 차량의 레이싱 스타일 영상 생성하기

소라 2의 프롬프트를 활용해 속도감과 긴장감을 강조하는 레이싱 장면을 만들어 보겠습니다. 차량의 움직임, 카메라 시점, 배경 연출 요소 등을 프롬프트에 어떻게 반영하면 효과적인 연출이 가능한지 함께 살펴보겠습니다.

01 | 레이싱 장면 영상은 총 4개의 주요 장면으로 구성해 제작하겠습니다. 예제에서는 장면별로 간략한 설정을 적어두었습니다.

> 장면1 : 레이싱 시작 전 – 긴장감 있는 대기
>
> 장면2 : 레이싱 진행 – 역동적인 주행 장면
>
> 장면3 : 피트 스탑 – 바퀴 교체와 정비 장면
>
> 장면4 : 우승 – 트로피를 들고 환호하는 장면

02 | 웹브라우저에 'sora.chatgpt.com'를 입력하여 소라 2의 메인 피드 화면으로 이동합니다. 레이싱의 시작을 알리는 첫 번째 장면을 생성하기 위해 프롬프트 입력창에 다음 문장을 입력합니다.

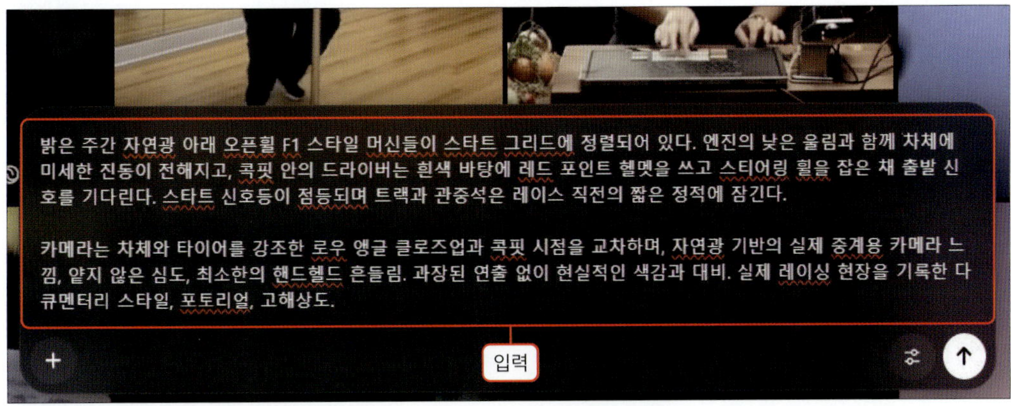

프롬프트

밝은 주간 자연광 아래 오픈휠 F1 스타일 머신들이 스타트 그리드에 정렬되어 있다. 엔진의 낮은 울림과 함께 차체에 미세한 진동이 전해지고, 콕핏 안의 드라이버는 흰색 바탕에 레드 포인트 헬멧을 쓰고 스티어링 휠을 잡은 채 출발 신호를 기다린다. 스타트 신호등이 점등되며 트랙과 관중석은 레이스 직전의 짧은 정적에 잠긴다.

카메라는 차체와 타이어를 강조한 로우 앵글 클로즈업과 콕핏 시점을 교차하며, 자연광 기반의 실제 중계용 카메라 느낌, 얕지 않은 심도, 최소한의 핸드헬드 흔들림. 과장된 연출 없이 현실적인 색감과 대비. 실제 레이싱 현장을 기록한 다큐멘터리 스타일, 포토리얼, 고해상도.

03 | '설정' 아이콘(⚙)을 클릭하여 화면 비율과 재생 시간을 설정합니다. 예제에서는 방향을 '가로 모드'로, 재생 시간을 '10초(10s)'로 설정하고 '생성' 아이콘(↑)을 클릭하여 영상을 생성합니다.

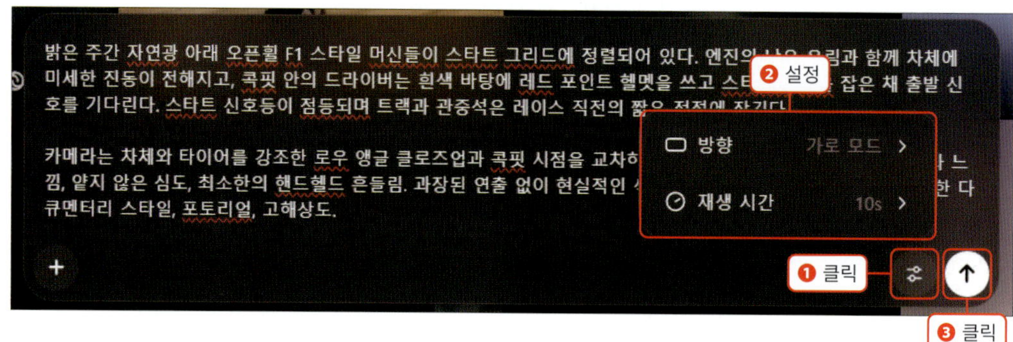

04 | 생성된 영상은 개인 프로필의 [초안]에서 확인할 수 있습니다. 입력한 프롬프트와 스타일 설정을 바탕으로, 레이싱 직전의 긴장된 분위기를 담은 영상이 생성됩니다.

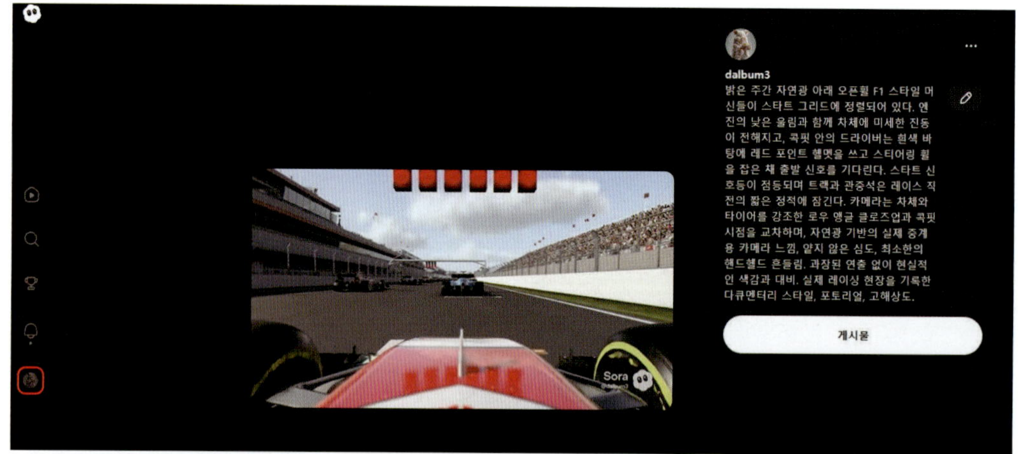

05 | 기존 스타일을 유지한 상태로 2번째 장면을 이어서 생성하기 위해 리믹스 기능을 활용하겠습니다. 화면 오른쪽 하단에 [리믹스]를 선택합니다.

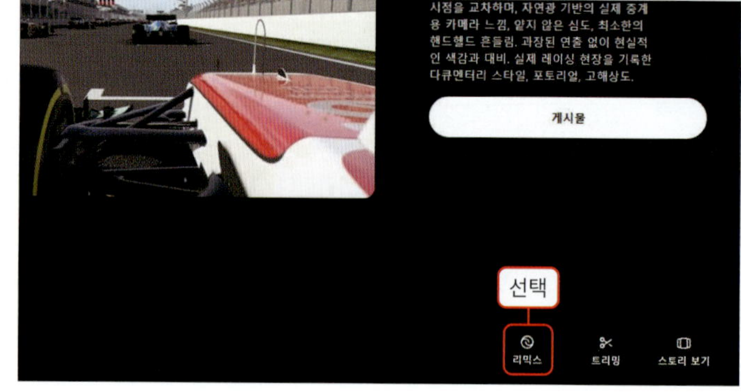

06 | 프롬프트 입력창에 역동적인 주행 장면을 연출하기 위한 장면 2의 프롬프트를 입력한 다음, '생성' 아이콘()을 클릭합니다.

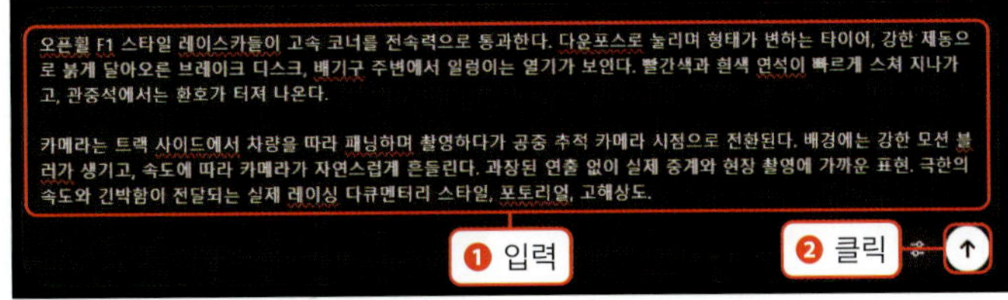

프롬프트

오픈휠 F1 스타일 레이스카들이 고속 코너를 전속력으로 통과한다. 다운포스로 눌리며 형태가 변하는 타이어, 강한 제동으로 붉게 달아오른 브레이크 디스크, 배기구 주변에서 일렁이는 열기가 보인다. 빨간색과 흰색 연석이 빠르게 스쳐 지나가고, 관중석에서는 환호가 터져 나온다.

카메라는 트랙 사이드에서 차량을 따라 패닝하며 촬영하다가 공중 추적 카메라 시점으로 전환된다. 배경에는 강한 모션 블러가 생기고, 속도에 따라 카메라가 자연스럽게 흔들린다. 과장된 연출 없이 실제 중계와 현장 촬영에 가까운 표현. 극한의 속도와 긴박함이 전달되는 실제 레이싱 다큐멘터리 스타일, 포토리얼, 고해상도.

Tip 기존 영상의 리믹스이기 때문에 영상의 방향과 재생 시간은 동일하게 유지되어 변경 없이 진행하였습니다.

07 | 입력한 프롬프트와 스타일 설정을 기반으로, 레이싱의 역동적인 주행 장면을 담은 영상이 생성됩니다. 생성된 영상은 내 프로필의 [초안]에서 확인할 수 있습니다.

Tip 생성한 영상은 당장 다운로드 하지 않아도 [초안]에 남겨져있으며 영상마다 '...' 아이콘을 클릭하여 [다운로드]한 다음, 하나의 폴더에 저장해두면 이후 과정을 더욱 수월하게 진행할 수 있습니다.

08 영상의 역동적인 스타일과 주행 장면을 확인하고 장면 3을 생성하겠습니다. 화면 오른쪽 하단에 [리믹스]를 선택합니다.

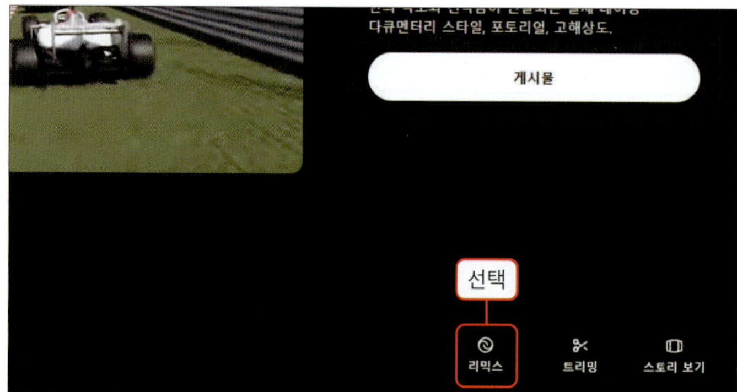

✦ **Tip** 이처럼 연속된 장면을 일관성 있게 생성하려면, 첫 번째 장면을 계속 리믹스 하는 것보다 직전 장면을 기준으로 리믹스 하는 방식이 더 효과적입니다. 이렇게 하면 시각적 통일성과 자연스러운 감정 흐름을 안정적으로 유지할 수 있습니다.

- 1번 장면 생성(첫 생성 기준) → 리믹스 하여 2번 장면 생성(레이싱 진행) → 리믹스 하여 3번 장면 생성(피트 스탑) → 리믹스 하여 4번 장면 생성(우승 장면)

09 프롬프트 입력창에 바퀴를 교체하고 정비하는 장면 3을 연출하기 위한 프롬프트를 입력한 다음, '생성' 아이콘(⬆)을 클릭해 영상을 생성합니다.

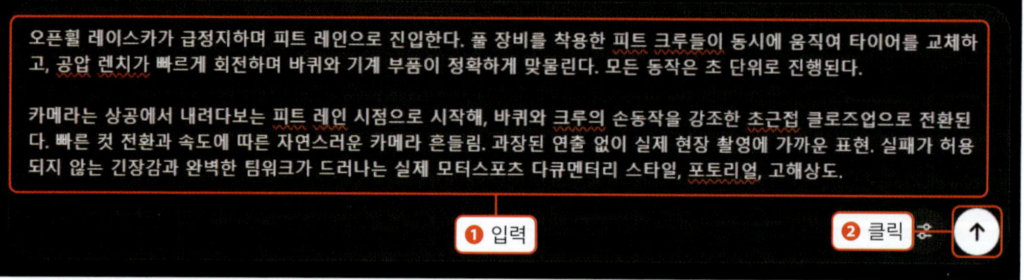

프롬프트

오픈휠 레이스카가 급정지하며 피트 레인으로 진입한다. 풀 장비를 착용한 피트 크루들이 동시에 움직여 타이어를 교체하고, 공압 렌치가 빠르게 회전하며 바퀴와 기계 부품이 정확하게 맞물린다. 모든 동작은 초 단위로 진행된다.

카메라는 상공에서 내려다보는 피트 레인 시점으로 시작해, 바퀴와 크루의 손동작을 강조한 초근접 클로즈업으로 전환된다. 빠른 컷 전환과 속도에 따른 자연스러운 카메라 흔들림. 과장된 연출 없이 실제 현장 촬영에 가까운 표현. 실패가 허용되지 않는 긴장감과 완벽한 팀워크가 드러나는 실제 모터스포츠 다큐멘터리 스타일, 포토리얼, 고해상도.

10 | 생성된 영상은 개인 프로필의 [초안]에서 확인할 수 있습니다. 입력한 프롬프트와 스타일 설정을 기반으로, 바퀴 교체와 정비 과정이 포함된 피트 스탑 장면의 영상이 생성됩니다.

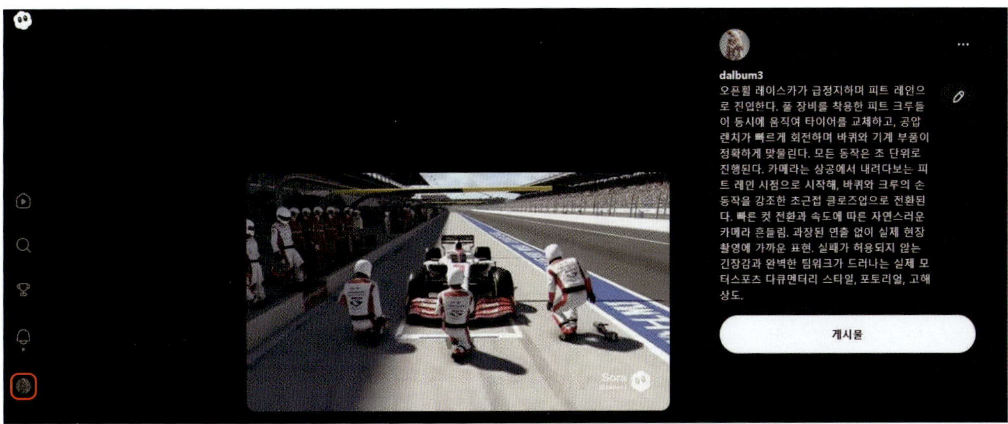

11 | 같은 방식으로 세 번째 영상을 리믹스해 결승 장면을 만들겠습니다. 우승 트로피를 들고 환호하는 순간을 연출하기 위해 다음 프롬프트를 입력하고 '생성' 아이콘(⬆)을 클릭해 영상을 생성합니다.

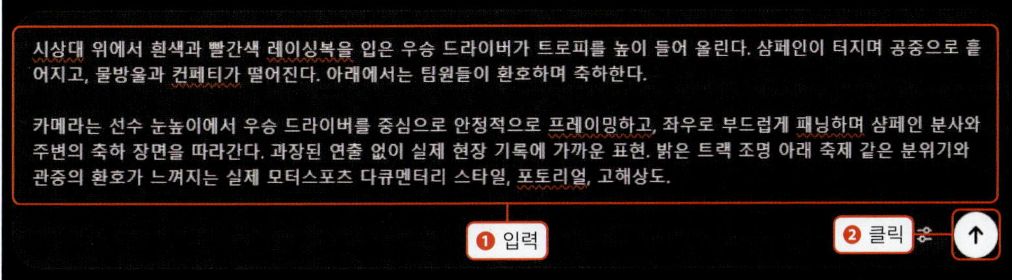

프롬프트

시상대 위에서 흰색과 빨간색 레이싱복을 입은 우승 드라이버가 트로피를 높이 들어 올린다. 샴페인이 터지며 공중으로 흩어지고, 물방울과 컨페티가 떨어진다. 아래에서는 팀원들이 환호하며 축하한다.

카메라는 선수 눈높이에서 우승 드라이버를 중심으로 안정적으로 프레이밍하고, 좌우로 부드럽게 패닝하며 샴페인 분사와 주변의 축하 장면을 따라간다. 과장된 연출 없이 실제 현장 기록에 가까운 표현. 밝은 트랙 조명 아래 축제 같은 분위기와 관중의 환호가 느껴지는 실제 모터스포츠 다큐멘터리 스타일, 포토리얼, 고해상도.

Tip 소라 2의 리믹스 기능은 기존에 생성된 비디오를 기준으로 캐릭터, 배경, 전반적인 분위기의 연관성을 유지한 채 장면을 변형하거나 확장하는 데 활용할 수 있습니다. 프롬프트에 시간의 흐름의 과정을 단계적으로 지시하면, 하나의 영상 세계관 안에서 시간에 따라 이어지는 장면을 순차적으로 만들어가는 방식으로 구성할 수 있습니다. 다만 이러한 확장은 자동으로 연속 생성되는 형태가 아니기 때문에, 각 장면을 의도에 맞게 개별적으로 리믹스한 후 직접 연결하는 방식으로 작업하는 것이 효과적입니다.

12 | 생성된 영상은 개인 프로필의 [초안]에서 확인할 수 있습니다. 입력한 프롬프트와 스타일 설정을 기반으로, 레이싱에서 우승하여 환호하는 영상이 생성됩니다.

13 | 분위기와 스타일, 그리고 각 장면의 일관성이 잘 유지되고 있는지 확인한 뒤 문제가 없다면, 오른쪽 ' ' 아이콘을 클릭하고 [다운로드]를 선택합니다. 장면 4개의 영상을 전부 다운로드합니다.

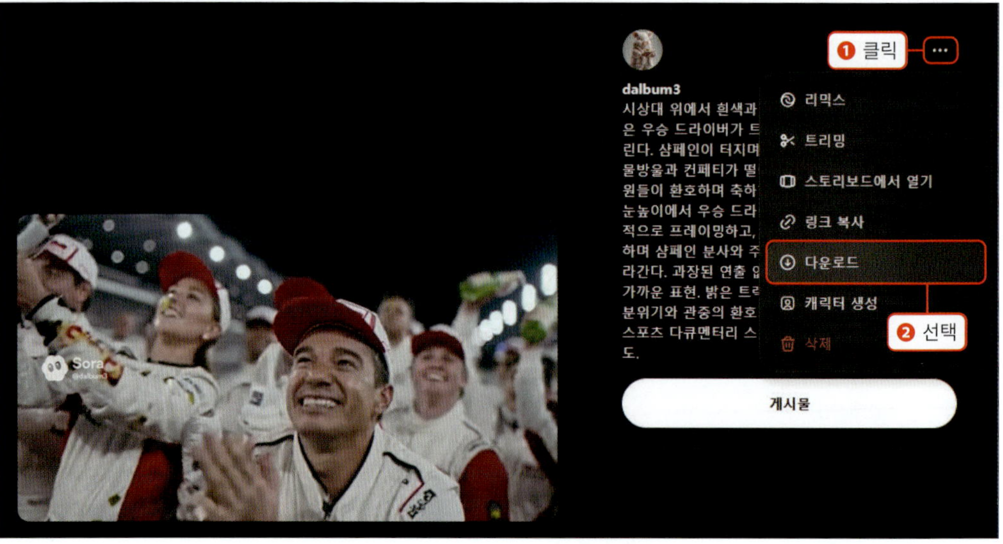

 다운로드한 파일은 하나의 폴더로 지정하여 모아두는 것이 좋습니다. 예제에서는 '레이싱 무비 영상' 폴더에 모아두었습니다.

02 수노 AI로 레이싱 영화 분위기의 배경음악 제작하기

수노 AI의 음악 생성기능을 활용해 레이싱 장면의 박진감을 극대화하겠습니다. 템포, 리듬, 장르 등을 설정하여, 속도감 있는 레이싱 영상에 어울리는 영화 OST 스타일의 음악을 직접 만들어 보겠습니다.

14 | 웹브라우저에 'suno.com/'을 입력해 수노 AI 사이트로 이동하고 로그인합니다.

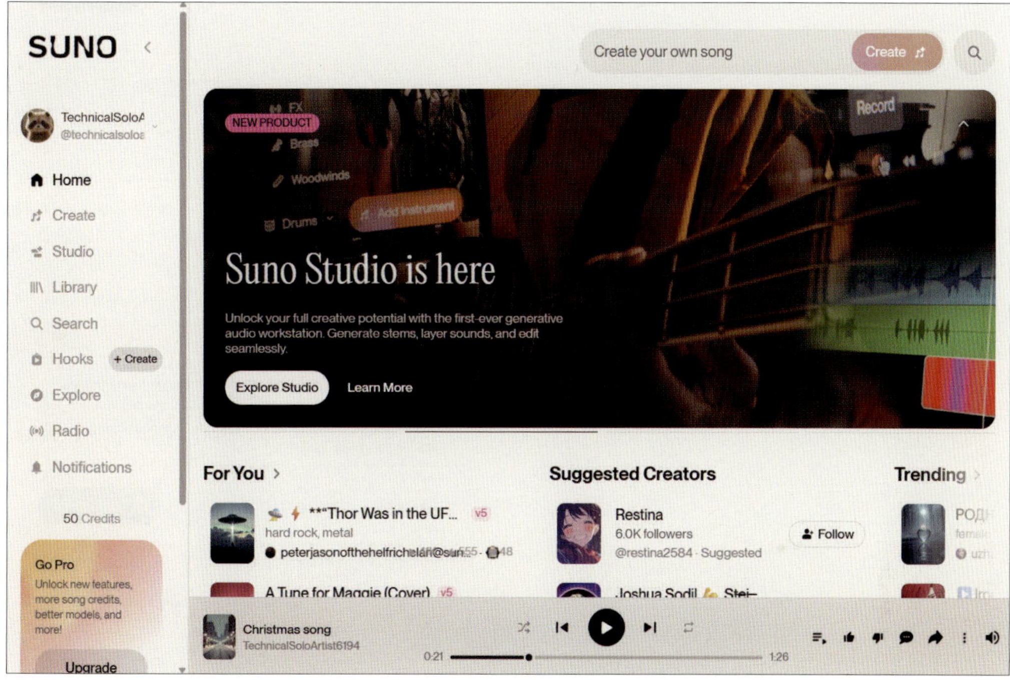

15 | 메인화면에서 새 음악을 만들 수 있는 화면으로 들어가기 위해 화면 왼쪽에 있는 [Create] 메뉴를 클릭합니다.

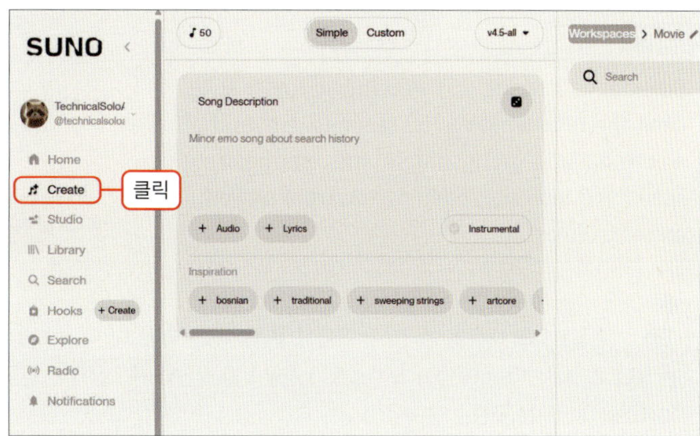

16 | 가사가 없는 단순 프롬프트로 음악을 만들기 위해 [Simple] 탭을 선택하고 다음의 프롬프트를 입력한 다음 [Instrumental] 버튼을 클릭하여 활성화합니다.

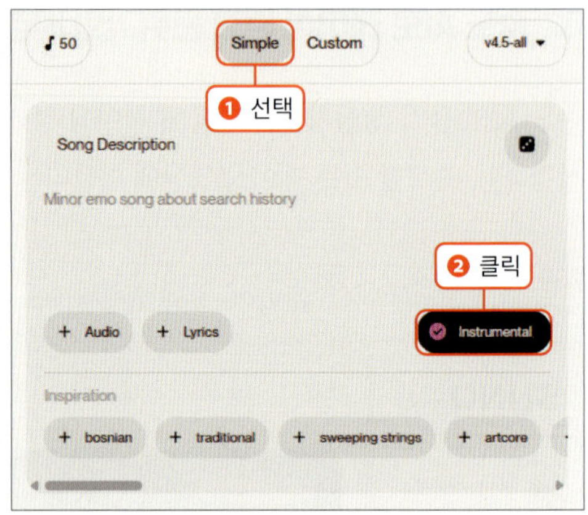

Tip [Instrumental] 버튼은 음악을 보컬 없이 연주곡으로 생성할지를 결정하는 기능으로, 활성화하면 가사가 없는 OST · BGM · 배경음악이 생성되고, 비활성화하면 보컬이 포함된 노래가 생성됩니다.

17 | 레이싱 영상 분위기에 잘 어울리는 음악을 만들기 위해, 다음 프롬프트를 입력한 뒤 [Create] 버튼을 클릭해 음악을 생성합니다.

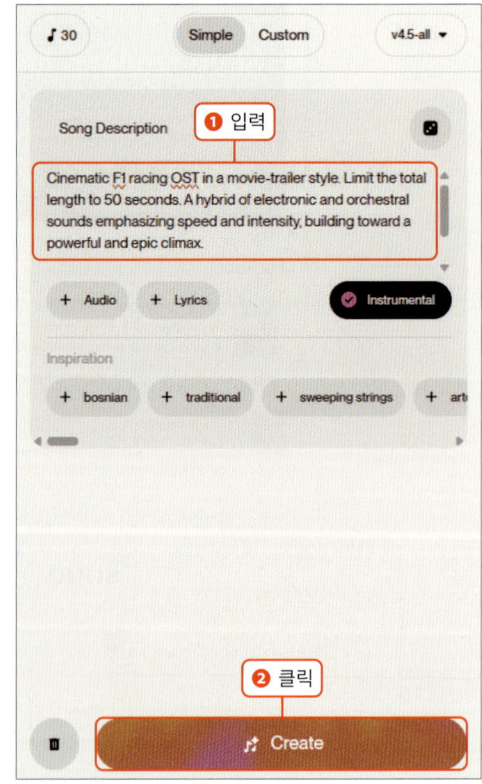

프롬프트

Cinematic F1 racing OST in a movie-trailer style. Limit the total length to 50 seconds. A hybrid of electronic and orchestral sounds emphasizing speed and intensity, building toward a powerful and epic climax.

Tip 프롬프트의 내용을 번역하면 다음과 같습니다. 영화 트레일러 스타일의 시네마틱 F1 레이싱 OST. 전체 길이는 50초로 제한한다. 전자음과 오케스트라 사운드를 결합해 속도감과 강렬함을 강조하며, 강력하고 서사적인 클라이맥스로 이어지는 구성.

18 | 입력한 프롬프트의 스타일이 반영된 두 개의 음악이 생성되었습니다. 각 버전의 썸네일을 클릭하면 바로 재생해 들을 수 있습니다. 생성된 음악의 가사와 분위기를 확인한 다음 음악이 마음에 들면, 해당 곡의 '⋯' 아이콘을 클릭하고 [Download] → [MP3 Audio]를 선택해 다운로드하여 영상을 저장한 폴더와 함께 정리해둡니다.

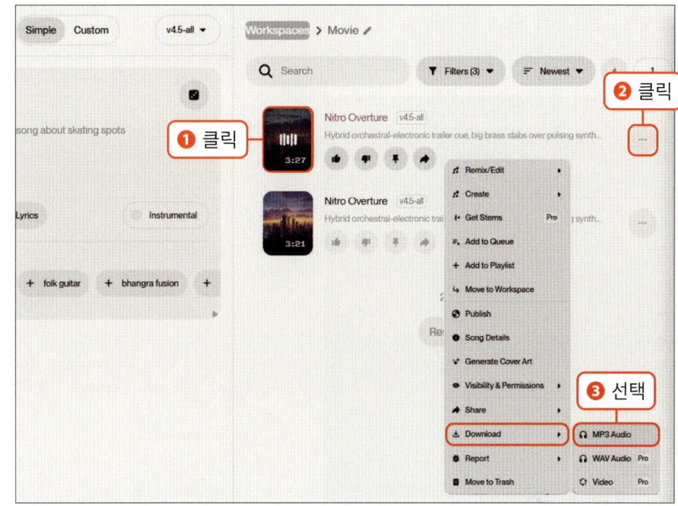

> **Tip** 수노 AI는 한국어로도 음악 생성이 가능하지만, 학습 데이터와 음악 태그 대부분이 영어 기반이기 때문에 영어로 프롬프트를 작성할 때 더 안정적이고 예측 가능한 결과를 얻을 수 있습니다.

03 캡컷으로 편집해 시네마틱 레이싱 영상 완성하기

생성한 영상과 음악의 리듬이 자연스럽게 맞도록 컷 편집과 화면 전환을 적용해 편집해보겠습니다. 이를 통해 레이싱 장면의 흐름을 더 매끄럽게 만들고 영상의 완성도를 높이겠습니다.

19 | 웹브라우저에 'capcut.com'을 입력하여 캡컷에 접속하고 로그인합니다. [+ 새로 만들기]에 마우스를 위치시키고 [동영상] → [16:9]를 선택합니다.

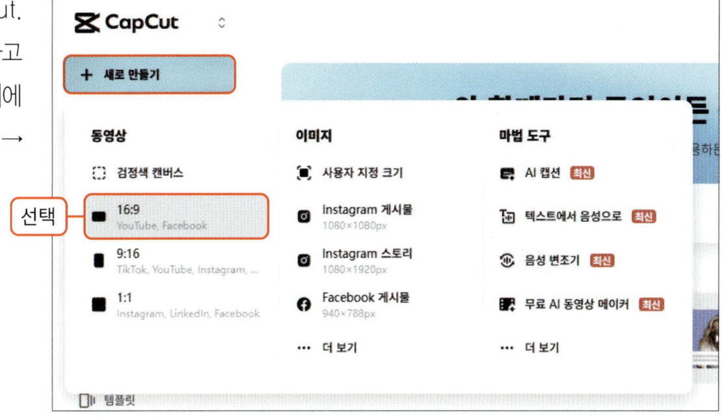

20 | 파일을 폴더 채 불러오기 위해 [업로드] → [폴더 업로드]를 선택합니다. 열기 대화상자가 표시되면 04 폴더에서 '레이싱무비' 폴더를 선택한 다음 [업로드] 버튼을 클릭해 해당 리소스 파일을 가져옵니다.

21 | 미디어 영역에 선택한 폴더의 리소스가 정상적으로 업로드되면, '레이싱1.mp4' 파일을 드래그하여 타임라인의 시작 지점에 배치합니다. 같은 방법으로 영상을 순서대로 배치합니다.

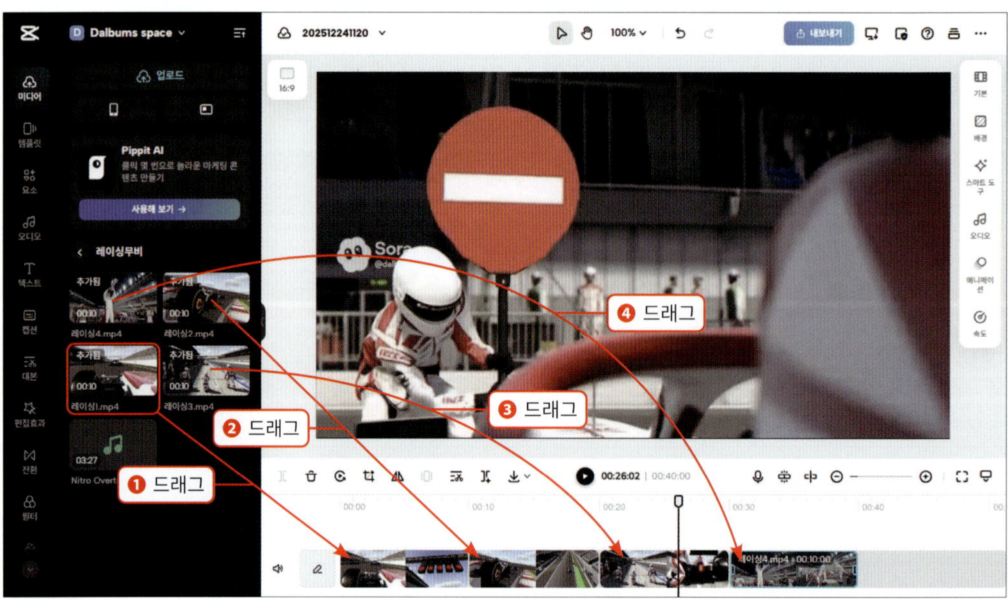

Tip 재생 헤드를 이동하여 해당 위치의 장면을 미리 볼 수 있으며, 장면이 추가될 경우 슬라이더([+] 또는 [−])를 사용하면 전체 흐름을 한눈에 확인할 수 있습니다.

22 | 영상 배치가 끝났다면 음악을 추가하겠습니다. 업로드된 'Nitro Overture.mp3' 파일을 영상 클립 아래로 드래그하여 배치합니다.

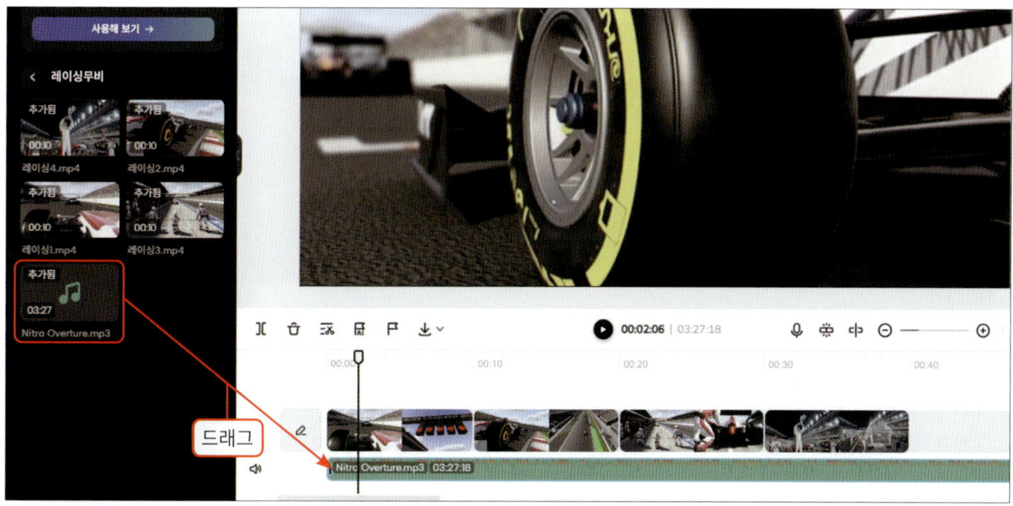

23 | 음원이 영상보다 길다면 타임라인에서 음원 클립을 클릭한 다음, 재생 헤드를 '00:39:28' 위치로 이동하고 '분할' 아이콘(☒)을 클릭해 해당 지점을 기준으로 나눠줍니다. 재생 헤드를 기준으로 음원이 분할되면, 삭제할 오른쪽 클립을 선택하고 '삭제' 아이콘(☒)을 클릭해 제거합니다.

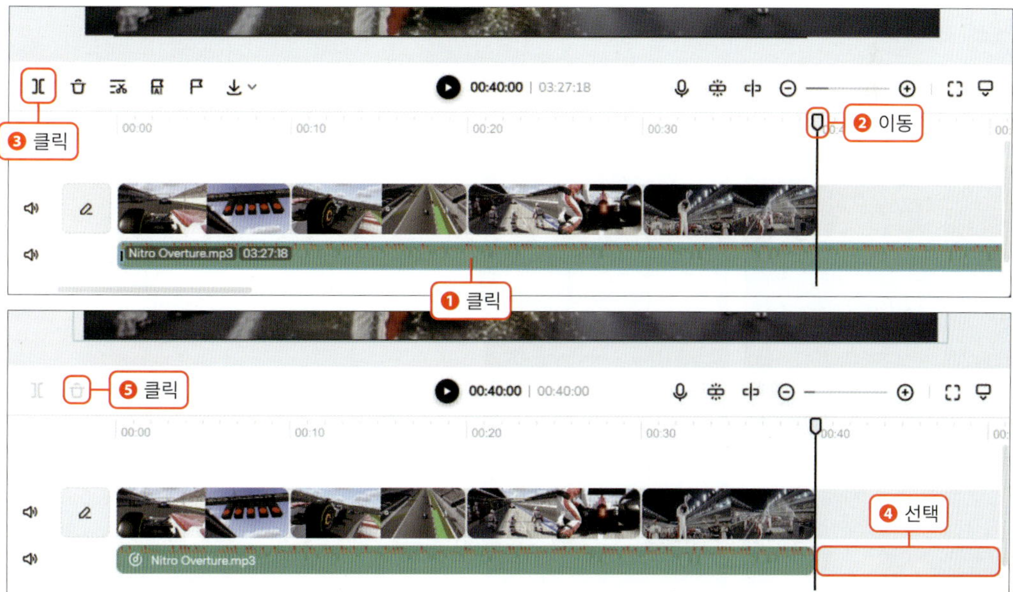

24 | '재생' 아이콘(▶)을 클릭해 영상과 사운드를 함께 확인해봅니다. 예제에서는 음량 조절을 위해 사이드바에 [기본]을 선택하고 볼륨 슬라이더를 '−10'으로 조정합니다. 음악이 부드럽게 시작되고 자연스럽게 마무리되도록 페이드 인을 '3초', 페이드 아웃 '3초'로 설정합니다.

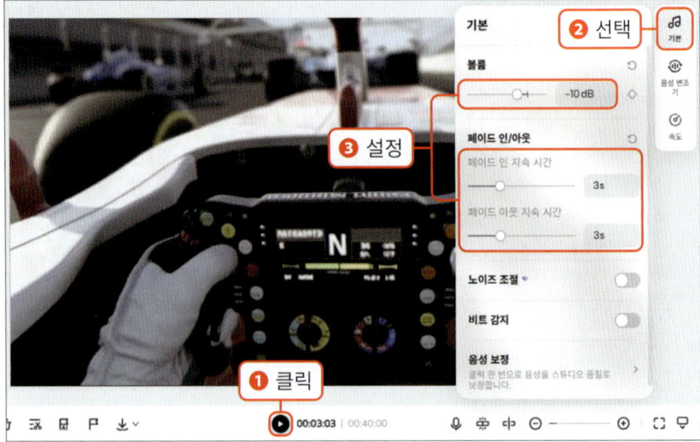

Tip [기본]에서 설정할 수 있는 기능은 다음과 같습니다.

- **볼륨**: 오디오의 전체 음량을 조절하는 영역입니다. 영상에 따라 다르지만, 배경음악(BGM)은 보통 −10 dB ~ −20 dB 사이로 설정해 내레이션이나 효과음을 방해하지 않도록 합니다.
- **페이드 인 / 아웃**: 페이드 인 지속 시간은 음악이 처음 재생될 때 음량이 서서히 커지며 자연스럽게 시작되도록 하는 시간이고, 페이드 아웃 지속 시간은 음악이 종료될 때 음량이 점점 줄어들며 부드럽게 마무리합니다. 시네마틱 영상이나 OST에는 1~3초 정도 주면 훨씬 자연스럽습니다.
- **비트 감지**: 음악의 비트를 자동으로 분석해 편집에 활용할 수 있는 기능입니다.

25 | 다음은 장면과 장면 사이를 더욱 부드럽게 연결하기 위해 전환 효과를 적용하겠습니다. 왼쪽 [전환] 메뉴를 클릭하고 '오버레이' 카테고리에서 [모두 보기]를 클릭합니다. 예제에서는 첫 번째와 두 번째 영상 클립 사이에 [W 플래시] 효과를 드래그하여 적용했습니다.

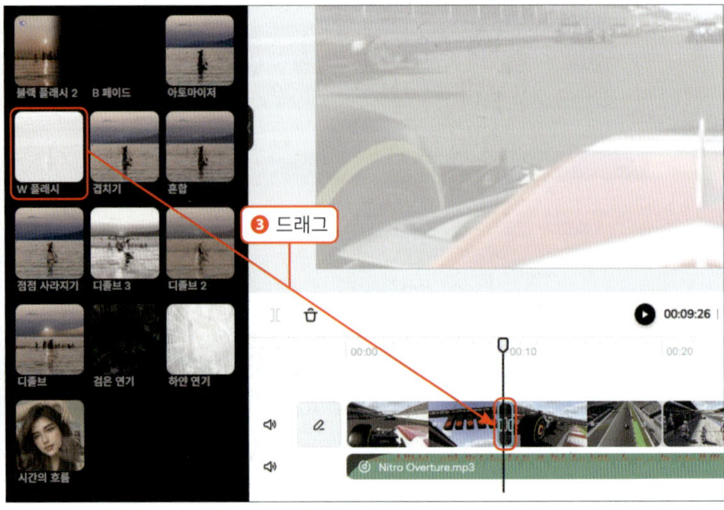

26 | 같은 방법으로 다른 클립과 클립 사이에도 [W 플래시] 효과를 드래그하여 적용합니다.

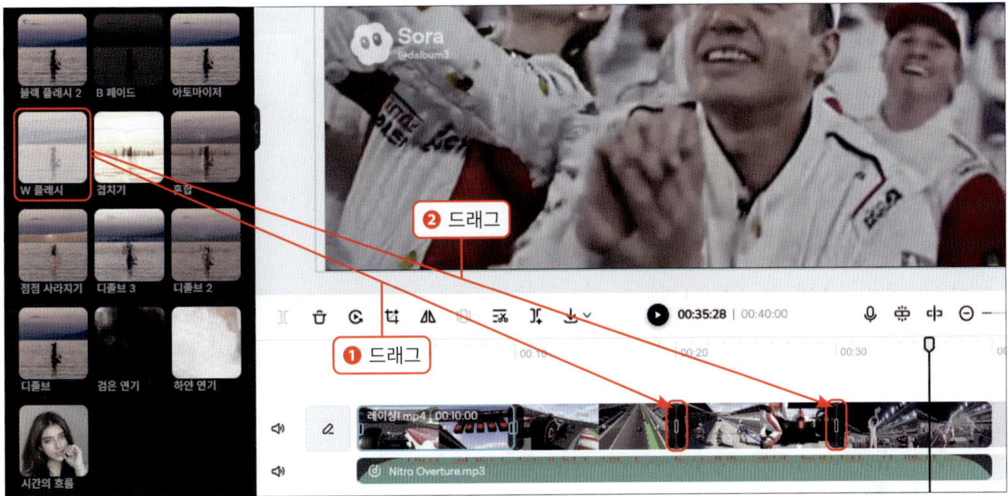

27 | 영상 편집이 모두 끝났다면, 상단메뉴에서 [내보내기] 버튼을 클릭하고 나타나는 [다운로드]를 선택합니다. 내보내기 설정에서 원하는 해상도와 파일 형식을 설정한 다음, [내보내기] 버튼을 클릭하면 최종 레이싱 영화 스타일의 영상이 PC에 저장됩니다.

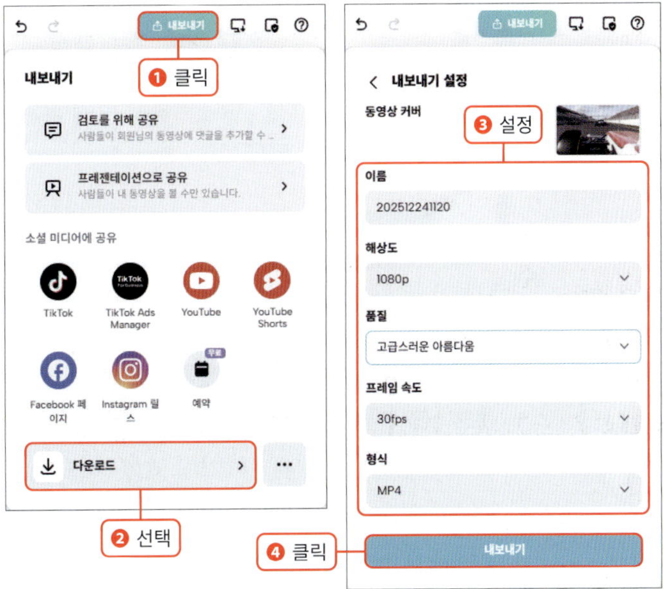

Tip 캡컷의 [내보내기]에서는 업로드할 소셜 미디어 아이콘을 선택하면 각 플랫폼에 맞는 화면 비율과 해상도가 자동으로 적용되므로, 별도의 설정 없이도 계정만 연결한다면 최적화된 형식으로 영상을 공유할 수 있습니다.

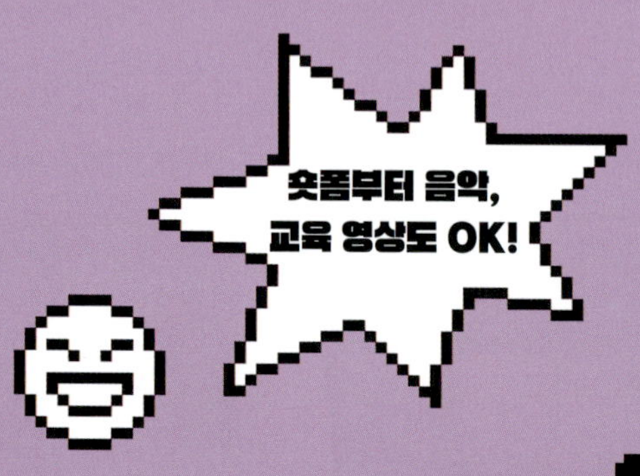

PART 5

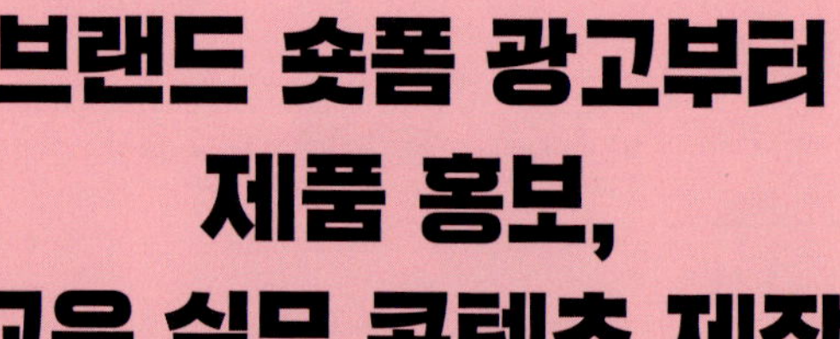

브랜드 숏폼 광고부터 제품 홍보, 교육 실무 콘텐츠 제작

이번 파트에서는 소라 2를 활용해 브랜드 숏폼 광고부터 제품 홍보, 교육·실무 콘텐츠 제작까지 실제로 적용할 수 있는 다양한 실무 예제를 담고 있습니다. 기획 단계부터 영상 생성, 활용 방법까지 단계별로 설명하여 초보자도 쉽게 따라할 수 있으며, 마케팅·교육·콘텐츠 제작 현장에서 바로 활용할 수 있도록 실무 중심으로 구성했습니다. 소라 2를 통해 아이디어를 빠르게 시각화하고, 효율적인 콘텐츠 제작 방법을 익히고자 하는 독자에게 실질적인 가이드를 제공할 것입니다.

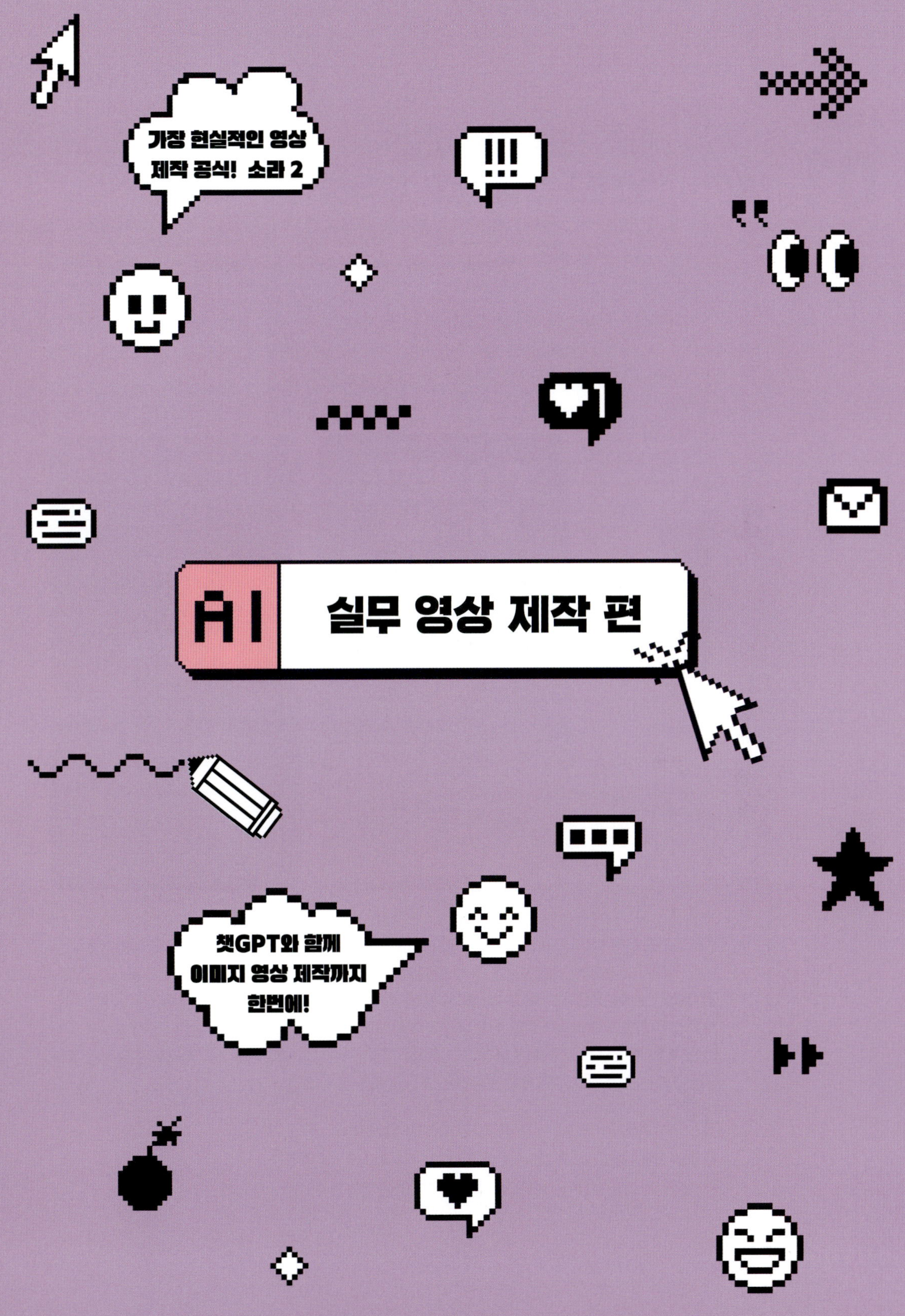
가장 현실적인 영상
제작 공식! 소라 2
!!!
AI 실무 영상 제작 편
챗GPT와 함께
이미지 영상 제작까지
한번에!

LESSON 01

15초 브랜드의 마법!
브랜드 숏폼 광고 제작하기

예제파일: 05\goods.jpg, Powerdrink.png   **완성파일:** 05\음료광고_ 완성.mp4

하나의 레퍼런스 이미지에서 시작된 상상이 실제 광고 영상으로 이어진다면, 어떤 장면이 펼쳐질까요? 챗GPT의 이미지 생성기능과 소라 2의 영상 생성기능을 함께 활용하여, 제품 사진을 생동감 있는 브랜드 영상으로 제작하는 과정을 따라가며, 제품이 돋보이는 AI 숏폼 광고 영상을 함께 만들어 보겠습니다.

예제 콘셉트

소라 2를 활용해 다이내믹하고 짧은 브랜드 영상을 제작하는 방법을 다루며, 한 장의 이미지를 기반으로 챗GPT의 이미지 생성기능을 통해 제품의 콘셉트에 맞는 광고 이미지를 만든 다음, 영상 제작에 필요한 프롬프트를 요청하고 제안받은 내용을 바탕으로 세부적인 요소를 수정 보완합니다. 이렇게 완성된 이미지와 프롬프트를 소라 2에 입력해 레퍼런스 이미지로 등록하여 영상을 생성하면 정적인 한 장의 이미지가 AI를 통해 움직임과 감정을 얻어 브랜드의 이야기를 시각적으로 전달하는 짧고 완성도 높은 숏폼 광고 영상으로 완성되는 과정을 확인할 수 있습니다.

작업 패턴
KEYWORD

❶ 챗GPT로 제품 사진을 광고 콘셉트 이미지로 만들기
❷ 소라 2에 사용할 효과적인 프롬프트를 챗GPT에서 제안받기
❸ 레퍼런스 이미지를 활용한 소라 2의 브랜드 영상 만들기

01 챗GPT로 컨셉 이미지 생성하기

제품의 이미지가 있다면 이를 활용해 브랜드 콘셉트에 어울리는 광고 이미지를 챗GPT로 손쉽게 제작할 수 있습니다. 이렇게 하면 단순한 제품 사진도 한층 세련되고 완성도 높은 광고 콘셉트 이미지로 발전시킬 수 있습니다.

01 | 웹브라우저에 'chatgpt.com'을 입력해 챗GPT 사이트에 접속합니다. '파일 추가 및 기타' 아이콘(+)을 클릭하고 [사진 및 파일 추가]를 선택합니다.

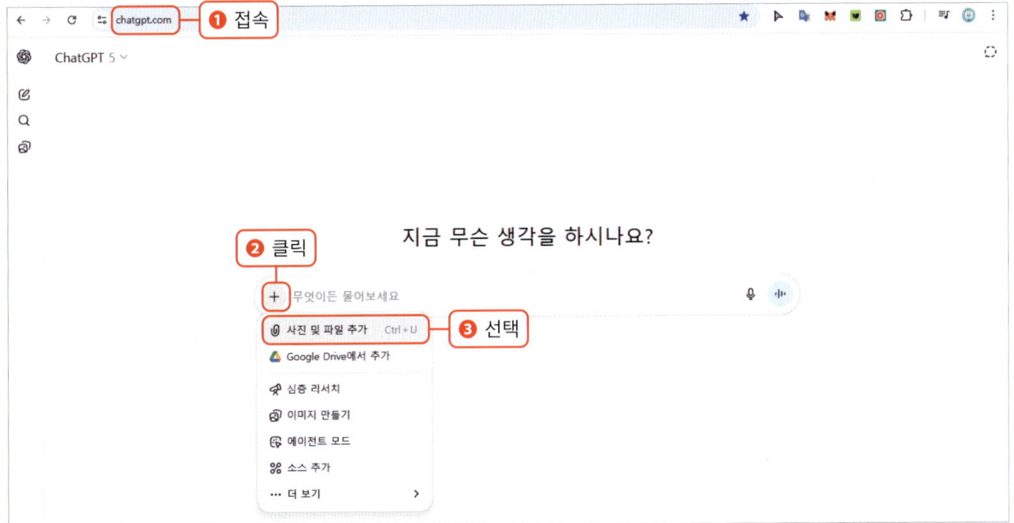

02 | 열기 대화상자가 표시되면 05 폴더에서 'goods.jpg' 파일을 선택하고 [열기(O)] 버튼을 클릭합니다.

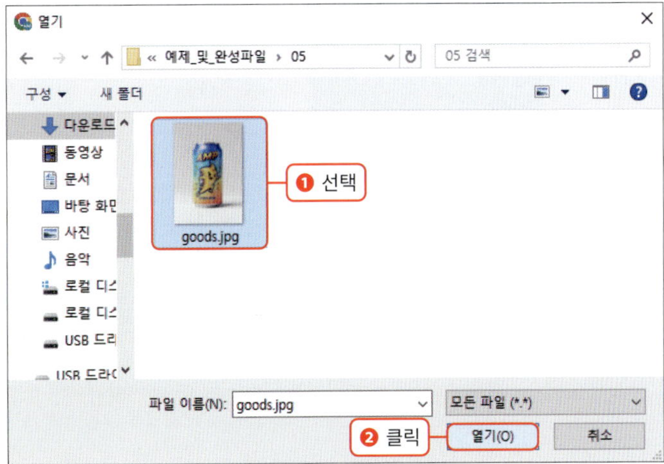

03 | 에너지 드링크 이미지가 프롬프트 입력창에 표시되면 광고 콘셉트 이미지를 생성하기 위한 프롬프트를 입력하고 '생성' 아이콘(⬆)을 클릭합니다.

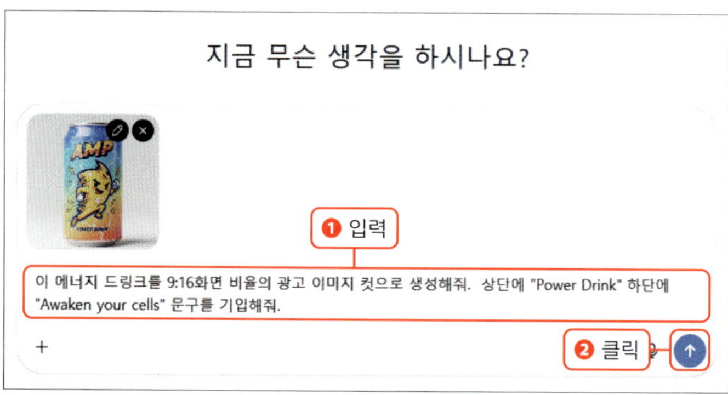

프롬프트 이 에너지 드링크를 9:16 화면 비율의 광고 이미지 컷으로 생성해줘. 상단에 "Power Drink" 하단에 "Awaken your cells" 문구를 기입해줘.

✦ **Tip** 프롬프트에 따옴표(" ")로 감싼 문구를 넣으면 이미지에 그대로 적용됩니다.
🖼 이미지 상단에 "Fresh Start" 문구를 넣어줘.

04 | 그림과 같이 에너지 드링크 사진을 기반으로 광고 이미지가 생성된 것을 확인할 수 있습니다. 이미지에서 마우스 오른쪽 버튼을 클릭하고 [이미지를 다른 이름으로 저장...]을 클릭하여 다운로드합니다.

✦ **Tip** 소라 2에서 영상 생성 시, 레퍼런스 이미지는 영상의 분위기와 콘셉트를 결정하는 핵심 요소입니다. 따라서 단순한 제품 사진이 아닌, 조명·배경·색감·구도 등을 고려해 브랜드의 감성과 메시지를 표현해야 합니다. 이렇게 구성된 이미지는 영상의 완성도와 몰입감을 높이는 데 중요한 역할을 합니다.

02 소라 2에서 적용할 프롬프트를 챗GPT에서 제안받기

생성된 이미지를 기반으로 이제 챗GPT에서 소라 2용 영상 프롬프트를 요청하겠습니다. 한 번에 완성된 프롬프트를 얻기보다는 여러 번 반복하여 요청하고 수정해 가며 점차 완성도를 높이는 방식이 더 효과적입니다.

05 | 에너지 드링크의 역동적인 제품 콘셉트에 맞춰, 짧은 컷 구성과 화려한 시각 효과, 그리고 다이내믹한 카메라 액션이 돋보이는 영상을 위해 프롬프트를 입력하고 '생성' 아이콘()을 클릭합니다.

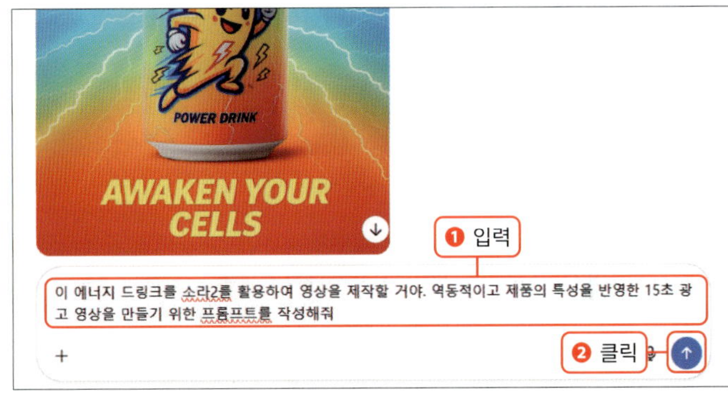

> **프롬프트**
>
> 이 에너지 드링크를 소라 2를 활용하여 영상을 제작할 거야. 제품의 특성을 반영한 15초 광고 영상을 만들기 위한 프롬프트를 작성해줘.

Tip 이때 영상의 길이와 목적을 명확히 알려줄수록, 더욱 구체적인 장면 흐름을 제안합니다.

06 | 소라 2에서 사용할 수 있도록 챗GPT가 정리하여 제안합니다. 이를 적절하게 정리하면 보다 완성도 높은 영상을 생성할 수 있습니다.

챗GPT

> 다음은 소라 2로 제작할 수 있는 AMP Power Drink 15초 광고 영상을 위한 한글 프롬프트 예시입니다.
>
> ⚡ Sora Prompt — "AMP Power Drink" 15초 광고 영상
>
> **프롬프트**
> 15초 길이의 역동적인 에너지 드링크 광고 영상. 제품명은 "AMP Power Drink".
>
> (0–2초) 짙은 구름과 번개로 가득한 하늘에서 시작된다. 천둥소리와 함께 푸른 전류가 일렁인다.
>
> (2–4초) 전기 에너지가 폭발하듯, 번개 모양의 노란 캐릭터가 하늘을 가르며 빠르게 달린다. 캐릭터 주변에는 스파크가 튀고, 움직임에 따라 전기 궤적이 남는다.
>
> (4–6초) 배경에는 푸른 전류와 오렌지 불빛이 교차하며 강렬한 에너지감을 연출한다. 카메라는 캐릭터를

따라가며 다이내믹하게 움직인다.

(6–9초) AMP 캔이 공중에서 회전하며 전기를 내뿜고, 착지할 때 전기 충격파가 퍼져나간다. 주변 환경이 순간적으로 밝게 빛난다.

(9–12초) 도시의 야경이 전기빛으로 물들며, 건물 불빛이 음악의 리듬에 맞춰 펄스처럼 반짝인다. 전기 에너지가 도심 전체로 퍼지는 듯한 연출.

(12–15초) 카메라가 캔을 클로즈업하며 상단에 "Power Drink" 문구가 나타난다. 마지막에는 "Awaken Your Cells" 문구가 번쩍이며 등장하고, 전기 스파크와 함께 페이드아웃된다.

전체적으로 빠른 전환, 강렬한 색상 대비(파랑, 노랑, 주황), 전기 이펙트와 에너지 넘치는 카메라 움직임을 강조한다. 시네마틱 조명, 하이 에너지 분위기, 4K 해상도, 60fps.

추천 설정값
영상 길이: 15초
화면 비율: 9:16(세로형 숏폼 비율)
스타일: 시네마틱, 하이 에너지, 상업 광고풍
카메라 연출: 빠른 줌 인/아웃, 회전 전환, 전기 스파크 이펙트

07 | 소라 2에서 바로 사용 할 수 있도록 챗GPT가 제안해준 내용에서 프롬프트 부분만 선택하여 복사합니다.

15초 길이의 역동적인 에너지 드링크 광고 영상. 제품명은 "AMP Power Drink".

(0–2초) 짙은 구름과 번개로 가득한 하늘에서 시작된다. 천둥소리와 함께 푸른 전류가 일렁인다.

(2–4초) 전기 에너지가 폭발하듯, 번개 모양의 노란 캐릭터가 하늘을 가르며 빠르게 달린다. 캐릭터 주변에는 스파 크가 튀고, 움직임에 따라 전기 궤적이 남는다.

(4–6초) 배경에는 푸른 전류와 오렌지 불빛이 교차하며 강 렬한 에너지감을 연출한다. 카메라는 캐릭터를 따라가며 다이내믹하게 움직인다.

(6–9초) AMP 캔이 공중 에서 회전하며 전기를 내뿜고, 착지할 때 전기 충격파가 퍼져나간다. 주변 환경이 순간적으로 밝게 빛난 다.

(9–12초) 도시의 야경이 전기빛으로 물들며, 건물 불빛이 음악의 리듬에 맞춰 펄스처럼 반짝인다. 전기 에너지가 도심 전체로 퍼지는 듯한 연출.

(12–15초) 카메라가 캔을 클로즈업하며 상단에 "Power Drink" 문구가 나타난다. 마지막에는 "Awaken Your Cells" 문구가 번쩍이며 등장하고, 전기 스파크와 함께 페이 드아웃된다.

전체적으로 빠른 전환, 강렬한 색상 대비(파랑, 노랑, 주황), 전기 이펙트와 에너지 넘치는 카메라 움직임을 강조한다. 시네마틱 조명, 하이 에너지 분위기, 4K 해상도, 60fps.

03 레퍼런스 이미지를 활용한 소라 2의 브랜드 영상 만들기

소라 2의 프롬프트 입력창 기능은 구조가 단순하지만, 레퍼런스 이미지를 추가하는 기능은 영상의 일관성을 유지하고 완성도를 높이는 데 핵심적인 역할을 합니다. 계속해서 소라 2에 생성한 이미지를 등록하고, 브랜드의 방향성과 감성을 담은 짧은 영상을 생성해 보겠습니다.

08 | 웹브라우저에 'openai.com'를 입력하여 OpenAI 공식 사이트에 접속합니다. 오른쪽 상단에 [로그인] 버튼에 마우스를 위치시켜 표시되는 목록에 [Sora]를 선택합니다.

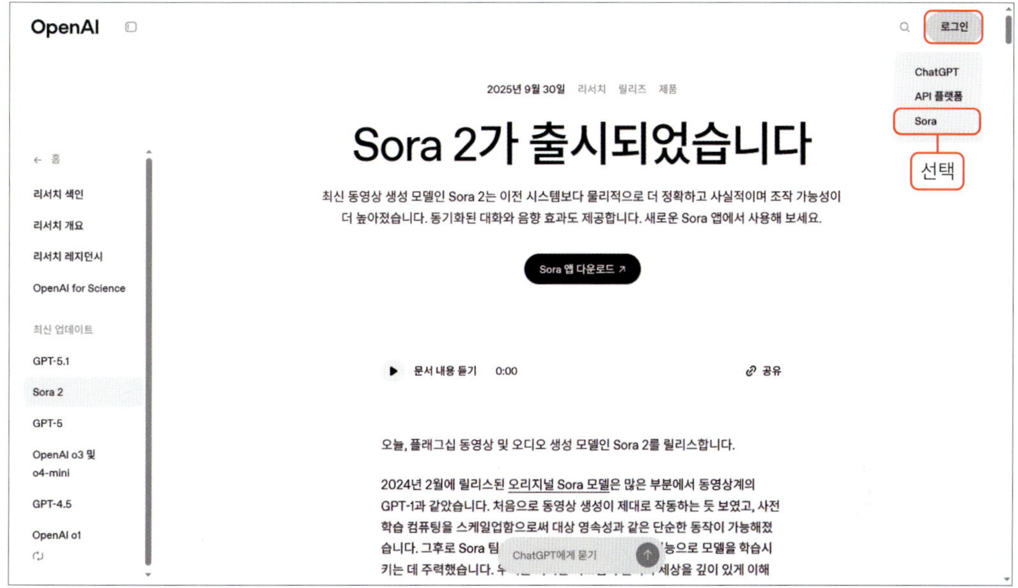

09 | 소라 2 메인 화면으로 이동합니다. 챗GPT를 활용하여 생성한 이미지를 등록하기 위해 프롬프트 입력창에 '➕' 아이콘 클릭합니다.

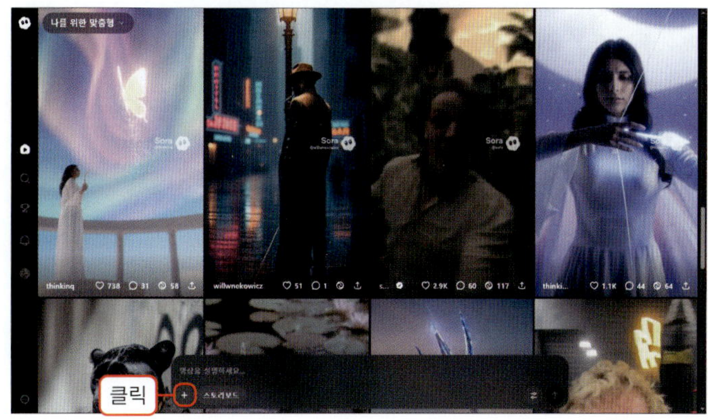

10 | 열기 대화상자가 표시되면 05 폴더에서 'Powerdrink.png' 파일을 선택한 뒤 [열기(O)] 버튼을 클릭합니다.

11 | 에너지 드링크의 브랜드 콘셉트 이미지가 프롬프트 입력창에 표시됩니다. 프롬프트 입력창에 챗GPT를 통해 제안받은 프롬프트를 붙여 넣습니다(Ctrl + V).

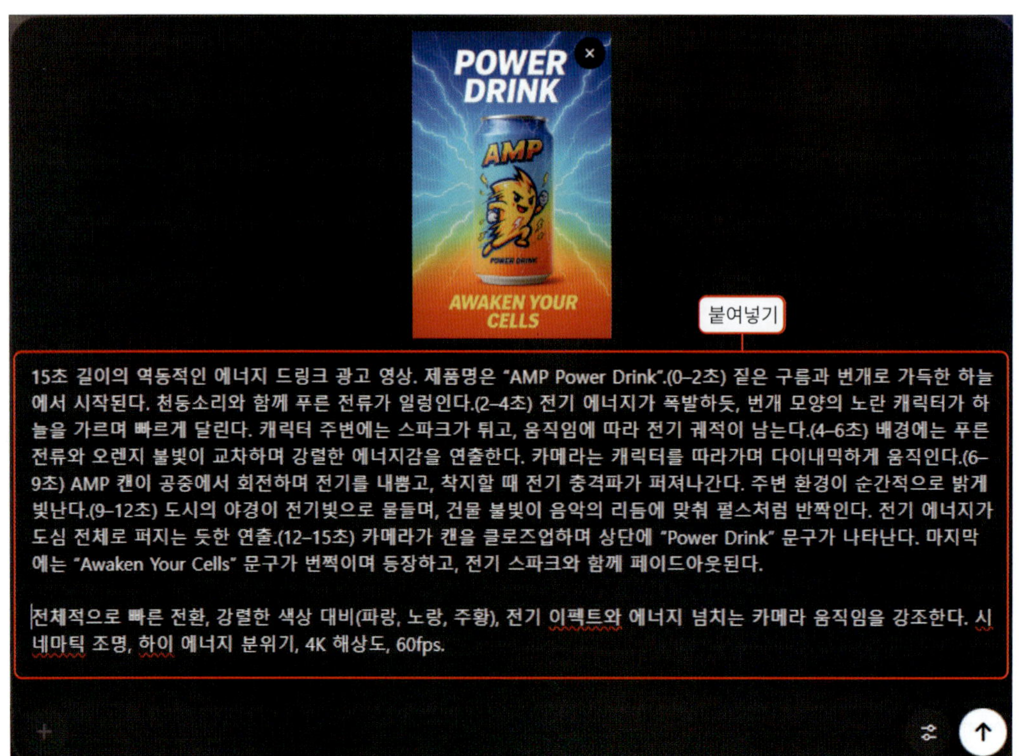

12 | 프롬프트 입력창 오른쪽 아래의 '설정' 아이콘(■)을 클릭하면 화면 비율과 재생시간을 설정할 수 있습니다. 예제에서는 방향을 '세로 모드'로, 재생 시간을 '15초(15s)'로 설정하고, '생성' 아이콘(◐)을 클릭합니다.

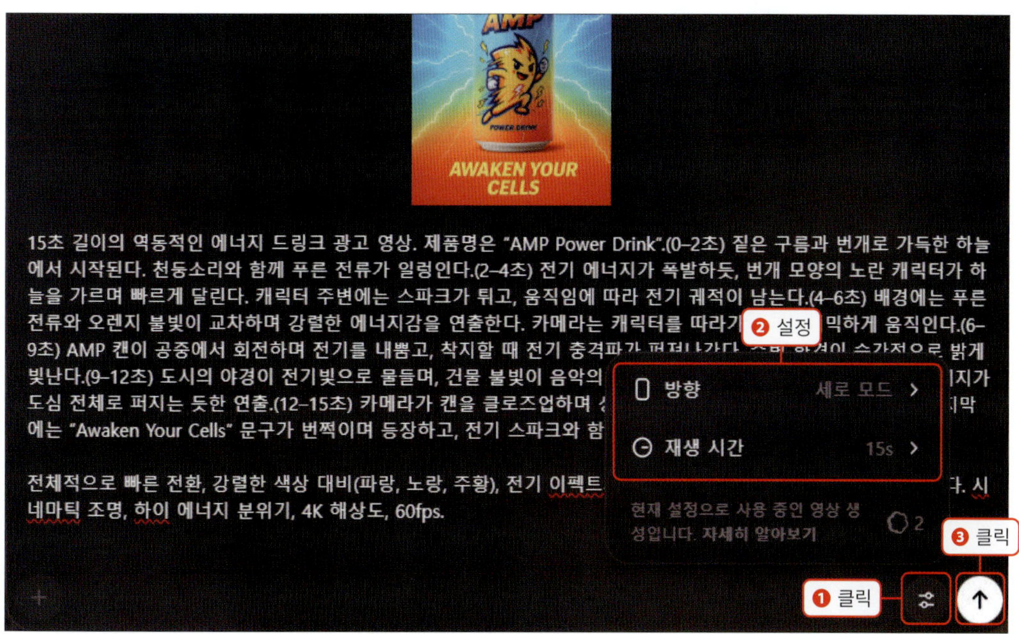

❷ 설정 **❸** 클릭
❶ 클릭

13 | 영상이 완성되면 개인 프로필 아이콘을 클릭하고 [초안]에서 생성된 영상과 사운드를 확인한 다음 [게시물] 버튼을 클릭하여 소라 2 SNS에 게시할 수 있습니다.

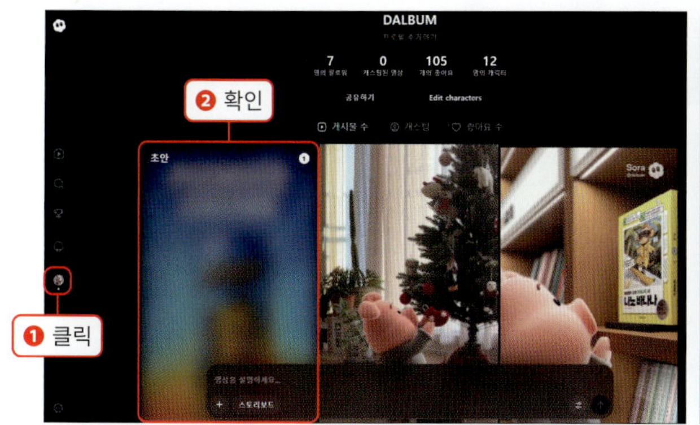

❷ 확인 **❶** 클릭

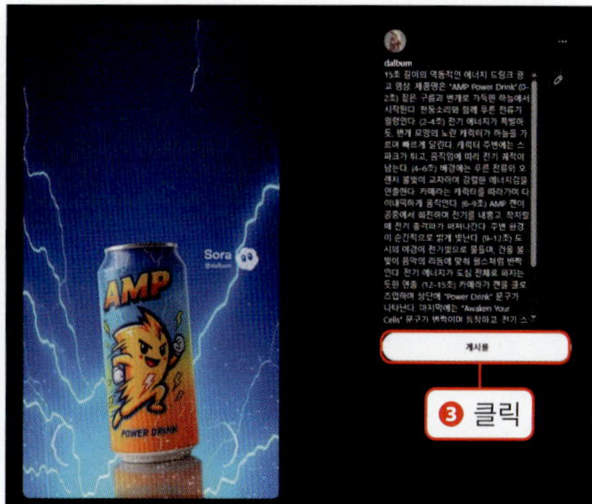

❸ 클릭

Tip   소라 2에서 영상 생성 시, 레퍼런스 이미지는 영상의 분위기와 콘셉트를 결정하는 핵심 요소입니다. 따라서 단순한 제품 사진이 아닌, 조명·배경·색감·구도 등을 고려해 브랜드의 감성과 메시지를 표현해야 합니다. 이렇게 구성된 이미지는 영상의 완성도와 몰입감을 높이는 데 중요한 역할을 합니다.

LESSON 02
몰핑 연출로 드라마틱한 광고 영상 제작하기

예제파일: 05\화장품.png **완성파일**: 05\몰핑1, 몰핑_완성.mp4

영화 〈터미네이터 2〉의 액체 금속 장면처럼 형체가 자연스럽게 변하는 연출은 오랫동안 관객을 매료시켜 온 시각 효과입니다. 이러한 연출의 핵심인 몰핑(Morphing)은 서로 다른 이미지를 부드럽게 연결해 형태가 변화하는 과정을 보여주는 기법입니다. 주로 영화나 광고의 드라마틱한 장면 전환에 활용되며, 현대 CGI 기술과 결합하여 더욱 정교하고 초현실적인 비주얼을 완성합니다. 이제 소라 2를 활용하면 복잡한 수작업 없이도 프롬프트만으로 이러한 몰핑 효과를 자유자재로 구현할 수 있습니다. 소라 2의 기능을 통해 형태의 경계를 허무는 몰핑 연출 기법을 실습하며 영상 제작의 창의적 지평을 넓혀 봅니다.

작업 패턴 KEYWORD
❶ 제품 이미지를 참고 이미지로 등록해 활용하기
❷ 몰핑 기법으로 드라마틱한 전환 효과 적용하기

광고의 한 장면을 모티브로 한 안티에이징 화장품 영상입니다. 실제 화장품 이미지를 참고 이미지로 등록해 현실적인 광고 분위기를 연출하고, 화장품을 사용한 뒤 여성의 얼굴과 피부가 과장되게 젊어지는 모습을 표현합니다. 몰핑 효과를 활용해 사용 전과 후의 변화를 자연스럽게 연결함으로써, 실제 광고처럼 설득력 있는 연출을 구현해 보겠습니다.

01 제품 이미지를 참고 이미지로 등록하기

제품 이미지를 참고 이미지로 등록해 영상 제작에 활용하겠습니다. 실제 제품의 형태와 분위기를 반영해 보다 현실감 있는 광고 스타일의 영상을 생성해 봅니다.

01 | 웹브라우저에 'sora.chatgpt.com'을 입력하고 소라 2의 메인 화면으로 이동하여 로그인합니다.

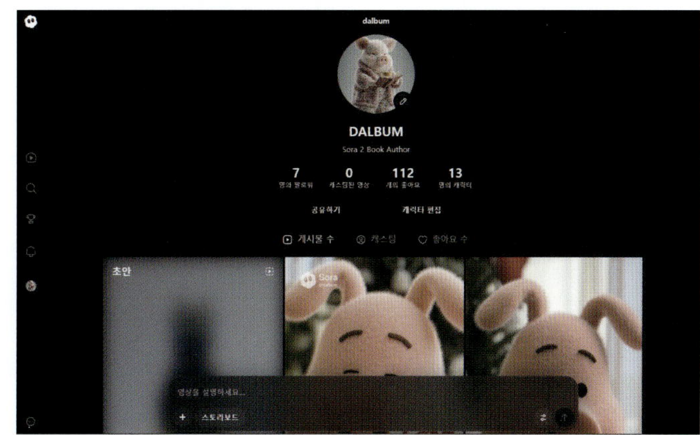

02 | 시니어 모델이 화장품을 바르는 모습을 담은 광고 영상을 만들기 위해, 프롬프트 입력창에 다음과 같은 문장을 입력합니다. 이미지를 첨부하기 위해 '+' 아이콘을 클릭합니다.

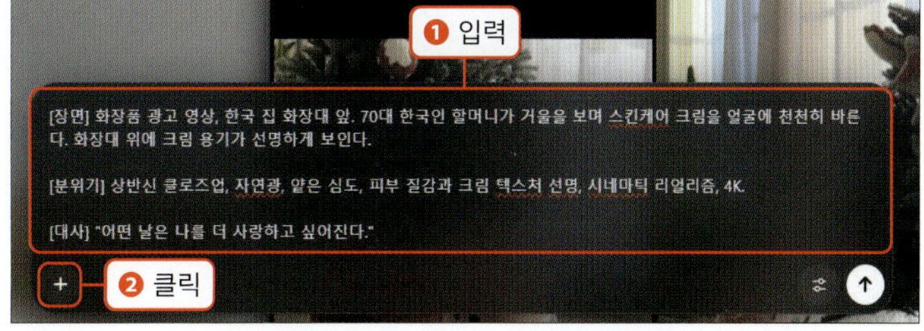

프롬프트

[장면] 화장품 광고 영상, 한국 집 화장대 앞. 70대 한국인 할머니가 거울을 보며 스킨케어 크림을 얼굴에 천천히 바른다. 화장대 위에 크림 용기가 선명하게 보인다.

[분위기] 상반신 클로즈업, 자연광, 얕은 심도, 피부 질감과 크림 텍스처 선명, 시네마틱 리얼리즘, 4K.

[대사] "어떤 날은 나를 더 사랑하고 싶어진다."

03 | 열기 대화상자가 표시되면 05 폴더에서 '화장품.png'을 선택하여 [열기(O)] 버튼을 클릭합니다.

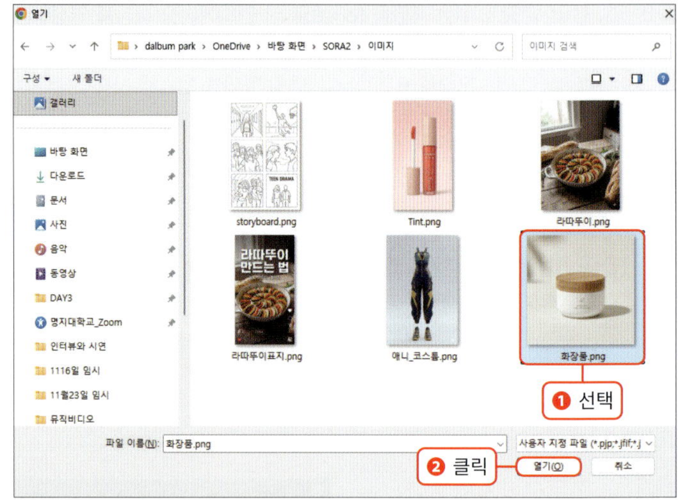

04 | 프롬프트 창에 화장품 제품 이미지가 등록되었습니다. '설정' 아이콘(■)을 클릭하여 화면 비율과 재생시간을 설정합니다. 예제에서는 방향을 '세로 모드'로, 재생 시간을 '10초(10s)'로 설정한 다음 '생성' 아이콘(↑)을 클릭합니다.

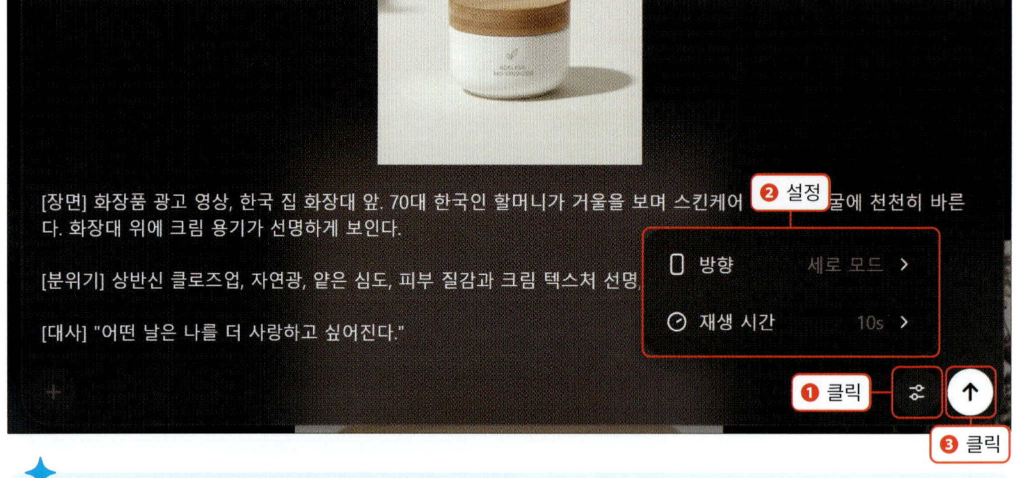

✦ **Tip**   이와 같은 광고 영상을 생성할 때는 아래와 같은 프롬프트를 추가로 작성하면 효과적인 연출에 도움이 됩니다.

- **팩샷(Packshot)**: 제품 용기·라벨이 선명하게 보이는 제품 중심 컷(광고 인지용).
- **히어로 샷(Hero shot)**: 가장 공들여 제품/핵심 장면을 '대표 이미지'처럼 멋지게 잡는 컷(구매욕 자극).
- **텍스처 매크로(Texture macro)**: 크림의 질감/윤기/발림 디테일을 근접으로 보여주는 컷.
- **하이키/클린 룩(High-key clean look)**: 밝고 그림자 적은 깨끗한 상업광고 톤.
- **사용 컷(Lifestyle usage)**: 인물이 일상 공간에서 자연스럽게 사용하는 장면(신뢰감/공감).

05 | 개인 프로필에서 [초안]을 클릭하여 결과물을 확인합니다. 참고 이미지로 등록한 화장품을 시니어 모델이 사용하는 영상이 생성되었습니다.

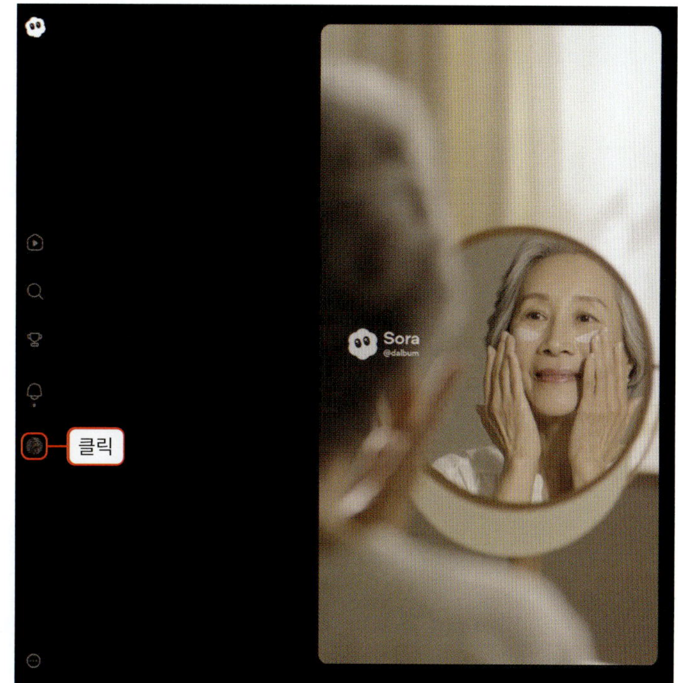

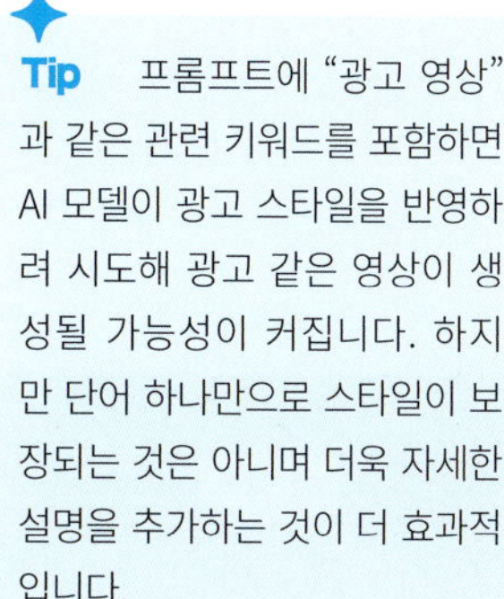

Tip 프롬프트에 "광고 영상"과 같은 관련 키워드를 포함하면 AI 모델이 광고 스타일을 반영하려 시도해 광고 같은 영상이 생성될 가능성이 커집니다. 하지만 단어 하나만으로 스타일이 보장되는 것은 아니며 더욱 자세한 설명을 추가하는 것이 더 효과적입니다.

02 광고 스타일로 변신 장면 완성하기

광고 영상의 흐름에 맞춰 인물이 변화하는 순간을 중심으로 변신 장면을 완성해 보겠습니다. 변화 전과 후의 모습을 자연스럽게 연결해, 광고 특유의 극적인 효과와 메시지가 잘 드러나도록 연출합니다.

06 | 생성된 영상을 기반으로 모습이 변형되는 영상을 만들기 위해 화면 오른쪽 하단에 나타나는 [리믹스]를 선택합니다.

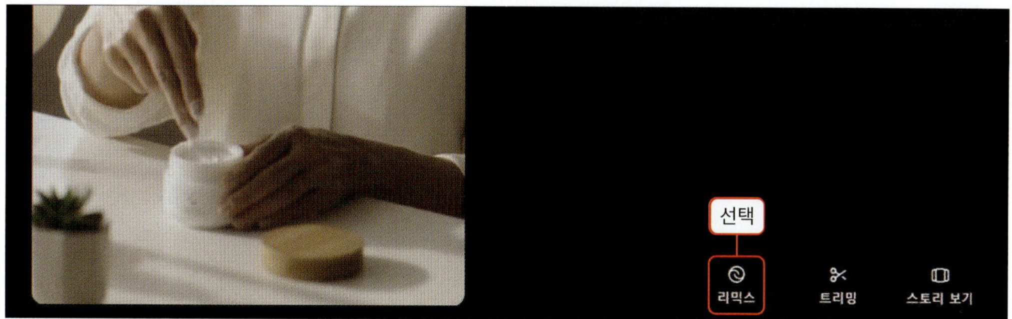

07 │ 프롬프트를 다시 입력할 수 있는 화면이 열리면, 모습이 변형된 뒤 마지막에 화장품이 자연스럽게 노출되도록 프롬프트를 입력합니다.

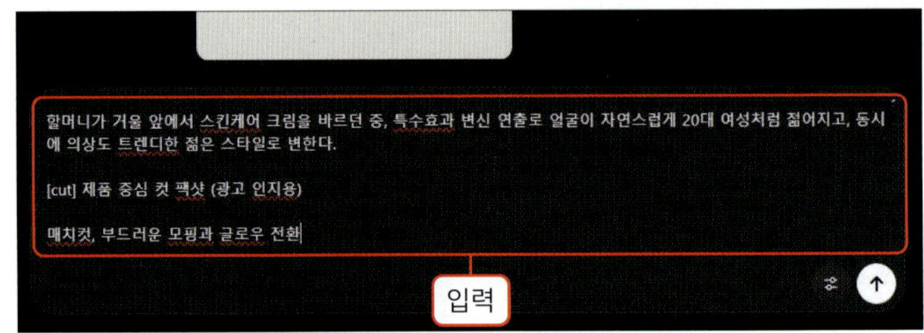

할머니가 거울 앞에서 스킨케어 크림을 바르던 중, 특수효과 변신 연출로 얼굴이 자연스럽게 20대 여성처럼 젊어지고, 동시에 의상도 트렌디한 젊은 스타일로 변한다.

[cut] 제품 중심 컷 팩샷 (광고 인지용)

매치컷, 부드러운 모핑과 글로우 전환

08 │ '설정' 아이콘(▩)을 클릭하여 리믹스로 장면이 추가된 만큼 재생 시간을 '15초'로 변경하고 '생성' 아이콘(↑)을 클릭합니다.

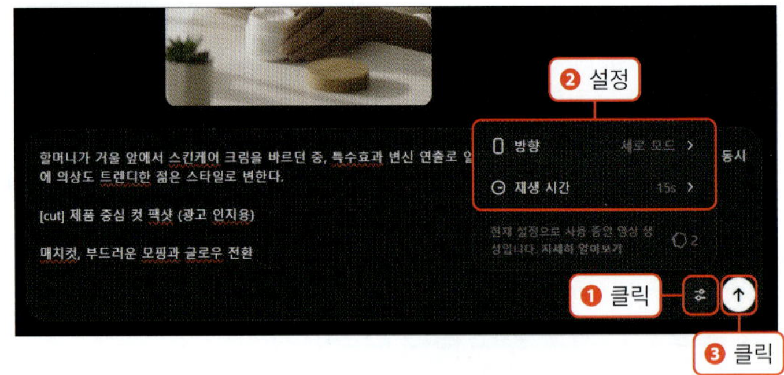

09 │ 개인 프로필에서 [초안]을 클릭하여 결과물을 확인합니다. 외부 프로그램을 통해 영상을 추가로 편집하고 싶다면 화면 오른쪽에 '⋯' 아이콘을 클릭하고 [다운로드]를 선택하여 저장할 수 있으며, 소라 2 SNS에 업로드하려면 [게시물] 버튼을 클릭해 마무리합니다.

LESSON 03

이미지 변환과 굿즈 상품화하여 홍보 영상 제작하기

예제파일: 05\Pinkpig, raccoon, 캡슐피규어, 너구리키체인.png   **완성파일:** 05\캡슐_완성, 키체인_완성.mp4

특정 유명 애니메이션 스타일의 프로필 이미지 제작이 하나의 트렌드로 확산된 바 있습니다. 이러한 흐름은 챗 GPT의 이미지 생성 기능이 대중화되며 더욱 가속화되었습니다. 복잡한 디자인 툴을 익히지 않아도 스타일과 배경을 자유롭게 변형해 일관성 있는 이미지를 만들 수 있다는 점이 주목받은 이유입니다. 최근에는 업그레이드된 이미지 편집 모델을 통해 다양한 템플릿을 보다 손쉽게 적용할 수 있게 되었습니다. 그 결과 이미지 생성은 물론 세부 보정과 편집까지도 간단한 과정으로 완성할 수 있습니다.

작업 패턴 `KEYWORD`

❶ 챗GPT를 활용하여 이미지 변환하기

❷ 상품화시켜 변형된 캡슐 토이 이미지 만들기

❸ 챗GPT 이미지 템플릿으로 키체인 만들기

❹ 소라 2 활용하여 소개 영상 생성하기

예제 콘셉트

이번 예제에서는 챗GPT의 이미지 생성·편집 기능을 활용해 전체 작업을 진행합니다. 최근 챗GPT는 이미지 기능이 대폭 강화되며 어도비 포토샵의 주요 편집 기능까지 통합되어, 기존 이미지를 손쉽게 변형하거나 새로운 스타일로 재구성할 수 있게 되었습니다. 캐릭터와 동물 이미지를 활용해 캡슐 아이콘과 동물 키링 이미지를 제작하고 저장한 뒤, 완성된 이미지를 소라 2에 적용해 제품 소개 영상으로 확장하는 과정을 살펴봅니다.

01 챗GPT 이미지 기능으로 캡슐 토이 이미지 생성하기

소라 2에서 사용할 레퍼런스 이미지를 준비하기 위해, 캐릭터 이미지를 실제 제품처럼 보이도록 바꿔보겠습니다. 챗GPT의 이미지 생성·편집 기능을 활용하면 평면적인 캐릭터 이미지를 입체감 있는 토이 형태로 만들 수 있고, 캡슐에 알맞은 크기와 느낌도 함께 표현할 수 있습니다.

01 │ 웹브라우저에 'chatgpt.com/'를 입력하여 챗GPT에 접속합니다. 왼쪽 사이드바에서 [이미지]를 선택해 이동합니다.

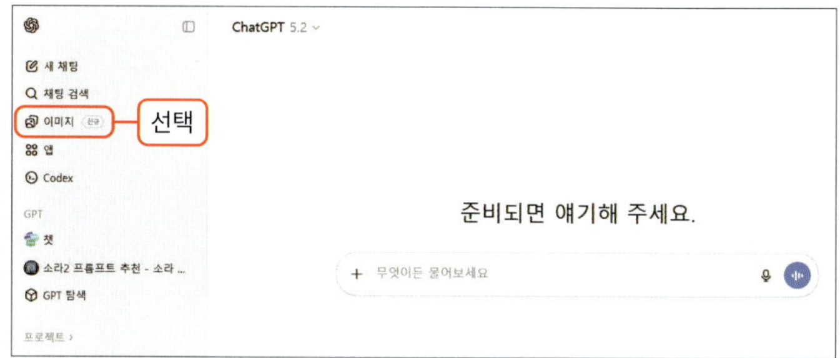

02 │ 프롬프트 입력창에서 '사진 추가' 아이콘(▣) 버튼을 클릭한 다음, 열기 대화상자가 표시되면 05 폴더에서 'Pinkpig.png' 파일을 선택한 다음, [열기(O)] 버튼을 클릭합니다.

Tip 깔끔한 작업을 위해 배경이나 기타 불필요한 소품이 없는 이미지를 사용하는 것이 좋습니다.

03 | 이미지가 입력창에 업로드되면, 별도의 문장 입력 없이 아래에 표시된 스타일 메뉴에서 [가샤폰]을 선택합니다.

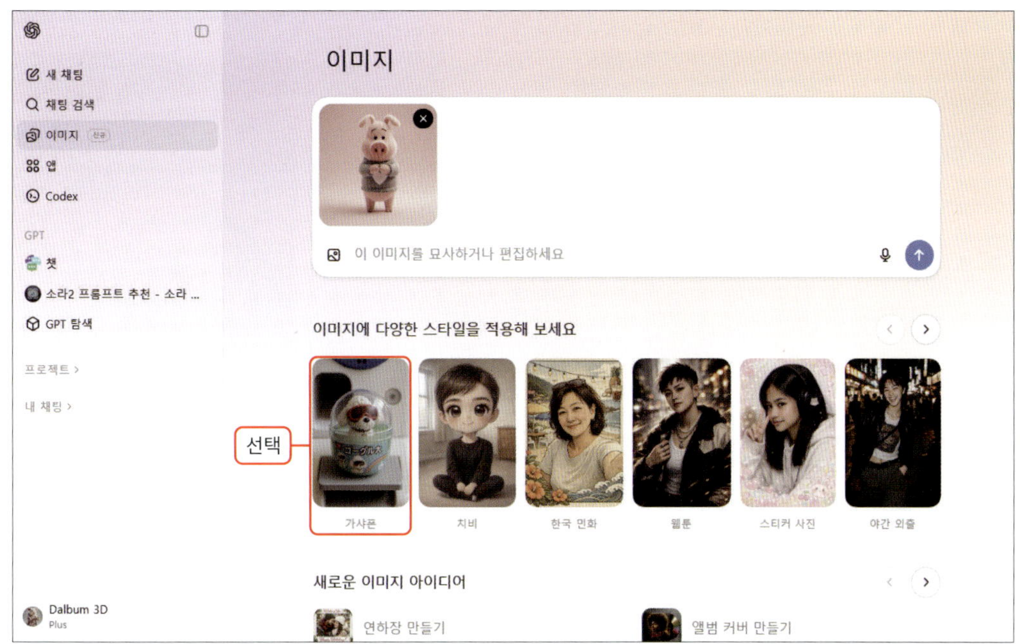

Tip 변화를 줄 수 있는 문장을 입력해 이미지를 수정할 수도 있지만, 예제에서는 별도의 문장 입력 없이 기존 템플릿을 활용하겠습니다.

04 | 별도의 입력 없이도 프롬프트가 자동으로 입력되며, 동시에 이미지 생성이 실행됩니다.

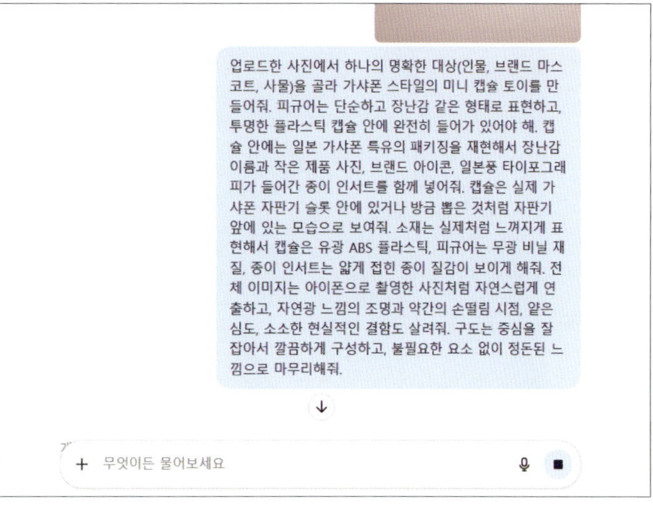

05 | 잠시 기다리면 업로드한 캐릭터 이미지를 바탕으로, 캡슐에 들어간 장난감처럼 캐릭터화된 이미지가 생성됩니다. 원본 이미지의 특징은 유지하면서도 입체감과 질감이 더해져, 실제 제품 사진처럼 보이는 결과를 확인할 수 있습니다.

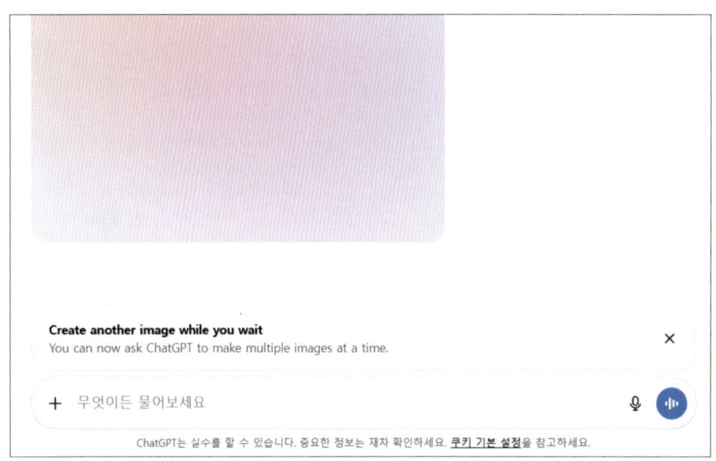

Tip 이미지를 생성할 때 동시간대에 처리되는 요청사항에 따라 소요시간이 길어질 수 있습니다.

06 | 결과물이 마음에 든다면 이미지를 클릭하고 [저장] 버튼을 클릭해 이미지를 PNG 파일로 저장합니다.

02 챗GPT 이미지 기능으로 키체인 이미지 생성하기

같은 방법으로 이미지 템플릿을 활용해, 이번에는 동물 캐릭터 이미지를 참고하여 키체인 이미지를 만들어 보겠습니다.

07 | 템플릿을 활용해 키체인 이미지로 변경하기 위해, 챗GPT 사이드바에서 [이미지]를 선택하여 새로운 이미지 대화창을 생성합니다.

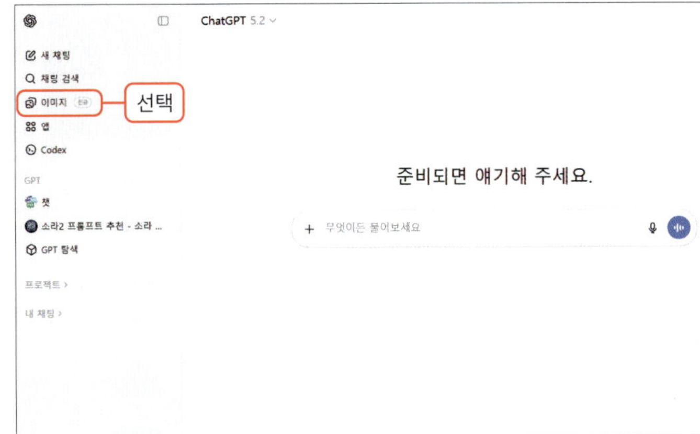

08 | 프롬프트 입력창에서 '사진 추가' 아이콘(🖼)을 클릭한 다음, 열기 대화상자가 표시되면 05 폴더에서 'raccoon.png' 파일을 선택하고 [열기(O)]를 클릭합니다.

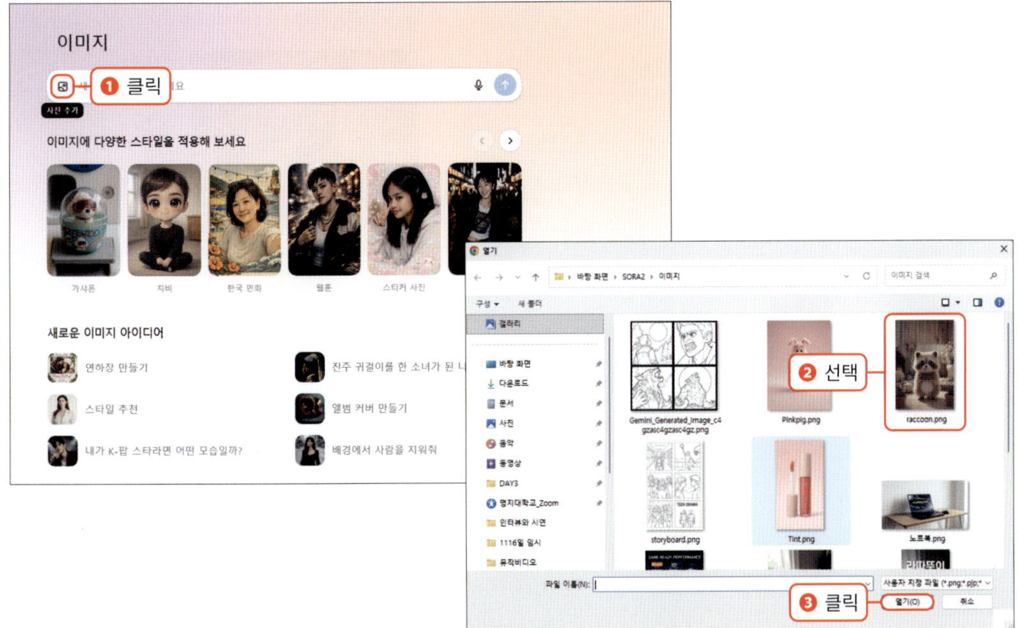

09 | 이미지가 대화창에 업로드되면, 아래에 표시된 '새로운 이미지 아이디어' 메뉴에서 [키체인으로 만들기]를 선택합니다.

10 | 이미지를 키체인 형태로 변환하기 위한 프롬프트가 자동으로 적용되며, 별도의 입력 없이 이미지가 생성됩니다.

11 | 템플릿을 적용해 귀여운 키체인 이미지가 생성되었습니다. 예제에서는 표면이 지나치게 반짝이는 유광 재질로 표현되어 변경하겠습니다. 프롬프트 입력창에 재질을 변경하는 문장을 입력한 다음, '제출' 아이콘(↑)을 클릭해 이미지를 다시 요청합니다.

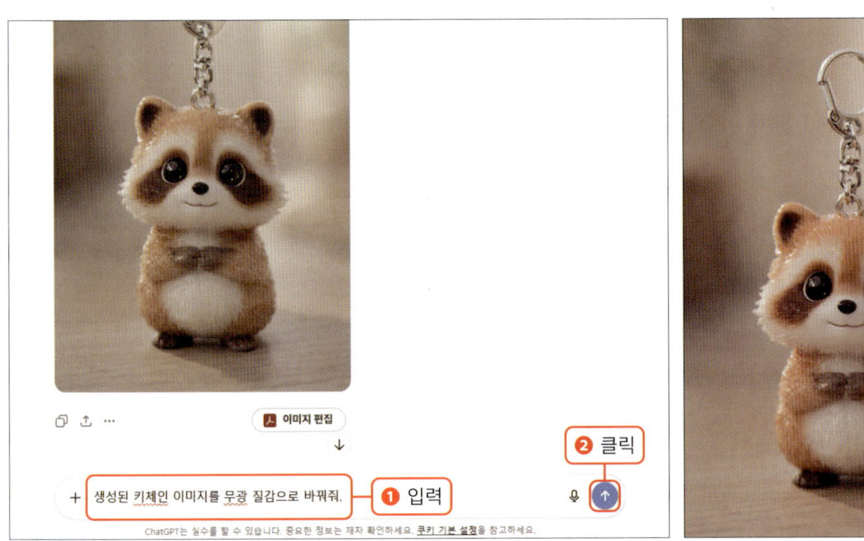

프롬프트 　생성된 키체인 이미지를 무광 질감으로 바꿔줘.

12 | 구성을 유지한 채로 재질이 변경된 이미지가 생성되었습니다. 생성된 이미지를 클릭하여 상세 화면으로 결과물을 확인하고, [저장]을 클릭해 이미지를 PNG 파일로 저장합니다.

03 소라 2를 활용하여 소개 영상 생성하기

소라 2를 활용해 앞서 제작한 이미지를 바탕으로, 캐릭터 캡슐 토이와 키체인을 다양한 연령대의 크리에이터가 소장품을 소개하는 형식의 영상을 생성해 보겠습니다.

13 | 웹브라우저에 'sora.chatgpt.com'를 입력하여 소라 2에 접속하고 개인 프로필을 클릭합니다. 프롬프트 입력창에 이미지를 첨부하기 위해 '+' 아이콘을 클릭하고 열기 대화상자가 표시되면 05 폴더에서 '캡슐피규어.png' 파일을 선택한 다음, [열기(O)] 버튼을 클릭합니다.

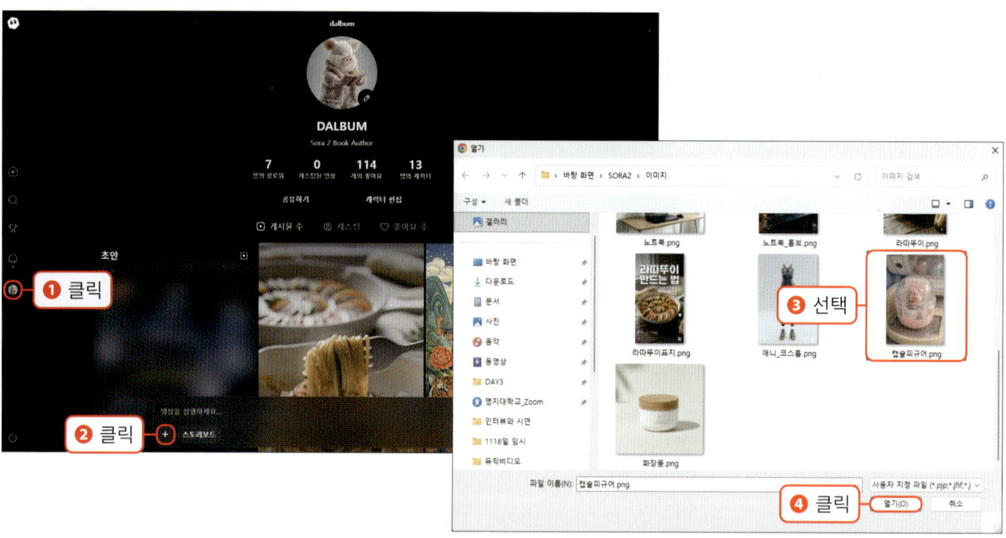

14 | 프롬프트 입력창에 영상 생성을 위한 간단한 프롬프트와 함께, 크리에이터의 대사를 추가하기 위한 문장을 입력하겠습니다.

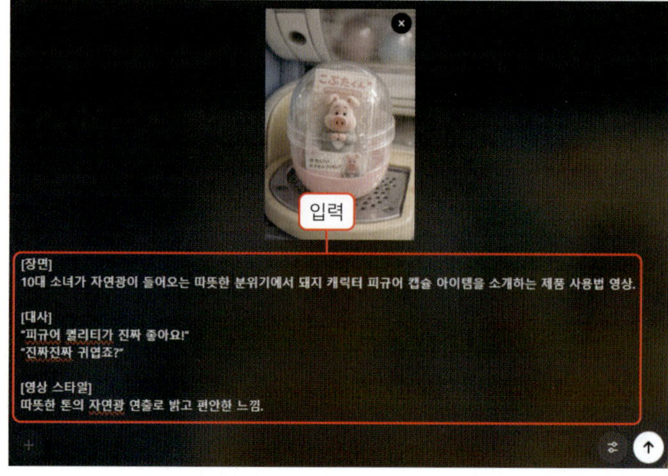

[장면] 10대 소녀가 자연광이 들어오는 따뜻한 분위기에서 돼지 캐릭터 토이 캡슐 아이템을 소개하는 제품 사용법 영상.

[대사] "토이 퀄리티가 진짜 좋아요!", "진짜진짜 귀엽죠?"

[영상 스타일] 따뜻한 톤의 자연광 연출로 밝고 편안한 느낌.

Tip 소라 2는 제 3자 콘텐츠 검출 및 제한 시스템을 갖추고 있어, 저작권 IP, 실존 인물, 상표 등을 포함하는 프롬프트나 생성 결과를 차단하기 때문에 첨부하는 이미지나 프롬프트 내용이 이를 위반하지 않는지 재차 확인한 다음 사용하는 것이 좋습니다.

15 | '설정' 아이콘()을 클릭하여 화면 비율과 재생시간을 설정합니다. 예제에서는 방향을 '세로 모드'로, 재생 시간을 '15초(15s)'로 설정하고 '생성' 아이콘()을 클릭합니다.

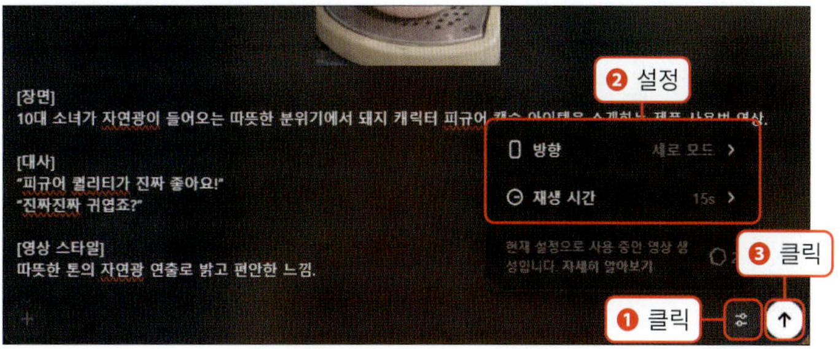

16 | 입력한 프롬프트 내용을 바탕으로 제품을 리뷰하는 영상이 생성된 것을 확인할 수 있으며, 개인 프로필의 [초안]에서 결과 영상을 확인합니다.

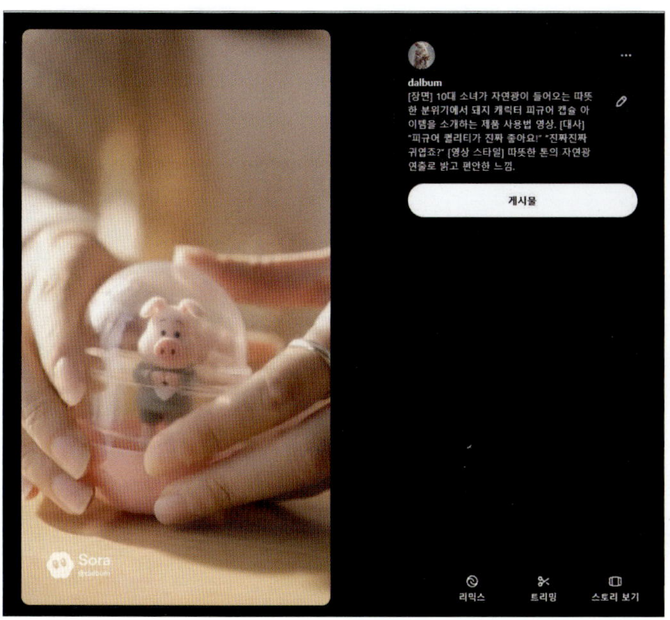

04 소라 2를 활용하여 키링 소개 영상 생성하기

앞서 생성한 키체인 이미지를 바탕으로 소라 2를 활용해, 이미지의 특징과 분위기를 자연스럽게 살리면서 실제 리뷰나 홍보 영상처럼 보이도록 크리에이터가 제품을 직접 소개하는 형식의 영상을 만들어 보겠습니다.

17 | 개인 프로필 아이콘을 클릭해 이동합니다. 프롬프트 입력창에 키체인 이미지를 첨부하기 위해 '+' 아이콘을 클릭하고 열기 대화 상자가 표시되면 05 폴더에서 '너구리키체인.png' 파일을 선택한 다음, [열기(O)] 버튼을 클릭합니다.

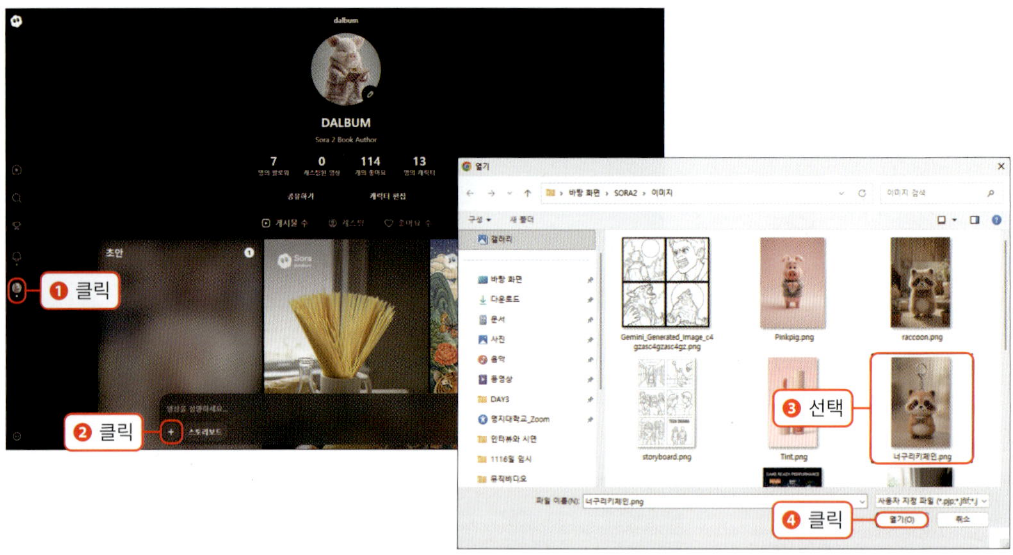

18 | 크리에이터가 제품을 리뷰하는 영상을 만들기 위해, 다음의 프롬프트를 입력하겠습니다.

프롬프트　20대 여성이 너구리의 키체인에 대해 리뷰하는 영상을 생성해줘.

19 | '설정' 아이콘(⬚)을 클릭하여 화면 비율과 재생시간을 설정합니다. 예제에서는 '설정' 아이콘(⬚)을 클릭하여 화면 비율과 재생시간을 설정합니다. 예제에서는 방향을 '세로 모드'로, 재생 시간을 '15초(15s)'로 설정한 다음 '생성' 아이콘(⬆)을 클릭합니다.

20 | 입력한 프롬프트 내용을 바탕으로 제품을 20대 크리에이터가 리뷰하는 영상이 생성된 것을 확인할 수 있으며, 개인 프로필의 [초안]에서 결과 영상을 확인합니다.

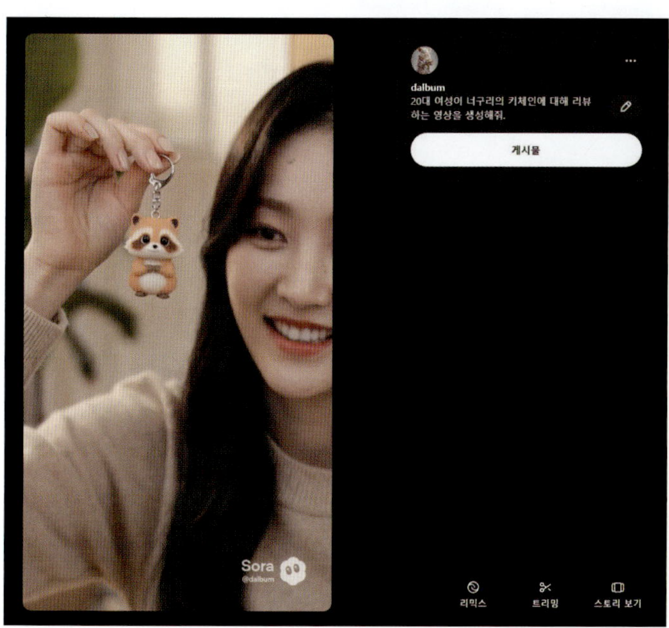

Tip 영상을 확인해보면 텍스트 문구, 주변 배경 등 어색한 부분이 추가되어 있을 수 있습니다. 리믹스 기능을 활용하여 부분적으로 수정하기 위해 전체적인 영상을 검토하는 것이 좋습니다.

LESSON 04

요리 순서에 맞게
요리 콘텐츠 영상 제작하기

예제파일: 05\라따뚜이표지.png **완성파일**: 05\라따두이1, 라따뚜이_완성.mp4

먹방과 요리 콘텐츠는 인간의 원초적 본능을 자극하며 숏폼 플랫폼에서 변함없는 사랑을 받는 대표 장르입니다. 시청자에게 깊은 대리 만족을 선사할 뿐만 아니라, 직접 따라 할 수 있는 실용성까지 더해져 강력한 유대감을 형성합니다. 전문성과 친근함을 두루 갖춘 진행, 그리고 누구나 쉽게 이해할 수 있는 직관적인 구성은 콘텐츠의 성패를 좌우합니다. 여기에 찰나의 순간 시선을 사로잡는 빠르고 강렬한 쇼츠 문법은 요리 콘텐츠의 경쟁력을 극대화하는 핵심 요소입니다. 대중적 접근성을 무기로 일상의 즐거움을 전달하는 이 장르의 제작 노하우와 트렌드를 짚어봅니다.

예제 콘셉트

소라 2는 단일 프롬프트를 활용한 자연스러운 전환과 스토리보드를 통한 정교한 컷 구성이라는 두 가지 제작 방식을 제공합니다. 영상 내 시점 명시 방식이 짧은 서사에 유리하다면, 스토리보드 기능은 각 장면의 세밀한 제어가 필요한 콘텐츠에 적합합니다. 특히 장면 전환이 명확해야 하는 요리 영상 제작 시, 스토리보드 방식은 영상의 체계와 완성도를 높이는 핵심 도구가 됩니다. 이번 예제에서는 스토리보드 기능을 활용해 복잡한 조리 과정을 직관적이고 감각적인 영상으로 구현하는 노하우를 살펴봅니다.

작업 패턴
KEYWORD

❶ 챗GPT를 활용해 라따뚜이 요리 순서 정리하기
❷ 소라 2 스토리보드에 요리 순서대로 장면 입력하기
❸ 영상에 장면을 추가해 요리 영상 마무리하기
❹ 영상의 시작을 추가해 콘텐츠 완성하기

01 챗GPT를 활용해 라따뚜이 요리 순서 정리하기

챗GPT를 활용해 라따뚜이 요리의 전체 순서를 정리해 보겠습니다. 요리 과정을 단계별로 정리함으로써, 이후 스토리보드와 장면별 프롬프트를 보다 쉽게 구성할 수 있습니다.

01 │ 챗GPT를 활용해 요리 레시피를 제안받기 위해 웹브라우저에 'chatgpt.com/'를 입력하여 접속한 다음, 대화창에 다음과 같은 내용을 입력합니다.

프롬프트

> 라따뚜이 음식의 재료와 만드는 과정을 6단계로 설명해줘

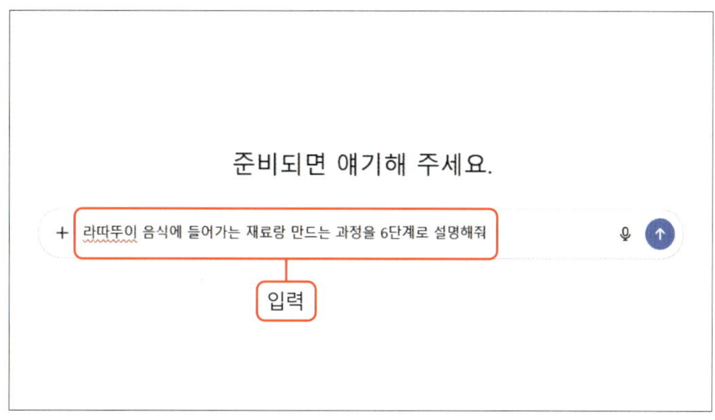

Tip 라따뚜이(Ratatouille)는 프랑스 남부 지방의 전통 채소 요리로, 여러 채소를 순서대로 조리해 만드는 요리입니다.

02 │ 다음과 같이 챗GPT를 통해 제안받은 라따뚜이의 요리재료와 사진들 그리고 만드는 방법에 관한 내용을 확인할 수 있습니다.

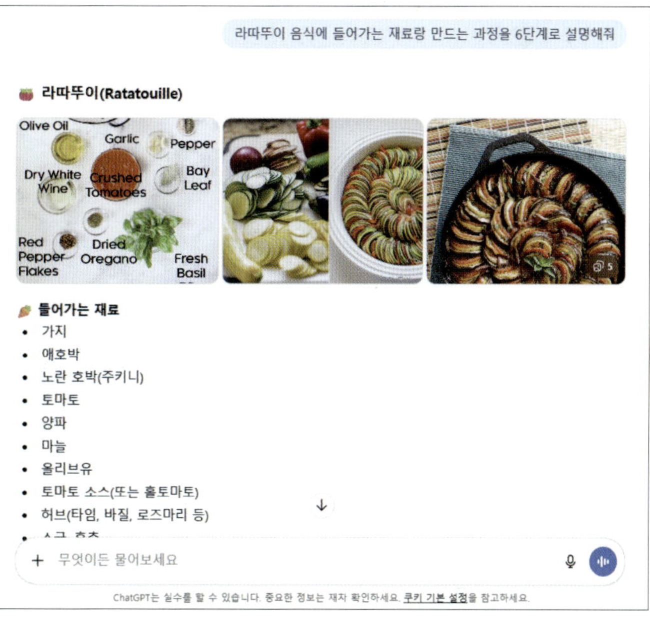

요리 : 라따뚜이(Ratatouille)

들어가는 재료
가지 / 애호박 / 노란 호박(주키니) / 토마토 / 양파 / 마늘 / 올리브유 / 토마토 소스(또는 홀토마토) / 허브
(타임, 바질, 로즈마리 등) / 소금, 후추

만드는 과정(6단계)
1. 채소 손질하기 : 가지, 애호박, 호박, 토마토를 깨끗이 씻어 얇게 동그랗게 썰어요.
2. 소스 만들기 : 팬에 올리브유를 두르고 다진 양파와 마늘을 볶은 뒤 토마토 소스를 넣고 소금·후추로 간
   해요.
3. 그릇에 소스 깔기 : 오븐용 그릇 바닥에 만든 토마토 소스를 골고루 펴 발라요.
4. 채소 배열하기 : 썰어둔 채소를 색이 번갈아 보이게 겹겹이 원형으로 세워 담아요.
5. 양념하고 굽기 : 위에 올리브유를 뿌리고 허브를 올린 뒤, 호일을 덮어 180℃ 오븐에서 약 40분 구워요.
6. 마무리 굽기 : 호일을 벗기고 10~15분 더 구워 채소가 부드러워지면 완성이에요.

03 │ 콘텐츠의 주제로 선정한 요리 라따뚜이의 재료와 레시피 정보를 확인할 수 있습니다. 이어서 요리 과정을 장면별로 나누어 프롬프트로 구성하기 위해 다음과 같은 문장을 입력하고 '제출' 아이콘()을 클릭합니다.

팬에 올리브유를 두르고 다진 양파와 마늘을 볶은 뒤 토마토 소스를 넣고 소금·후추로 간해요.

3. 그릇에 소스 깔기
   오븐용 그릇 바닥에 만든 토마토 소스를 골고루 펴 발라요.

4. 채소 배열하기
   썰어둔 채소를 색이 번갈아 보이게 겹겹이 원형으로 세워 담아요.

5. 양념하고 굽기
   위에 올리브유를 뿌리고 허브를 올린 뒤, 호일을 덮어 180℃ 오븐에서 약 40분 구워요.

6. 마무리 굽기
   호일을 벗기고 10~15분 더 구워 채소가 부드러워지면 완성이에요.

원하면 **팬에 만드는 방법**이나 **영화 *라따뚜이* 스타일 플레이팅**도 알려줄게요 😊

❶ 입력

라따뚜이(Ratatouille)를 만드는 과정을 6개의 장면으로 나눈 Sora 2 영상으로 제작하려고 해. 각 장면마다 요리 과정, 재료, 분위기, 카메라 연출이 포함된 프롬프트를 작성해 줘.

❷ 클릭

ChatGPT는 실수를 할 수 있습니다. 중요한 정보는 재차 확인하세요. **쿠키 기본 설정**을 참고하세요.

라따뚜이(Ratatouille)를 만드는 과정을 6개의 장면으로 나눈 Sora 2 영상으로 제작하려고 해. 각 장면마다 요리 과정, 재료, 분위기, 카메라 연출이 포함된 프롬프트를 작성해 줘.

04 | 다음과 같이 챗GPT를 통해 제안받은 소라 2의 장면별 프롬프트 내용을 확인할 수 있습니다. 이제 이 프롬프트를 각색해 스토리보드에 순서대로 입력하고, 요리 과정을 영상으로 구현해 보겠습니다.

Scene 1. 재료 소개 – 요리의 시작
장면 : 9:16 세로 영상. 프랑스 가정식 주방 분위기. 나무 테이블 위에 가지, 애호박, 노란 호박, 토마토, 마늘, 양파가 가지런히 놓여 있다. 따뜻한 아침 햇살이 창문으로 들어오며 채소의 색감을 살린다. 시네마틱하고 따뜻한 톤.
카메라 연출 : 위에서 아래로 천천히 내려오는 슬로우 줌 얕은 심도, 부드러운 포커스 이동
나레이션 : "요리는 좋은 재료에서 시작돼요."

Scene 2. 채소 손질 – 리듬감 있는 준비
장면 : 손이 등장해 가지, 애호박, 노란 호박, 토마토를 얇고 일정하게 써는 장면. 채소 단면이 또렷하게 보이고 칼질 리듬이 경쾌하다. 깨끗하고 차분한 주방 분위기.
카메라 연출 : 클로즈업 + 슬로우 모션, 칼이 내려갈 때마다 컷 전환
나레이션 : "모양이 고르면, 맛도 더 고와져요."

Scene 3. 토마토 소스 만들기 – 향이 퍼지다
장면 : 팬 위에서 올리브유가 빛나고, 다진 양파와 마늘이 볶아진다. 토마토 소스를 넣자 부글부글 끓으며 김이 오른다. 허브가 옆에 놓여 있다.
카메라 연출 : 팬 위를 따라가는 미디엄 샷　김이 올라올 때 살짝 슬로우
나레이션 : "이 소스가 라따뚜이의 중심이에요."

Scene 4. 채소 배열 – 요리는 예술처럼
장면 : 오븐용 그릇에 토마토 소스를 깔고, 썬 채소를 색깔이 번갈아 보이게 원형으로 세워 담는다. 정성스럽고 아름다운 장면.
카메라 연출 : 그릇을 중심으로 천천히 회전, 위에서 내려다보는 탑뷰 전환
나레이션 : "하나씩, 천천히. 요리는 예술처럼."

Scene 5. 오븐 조리 – 기다림의 시간
장면 : 채소 위에 올리브유가 뿌려지고 허브가 흩뿌려진다. 오븐 문이 닫히고 안에서 채소가 익어가며 윤기가 돈다.
카메라 연출 : 오븐 안 시점 POV　은은한 열감 표현
나레이션 : "기다림이 맛을 완성해요."

Scene 6. 완성 – 한 접시의 위로
장면 : 완성된 라따뚜이가 접시에 담겨 있고, 김이 살짝 오른다. 포크나 스푼으로 한 입 떠 올리며 부드러운 단면이 보인다. 따뜻하고 감동적인 분위기.
카메라 연출 : 초근접 클로즈업　천천히 앞으로 다가가는 푸시 인
나레이션 : "오늘 하루를 위로해 줄, 라따뚜이 한 접시."

02 요리 순서에 맞춰 장면별 스토리보드 작성하기

이번 단계에서는 제안받은 라따뚜이의 요리 순서에 맞춰 각 장면을 하나씩 나누고, 이를 바탕으로 소라 2에서 사용할 장면별 프롬프트를 작성해 보겠습니다. 요리 과정의 흐름이 자연스럽게 이어지도록 장면의 내용과 연출을 구체적으로 정리합니다.

05 | 웹브라우저에 'sora. chatgpt.com'을 입력하고 소라 2의 메인 화면으로 이동하여 로그인 합니다. 프롬프트 입력창에서 [스토리보드]를 클릭합니다.

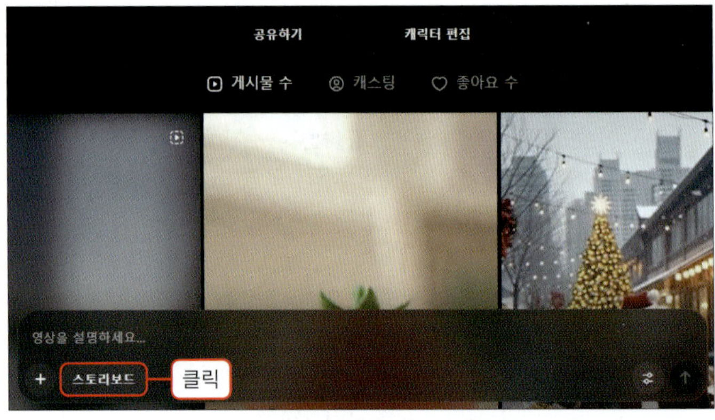

06 | 스토리보드(베타) 화면에서 각 장면을 선택해, 이전에 챗GPT로부터 제안받은 프롬프트 문장을 바탕으로 최종 프롬프트를 장면별로 입력합니다. 장면 1에서 장면 4까지 작성해 보겠습니다.

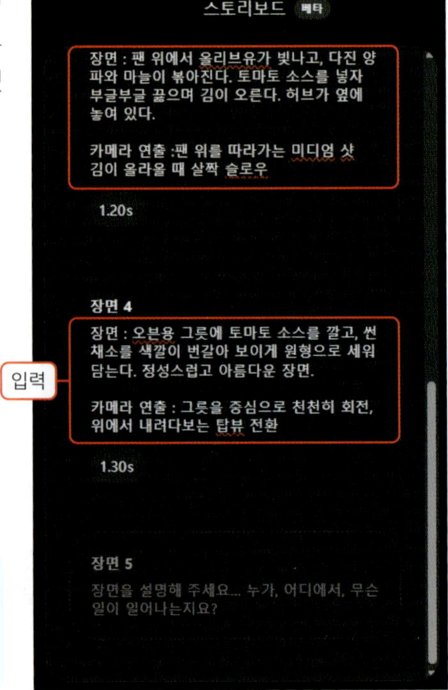

입력

07 | 장면의 연출을 구체적으로 기획한 후, 프롬프트 입력창에 전체 장면이 담고 있는 전반적인 분위기와 설명을 정의하여 다음과 같이 입력하고 '생성' 아이콘()을 클릭합니다.

프롬프트

> 따뜻하고 감각적인 트렌디 숏폼 요리 영상, 자연스러운 리얼리즘과 칼질·볶는 ASMR 사운드가 어우러진 분위기

Tip 전체 컨셉을 명확히 설정하면 영상 생성 결과가 기획 의도에 더욱 부합하게 됩니다.

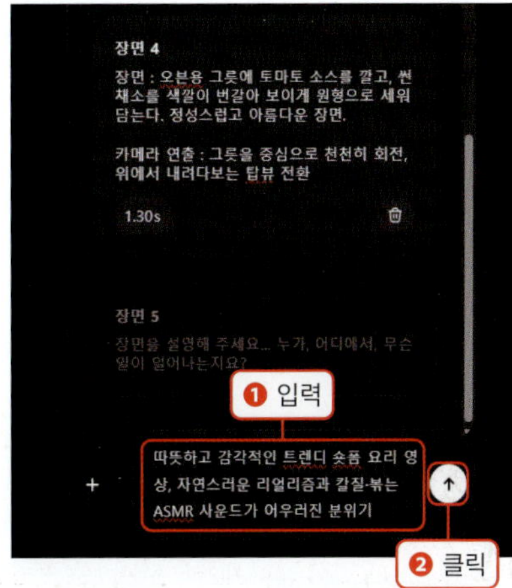

08 | 장면 카드 하단에 표시된 열출 시간을 클릭해 설정합니다. 이후, 방향을 '세로 모드'로, 재생 시간을 '10초(10s)'로 설정한 다음 [만들기] 버튼을 클릭합니다.

Tip 예제에서는 장면 연출 시간을 장면 1은 '3초', 장면 2는 '2.5초', 장면 3은 '2.2초', 장면 4는 '2.3초'로 지정했습니다.

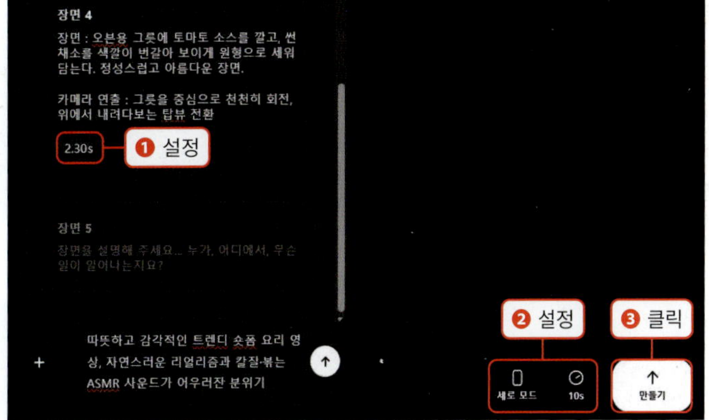

09 | 개인 프로필에서 [초안]을 클릭하여 결과물을 확인합니다. 생성된 영상의 각 장면과 전체적인 분위기, 사운드가 의도한 대로 잘 구현되었는지 확인합니다.

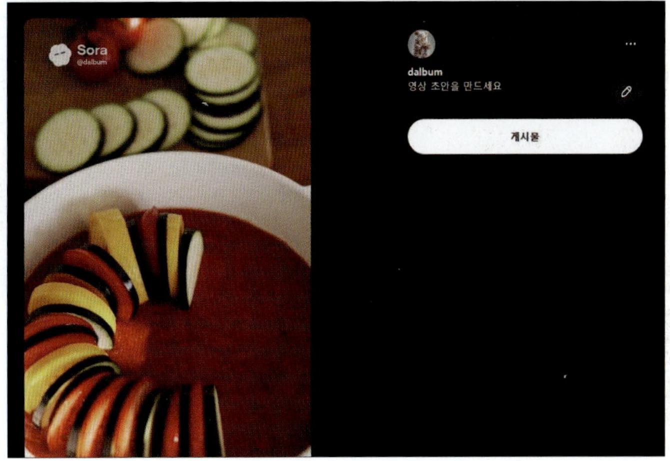

03 생성된 영상에 장면을 추가해 요리 영상 완성하기

이미 생성된 영상에 새로운 장면을 추가해 요리 영상의 흐름을 더욱 완성도 있게 구성해 보겠습니다. 스토리보드를 확장해 요리 과정이 자연스럽게 이어지도록 영상을 마무리합니다.

10 | 재생 시간을 추가해 스토리보드에서 요리 과정을 완성 단계까지 확장해 보겠습니다. 생성된 영상 화면 오른쪽 하단에 [스토리 보기]를 선택합니다.

11 | '10초'로 설정된 재생 시간을 클릭하고 '15초'로 선택합니다.

✦ **Tip** 재생 시간을 15초로 늘리면 기존 10초에서 5초가 추가되기 때문에 전체 재생 시간이 빨간색으로 표시됩니다. 이때 장면 위에 마우스를 올리면, 부족한 시간을 바로 확인하고 필요한 만큼 장면 시간을 추가할 수 있습니다.

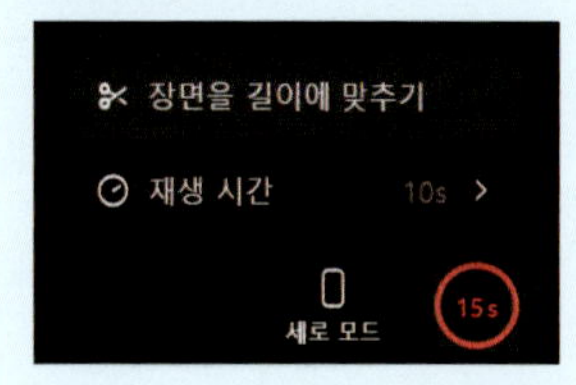

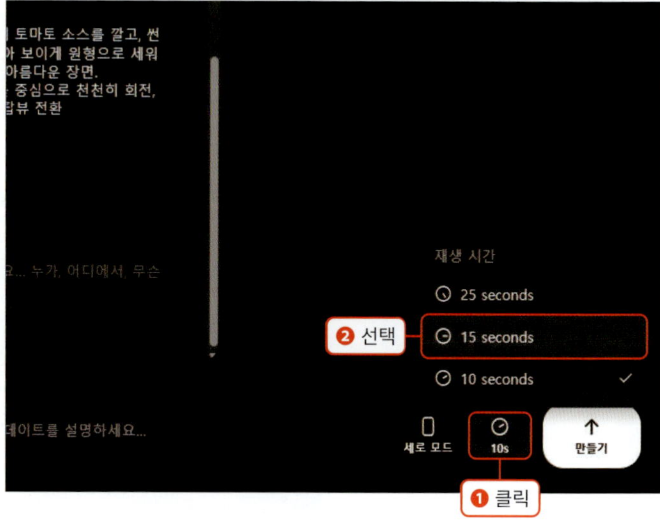

12 | 장면을 추가하기 위해 장면 5를 클릭한 후, 해당 장면에 사용할 프롬프트 문장을 입력하면 연출 시간이 자동으로 '5초'로 지정됩니다.

> 장면 : 채소 위에 올리브유가 뿌려지고 허브가 흩뿌려진다. 오븐 문이 닫히고 안에서 채소가 익어가며 윤기가 돈다.
>
> 카메라 연출 : 오븐 안 시점 POV 은은한 열감 표현

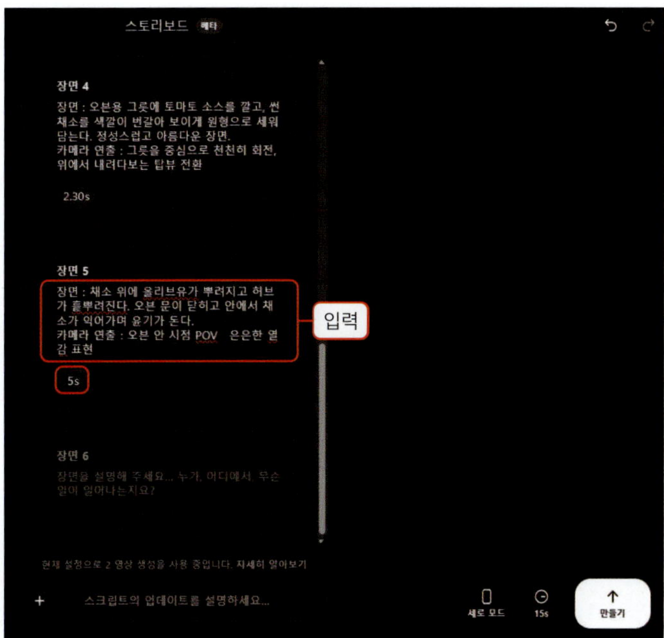

13 | 같은 방법으로 장면 6을 클릭해 요리의 마지막 과정을 설명하는 프롬프트 문장을 입력합니다. 이 과정에서 장면 5에 지정되었던 5초의 연출 시간을 분할하여 장면을 추가합니다.

> 장면 : 완성된 라따뚜이가 접시에 담겨 있고, 김이 살짝 오른다. 포크나 스푼으로 한 입 떠올리며 부드러운 단면이 보인다. 따뜻하고 감동적인 분위기.
>
> 카메라 연출 : 초근접 클로즈업, 천천히 앞으로 다가오는 푸시 인
>
> 나레이션 : "오늘 하루를 위로해 줄, 라따뚜이 한 접시."

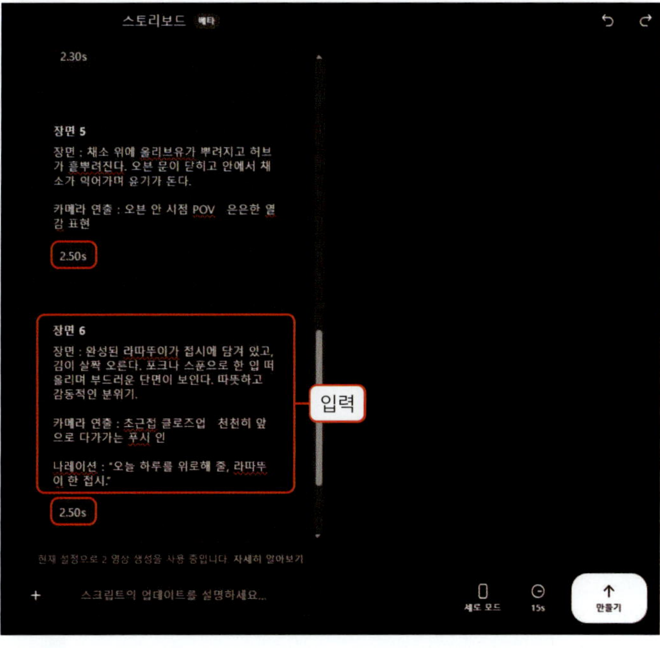

14 | 마지막으로 프롬프트 입력 창 '스토리보드에 업데이트를 설명하세요...'에 다음 문장을 입력하고, [만들기] 버튼을 클릭해 새로운 영상을 생성합니다.

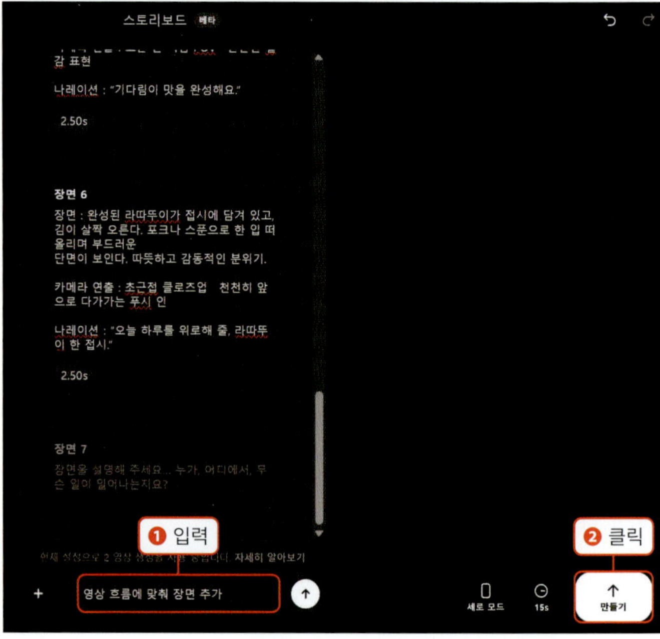

15 | 개인 프로필에서 [초안]을 클릭하여 결과물에 설정대로 추가한 장면 5와 장면 6이 구성되었는지 확인합니다.

✦ **Tip** 스토리보드를 기반으로 영상을 생성해 확인한 다음, 시간 배분이 적절하지 않다면 전체 재생 시간을 늘리거나 각 장면의 연출 시간을 조절해 완성도를 높여 나갈 수 있습니다.

04 타이틀 영상을 추가해 콘텐츠 완성하기

이번 단계에서는 영상의 시작 부분에 타이틀 장면 이미지를 추가해 콘텐츠의 주제를 명확히 전달하고, 전체 영상의 완성도를 높여 보겠습니다.

16 | 생성된 영상 화면 오른쪽 하단에 [스토리 보기]를 선택하여 수정하겠습니다.

17 | 영상의 시작 프레임에 준비해둔 이미지를 등록하기 위해 '▣' 버튼을 클릭합니다. 열기 대화 상자가 표시되면 05 폴더에서 '라따뚜이표지.png' 파일을 선택한 뒤 [열기(O)] 버튼을 클릭합니다. 선택한 이미지가 프롬프트 입력창에 표시됩니다.

18 | 시작 프레임으로 등록되면 프롬프트 입력창에 업데이트된 내용에 대한 설명을 입력하고, '생성' 아이콘(⬆)을 클릭합니다.

프롬프트

영상 시작을 타이틀 화면으로 시작하는 구성으로 수정

✦ **Tip** 스토리보드에 이미지를 등록하면 시작 프레임으로 사용될 뿐만 아니라, 영상 전체의 분위기와 스타일을 조정하는 데에도 활용할 수 있습니다.

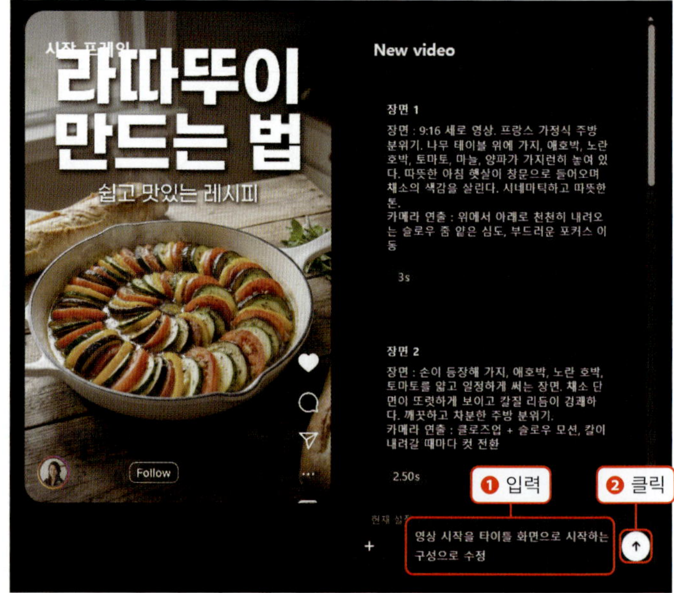

19 | 등록한 이미지가 첫 프레임으로 적용된 영상이 완성되었습니다. 개인 프로필에서 [초안]을 클릭하여 결과물을 확인한 다음, 문제가 없다면 [게시물] 버튼을 클릭해 SNS에 등록합니다.

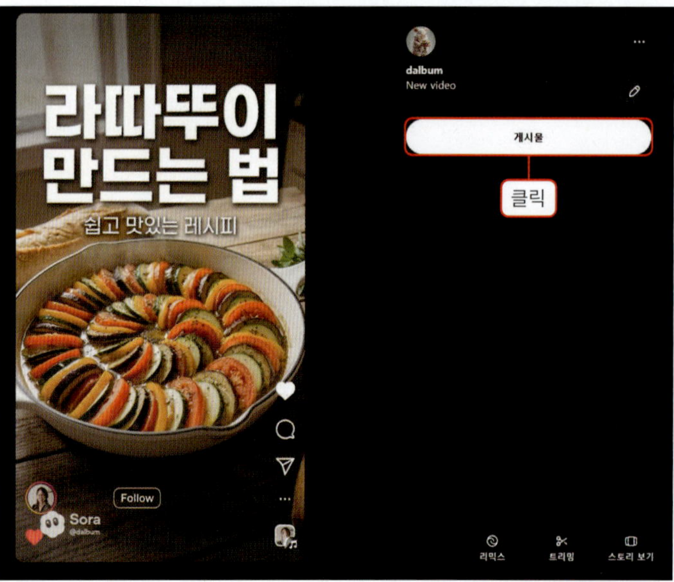

✦ **Tip** 예제에서는 이미지를 등록해 시작 프레임으로 설정했기 때문에, 장면 1을 타이틀 관련 내용으로 교체한 뒤 각 장면을 차례대로 하나씩 뒤로 이동하며 전체 장면을 재배치하는 방식을 권장합니다.

LESSON 05

내 잡(Job)을 콘텐츠로, 강의 영상 제작하기

완성파일: 05\교육콘텐츠1~2.mp4

AI 기술을 활용한 강의는 실제 강사가 등장하지 않아도 현실적인 공간과 자연스러운 캐릭터 움직임을 통해 높은 몰입감을 제공하는 새로운 온라인 교육 방식입니다. 강의 주제에 맞게 캐릭터의 외형·말투·감정을 자유롭게 설정할 수 있어, 스토리텔링 기반의 생동감 있는 학습 콘텐츠를 제작할 수 있으며 학습자의 이해도와 집중력을 크게 높여줍니다. 이제 이러한 방식을 활용해, 공유된 가상 캐릭터로 나만의 강의 콘셉트를 반영한 더욱 생생한 AI 강의 영상을 만들어 보겠습니다.

예제 콘셉트

소라 2는 교육 현장에서 학습 자료 영상을 손쉽게 제작할 수 있는 도구로 활용될 수 있습니다. 역사적 장면을 재연하는 것은 물론, 태양계나 화학 분자처럼 추상적인 개념도 시각적으로 구현해 이해를 돕는 자료로 만들 수 있습니다. 이처럼 소라 2는 다양한 교육 분야에서 생생한 학습 환경을 제공하는 유용한 교육 도구로 활용될 수 있습니다.

작업 패턴
KEYWORD

❶ 챗GPT로 나만의 교육 콘텐츠 기획하기
❷ 소라 2 실행 및 카메오 기능 활용하기
❸ 카메오가 정보를 전달하는 영상 생성하기

01 나만의 교육 콘텐츠 기획하기

챗GPT에게 신비롭고 희귀한 버섯에 대한 정보를 요청하고, 그 내용을 바탕으로 더 완성도 높은 프롬 프트를 작성할 수 있도록 도움을 받아보겠습니다.

01 | 웹브라우저에 'chatgpt. com'을 입력하여 챗GPT 사이트에 접속하고 다음과 같은 내용을 요청 한 다음, [Enter]을 누릅니다.

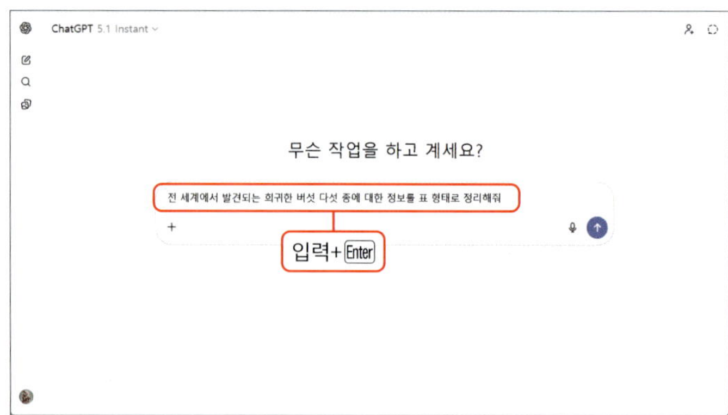

> **프롬프트** 전 세계에서 발견되는 희귀한 버섯 다섯 종에 대한 정보를 표 형태로 정리해줘.

02 | 챗GPT로부터 여러 가지 정보를 받아보았으며, 그중 '블루 고스트 버섯'이 특히 흥미롭게 느껴 졌습니다. 이 버섯의 특징을 요청하 는 프롬프트를 입력하고 [Enter]을 누 릅니다.

아래는 전 세계에서 비교적 희귀하게 발견되는 버섯 5종을 간단한 특징과 함께 표로 정리한 것입니다.

버섯 이름	학명	주요 발견 지역	특징	희귀한 이유
데빌스 시가(Devil's Cigar)	Chorioactis geaster	미국 텍사스, 일본 일부 지역	터질 때 '휘파람' 같은 소리를 내며 포자를 방출하는 독특한 형태	극히 제한된 지역에서만 발견됨
팬더 드롭 트러플(Panther Drop Truffle)	Mattirolomyces terfezioides	유럽 동부 및 중부 일부 지역	식용 가능하고 트러플과 비슷한 향	기후 변화와 서식지 감소로 개체수 감소
블루 고스트 버섯(Blue Ghost Mushroom)	Mycena interrupta	호주, 뉴질랜드, 칠레 일부 지역	선명한 파란색 광택을 띠는 아름다운 외형	습도·기후에 민감하며 매우 제한된 환경에서 자람
네덜란드 로열 플라이캣처 (Netherland Royal Flycatcher Mushroom)	Clavaria zollingeri	아시아, 유럽 일부 지역	보라색 산호 모양의 희귀한 균류	서식지 파괴로 발견 빈도 희박
올리브 왁스캡(Olive Waxcap)	Hygrocybe olivaceonigra	영국, 아일랜드 등 유럽 일부 지역	올리브색·검은색이 섞인 특이한 색	농지 개발로 초지(草地) 서식지가 급감

더 자세한 설명이나 다른 희귀 버섯을 추가로 원하시면 알려주세요!

> **프롬프트** 블루 고스트 버섯(Blue Ghost Mushroom)에 대한 특징을 10가지로 요약해줘.

03 | 다음과 같이 챗GPT를 통해 제안받은 내용을 확인할 수 있습니다. 제안된 내용을 참고하여 캐릭터가 독특한 버섯을 소개하는 영상으로 생성하겠습니다.

아래는 블루 고스트 버섯(Blue Ghost Mushroom, 학명 Mycena interrupta)의 특징을 10가지로 정리한 것입니다(참고: '블루 고스트(Blue Ghost)'라는 이름은 흔히 Mycena interrupta의 선명한 파란색 때문에 붙여진 별칭으로 알려져 있음).

블루 고스트 버섯의 특징 10가지
선명한 청색: 반짝이는 듯한 파란색을 띠며, 습한 환경에서 색이 더 짙게 보임.
작고 섬세한 크기: 갓의 지름은 약 1cm 정도로 매우 작고, 갓은 돔 형태에서 점차 편평해짐.
동아시아·오세아니아 자생: 주로 호주, 뉴질랜드, 칠레, 인도네시아 일부 지역의 습윤한 숲에서 발견됨.
썩은 나무에서 자람: 부후목에서 군집으로 자라는 부생균(saprotrophic fungi).
젖은 환경 선호 고습·저광량의 온대 우림이나 이끼 낀 통나무 같은 환경을 좋아함.
생물발광(바이오루미네선스) 없음: 같은 Mycena 속의 일부 종과 달리 자체 발광하지 않음.
매끈하고 점액질의 표면: 버섯 갓은 촉촉하며, 젖은 날에는 끈적하게 보일 수 있음.
흰색의 가는 대(stipe): 줄기는 매우 가늘고 부서지기 쉬우며, 종종 투명하거나 흰색을 띰.
희귀하게 발견됨: 특정한 기후 조건과 서식지가 요구되어 발견 빈도가 낮음.
식용 불가: 독성이 강하게 알려진 것은 아니지만, 식용으로 분류되지 않으며 일반적으로 먹지 않음.

02 가상 캐릭터를 활용하여 정보 전달하기

소라 2의 카메오 기능은 원하는 사람이나 캐릭터를 영상 안에 등장시키는 기능으로, 교육 영상이나 브이로그, 이야기 영상 등 여러 가지에 활용할 수 있습니다. 교육 내용을 더 쉽게 이해할 수 있도록 카메오 기능을 사용해 설명에 맞는 캐릭터를 영상 속에 함께 넣어보겠습니다.

04 | 웹브라우저에 'sora.chatgpt.com'를 입력하여 소라 2의 메인 화면으로 이동하여 로그인합니다.

05 | 카메오를 선택하기 위해 '@'를 입력하고 리스트를 확인합니다. 예제에서는 공개 캐릭터인 'billpeebles'를 클릭하였습니다.

Tip 프롬프트 입력창을 클릭하면 위쪽에 자동으로 표시되는 캐릭터 목록에서 선택하거나, 프롬프트 입력창에 '@' 기호를 입력해 카메오 리스트를 열어볼 수도 있습니다.

06 | 교육 콘텐츠의 주제인 블루 고스트 버섯을 설명하기 위해, 화면의 프롬프트 입력창에 제시된 형식을 참고하여 다음 문장을 입력합니다.

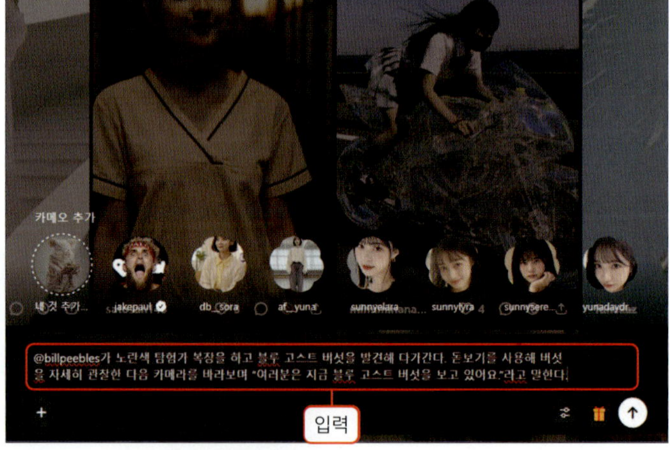

프롬프트 @billpeebles가 노란색 탐험가 복장을 하고 블루 고스트 버섯을 발견해 다가간다. 돋보기를 사용해 버섯을 자세히 관찰한 다음 카메라를 바라보며 "여러분은 지금 블루 고스트 버섯을 보고 있어요."라고 말한다.

07 | 프롬프트 입력창 오른쪽 아래의 '설정' 아이콘(⚙)을 클릭하고 방향을 '세로 모드'로, 재생 시간을 '15초(15s)'로 설정합니다. '생성' 아이콘(⬆)을 클릭하여 영상을 생성합니다.

08 | 영상이 완성되면 개인 프로필을 클릭해 [초안]에서 영상을 확인합니다.

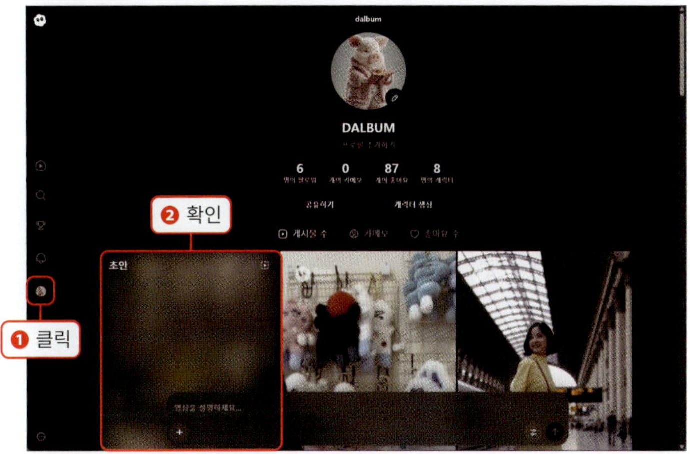

09 | 생성된 영상을 클릭해 장면 구성과 캐릭터 동작, 대사가 의도와 맞게 구현되었는지 확인합니다. 필요하다면 수정하거나 프롬프트를 다시 조정해 더욱 완성도 높은 영상을 제작합니다.

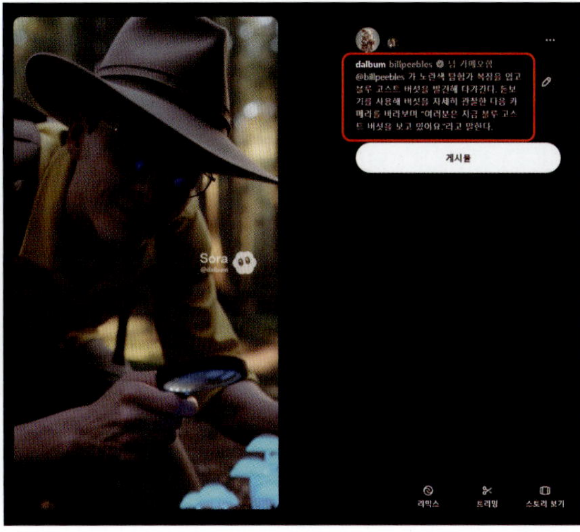

03 리믹스 기능으로 추가 설명 영상 만들기

영상을 바탕으로 리믹스 기능을 활용해 학습 내용을 이어 설명하는 후속 장면을 생성하고, 교육 콘텐츠를 더욱 풍부하게 구성해 보겠습니다.

10 | 선택한 영상의 오른쪽 하단에서 [리믹스]를 선택합니다.

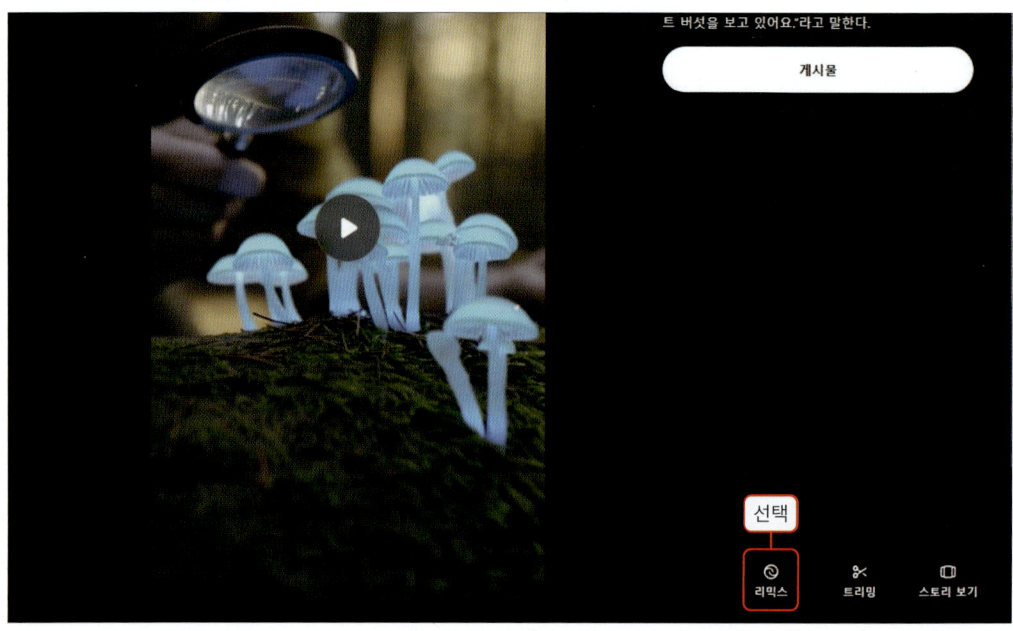

11 | 더욱 자세한 정보를 전달하기 위해 챗GPT의 제안을 참고하여 아래와 같은 프롬프트를 입력한 다음, '생성' 아이콘(⬆)을 클릭하여 영상을 생성합니다.

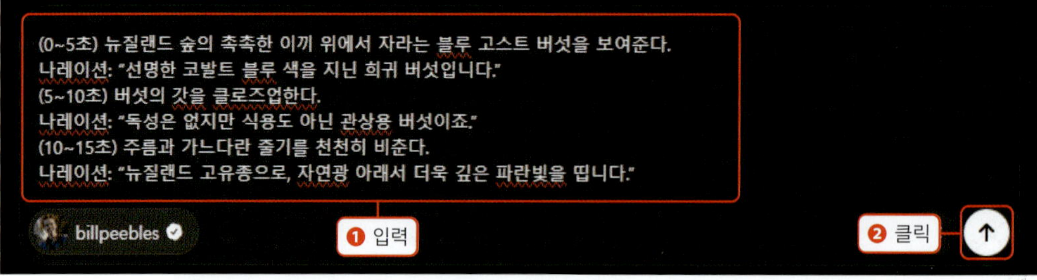

(0~5초) 뉴질랜드 숲의 촉촉한 이끼 위에서 자라는 블루 고스트 버섯을 보여준다.
나레이션: "선명한 코발트 블루 색을 지닌 희귀 버섯입니다."

(5~10초) 버섯의 갓을 클로즈업한다.
나레이션: "독성은 없지만 식용도 아닌 관상용 버섯이죠."

(10~15초) 주름과 가느다란 줄기를 천천히 비춘다.
나레이션: "뉴질랜드 고유종으로, 자연광 아래서 더욱 깊은 파란빛을 띱니다."

12 | 입력한 프롬프트 내용을 바탕으로 제작된 것을 확인할 수 있습니다. 완성된 영상에 문제가 없다면 [게시물] 버튼을 클릭해 소라 2 SNS에 영상을 공유합니다.

Tip 다른 곳에 영상을 활용하거나 올리려면, '▪▪▪' 아이콘을 클릭해 [다운로드]를 선택하여 영상을 다운로드합니다.

LESSON 06

온라인 강의에 특화된 강사 인서트 화면 영상 만들기

예제파일: 05\역사강사.mp4   **완성파일**: 05\강사_설명, 래퍼런스_교육자료, 역사강의_완성.mp4

교육 콘텐츠에서 중요한 것은 영상의 완성도보다 학습자가 내용을 얼마나 쉽게 이해할 수 있는가입니다. 따라서 개념을 단순히 설명하기보다는, 상황과 흐름을 장면으로 보여줄 때 학습 효과가 높아집니다. 이러한 요구 속에서 소라 2는 장면 중심의 교육 영상을 보다 유연하게 제작할 수 있는 도구로 주목받고 있습니다. 소라 2를 활용하면 복잡한 개념이나 절차를 영상으로 구성하고, 실제 강사나 가상의 강사를 자연스럽게 등장시킬 수 있습니다. 이를 통해 직접 촬영 없이도 학습자에게 친숙하고 몰입감 있는 교육 영상을 구현할 수 있습니다.

예제 콘셉트

본 예제에서는 가상의 강사 캐릭터를 생성해 소라 2의 카메오 기능에 등록하고, 이를 동일한 외형과 목소리, 말투로 반복 활용합니다. 이후 레퍼런스 자료를 중심으로 설명하는 영상과, 가상 강사가 직접 등장해 주제를 설명하는 영상을 각각 제작합니다. 이렇게 두 영상을 분리해 구성하면 정보 전달력과 강사의 존재감을 효과적으로 강화할 수 있습니다. 완성된 영상은 캡컷에서 하나의 화면으로 자연스럽게 배치해 최종 강의 영상으로 완성합니다. 이 방식은 장면 구성과 스타일 조정이 용이해 다양한 형태의 교육 콘텐츠로 확장하기에 적합합니다.

작업 패턴
KEYWORD

❶ 가상의 강사 캐릭터를 만들고 카메오 등록하기
❷ 레퍼런스 기반 교육 영상 생성하기
❸ 가상의 강사가 설명하는 영상 제작하기
❹ 캡컷으로 하나의 완성된 강의 영상으로 합치기

01 나만의 가상 강사 캐릭터를 만들어 카메오 등록하기

소라 2의 카메오 기능을 활용하면, 나를 대신해 강의를 진행할 언제나 같은 모습과 목소리로 등장하는 가상의 강사 캐릭터를 만들고 그대로 카메오로 등록해 언제든지 불러 사용할 수 있습니다.

01 | 웹브라우저에 'sora.chatgpt.com'를 입력하여 소라 2에 접속하고 로그인합니다. 카메오로 등록할 캐릭터를 생성하기 위해 프롬프트 입력창에 다음과 같은 문장을 입력합니다.

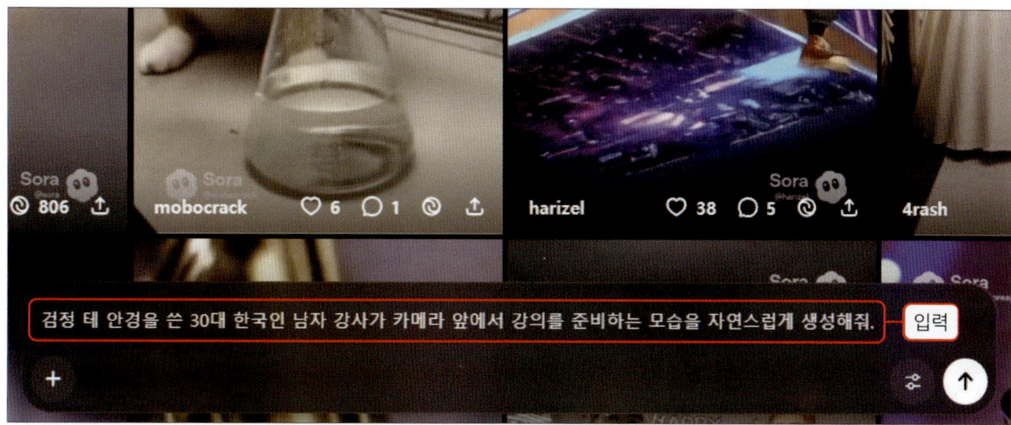

프롬프트 검정 테 안경을 쓴 30대 한국인 남자 강사가 카메라 앞에서 강의를 준비하는 모습을 자연스럽게 생성해줘.

02 | '설정' 아이콘(■)을 클릭하여 화면 비율과 재생시간을 설정합니다. 예제에서는 방향을 '세로 모드'로, 재생 시간을 '10초(10s)'로 설정하고 '생성' 아이콘(↑)을 클릭하여 영상을 생성합니다.

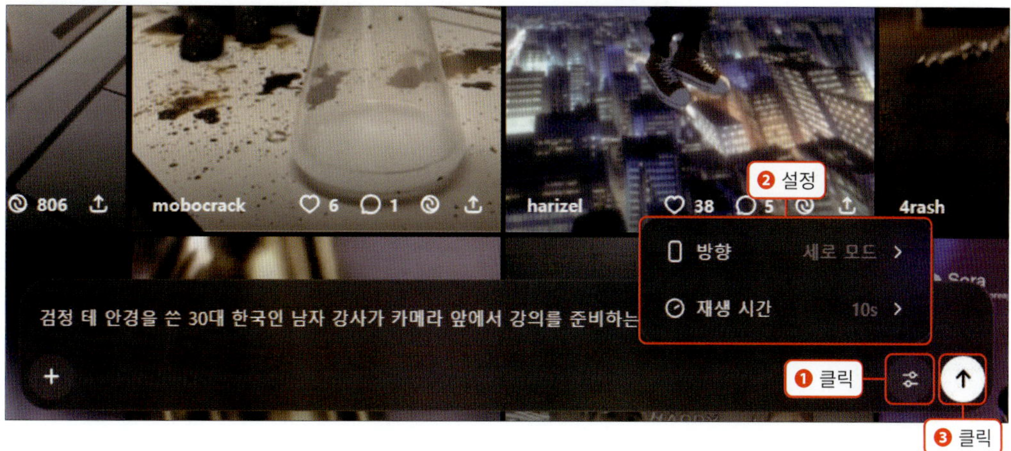

03 | 생성된 영상은 개인 프로필의 [초안]에서 결과물을 확인합니다. 프롬프트 내용이 제대로 반영되었는지와 보이스, 캐릭터 표현이 자연스러운지를 확인합니다.

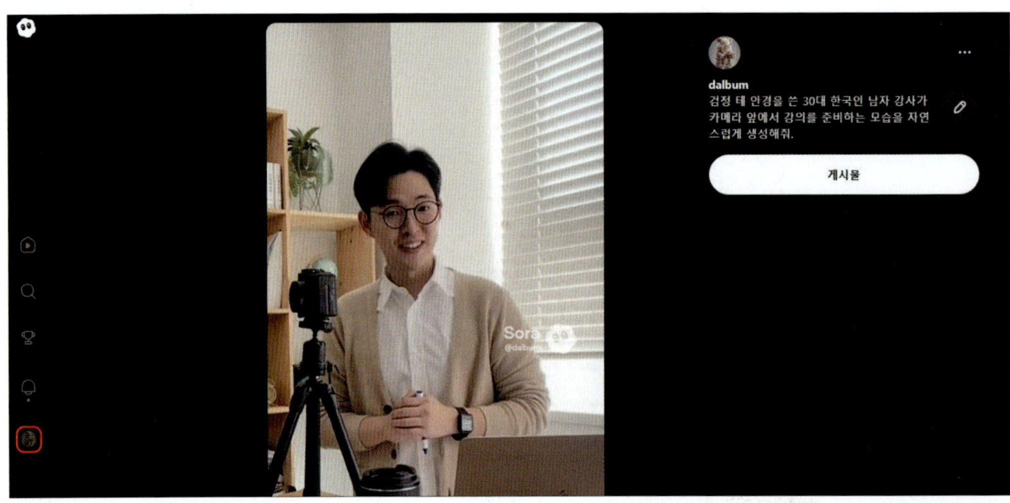

04 | 생성된 영상에서 화면 오른쪽 '■' 아이콘을 클릭하고 [캐릭터 생성]을 선택합니다.

✦ **Tip**　영상 생성 후 'Failed to create frame blob' 오류는 영상 생성 이후 프레임 처리 단계에서 발생하는 일시적인 오류입니다. 영상 자체가 잘못 생성된 것은 아니며, 새로고침이나 재접속을 통해 해결할 수 있습니다.

05 | 전체 영상 중 캐릭터의 성격이 가장 잘 드러나는 장면을 선택하기 위해, 양쪽 바를 드래그하여 범위를 조정합니다. '다음' 아이콘(→)을 클릭해 다음 단계로 이동합니다.

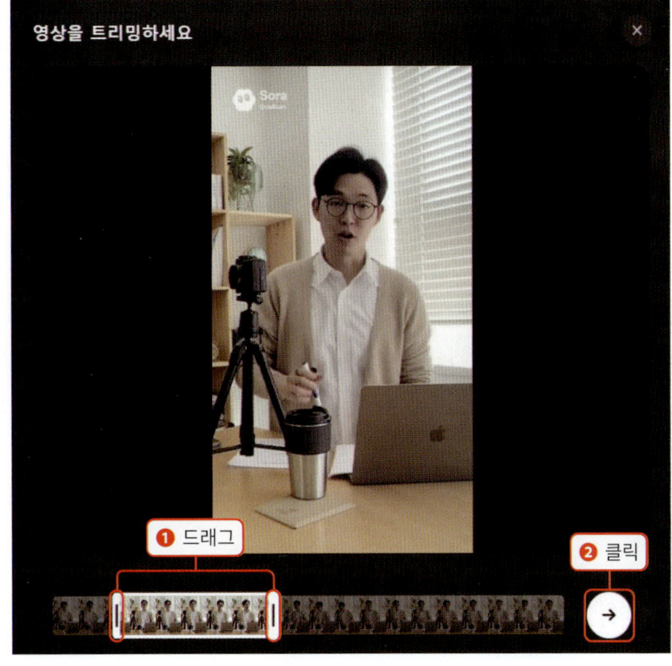

06 | 캐릭터 프로필 창에서 사용자 이름을 'db_Alex'로, 디스플레이 이름을 'Instructor Alex '로 입력하고 [계속] 버튼을 클릭하여 다음 단계로 넘어갑니다.

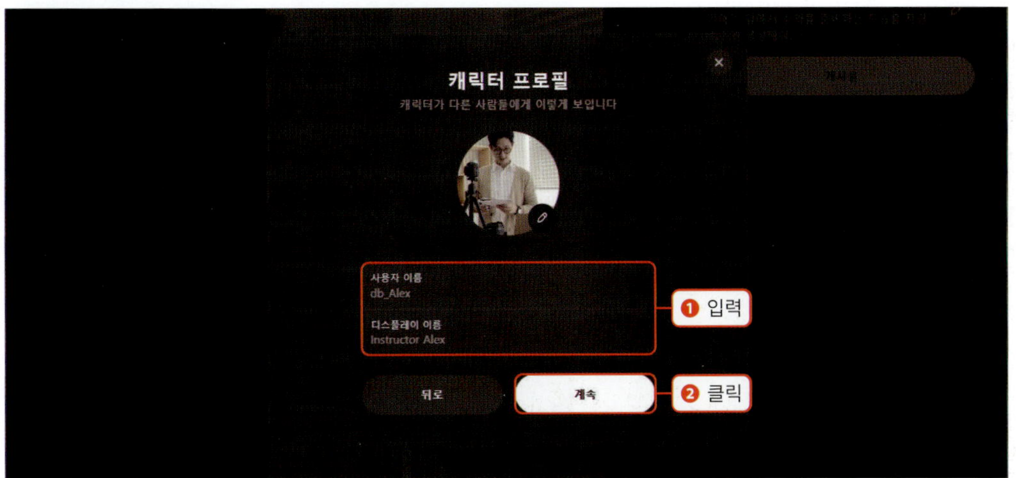

Tip 반드시 예제와 같은 이름으로 설정할 필요는 없습니다. 사용자가 원하는 다른 이름을 설정하여 진행해도 무리 없습니다.

07 | 캐릭터 설명 창에는 이미지 기반의 자동 설정이 기본으로 작성되어 있습니다. 예제에서는 인기 있는 강사 설정을 위한 다음과 같은 문장을 입력하고 [계속] 버튼을 클릭합니다.

프롬프트

> He is a historian and a highly popular star instructor known for his warm, friendly personality. He has a remarkable ability to explain complex historical topics in a clear and engaging way, earning strong trust and admiration from students and learners alike.

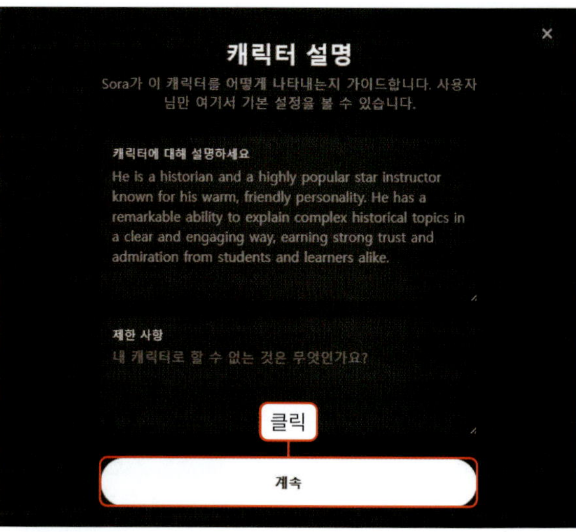

✦ **Tip** 영문 프롬프트를 번역하면 다음과 같습니다. 그는 강사는 역사학자이자, 친근하고 따뜻한 성격으로 유명한 인기 스타 강사입니다. 복잡한 역사도 이해하기 쉽게 풀어 설명하는 능력이 뛰어나 학생들과 수강생들에게 큰 신뢰와 사랑을 받고 있습니다.

08 | 생성한 캐릭터를 누가 사용할 수 있는지 선택할 수 있으며, 예제에서는 모든 사람이 사용할 수 있는 [모든 사람]을 선택한 다음 [저장] 버튼을 클릭해 설정을 완료합니다.

09 | 그림처럼 캐릭터의 전용 공간이 생성되면 [캐릭터 편집]을 클릭하여 언제든지 공개 범위나 캐릭터 설정을 수정할 수 있습니다.

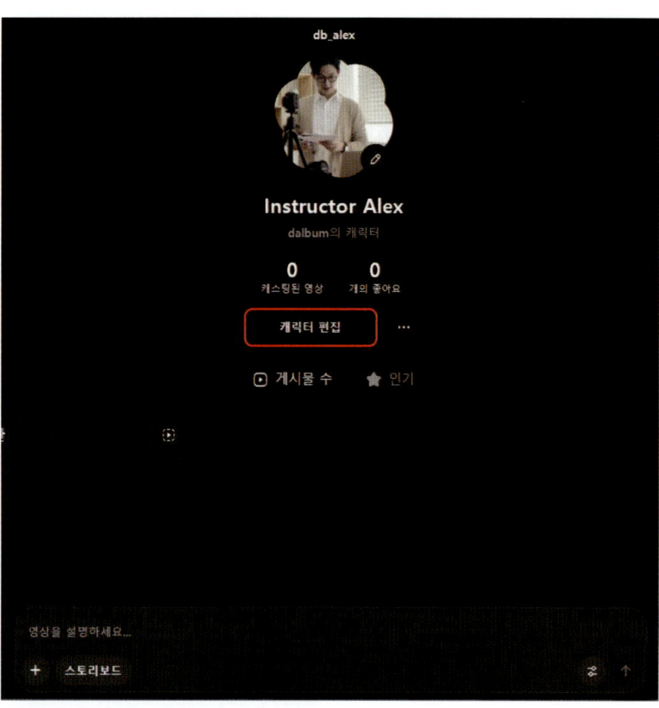

Tip 생성한 카메오를 모든 사람이 사용할 수 있도록 설정하면 챌린지 등 다양한 형태로 활용할 수 있으며, 다른 사용자들과 결과물을 공유하거나 확산하는 데에도 효과적으로 사용할 수 있습니다.

02 레퍼런스 기반 교육 영상 생성하기

역사학자 강사 캐릭터를 생성했다면 이번에는 조선 시대의 왕과 관련된 수업을 진행하기 위해 교육용 참고자료로 활용할 수 있는 설명 중심의 영상을 생성하는 과정을 알아보겠습니다.

10 | 소라 2의 메인화면에서 조선 시대 세종대왕의 업적을 설명하기 위한 다음과 같은 프롬프트를 입력합니다.

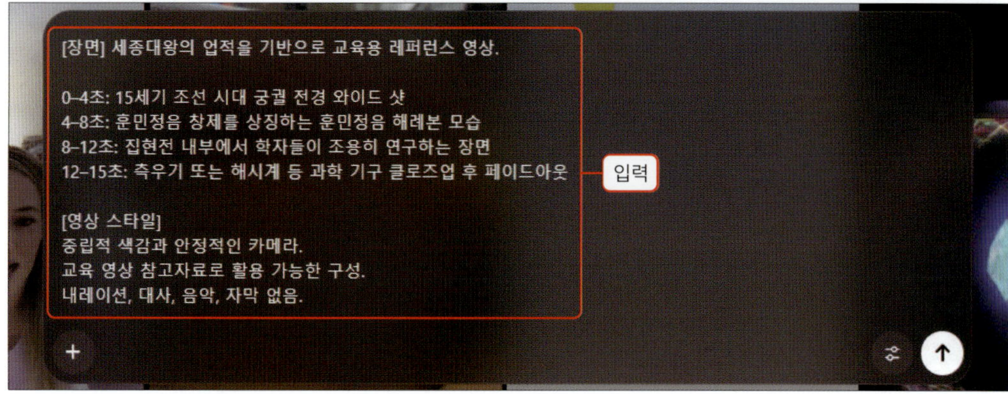

[장면] 세종대왕의 업적을 기반으로 교육용 레퍼런스 영상.

0–4초: 15세기 조선 시대 궁궐 전경 와이드 샷
4–8초: 훈민정음 창제를 상징하는 훈민정음 해례본 모습
8–12초: 집현전 내부에서 학자들이 조용히 연구하는 장면
12–15초: 측우기 또는 해시계 등 과학 기구 클로즈업 후 페이드아웃

[영상 스타일]
중립적 색감과 안정적인 카메라.
교육 영상 참고자료로 활용 가능한 구성.
내레이션, 대사, 음악, 자막 없음.

11 | '설정' 아이콘(≈)을 클릭하여 화면 비율과 재생시간을 설정합니다. 예제에서는 방향을 '가로 모드'로, 재생 시간을 '15초(15s)'로 설정하고 '생성' 아이콘(↑)을 클릭하여 영상을 생성합니다.

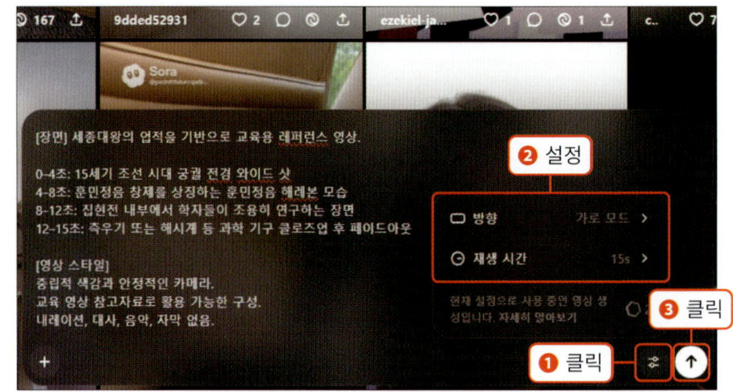

12 | 개인 프로필의 [초안]에서 결과물을 확인할 수 있습니다. 입력한 프롬프트 내용을 바탕으로 교육용 레퍼런스 장면별 영상이 제작되었습니다.

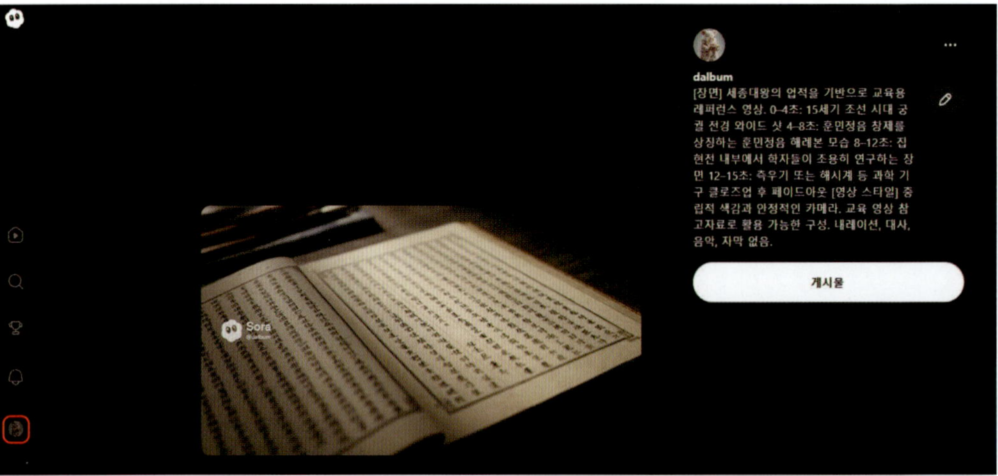

13 | 이후에 캡컷으로 영상을 합치기 위해 파일로 저장하겠습니다. 오른쪽 '▪▪▪' 아이콘을 클릭하고 [다운로드]를 선택합니다.

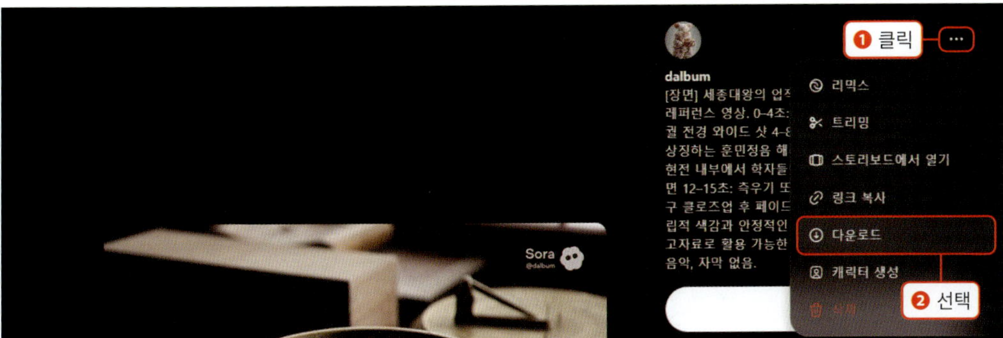

03 가상의 강사가 설명하는 영상 제작하기

카메오로 등록한 가상의 강사가 직접 설명하는 모습, 말투, 제스처 등이 자연스럽게 표현되도록 프롬프트를 구성해 교육 영상에 어울리는 장면을 만들어 보겠습니다.

14 | 소라 2의 프롬프트 입력창에 한국사 강사가 세종대왕의 업적을 설명하는 강의 영상을 생성하기 위해 다음과 같은 프롬프트를 입력합니다.

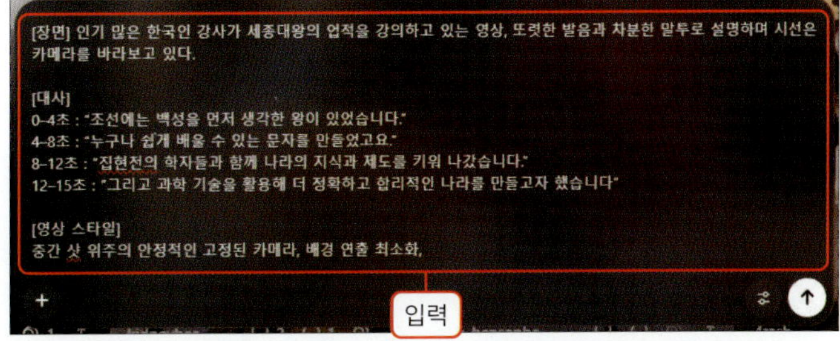

프롬프트

[장면] 인기 많은 한국인 강사가 세종대왕의 업적을 강의하고 있는 영상, 또렷한 발음과 차분한 말투로 설명하며 시선은 카메라를 바라보고 있다.

[대사]
0-4초: "조선에는 백성을 먼저 생각한 왕이 있었습니다."
4-8초: "누구나 쉽게 배울 수 있는 문자를 만들었고요."
8-12초: "집현전의 학자들과 함께 나라의 지식과 제도를 키워 나갔습니다."
12-15초: "그리고 과학 기술을 활용해 더 정확하고 합리적인 나라를 만들고자 했습니다"

[영상 스타일]
중간 샷 위주의 안정적인 고정된 카메라, 배경 연출 최소화.

   캐릭터의 대사는 세부적으로 시간을 나누어 입력하더라도, 전체 영상의 흐름에 맞춰 자동 조정되기 때문에 컷마다 정확하게 맞지 않을 수 있습니다. 따라서 최종 완성도를 높이기 위해서는 편집 프로그램을 활용해 대사 타이밍을 보정하는 과정이 필요합니다.

15 | 기존 프롬프트에서 '강사'를 해당 카메오(@db_Alex)로 교체합니다. '설정' 아이콘(⚙)을 클릭하고 이전 교육자료 영상과 동일하게 방향을 '가로 모드'로, 재생 시간을 '15초(15s)'로 설정하고 '생성' 아이콘(↑)을 클릭하여 영상을 생성합니다.

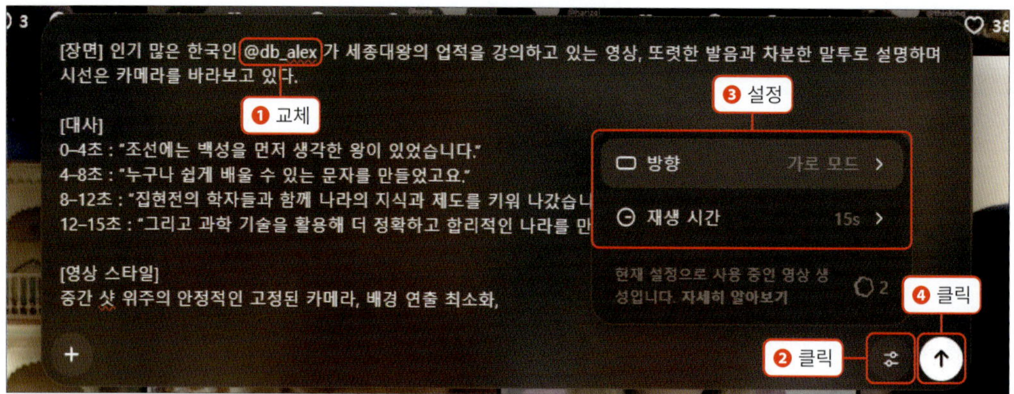

16 | 완성된 영상은 개인 프로필의 [초안]에서 확인할 수 있습니다. 카메오로 등록한 강사가 세종대왕의 업적을 설명하는 강의 영상이 생성됩니다.

17 | 영상을 확인해 문제가 없다면, 오른쪽 '■' 아이콘을 클릭하고 [다운로드]를 선택하여 파일을 저장합니다.

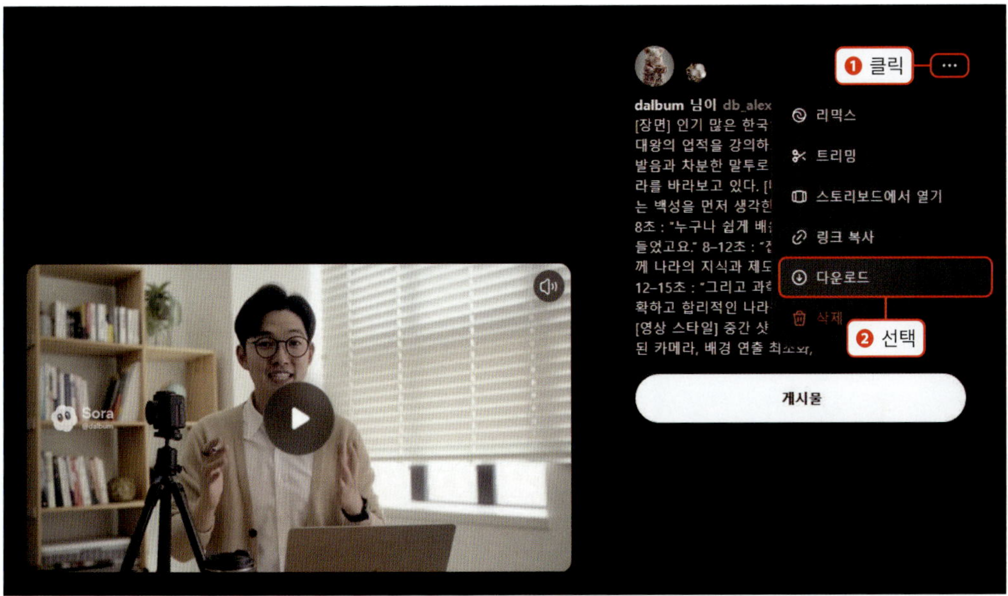

04 캡컷으로 하나의 완성된 강의 영상으로 합치기

두 가지로 나누어 제작한 '레퍼런스 설명 영상'과 '가상 강사 등장 영상'을 캡컷을 활용하여 두 영상을 자연스럽게 연결하고, 강의 흐름에 맞게 구성해 하나의 완성된 강의 영상으로 합쳐 보겠습니다.

18 | 웹브라우저에 'capcut.com'을 입력하여 캡컷에 접속하고 로그인합니다. [+ 새로 만들기]에 마우스를 위치시키고 [동영상] → [16:9]를 선택합니다.

19 | 앞서 생성한 영상을 캡컷으로 불러오기 위해 [업로드] → [파일 업로드]를 선택합니다. 열기 대화상자가 표시되면 05 폴더에서 '강사_설명.mp4'와 '레퍼런스_교육자료.mp4' 두 파일을 Shift를 누른 채 선택한 다음, [열기(O)] 버튼을 클릭합니다.

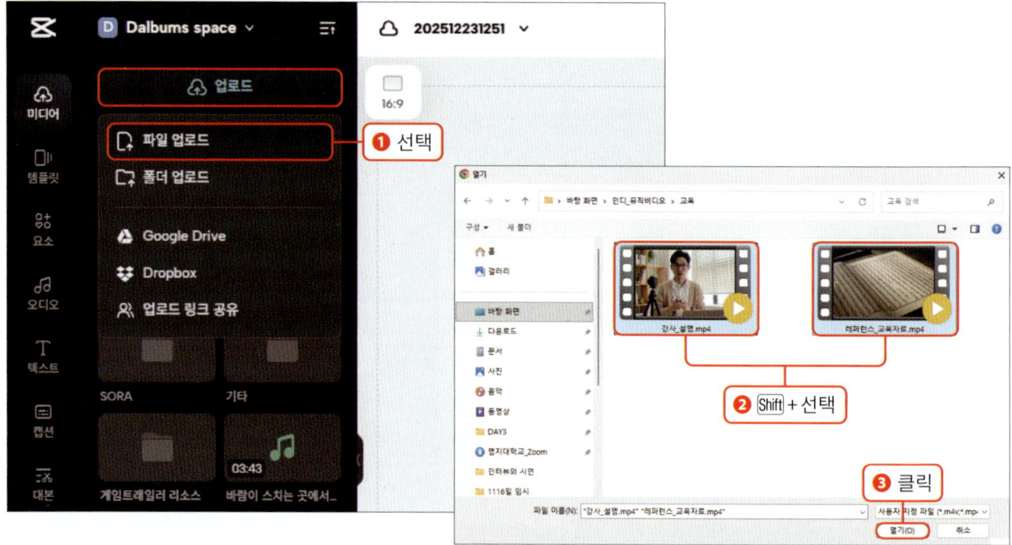

20 | 미디어 영역에 선택한 영상이 업로드된 것을 확인할 수 있습니다. 가장 처음에 생성한 교육용 레퍼런스 '레퍼런스_교육자료.mp4' 파일을 타임라인으로 드래그해 배치합니다.

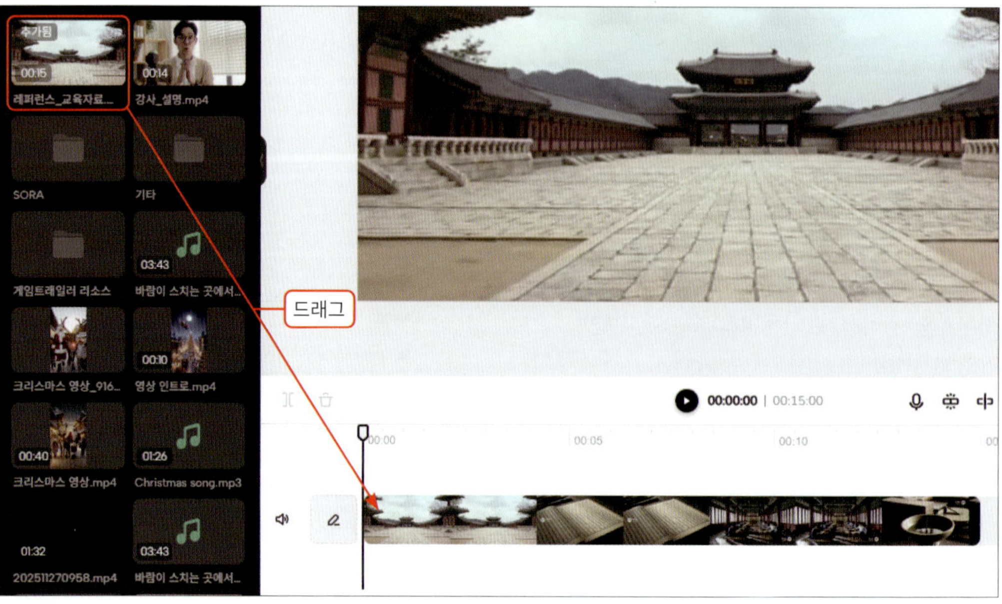

21 | 카메오 강사가 강의를 진행하는 '강사_설명.mp4' 파일은 영상 타임라인 위의 레이어로 드래그해 배치합니다.

✦ **Tip** 영상 클립을 추가로 올리면, 타임라인에서 가장 위쪽 레이어에 배치된 영상이 작업 화면에 우선적으로 표시됩니다.

22 | 강의 영상 클립을 선택하면 화면 상단메뉴가 활성화됩니다. 여기서 '오버레이' 아이콘(▣)을 클릭하고 '오른쪽 하단' 아이콘(▣)을 클릭합니다.

23 | 강의하는 영상이 오른쪽 아래에 작은 크기로 배치된 것을 확인할 수 있습니다. 오른쪽 사이드바에서 [기본]을 선택하여 마스크 설정에 [없음]을 클릭합니다.

24 | [원]을 선택해 마스크 형태를 원으로 설정하고 강의 영상이 깔끔하고 자연스럽게 보이도록 화면에 맞춰 배치합니다.

25 | 영상 편집이 모두 끝났다면 오른쪽 상단에 [내보내기] 버튼을 클릭하고 나타나는 [다운로드]를 선택합니다.

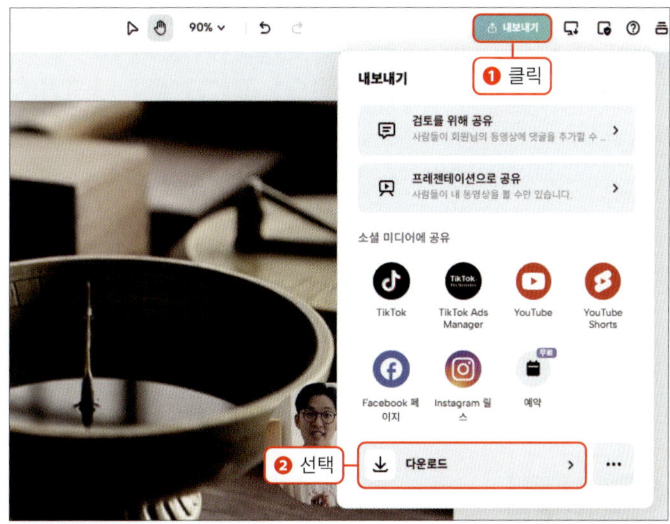

26 | 내보내기 설정에서 원하는 해상도와 파일 형식을 설정한 다음, [내보내기] 버튼을 클릭하고 [다운로드]를 클릭해 최종 결과물을 저장합니다.

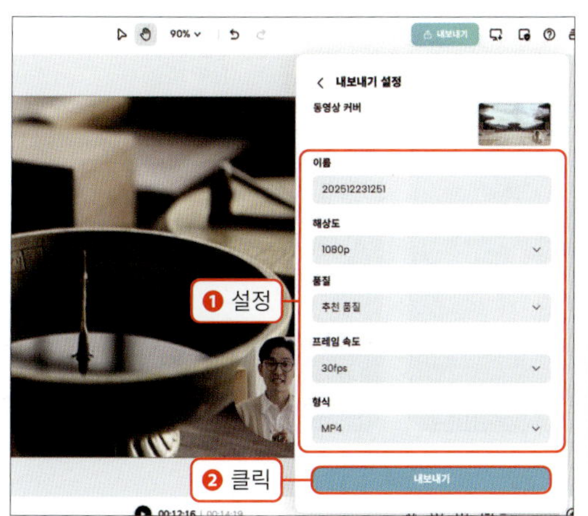

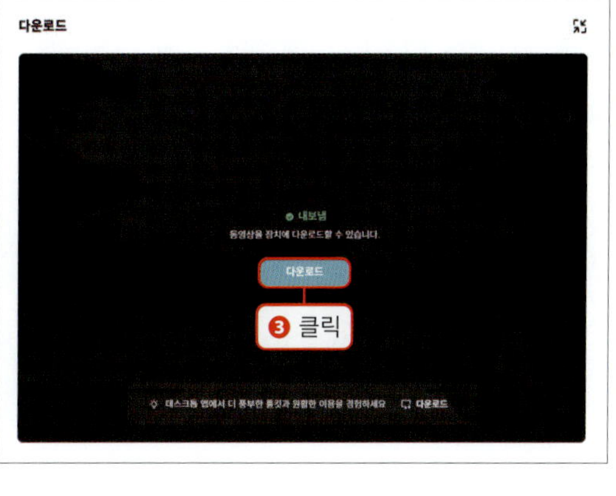

Tip 캡컷의 마스크 기능은 화면의 특정 영역만 선택해 강조하거나 숨길 수 있어, 인물 강조·화면 분할·전환 효과에 유용합니다. 마스크를 적용한 뒤 위치·크기·페더(경계 흐림) 값을 함께 조절하면 경계가 자연스러워지고 합성 느낌을 줄일 수 있으며, 키프레임을 활용해 마스크를 움직이면 인물의 동선을 따라가는 효과나 시선 유도 연출도 가능합니다. 특히 전환 장면에서는 마스크와 애니메이션을 함께 사용하면 보다 부드럽고 고급스러운 화면 연출이 가능합니다.

LESSON 07

현실과 가상의 경계, 가상 옥외 광고 영상 제작하기

예제파일: 05\3d옥외광고1~2.mp4 **완성파일**: 05\3d옥외광고_완성.mp4

FOOH(Fake Out of Home)는 실제 장소에 CGI를 결합해 초현실적 장면을 연출하는 '가상 옥외광고' 트렌드입니다. 주로 8~15초 내외의 숏폼 영상으로 제작되어 소셜 미디어에서 강력한 바이럴 효과를 창출합니다. 과거에는 고도의 전문 기술이 필요했으나, 최근 생성형 AI의 발전으로 제작 문턱이 크게 낮아졌습니다. 이제 프롬프트만으로도 정교한 합성이 가능해지면서 FOOH의 활용 범위는 전 산업으로 확장되고 있습니다. 현실과 가상의 경계를 허무는 이 혁신적인 기법은 미래 마케팅과 시각 예술의 핵심 표현 방식으로 주목받고 있습니다.

예제 콘셉트

소라 2에서는 실제로 촬영한 것 같은 영상과 3D로 제작한 이미지를 함께 활용해, 현실 공간 속에 가상의 장면이 존재하는 것처럼 보이는 영상을 제작할 수 있습니다. 실제 장소를 배경으로 하면서도 현실에는 없는 물체나 상황을 자연스럽게 결합할 수 있어, 시청자는 이를 실제 장면과 구분하기 어려울 정도의 몰입감을 느끼게 됩니다. 이러한 기술은 영상 제작의 진입 장벽을 낮추는 동시에, 광고와 콘텐츠 제작 전반에 새로운 가능성을 제시하고 있습니다.

작업 패턴 KEYWORD

❶ VFX 표현을 활용한 프롬프트 영상 생성하기

❷ 일부 프롬프트 수정으로 영상 변형하기

❸ 트리밍 기능을 활용해 앞뒤 불필요한 장면 제거하기

❹ 여러 영상을 결합해 하나의 영상으로 만들기

01 VFX 표현을 활용한 프롬프트 영상 생성하기

이번 단계에서는 VFX 표현이 포함된 프롬프트를 활용해 현실 공간에 가상의 요소가 자연스럽게 결합된 영상을 생성하겠습니다. 실제 장소를 배경으로 하여 시각적 효과가 강조된 영상이 어떻게 생성되는지 알아봅시다.

01 | 웹브라우저에 'sora.chatgpt.com'을 입력하고 소라 2의 메인 화면으로 이동하여 로그인합니다.

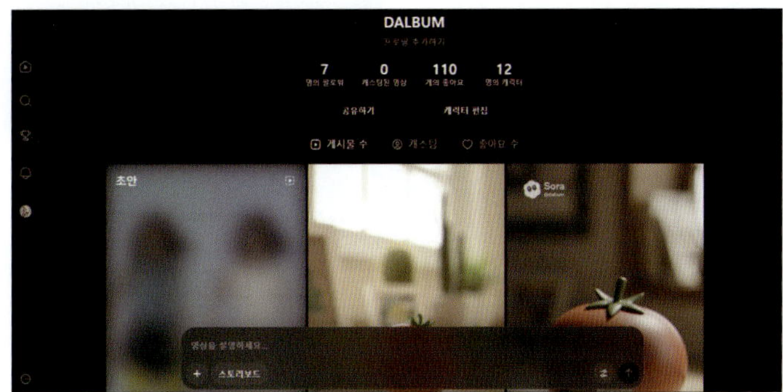

02 | 광화문 도심을 배경으로 3D 글자가 생성되는 VFX 영상을 만들기 위해 프롬프트 입력창에 다음과 같은 프롬프트 문장을 입력합니다.

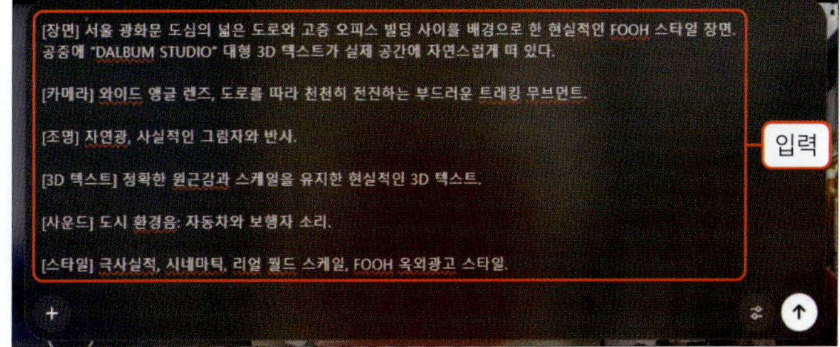

프롬프트

[장면] 서울 광화문 도심의 넓은 도로와 고층 오피스 빌딩 사이를 배경으로 한 초현실적인 FOOH 스타일 장면. 도심 빌딩 사이 공중에 "DALBUM STUDIO"라는 대형 3D 텍스트가 현실 세계에 자연스럽게 떠 있으며, 실제 공간과 완벽하게 어우러진다.

[카메라] 카메라는 와이드 앵글 렌즈로 도로를 따라 천천히 전진하며 트래킹하고, 안정화된 차량 촬영처럼 부드럽고 영화적인 무브먼트를 만든다.

[조명] 화사한 자연광이 장면을 비추며, 건물 유리창의 반사, 도로와 주변 오브젝트에 사실적인 그림자와 광원 반응이 표현된다.

[3D 텍스트] 3D 텍스트는 정확한 원근감, 스케일, 조명을 유지하며 실제 공간에 존재하는 듯한 물리적 현실감을 가진다.

[사운드] 도시 환경 사운드 : 멀리서 들리는 자동차 소리, 지나가는 차량, 보행자 발소리와 은은한 군중 소리.

[스타일] 극사실적, 시네마틱, 하이 디테일, 리얼 월드 스케일, FOOH 옥외광고 스타일.

03 │ '설정' 아이콘(▨)을 클릭하여 화면 비율과 재생시간을 설정합니다. 예제에서는 방향을 '세로 모드'로, 재생 시간을 '10초(10s)'로 설정한 다음 '생성' 아이콘(⬆)을 클릭합니다.

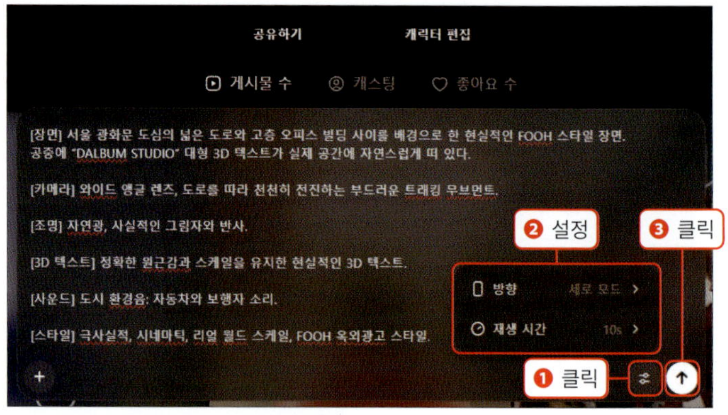

Tip FOOH 영상은 시청자의 시선을 빠르게 끌고 바이럴 확산을 유도하는 것이 중요하기 때문에, 쇼츠 형태의 짧은 영상으로 공개되는 경우가 많습니다. 이러한 특성을 고려해 영상은 모바일 환경에 최적화된 세로형 화면 비율로 설정하여, 눈 플랫폼에서 더욱 효과적으로 노출될 수 있도록 합니다.

04 │ 개인 프로필에서 [초안]에서 결과물을 확인합니다. 실제와 비슷한 광화문 공간을 배경으로 가상의 3D 글자가 자연스럽게 합성된 모습을 확인할 수 있습니다.

02 일부 프롬프트 수정하여 영상 생성하기

기존에 작성한 프롬프트의 일부만 수정해 새로운 영상을 생성하겠습니다. 장면이나 카메라 설정 등 특정 요소를 변경했을 때 영상 결과가 어떻게 달라지는지 확인합니다.

05 │ 공중에 떠있는 3D 글자 주변을 카메라가 회전하는 영상을 만들기 위해, 프롬프트에서 장면과 카메라를 수정하여 입력하겠습니다. 위에서 내려다본 도시를 배경으로 'SORA2'라는 3D 글자가 생성되는 영상을 만들겠습니다.

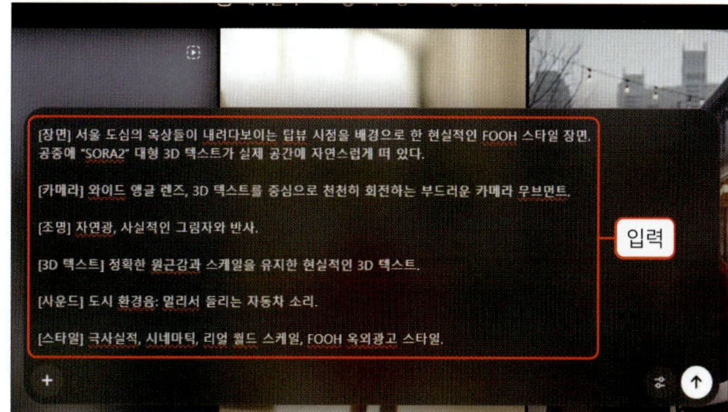

프롬프트

[장면] 서울 도심의 옥상들이 내려다보이는 탑뷰 시점을 배경으로 한 현실적인 FOOH 스타일 장면. 공중에 "SORA2" 대형 3D 텍스트가 실제 공간에 자연스럽게 떠 있다.

[카메라] 와이드 앵글 렌즈, 3D 텍스트를 중심으로 천천히 회전하는 부드러운 카메라 무브먼트.

[조명] 자연광, 사실적인 그림자와 반사.

[3D 텍스트] 정확한 원근감과 스케일을 유지한 현실적인 3D 텍스트.

[사운드] 도시 환경음: 멀리서 들리는 자동차 소리.

[스타일] 극사실적, 시네마틱, 리얼 월드 스케일, FOOH 옥외광고 스타일.

06 │ '설정' 아이콘(■)을 클릭해 방향을 '세로 모드'로, 재생 시간을 '10초(10s)'로 설정한 다음 '생성' 아이콘(↑)을 클릭합니다.

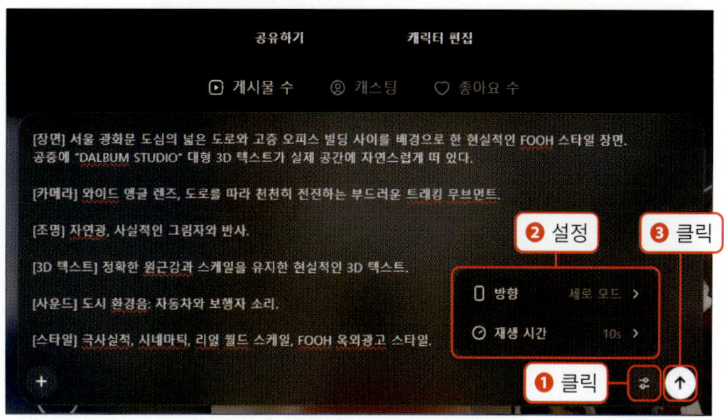

07 | 개인 프로필에서 [초안]을 클릭하여 결과물을 확인합니다. 배경은 하늘에서 내려다본 도심으로 설정되어 있으며, 화면 중앙에는 'SORA2'라는 3D 글자가 자연스럽게 표현된 것을 확인할 수 있습니다.

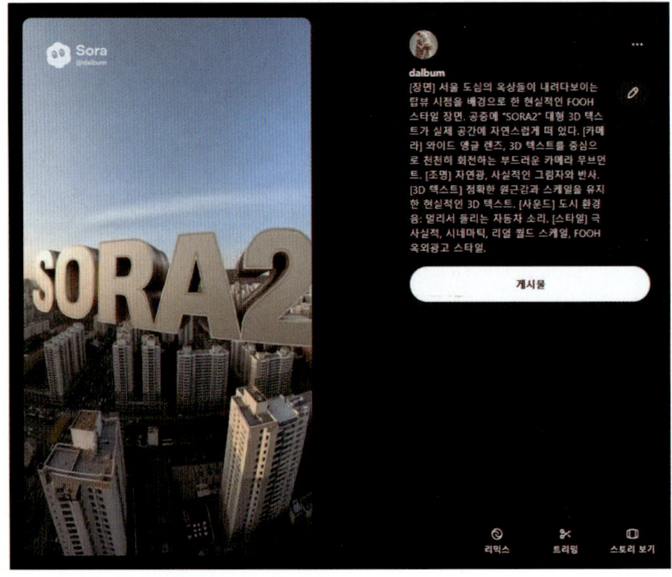

03 트리밍 기능을 활용해 앞뒤 불필요한 장면 제거하기

트리밍 기능을 활용해 영상의 앞부분이나 뒷부분에 포함된 불필요한 장면을 제거할 수 있습니다. 이를 통해 영상의 흐름을 정리하고 더욱 완성도 높은 결과물을 만들 수 있습니다.

08 | 생성된 두 개의 영상을 연결하기 위해 각 영상에서 불필요한 장면을 덜어내겠습니다. 첫 번째 영상을 선택하고 화면 오른쪽 하단에 나타나는 [트리밍]을 선택합니다.

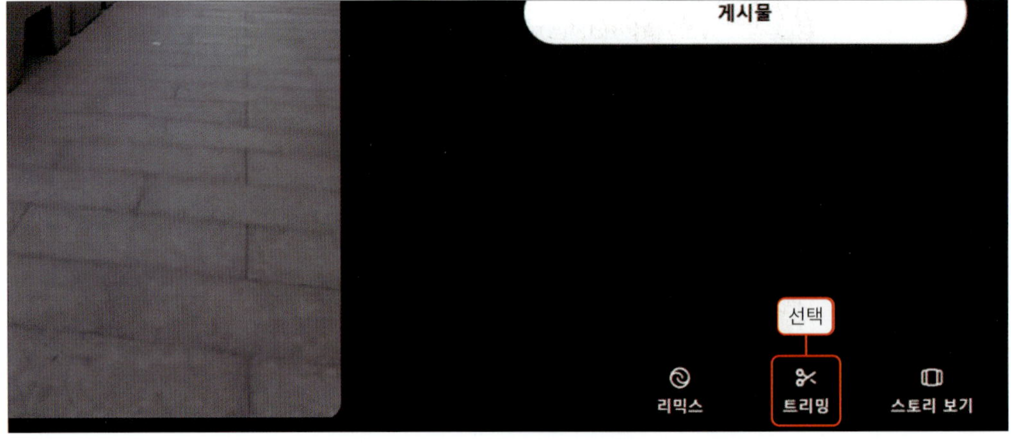

09 | 생성된 영상의 앞부분이 길게 포함되어 있어, 왼쪽 바를 필요한 부분까지 드래그하여 시작 지점을 조정합니다. 조정이 완료되면 '다음' 아이콘(⬤)을 클릭합니다.

10 | 의미 없이 길게 생성되었던 앞부분이 제거된 영상이 새롭게 생성된 것을 개인 프로필을 클릭하고 [초안]에서 확인할 수 있습니다.

Tip 트리밍이 적용된 영상은 왼쪽 아래에 가위 아이콘으로 표시가 되어 구별할 수 있습니다.

11 | 다음으로 두 번째 영상에서 길어진 뒷부분을 트리밍하겠습니다. 같은 방법으로 두 번째 영상을 선택한 다음, 화면 오른쪽 하단에 나타나는 [트리밍]을 선택합니다.

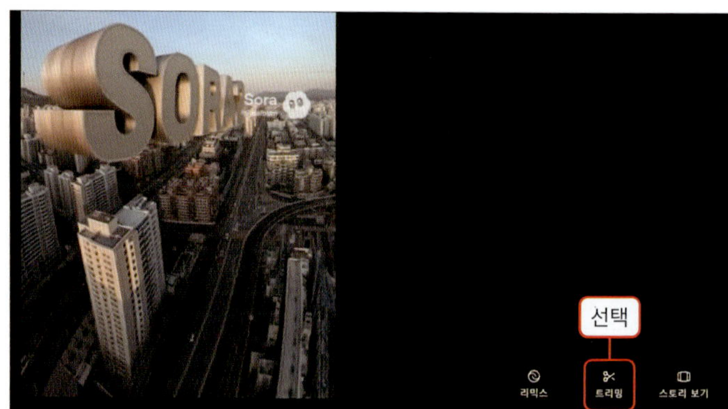

12 | 생성된 영상의 앞부분이 길게 포함되어 있어, 오른쪽 바를 필요한 부분까지 드래그하여 마무리 지점을 조정합니다. 조정이 완료되면 '다음' 아이콘(→)을 클릭합니다.

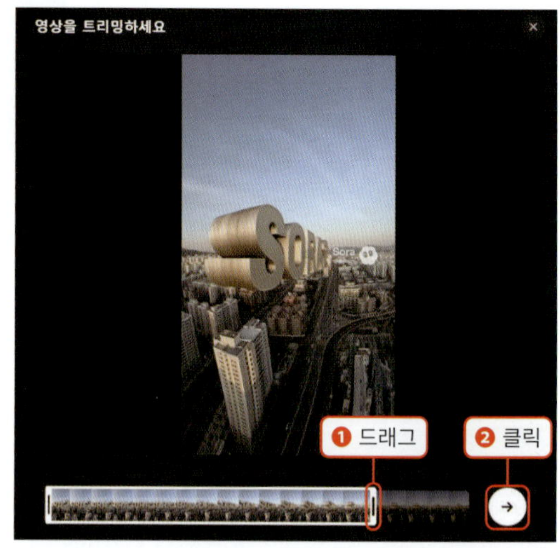

13 | 길게 생성되었던 뒷부분이 제거되어 저장된 영상을 [초안]에서 확인할 수 있습니다.

✦ **Tip** 트리밍(잘라내기)이나 스티칭(합치기) 작업을 진행하더라도 소라 2의 크레딧은 소모되지 않습니다.

04 여러 영상을 결합해 하나의 영상으로 만들기

이번 단계에서는 트리밍으로 정리한 두 개의 영상을 순서대로 결합해, 각 영상의 구성을 유지하면서 자연스럽게 이어지는 하나의 완성된 영상을 만들어 보겠습니다.

14 | 영상을 하나로 합치기 위해 개인 프로필을 클릭하고 [초안]에서 [선택] 버튼을 클릭한 다음, 생성한 두 개의 영상을 선택합니다.

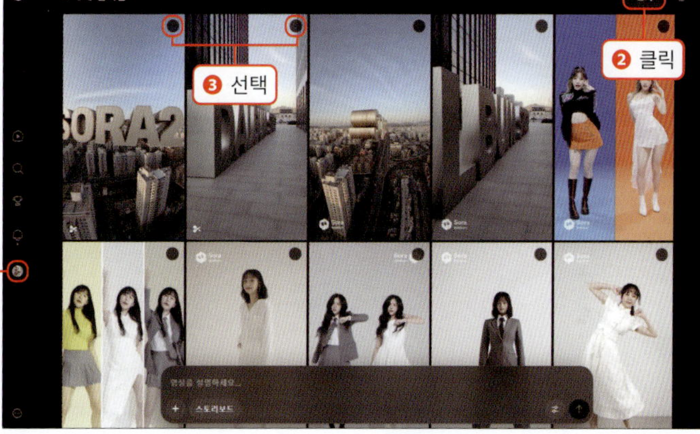

15 | [스티칭] 버튼을 클릭하여, 하나의 영상으로 결합하기 위한 화면이 생성됩니다.

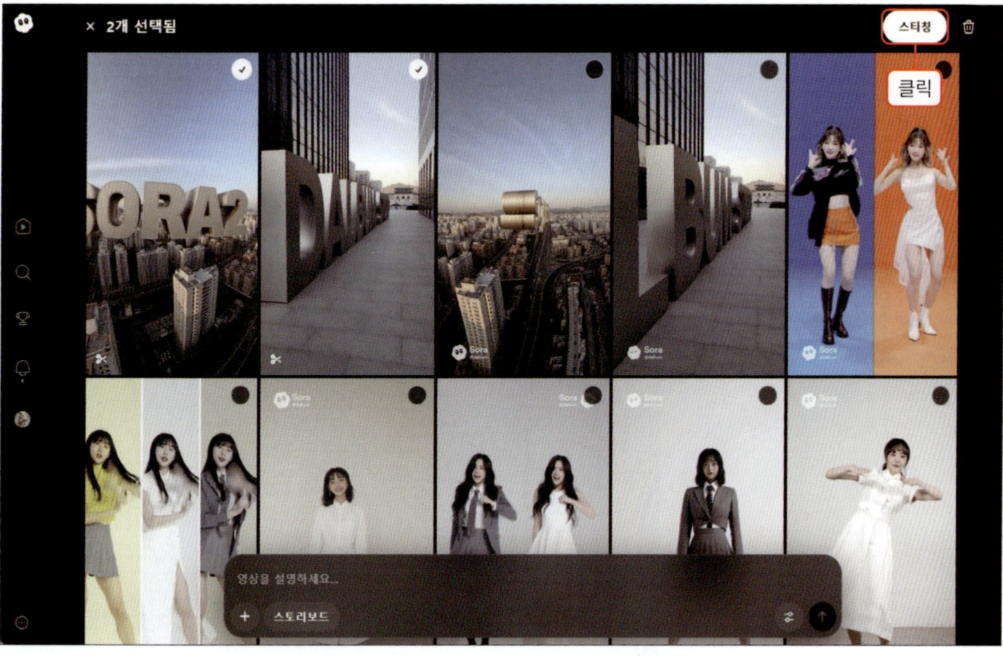

16 | 스티칭 화면에서 영상의 순서를 확인합니다. 예제에서는 'SORA2' 글자가 들어간 영상을 드래그하여 앞쪽으로 이동한 다음 [스티칭] 버튼을 클릭합니다.

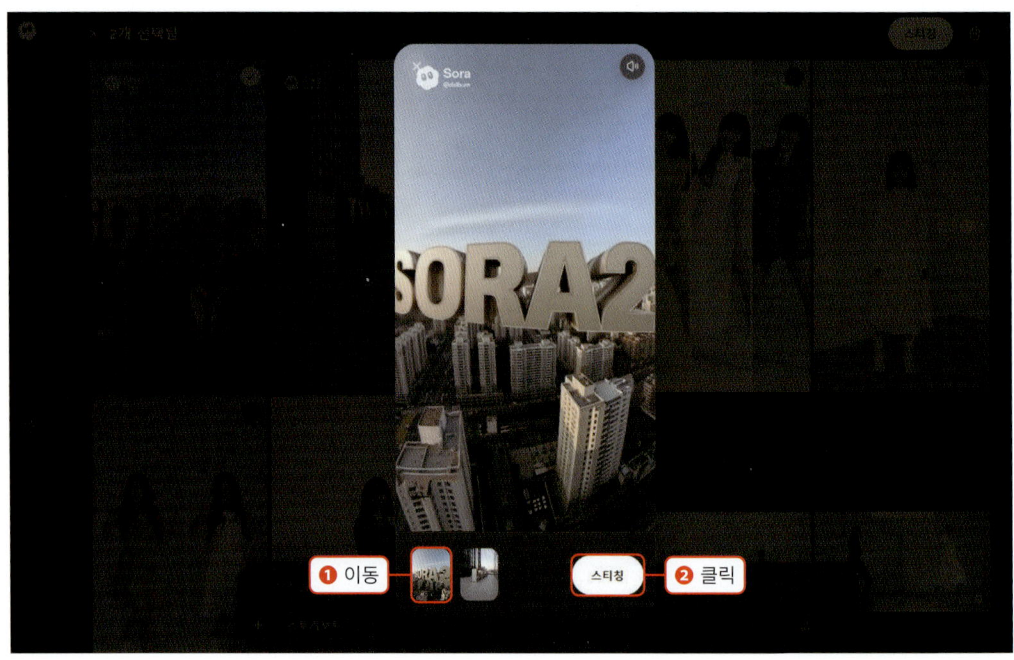

Tip 선택 화면에서 영상을 선택한 순서에 따라, 스티칭 화면에서도 해당 순서대로 영상이 먼저 표시됩니다. 따라서 원하는 재생 순서가 있다면, 영상을 선택할 때부터 순서를 고려해 선택하는 것이 좋습니다.

17 | [초안]에서 합쳐진 결과물을 선택한 다음, 재생하여 두 개의 영상이 자연스럽게 전환되는지 확인하여 저장합니다.

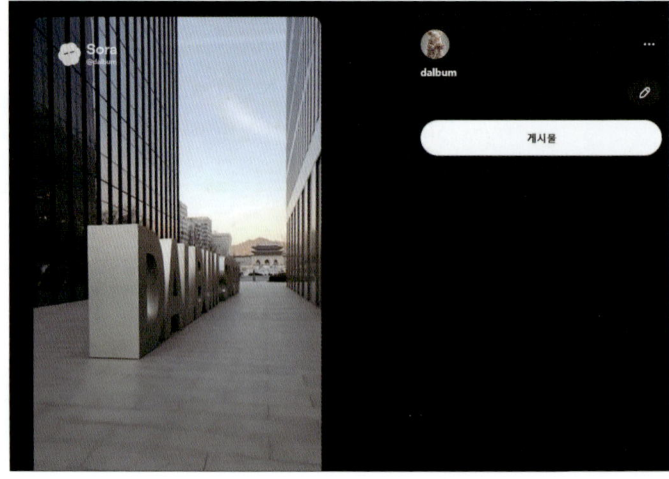

LESSON 08

구글 믹스보드로 게임 티저 영상 제작하기

예제파일: 05\game_Paladin.png   **완성파일:** 05\게임티저1~2.mp4

게임을 홍보하는 다양한 방법 중에서도 가장 먼저 시선을 끄는 요소가 바로 게임 영상입니다. 짧은 장면만으로 게임의 분위기와 매력을 전달해야 하기에 제작 과정은 까다롭고 많은 노력이 필요하지만, 그만큼 효과적인 홍보 수단이기도 합니다. 특히 티저 영상과 본편 영상 제작은 마케팅에서 핵심적인 역할을 합니다. 게임 장르에 따라 영상 구성 방식도 달라지는데, 예를 들어 음악 게임은 리듬감과 시각적 연출을 강조한 쇼츠가 효과적이며, 전략게임은 전투 흐름이나 전략적 판단 포인트를 보여주는 플레이 영상이 주목도를 높일 수 있습니다. 이번에는 소라 2를 활용한 게임 티저 영상 제작 방법을 알아보겠습니다.

예제 콘셉트

게임 티저는 플레이어의 관심을 끌고 기대감을 높이는 데 중요한 역할을 합니다. 특히 소라 2와 같은 AI 기반 비디오 생성 도구를 활용하면, 실제 게임 엔진으로는 구현하기 어려운 초현실적이거나 영화적인 장면을 빠르게 제작할 수 있어 개발 초기 단계에서 전체적인 비전과 분위기를 전달하는 데 큰 도움이 됩니다. 이번 예제에서는 챗GPT로 게임 관련 이미지를 생성한 다음, 이를 기반으로 제작한 게임 티저를 통해 전체적인 분위기와 콘셉트를 미리 확인해 보겠습니다. 또한 소라 2의 스토리보드 기능을 활용해 각 장면의 행동과 감정을 구성해 보는 과정도 함께 다룰 예정입니다.

작업 패턴 KEYWORD

❶ 구글 믹스보드로 게임 캐릭터 콘셉트 이미지 제작하기
❷ 캐릭터와 배경을 합성해 완성된 장면 구성하기
❸ 소라 2에서 감각적인 게임 티저 영상 생성하기
❹ 리믹스를 활용해 새로운 스타일 탐색하기

01 구글 믹스보드에서 게임 콘셉트 이미지 만들기

구글 믹스보드는 생성형 인공지능(AI)을 기반으로 텍스트 프롬프트나 참조 이미지를 활용해 아이디어를 빠르게 시각화하고, 이를 무드보드 형식으로 구성할 수 있도록 돕는 실험적 콘셉트 보드 도구입니다. 이 장에서는 이러한 믹스보드를 활용하여 게임의 전반적인 분위기와 아트 방향성을 제시하는 콘셉트 이미지를 제작하는 과정을 살펴보겠습니다.

01 | 웹브라우저에 'labs.google.com/mixboard/welcome'를 입력하여 구글 믹스보드 사이트로 이동합니다. [Get started] 버튼을 클릭하여 작업 공간(보드 화면)으로 이동합니다.

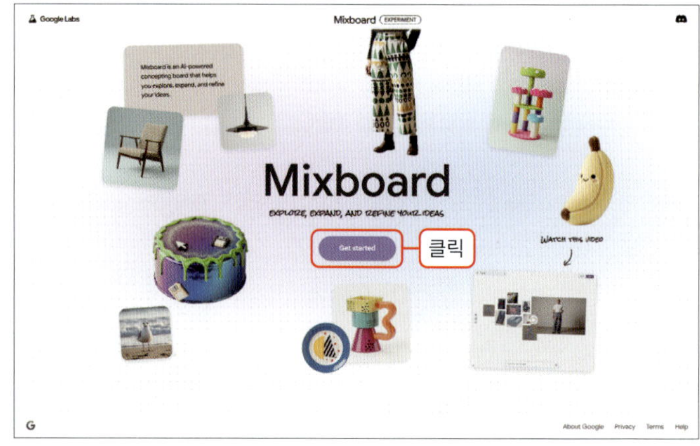

02 | 화면 왼쪽 위에 있는 [+ New project] 버튼을 클릭하여 새로운 믹스보드 프로젝트를 시작합니다.

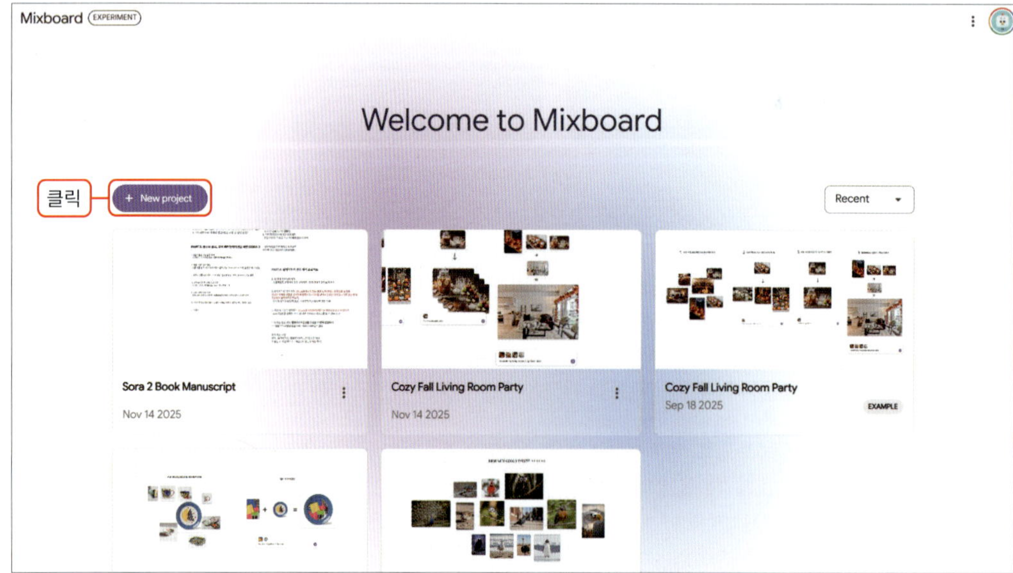

03 | 게임 캐릭터 이미지를 생성하기 위해서는 화면 하단의 프롬프트 입력창에 원하는 내용을 입력한 다음, Enter 을 누르거나, '⊙' 아이콘을 클릭합니다.

프롬프트

다양한 귀여운 3D 스타일의 RPG 게임 전사 캐릭터를 보여줘.

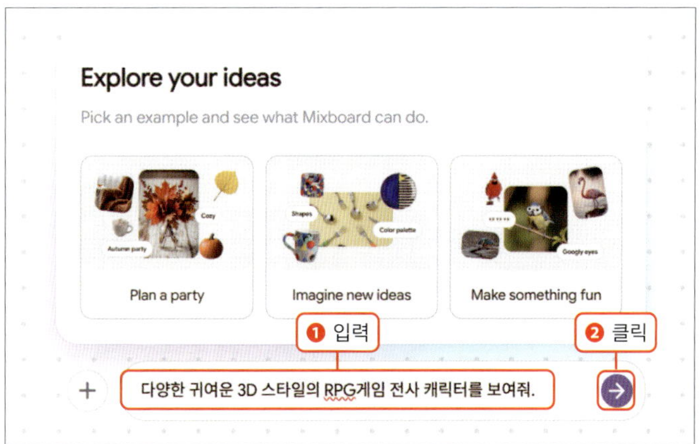

04 | 프롬프트를 기반으로 여러 장의 전사 캐릭터 이미지가 생성되었습니다. 마우스와 키보드를 활용해 화면을 조작하며, 생성된 이미지들을 보다 자세하게 확인합니다.

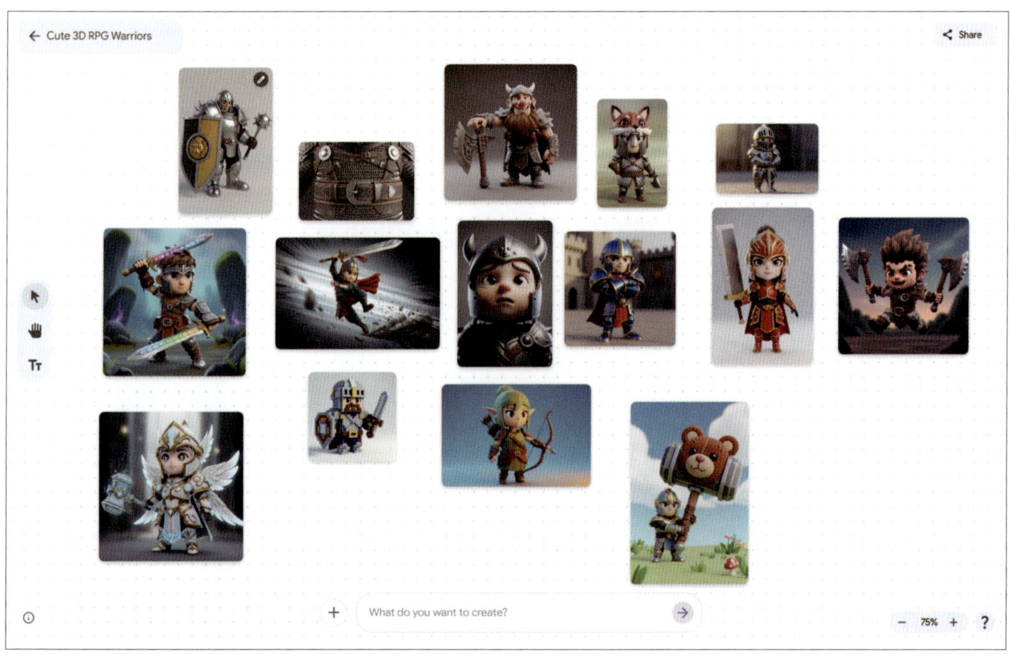

Tip 구글 믹스보드 화면 조작 방법

❶ 마우스 휠을 움직이면 화면을 위아래로 움직일 수 있습니다.

❷ Shift + [마우스 왼쪽 버튼 드래그]로 원하는 방향으로 화면으로 이동할 수 있습니다.

❸ Ctrl + [마우스 휠을 드래그]하면 화면을 확대하거나 축소할 수 있습니다.

05 | 마음에 드는 이미지가 나올 때까지 계속해서 생성해볼 수 있으며, 원하는 스타일의 이미지가 보이면 해당 캐릭터 이미지를 선택한 다음 상단에 표시되는 'More like this' 아이콘 (📷)을 클릭하여 유사한 스타일로 재생성할 수 있습니다.

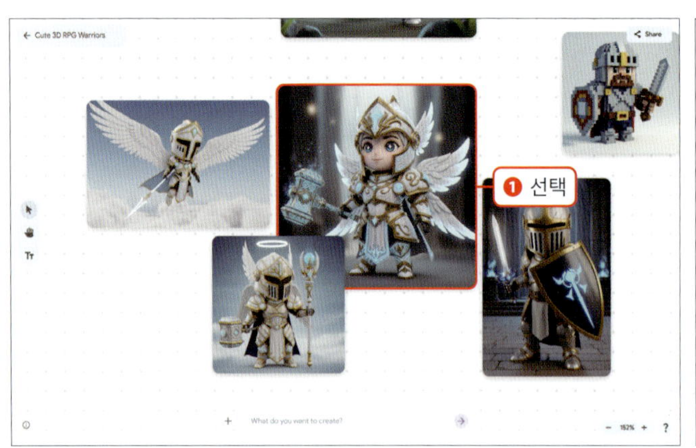

✦ **Tip** 이 기능은 현재 선택한 이미지와 유사한 스타일·구도·분위기의 새로운 이미지를 생성하여, 마음에 드는 스타일을 바탕으로 더 만들어달라는 요청을 빠르게 수행할 수 있도록 돕습니다.

02 구글 믹스보드에서 생성한 캐릭터와 배경을 합성하기

구글 믹스보드는 각각 별도로 생성된 캐릭터 이미지와 배경 이미지를 하나의 장면으로 결합하여 더 완성도 높은 비주얼을 구성하는 작업이 가능합니다.

06 | RPG 게임에서 자주 등장하는 배경 이미지를 만들어 보겠습니다. 화면 하단의 프롬프트 입력창에 원하는 내용을 입력한 다음, Enter 을 누르거나 '➡' 아이콘을 클릭합니다.

프롬프트

3D 스타일의 RPG 게임에 어울리는 그리스 신전 배경 이미지를 만들어줘

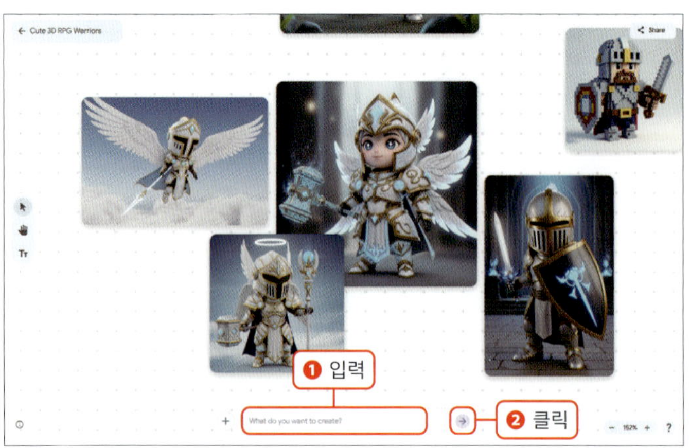

07 | 프롬프트를 기반으로 생성된 게임 배경 이미지가 추가된 것을 확인할 수 있습니다. 이번에는 '믹스보드'라는 이름에 걸맞게 두 개의 이미지를 조합하여 새로운 이미지를 만들어 보겠습니다. Shift를 누른 상태에서 캐릭터와 배경 이미지를 동시 선택합니다.

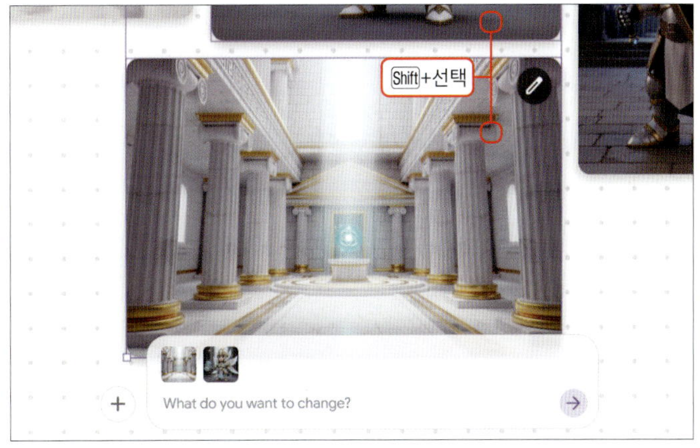

✦ **Tip** 프롬프트에 "다양하게 생성해줘"라는 문장을 포함하지 않을 경우, 믹스보드는 기본적으로 하나의 이미지만 생성합니다. 여러 버전의 결과물을 원한다면 해당 문구를 프롬프트에 함께 입력해보세요.

08 | 프롬프트 입력창에 두 이미지를 합치기 위해 다음과 같은 문장을 입력합니다. 내용을 입력한 다음, Enter을 누르거나 '→' 아이콘을 클릭합니다.

프롬프트 전사 캐릭터의 배경을 그리스 신전 배경으로 변경해줘.

09 | 캐릭터는 그대로 유지된 상태에서, 새로 생성한 배경으로 전환된 이미지를 확인할 수 있습니다. 원하는 이미지를 선택한 다음, 상단에 표시되는 '다운로드' 아이콘(⬇)을 클릭하여 이미지를 저장합니다.

03 소라 2에서 감각적인 게임 티저 영상 생성하기

구글 믹스보드에서 생성된 이미지를 기반으로 소라 2의 영상 생성기능을 활용하여 게임의 분위기와 세계관을 인상적으로 표현한 홍보 영상을 제작하는 과정을 진행하겠습니다.

10 | 웹브라우저에 'sora. chatgpt.com'을 입력하여 소라 2의 메인 화면으로 이동합니다. 콘셉트 이미지를 등록하기 위해 '+' 아이콘을 클릭하고 열기 대화상자가 표시되면 05 폴더에서 'game_Paladin.png' 파일을 선택한 다음 [열기(O)] 버튼을 클릭합니다.

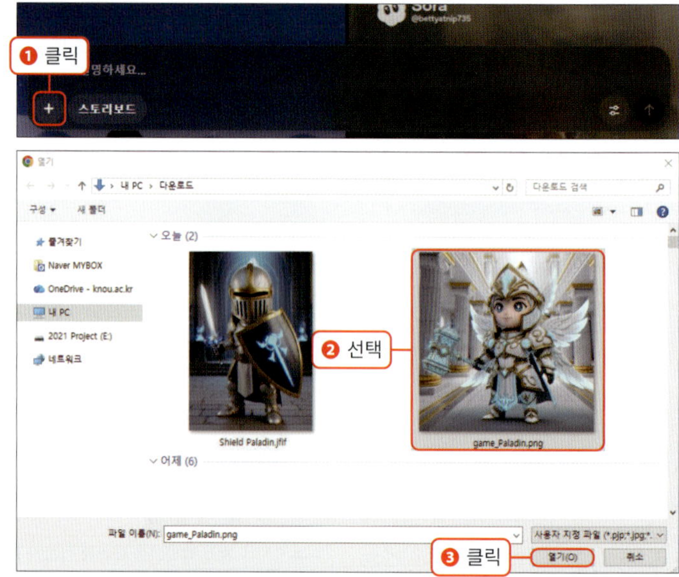

11 | 프롬프트 입력창에 캐릭터를 활용한 게임 티저 영상을 생성하기 위해 다음과 같이 입력합니다.

프롬프트

RPG 전사가 빛나는 망치를 휘두르며 신전 내부에서 역동적으로 전투를 펼친다. 빠른 카메라 무빙과 강렬한 조명 효과, 파편과 빛이 튀는 이펙트가 어우러진 시네마틱 3D 스타일의 RPG 게임 티저 영상. 웅장한 오케스트라 BGM과 강렬한 타격 효과음이 어둠 속 신전 공간에 울려 퍼진다.

12 | 프롬프트 입력창 오른쪽 아래의 '설정' 아이콘( )을 클릭하고 방향을 '세로 모드'로, 재생 시간을 '15초(15s)'로 설정합니다. 설정을 완료한 후 '생성' 아이콘( )을 클릭하여 영상을 생성합니다.

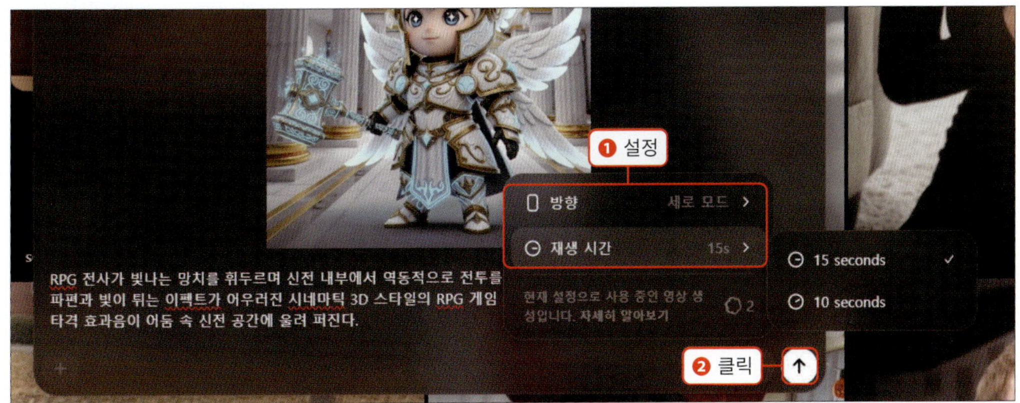

13 | 생성이 완료되면 개인 프로필을 클릭해 [초안]에서 해당 영상을 확인합니다.

04 리믹스를 활용해 새로운 스타일 탐색하기

용감한 전사가 활약하는 RPG 게임 티저 영상이 생성되었습니다. 이제 이 기본 구성은 유지한 채, 새로운 직업 콘셉트에 맞는 외형과 장비, 분위기를 반영한 결과물을 얻기 위해 리믹스 기능을 활용해보겠습니다.

14 | 이제 리믹스 기능을 활용해 새로운 직업군이 전투하는 영상을 만들어 보겠습니다. 화면 오른쪽 하단에서 [리믹스]를 선택합니다.

15 | 프롬프트를 다시 입력할 수 있는 화면이 열리면. 영상의 주인공을 용사에서 마법사로 변경하기 위해 아래와 같은 프롬프트를 입력한 다음 '생성' 아이콘(⬆)을 클릭합니다.

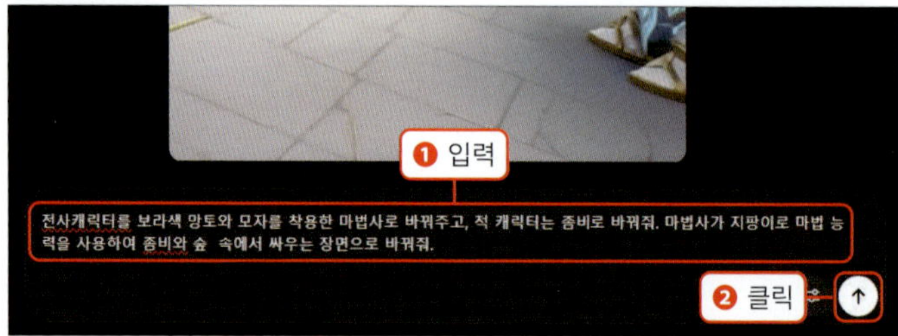

> **프롬프트**
>
> 전사 캐릭터를 보라색 망토와 모자를 착용한 마법사로 바꿔주고, 적 캐릭터는 좀비로 바꿔줘. 마법사가 지팡이로 마법 능력을 사용하여 좀비와 숲속에서 싸우는 장면으로 바꿔줘.

16 | 영상을 재생하여 원하는 장면이 제대로 반영되었는지 확인합니다. 리믹스 기능으로 생성된 영상의 주인공이 마법사 스타일로 변경된 것을 확인할 수 있습니다. 문제가 없다면 [게시물] 버튼을 클릭해 영상을 게시합니다.

INDEX